Stefan Zweig
Maria Stuart

„Maria Stuart ist ganze sechs Tage alt, als sie Königin von Schottland wird. Sie ist fünf Jahre alt, als man sie an den französischen Hof bringt, wo wie an der Seite ihres künftigen Gemahls, Franz II. aufwächst. Später wird sie im jugendlichen Alter den Thron besteigen und Elisabeth I. den englischen Thron streitig machen, was für sie bekanntlich nicht gut ausgeht. Was für ein Leben! Stefan Zweig, ihr bekanntester Biograph, porträtiert das bewegte Leben der Königin und ihr Verhalten mit faktischer Genauigkeit und psychologischem Scharfsinn.“ *Redaktion Gröls-Verlag* (Edition I Werke der Weltliteratur)

Redaktionelle Hinweise und Impressum

Das vorliegende Werk wurde zugunsten der Authentizität sehr zurückhaltend bearbeitet. So wurden etwa ursprüngliche Rechtschreibfehler regelmäßig *nicht* behoben, denn kleine Unvollkommenheiten machen das Buch – wie im Übrigen den Menschen – erst authentisch. Mitunter wurden jedoch zum Beispiel Absätze behutsam neu getrennt, um den Lesefluss zu erleichtern.

Wir sind bemüht, ein ansprechendes Produkt zu gestalten, welches angemessenen Ansprüchen an das Preis/Leistungsverhältnis und vernünftigen Qualitätserwartungen gerecht wird. Um die Texte zu rekonstruieren, werden antiquarische Bücher von leistungsfähigen Lesegeräten gescannt und dann durch eine Software lesbar gemacht. Der so entstandene Text wird von Menschen gegen eine Aufwandsentschädigung gegengelesen und korrigiert – Hierbei können gelegentlich Fehler auftreten. Wenn Sie ebenfalls antiquarische Texte einreichen möchten, wenden Sie sich für weitere Informationen gerne an

www.groels.de

Informieren Sie sich dort auch gerne über die anderen Werke aus unserer

Edition | Bedeutende Werke der Weltliteratur

Sie werden es mit 98,092 %iger Wahrscheinlichkeit nicht bereuen.

Die Deutsche Nationalbibliothek verzeichnet dieses Werk in der Deutschen Nationalbibliografie.

Verleger: Marcel Hermann-Josef Gröls, Poelchaukamp 20, 22301 Hamburg.
Externer Dienstleister für Distribution und Herstellung: BoD, In de Tarpen 42, 22848 Norderstedt

Inhalt

Einleitung

Das Klare und Offenbare erklärt sich selbst, Geheimnis aber wirkt schöpferisch. Immer werden darum jene Gestalten und Geschehnisse der Geschichte nach abermaliger Deutung und Dichtung verlangen, die ein Schleier von Ungewißheit umschattet. Als das geradezu klassische Kronbeispiel für solchen unausschöpfbaren Geheimnisreiz eines historischen Problems darf die Lebenstragödie Maria Stuarts gelten. Kaum eine andere Frau der Weltgeschichte hat so viel Literatur gezeitigt, Dramen, Romane, Biographien und Diskussionen. Durch mehr als drei Jahrhunderte hat sie immer wieder die Dichter verlockt, die Gelehrten beschäftigt, und noch immer erzwingt sich mit unverminderter Kraft ihre Gestalt neue Gestaltung. Denn es ist der Sinn alles Verworrenen, nach der Klarheit sich zu sehnen, und alles Dunklen, nach dem Licht.

Aber auch ebenso gegensätzlich wie häufig ist das Lebengeheimnis Maria Stuarts gestaltet und gedeutet worden: es gibt vielleicht keine Frau, die in so abweichender Form gezeichnet worden wäre, bald als Mörderin, bald als Märtyrerin, bald als törichte Intrigantin, bald als himmlische Heilige. Allein diese Verschiedenheit ihres Bildes ist merkwürdigerweise nicht verschuldet durch Mangel an überliefertem Material, sondern durch seine verwirrende Überfülle. In die Tausende und Abertausende gehen die aufbewahrten Dokumente, Protokolle, Akten, Briefe und Berichte: immer von andern und immer mit neuem Eifer ist seit drei Jahrhunderten von Jahr zu Jahr der Prozeß um ihre Schuld oder Unschuld erneuertworden. Aber je gründlicher man die Dokumente durchforscht, um so schmerzlicher wird man an ihnen der Fragwürdigkeit aller historischen Zeugenschaft (und damit Darstellung) gewahr. Denn wenn auch handschriftlich echt und alt und archivalisch beglaubigt, muß ein Dokument darum durchaus noch nicht verläßlich und menschlich wahr sein. Kaum irgendwo deutlicher als im Falle Maria Stuarts vermag man festzustellen, in wie wilder Abweichung zur selben Stunde ein und dasselbe Geschehnis von zeitgenössischen Beobachtern berichtet werden kann. Gegen jedes dokumentarisch bezeugte Ja steht hier ein dokumentarisch bezeugtes Nein, gegen jede Anschuldigung eine Entschuldigung. Falsches ist Echtem, Erfundenes dem Tatsächlichen so verwirrend beigemengt, daß man eigentlich jede Art der Auffassung auf das glaubwürdigste darzutun imstande ist: wer beweisen will, daß sie an der Ermordung ihres Gatten mitschuldig war, kann Dutzende von Zeugenaussagen beibringen, und ebenso, wer sie als unbeteiligt darzustellen bemüht ist; für jede Ausmalung ihres Charakters sind die Farben im voraus gemischt. Mengt sich dann in solche Wirrnis der vorliegenden Berichte gar noch die Parteilichkeit der Politik oder des Nationalpatriotismus, so muß die Verzerrung des Bildes noch gewaltsamer werden. Ohnedies schon vermag sich die menschliche Natur, sobald zwischen zwei Menschen, zwei Ideen, zwei Weltanschauungen ein Streit um Sein oder Nichtsein geht, kaum der Versuchung zu entziehen, Partei zu nehmen, dem einen recht zu geben und dem andern unrecht, den einen schuldig zu nennen und den andern unschuldig. Gehören aber, wie in dem vorliegenden Falle, die Darsteller meist selbst noch einer der beiden kämpfenden Richtungen, Religionen oder Weltanschauungen an, so ist ihre Einseitigkeit beinahe zwanghaft vorausbestimmt; im allgemeinen haben die protestantischen Autoren alle Schuld restlos auf Maria Stuart, die katholischen auf Elisabeth gehäuft. Bei den englischen Darstellern erscheint sie beinahe immer als Mörderin, bei den schottischen als makelloses Opfer niederträchtiger Verleumdung. Die Kassettenbriefe, das strittigste Diskussionsobjekt, beeiden die einen ebenso unerschütterlich als echt wie die andern als Fälschung, bis in das kleinste Geschehen mengt sich die parteiische Farbgebung aufdringlich ein. Vielleicht hat darum der Nichtengländer und Nichtschotte, er, dem jene blutmäßige Einstellung und Verbundenheit fehlen, eine reinere und vorurteilslosere Möglichkeit zur Objektivität; vielleicht ist es ihm eher gegönnt, an diese Tragödie ausschließlich mit dem zugleich leidenschaftlichen und doch unparteiischen Interesse des Künstlers heranzutreten.

Freilich, auch er wäre verwegen, wollte er vorgeben, die Wahrheit, die ausschließliche Wahrheit über alle Lebensumstände Maria Stuarts zu wissen. Was er erreichen kann, ist nur ein Maximum von Wahrscheinlichkeit, und selbst was er mit bestem Wissen und Gewissen als Objektivität empfindet, wird noch immer subjektiv sein. Denn da die Quellen nicht rein fließen, wird er aus Trübem seine Klarheit zu gewinnen haben. Da die gleichzeitigen Berichte einander widersprechen, wird er bei jeder Einzelheit in diesem Prozeß zwischen Entlastungs- und Belastungszeugnissen wählen müssen. Und so vorsichtig er auch wählen mag, manchmal wird er doch am redlichsten tun, seine Meinung mit einem Fragezeichen zu versehen und einzugestehen, daß die eine oder andere Lebenstatsache Maria Stuarts im Sinne der Wahrheit dunkel geblieben ist und wohl auch für immer bleiben wird.

In dem vorliegenden Versuche ist darum strenge das Prinzip gewahrt, alle jene Aussagen überhaupt nicht zu verwerten, die auf der Folter oder sonst durch Angst oder Zwang abgerungen wurden: erpreßte Geständnisse darf ein wirklicher Wahrheitssucher nie als voll und gültig annehmen. Ebenso wurden die Berichte der Spione und Gesandten (beinahe dasselbe in jener Zeit) nur mit äußerster Vorsicht benützt und jedes Schriftstück von vorneweg angezweifelt; wenn dennoch hier die Ansicht vertreten ist, daß die Sonette und zum Großteil auch die Kassettenbriefe für echt zu halten seien, so geschieht es nach strengster Überprüfung und unter Vorlegung der persönlich überzeugenden Gründe. Überall, wo in den archivalischen Dokumenten gegensätzliche Behauptungen sich kreuzen, wurden beide auf Ursprung und politisches Motiv genau untersucht und, wenn eine Entscheidung zwischen einer und der anderen unvermeidlich war, als letzter Maßstab gesetzt, inwieweit die Einzelhandlung psychologisch mit dem Gesamtcharakter in Einklang zu bringen war.

Denn an sich ist der Charakter Maria Stuarts gar nicht so geheimnisvoll: er ist uneinheitlich nur in seinen äußeren Entwicklungen, innerlich aber vom Anfang bis zum Ende einlinig und klar. Maria Stuart gehört zu jenem sehr seltenen und erregenden Typus von Frauen, deren wirkliche Erlebnisfähigkeit auf eine ganz knappe Frist zusammengedrängt ist, die eine kurze, aber heftige Blüte haben, die sich nicht ausleben in einem ganzen Leben, sondern nur in dem engen und glühenden Raum einer einzigen Leidenschaft. Bis zum dreiundzwanzigsten Jahre atmet ihr Gefühl still und flach, und ebenso wogt es vom fünfundzwanzigsten an nicht ein einziges Mal mehr stark empor, dazwischen aber tobt sich in zwei knappen Jahren ein Ausbruch von elementarer Großartigkeit orkanisch aus, und aus mittlerem Schicksal erhebt sich plötzlich eine Tragödie antikischen Maßes, groß und gewaltig gestuft wie die Orestie. Nur in diesen zwei Jahren ist Maria Stuart wahrhaft eine tragödische Gestalt, nur unter diesem Druck reißt sie sich über sich selbst empor, ihr Leben durch dieses Übermaß zerstörend und zugleich dem Ewigen bewahrend. Und nur dank dieser einen Leidenschaft, die sie menschlich vernichtete, lebt ihr Name noch heute in Dichtung und Deutung fort.

Mit dieser besonders komprimierten Form des inneren Lebenslaufs auf einen einzigen so explosiven Augenblick ist einer jeden Darstellung Maria Stuarts eigentlich von vornherein Form und Rhythmus schon vorgeschrieben; der Nachbildner muß einzig bemüht sein, diese so steil aufschießende und jäh in sich zurückfallende Lebenskurve in ihrer ganzen überraschenden Einmaligkeit in Erscheinung zu bringen. Man empfindet es deshalb nicht als Widerspruch, wenn innerhalb dieses Buches die breiten Zeitspannen ihrer ersten dreiundzwanzig Jahre und wiederum die der fast zwanzig ihrer Gefangenschaft zusammen nicht mehr Raum einnehmen als die zwei Jahre ihrer leidenschaftlichen Tragödie. Denn nur scheinbar ist in der Sphäre eines gelebten Schicksals die äußere und die innere Zeit dieselbe; in Wahrheit bedingt einzig Erfülltheit mit Erlebnis das Maß einer Seele – anders zählt sie von innen den Ablauf der Stunden als der kalte Kalender. Berauscht von Gefühl, selig entspannt und mit Schicksal befruchtet, kann sie unendliche Fülle erfahren in kürzester Frist und abgelöst von der Leidenschaft wiederum endlose Jahre der Leere empfinden, als gleitende Schatten, als taubes Nichts. Darum zählen in einer Lebensgeschichte nur die gespannten, die entscheidenden Augenblicke, darum wird sie nur in ihnen und von ihnen aus gesehen richtig erzählt. Einzig dann, wenn ein Mensch seine ganzen Kräfte ins Spiel bringt, ist er für sich, ist er für die anderen wahrhaft lebendig; immer nur dann, wenn ihm innen die Seele lodert und glüht, wird er auch äußerlich Gestalt.

Dramatis personae

Erster Schauplatz	Schottland	1542–1548
Zweiter Schauplatz	Frankreich	1548–1561
Dritter Schauplatz	Schottland	1561–1568
Vierter Schauplatz	England	1568–1587

Schottland

James V. (1512–1542), Vater Maria Stuarts

Marie von Guise-Lothringen (1515–1560), seine Gattin, Mutter Maria Stuarts

Maria Stuart (1542–1587)

James Stuart, Earl of Moray (1533–1570), unehelicher Sohn James' V. mit Margret Douglas, der Tochter des Lord Erskine, Stiefbruder Maria Stuarts, Regent Schottlands vor und nach Maria Stuarts Regierung

Henry Darnley (Stuart) (1546–1567), Urenkel Heinrich VII. durch seine Mutter Lady Lennox, die Nichte Heinrichs VIII. Zweiter Gatte Maria Stuarts und als solcher zum Mitkönig von Schottland erhoben

James VI. (1566–1625), Sohn Maria Stuarts und Henry Darnleys. Nach dem Tode Maria Stuarts (1587) rechtmäßiger König von Schottland, nach dem Tode Elisabeths (1603) König von England als James I.

James Hepburn, Earl of Bothwell (1536–1578), später Duke of Orkney und dritter Gemahl Maria Stuarts

William Maitland of Lethington, Staatskanzler Maria Stuarts

James Melville, diplomatischer Vertrauensmann Maria Stuarts

James Douglas, Earl of Morton, Regent von Schottland nach Morays Ermordung, hingerichtet 1581

Mathew Stuart, Earl of Lennox, Vater Henry Darnleys, Hauptankläger Maria Stuarts nach dessen Ermordung

Argyll **Arran** **Morton Douglas** **Erskine** **Gordon** **Harries** **Huntly** **Kirkcaldy of Grange** **Lindsay** **MarRuthven**	die Lords, bald Anhänger, bald Widersacher Maria Stuarts, unablässig miteinander und gegeneinander im Bunde, fast ausnahmslos auf gewaltsame Weise endend

Mary Beaton **Mary Fleming** **Mary Livingstone** **Mary Seton**	die vier Marys, Jugendgespielinnen Maria Stuarts

John Knox (1505–1572), Prediger der „kirk", Hauptgegner Maria Stuarts

David Rizzio, Musiker/Sekretär am Hofe Maria Stuarts, ermordet 1566

Pierre de Chastelard, französischer Dichter am Hofe Maria Stuarts, hingerichtet 1563

George Buchanan, Humanist und Erzieher James' VI., Verfasser der gehässigsten Pamphlete gegen Maria Stuart

Heinrich II. (1518–1559), seit 1547 König von Frankreich

Katharina von Medici (1519–1589), seine Gattin

Franz II. (1544–1560), deren ältester Sohn, erster Gatte Maria Stuarts

Karl IX. (1550–1574), jüngerer Bruder Franz' II., nach dessen Tode König von Frankreich

Frankreich

Kardinal von Lothringen **Claude de Guise** **François de Guise** **Henri de Guise**	die vier Guisen
Ronsard **Du Bellay** **Brantôme**	die Dichter, Verfasser von Werken zu Maria Stuarts Ehren

England

Heinrich VII. (1457–1509), seit 1485 König von England. Großvater und Urgroßvater Maria Stuarts und Darnleys

Heinrich VIII. (1491–1547), sein Sohn, seit 1509 König

Anna Boleyn (1507–1536), zweite Gemahlin Heinrich VIII., als Ehebrecherin erklärt und hingerichtet

Maria I. (1516–1558), Tochter Heinrichs VIII. aus der Ehe mit Katharina von Aragonien, nach dem Tode Eduards VI. (1553) Königin von England

Elisabeth (1533–1603), Tochter Heinrichs VIII. und Anna Boleyns, bei Lebzeiten ihres Vaters als Bastard erklärt, aber nach dem Tode ihrer Stiefschwester Maria (1558) Königin von England

Eduard VI. (1537–1553), Sohn Heinrichs VIII. aus dessen dritter Ehe mit Johanna Seymour, als Kind Maria Stuart verlobt, seit 1547 König

James I., Sohn Maria Stuarts, der Nachfolger Elisabeths

William Cecil, Lord Burleigh (1520–1598), der allmächtige und getreue Staatskanzler Elisabeths

Sir Francis Walsingham, Staatssekretär und Polizeiminister

William Davison, zweiter Sekretär

Robert Dudley, Earl of Leicester (1532–1588), Liebhaber und Vertrauensmann Elisabeths, von ihr als Gatte Maria Stuarts vorgeschlagen

Thomas Howard, Duke of Norfolk, der erste Adelige des Reiches, Bewerber um Maria Stuarts Hand

Talbot, Earl of Shrewsbury, von Elisabeth fünfzehn Jahre lang mit der Überwachung Maria Stuarts betraut

Amyas Poulet, der letzte Kerkermeister Maria Stuarts

Der Scharfrichter von London

Erstes Kapitel
Königin in der Wiege

1542–1548

Sechs Tage ist Maria Stuart alt, da sie Königin von Schottland wird: bereits im ersten Anfang erfüllt sich ihr Lebensgesetz, alles zu früh und ohne wissende Freude vom Schicksal geschenkt zu erhalten. An dem düsteren Dezembertag 1542, da sie im Schlosse von Linlithgow geboren wird, liegt gleichzeitig in dem nachbarlichen Schlosse zu Falkland ihr Vater, James V., auf dem Sterbebette, erst einunddreißig Jahre alt und doch schon vom Leben zerbrochen, der Krone müde, des Kampfes müde. Er war ein tapferer, ritterlicher Mann gewesen und ursprünglich heiteren Sinns, den Künsten, den Frauen leidenschaftlich freund und dem Volke vertraut; oft war er verkleidet zu den Festlichkeiten in die Dörfer gegangen, hatte getanzt und gescherzt mit den Bauern, und manche der schottischen Lieder und Balladen, die er gedichtet, lebten noch lange im Angedenken der Heimat fort. Aber dieser unselige Erbe eines unseligen Geschlechts war in eine wilde Zeit, in ein unbotmäßiges Land geboren und tragischem Geschick von Anfang an zubestimmt. Ein starkwilliger und rücksichtsloser Nachbar, Heinrich VIII., drängt ihn, die Reformation einzuführen, James V. aber bleibt der Kirche treu, und sofort nutzen die schottischen Adeligen, immer geneigt, ihrem Herrscher Schwierigkeiten zu schaffen, den Zwiespalt und treiben den frohmütigen und friedlichen Mann gegen seinen Willen unablässig in Unruhe und Krieg. Vier Jahre früher schon, als James V. um Marie von Guise als Gattin warb, hatte er klar das Verhängnis geschildert, das es bedeutet, König sein zu müssen gegen diesen halsstarrigen und raubgierigen Clan. „Madame", hatte er in diesem erschütternd aufrichtigen Werbebrief geschrieben, „ich bin erst siebenundzwanzig Jahre alt, und das Leben bedrückt mich schon so sehr wie meine Krone ... Waise von Kindheit an, bin ich der Gefangene ehrgeiziger Adeliger gewesen; das mächtige Haus der Douglas hat mich lange in Knechtschaft gehalten, und ich hasse diesen Namen und jede Erinnerung daran. Archibald, Graf von Angus, Georg, sein Bruder, und alle seine verbannten Verwandten wühlen unausgesetzt den König von England gegen uns auf, es lebt kein Adeliger in meinem Staate, den er nicht mit seinen Versprechungen verführt oder durch Geld bestochen hätte. Es gibt keine Sicherheit für meine Person, keine Bürgschaft für meinen Willen und für die gerechten Gesetze. Alles das erschreckt mich, Madame, und ich erwarte von Ihnen Kraft und Rat. Ohne Geld, einzig auf die Unterstützungen beschränkt, die ich von Frankreich empfange, oder dank den geringfügigen Spenden meiner reichen Geistlichkeit, versuche ich, meine Schlösser auszuschmücken, meine Festungen zu erhalten und Schiffe zu bauen. Aber meine Barone betrachten einen König, der wirklich König sein will, als unerträglichen Rivalen. Trotz der Freundschaft des Königs von Frankreich und der Unterstützung seiner Truppen und trotz der Anhänglichkeit meines Volkes fürchte ich, den entscheidenden Sieg über meine Barone nicht erringen zu können. Ich würde alle Hindernisse überwinden, um den Weg der Gerechtigkeit und der Ruhe für diese Nation frei zu machen, und ich würde dieses mein Ziel vielleicht erreichen, stünden die Adeligen meines Landes allein. Aber der König von England sät zwischen sie und mich unablässig Zwietracht, und die Ketzereien, die er meinem Staate eingepflanzt hat, fressen verheerend bis in die Kreise der Kirche und des Volkes fort. Nun beruhte von je meine und meiner Ahnen Kraft einzig auf der Bürgerschaft der Städte und auf der Kirche, und ich muß mich fragen: Wird diese Kraft uns noch lange verbleiben?"

Alles Unheil, das der König in diesem Kassandrabrief vorausgesehen, erfüllt sich, und noch Schwereres fällt über ihn. Die beiden Söhne, die ihm Marie von Guise schenkt, sterben in der Wiege, und so sieht, gerade in den besten Mannesjahren, James V. noch immer keinen Erben für die Krone, die ihm von Jahr zu Jahr schmerzhafter die Stirne drückt. Schließlich treiben ihn gegen seinen Willen seine schottischen Barone in den Krieg mit dem übermächtigen England, um ihn dann in entscheidender Stunde verräterisch im Stiche zu lassen. Bei Solway Moss verliert Schottland nicht nur eine Schlacht, sondern auch seine Ehre: ohne recht zu kämpfen, laufen die führerlosen Truppen, verlassen von ihren Clansherren, jämmerlich auseinander; der König selbst aber, dieser sonst so ritterliche Mann, ringt in dieser Entscheidungsstunde längst nicht mehr mit fremden Feinden, sondern mit dem eigenen Tod. Fiebernd und müde liegt er zu Bett in dem Schlosse von Falkland, des sinnlosen Kampfes, des lästigen Lebens satt.

Da, an diesem trüben Wintertag, am 9. Dezember 1542, Nebel verdunkelt das Fenster, pocht ein Bote an die Tür. Er meldet dem Siechen, dem Sterbensmüden, eine Tochter sei ihm geboren, eine Erbin. Aber die ausgeschöpfte Seele James' V. hat nicht mehr Kraft zu Hoffnung und Freude. Warum ist es kein Sohn, kein Erbe? Der Todgeweihte kann in allem nur mehr Unglück erblicken, Tragik und Niedergang. Resigniert antwortet er: „Von einer Frau ist die Krone auf uns gekommen, mit einer Frau wird sie dahingehen." Diese düstere Prophezeiung ist zugleich sein letztes Wort. Er seufzt nur mehr auf, dreht sich in seinem Bette zur Wand und gibt auf keine Frage mehr Antwort. Wenige Tage später ist er begraben und Maria Stuart, noch ehe sie recht die Augen ins Leben aufgeschlagen, Erbin seines Königreiches.

Aber es ist zwiefach dunkles Erbe, eine Stuart zu sein und eine Königin von Schottland, denn keinem Stuart ist bisher auf diesem Throne Glück beschieden gewesen oder Dauer. Zwei der Könige, James I. und James III., sind ermordet worden, zwei, James II. und James IV., auf dem Schlachtfeld gefallen, und zweien ihrer Nachfahren, diesem ahnungslosen Kinde und ihres Blutes Enkel, Karl I., hat das Schicksal noch Grausameres vorbehalten: das Schafott. Keinem aus diesem atridischen Geschlecht ist es gegönnt, die Höhe des Lebens zu erreichen, keinem leuchten Glück und Stern. Immer müssen die Stuarts im Kampf sein gegen die Feinde von außen, gegen die Feinde im Lande und gegen sich selbst, immer ist Unruhe um sie, Unruhe in ihnen. Friedlos wie sie selbst ist ihr Land, und die Ungetreuesten sind darin eben jene, die die Getreuesten sein sollten: die Lords und die Barone, dieses finstere und starke, dieses wilde und zügellose, dieses gierige und kriegsfrohe, dieses trotzige und unbeugsame Rittergeschlecht – „un pays barbare et une gent brutelle", wie Ronsard, der Dichter, in dies nebelige Land verschlagen, unwillig klagt. Selber kleine Könige auf ihren Landsitzen und Schlössern, herrenmäßig und herdenmäßig ihre Bauern und Schäfer als Schlachtvieh mitschleppend auf ihre ewigen Kleinkämpfe und Raubzüge, kennen diese unbeschränkten Gebieter ihrer Clans keine andere Daseinsfreude als den Krieg, Streit ist ihre Lust, Eifersucht ihr Antrieb, Machtgier ihr Lebensgedanke. „Geld und Vorteil", schreibt der französische Gesandte, „sind die einzigen Sirenen, denen die schottischen Lords lauschen. Ihnen Pflicht gegen ihre Fürsten, Ehre, Gerechtigkeit, Tugend, edle Handlungen predigen zu wollen hieße sie zum Lachen reizen." Ähnlich den Condottieri Italiens in ihrer amoralischen Rauflust und Raublust, nur unkultivierter und hemmungsloser in ihren Instinkten, wühlen und streiten sie unablässig um den Vorrang, die alten mächtigen Clans der Gordons, der Hamiltons, der Arrans, der Maitlands, der Crawfords, der Lindsays, Lennox und Argylls. Bald scharen sie sich feindlich gegeneinander in jahrelangen Feuds, bald beschwören sie in feierlichen Bonds eine kurzfristige Treue, um sich gegen einen Dritten zusammenzuschließen, immer bilden sie Klüngel und Rotten, aber keiner hält innerlich zu keinem, und jeder, obwohl mit jedem versippt und verschwägert, bleibt des andern unerbittlicher Neidling und Feind. Etwas Heidnisches und Barbarisches lebt in ihren wilden Seelen ungebrochen weiter, gleichgültig, ob sie sich Protestanten oder Katholiken nennen – je wie es der Vorteil will –, in Wahrheit aber Enkelsöhne Macbeths und Macduffs sie alle, der blutigen Thane, wie sie Shakespeare großartig gesehen.

Nur bei einem Anlaß wird diese unzähmbare eifersüchtige Bande sofort einig: immer wenn es gilt, den gemeinsamen Herrn, den eigenen König niederzuhalten, denn ihnen allen ist Gehorsam gleich unerträglich und Treue gleich unbekannt. Wenn dieses „parcel of rascals" – Burns, der Urschotte, hat sie so gebrandmarkt – ein Schattenkönigtum über ihren Burgen und Besitzen überhaupt noch duldet, so geschieht dies einzig aus Eifersucht eines Clans gegen den andern. Die Gordons lassen den Stuarts nur deshalb die Krone, damit sie nicht an die Hamiltons falle, und die Hamiltons aus Eifersucht gegen die Gordons. Aber wehe, wenn ein König von Schottland einmal wirklich wagen will, Herrscher zu sein und Zucht und Ordnung im Lande zu erzwingen, wenn er im ersten Jugendmut dem Hochmut und der Raffgier der Lords entgegenzutreten sucht! Dann ballt sich sofort das feindselige Pack brüderlich zusammen, um seinen Herrscher machtlos zu machen, und gelingt es nicht mit dem Schwert, so besorgt verläßlich der Mörderdolch diesen Dienst.

Es ist ein tragisches, von düsteren Leidenschaften zerrissenes Land, finster und romantisch wie eine Ballade, dieses meerumfangene kleine Inselreich im letzten Norden Europas, und überdies noch ein armes Land. Denn alle Kraft zerstört hier der ewige Krieg. Die paar Städte, die eigentlich keine sind, sondern nur unter dem Schutz einer Festung zusammengekrochene Armeleutehäuser, können, weil immer wieder geplündert und verbrannt, nie zu Reichtum oder bloß zu bürgerlicher Wohlfahrt gelangen. Die Adelsburgen wieder, düster und gewalttätig noch heute in ihren Ruinen aufragend, stellen keine wirklichen Schlösser dar mit Prunk und höfischer Pracht; sie sind dem Krieg als uneinnehmbare Festungen zugedacht und nicht der milden Kunst der Gastlichkeit. Zwischen diesen wenigen großen Sippschaften und ihren Hörigen fehlt vollkommen die nährende, staatserhaltende Kraft eines schöpferischen Mittelstandes. Das einzige dichtbesiedelte Gebiet zwischen Tweed und Firth liegt zu nahe der englischen Grenze und wird immer wieder durch Einfälle zerstört und entvölkert. Im Norden aber kann man stundenlang wandern an verlassenen Seen, durch öde Weiden oder dunkle nordische Wälder, ohne ein Dorf zu sehen oder eine Burg oder eine Stadt. Nicht drängt sich wie in den überfüllten europäischen Ländern Ort an Ort, nicht tragen breite Straßen Verkehr und Handel ins Land, nicht wie in Holland und Spanien und England fahren von den bewimpelten Reeden Schiffe aus, um von fernen Ozeanen Gold und Gewürz heimzuführen; karg bringen sich hier noch mit Schafzucht und Fischfang und Jagd wie in patriarchalischen Zeiten die Leute durchs Leben: in Gesetz und Sitte, an Reichtum und Kultur steht das damalige Schottland hinter England und Europa zumindest um hundert Jahre zurück. Während in allen Küstenstädten mit dem Anbruch der Neuzeit schon die Banken und Börsen zu blühen beginnen, wird hier wie in biblischen Tagen aller Reichtum noch nach Land und Schafen gemessen; zehntausend besitzt James V., Maria Stuarts Vater, sie sind seine ganze Habe. Ihm eignet kein Kronschatz, er hat keine Armee, keine Leibgarde zur Sicherung seiner Macht, denn er könnte sie nicht bezahlen, und das Parlament, in dem die Lords entscheiden, wird nie seinem König wirkliche Machtmittel bewilligen. Alles, was dieser König über die nackte Notdurft besitzt, wird ihm von seinen reichen Verbündeten, von Frankreich und vom Papst, geliehen oder geschenkt, jeder Teppich, jeder Gobelin, jeder Leuchter in seinen Gemächern und Schlössern ist mit einer Demütigung erkauft.

Diese ewige Armut ist die eiternde Schwäre, die Schottland, diesem schönen edlen Lande, die politische Kraft aus dem Leibe saugt. Denn durch die Bedürftigkeit und Begehrlichkeit seiner Könige, seiner Soldaten, seiner Lords bleibt es ständig ein blutiger Spielball fremder Mächte. Wer gegen den König und für den Protestantismus streitet, erhält seinen Sold von London, wer für den Katholizismus und die Stuarts, von Paris, Madrid und Rom: alle diese auswärtigen Mächte zahlen gern und willig für das schottische Blut. Noch immer schwankt zwischen den beiden großen Nationen, zwischen England und Frankreich, die letzte Entscheidung, darum ist dieser nächste Nachbar Englands für Frankreich ein unersetzlicher Partner im Spiel. Jedesmal, wenn die englischen Armeen in die Normandie vorbrechen, zielt Frankreich schleunig mit diesem Dolch gegen Englands Rücken; sofort stoßen dann die allezeit kriegsfrohen Schotten über die „Border", gegen ihre „auld enimies" vor, und auch in Friedenszeit bilden sie eine stete Bedrohung. Schottlandmilitärisch zu stärken ist die ewige Sorge der französischen Politik und nichts darum natürlicher, als daß seinerseits England diese Macht durch Aufhetzung der Lords und ständige Rebellionen zu brechen trachtet. So wird dieses unglückselige Land zum blutigen Blachfeld eines hundertjährigen Krieges, und erst im Schicksal dieses noch ahnungslosen Kindes wird er sich endlich endgültig entscheiden.

Es ist ein prachtvoll dramatisches Symbol, daß dieser Kampf tatsächlich schon an Maria Stuarts Wiege beginnt. Noch kann dieses Wickelkind nicht sprechen, nicht denken, nicht fühlen, kaum seine winzigen Händchen im Steckkissen bewegen, und schon greift die Politik nach ihrem unentfalteten Körper, nach ihrer ahnungslosen Seele. Denn das ist Maria Stuarts Verhängnis, ewig gebannt zu sein in dieses rechnerische Spiel. Nie wird ihr gegönnt sein, ihr Ich, ihr Selbst unbekümmert auszuwirken, immer wird sie verstrickt bleiben in Politik, Objekt der Diplomatie, Spielball fremder Wünsche, immer nur Königin, Kronanwärterin, Verbündete oder Feindin sein. Kaum hat der Bote die beiden Nachrichten gemeinsam nach London gebracht, daß James V. gestorben und seine neugeborene Tochter Erbin und Königin von Schottland sei, so beschließt Heinrich VIII. von England, für seinen unmündigen Sohn und Erben Eduard eiligst um diese kostbare Braut zu werben; über einen noch unfertigen Körper, über eine noch schlafende Seele wird wie über eine Ware verfügt. Aber Politik rechnet niemals mit Gefühlen, sondern mit Kronen, Ländern und Erbrechten. Der einzelne Mensch ist für sie nicht vorhanden, er zählt nicht gegenüber den sichtlichen und sachlichen Werten des Weltspiels. In diesem besonderen Falle ist allerdings der Gedanke Heinrichs VIII., die Thronerbin Schottlands mit dem Thronerben Englands zu verloben, ein vernünftiger und sogar ein humaner. Denn längst schon hat dieser unablässige Krieg zwischen den Bruderländern keinen Sinn mehr. Auf derselben Insel im Weltmeer wohnhaft, vom selben Meere umschirmt und umstürmt, verwandter Rasse und ähnlich in den Lebensbedingungen, ist den Völkern Englands und Schottlands zweifellos eine einzige Aufgabe gesetzt: sich zu vereinigen; sinnfällig hat die Natur hier ihren Willen ausgesprochen. Nur die Eifersucht der beiden Dynastien, der Tudors und der Stuarts, steht diesem letzten Ziel noch hemmend entgegen; gelingt es aber nun, durch eine Heirat den Widerstreit der beiden Herrscherhäuser in Bindung zu verwandeln, so können die gemeinsamen Nachkommen der Stuarts und der Tudors zugleich Könige von England und Schottland und Irland sein, ein geeintes Großbritannien kann in den höheren Kampf eintreten: in das Ringen um die Oberherrschaft der Welt.

Aber Verhängnis: immer wenn in der Politik ausnahmsweise eine klare und logische Idee in Erscheinung tritt, wird sie durch törichte Ausführung verdorben. Im Anfang scheint alles trefflich zu glücken. Die Lords, denen rasch Geld in die Taschen geschoben wird, stimmen freudig dem Ehevertrag zu. Doch ein bloßes Pergament genügt dem gewitzten Heinrich VIII. nicht. Zu oft hat er die Heuchelei und Habgier dieser Ehrenmänner erprobt, um nicht zu wissen, daß diese Unzuverlässigen ein Vertrag niemals bindet und daß sie bei höherem Angebot sofort bereit sein werden, die Kindkönigin an den französischen Thronerben zu verschachern. Darum fordert er von den schottischen Unterhändlern als erste Bedingung die sofortige Aushändigung des unmündigen Kindes nach England. Aber wenn die Tudors mißtrauisch gegen die Stuarts, so sind es die Stuarts nicht minder gegen die Tudors, und besonders die Mutter Maria Stuarts wehrt sich gegen diesen Vertrag. Als eine Guise streng katholisch erzogen, will sie ihr Kind nicht ketzerischem Irrglauben ausliefern, und auch sonst hat sie nicht große Mühe, in dem Vertrag eine gefährliche Fußangel zu entdecken. Denn in einem geheimen Artikel haben sich die von Heinrich VIII. bestochenen schottischen Unterhändler verpflichtet, falls das Kind vorzeitig sterben sollte, dahin zu wirken, daß desungeachtet „die ganze Herrschaft und der Besitz des Königreichs" an Heinrich VIII. fallen solle: und dieser Punkt ist bedenklich. Denn von einem Manne, der bereits zweien seiner Frauen das Haupt auf den Block gelegt hat, kann man allenfalls erwarten, daß er, um rascher ein so wichtiges Erbe anzutreten, den Tod dieses Kindes vielleicht etwas vorzeitig und nicht ganz natürlich gestalten könnte; so weist die Königin als sorgliche Mutter die Auslieferung ihrer Tochter nach London ab. Nun wird aus der Brautwerbung beinahe ein Krieg. Heinrich VIII. schickt Truppen aus, um sich mit Gewalt des kostbaren Pfandes zu bemächtigen, und von der nackten Brutalität jenes Jahrhunderts gibt sein Befehl an die Armee ein grausames Bild. „Es ist der Wille Seiner Majestät, daß alles mit Feuer und Schwert ausgetilgt werde. Brennt Edinburgh nieder und macht es der Erde gleich, sobald ihr alles, was ihr könnt, daraus geholt und geplündert habt ... plündert Holyrood und so viele Städte und Dörfer um Edinburgh, als ihr vermögt, plündert und verbrennt und unterwerft Leith und alle anderen Städte, rottet Männer, Frauen und Kinder ohne Schonung aus, wo immer Widerstand geleistet wird." Wie eine Hunnenschar brechen Heinrichs VIII. bewaffnete Banden über die Grenzen. Aber im letzten Augenblick werden Mutter und Kind auf das feste Schloß von Stirling in Sicherheit gebracht, und Heinrich VIII. muß sich mit einem Vertrag begnügen, in dem sich Schottland verpflichtet, Maria Stuart (immer wird sie wie ein Objekt verhandelt und verkauft) an dem Tage, da sie ihr zehntes Lebensjahr erreicht, nach England auszuliefern.

Abermals scheint alles auf das glücklichste geordnet. Aber Politik ist allezeit die Wissenschaft des Widersinns. Ihr widerstreben die einfachen, die natürlichen, die vernunftmäßigen Lösungen; Schwierigkeiten sind ihre liebste Lust, Zwist ist ihr Element. Bald beginnt die katholische Partei mit verdeckten Machenschaften, ob man das Kind – noch kann es nichts als lallen und lächeln – nicht doch lieber an den französischen Königssohn verschachern solle statt an den englischen, und als Heinrich VIII. stirbt, ist die Neigung, den Vertrag einzuhalten, bereits sehr gering. Jetzt aber fordert für den unmündigen König Eduard der englische Regent Somerset die Auslieferung der Kindbraut nach London, und wie Schottland Widerstand leistet, läßt er eine Armee vorrücken, damit die Lords die einzige Sprache vernehmen, die sie achten: die Gewalt. Am 10. September 1547 wird in der Schlacht – oder vielmehr Schlächterei – von Pinkie Cleugh die schottische Macht zerschmettert, mehr als zehntausend Tote bedecken das Feld. Noch hat Maria Stuart ihr fünftes Lebensjahr nicht erreicht, und schon ist um ihretwillen Blut in Strömen geflossen.

Wehrlos liegt jetzt Schottland den Engländern offen. Aber in dem ausgeplünderten Land ist wenig mehr zu rauben; für die Tudors enthält es eigentlich nur eine einzige Kostbarkeit: dieses Kind, das in sich selbst die Krone und das Kronrecht verkörpert. Doch zur Verzweiflung der englischen Spione ist Maria Stuart plötzlich spurlos aus dem Schlosse von Stirling verschwunden; niemand auch im vertrautesten Kreise weiß, wo die Königinmutter sie versteckt hält. Denn das schützende Nest ist unübertrefflich gut gewählt: bei Nacht und in größter Heimlichkeit hat man durch ganz sichere Diener das Kind in das Kloster Inchmahome bringen lassen, das auf einer kleinen Insel im See von Menteith, „dans le pays des sauvages“, wie der französische Botschafter berichtet, unwegsam verborgen liegt. Kein Steg führt zu dieser romantischen Stätte: mit einem Boot muß man die kostbare Fracht zum Inselufer hinübersetzen, und hier halten Fromme Hut, die selber niemals das Kloster verlassen. Dort, in völliger Verborgenheit, abgeschieden von der aufgeregten und unruhigen Welt, lebt das unwissende Kind im Schatten der Geschehnisse, während über Länder und Meere die Diplomatie geschäftig sein Schicksal webt. Denn Frankreich ist inzwischen drohend auf den Schauplatz getreten, um die völlige Unterjochung Schottlands durch England zu verhindern. Heinrich II., der Sohn Franz' I., sendet eine starke Flotte aus, und in seinem Namen wirbt der Generalleutnant des französischen Hilfskorps um die Hand Maria Stuarts für seinen Sohn und Thronerben Franz. Über Nacht ist das Schicksal dieses Kindes umgesprungen dank des politischen Windes, der scharf und kriegerisch über den Kanal stürmt: statt zur Königin von England ist die kleine Stuartstochter mit einmal zur Königin Frankreichs ausersehen. Kaum ist dieser neue und vorteilhaftere Handel gültig abgeschlossen, so wird am 7. August das kostbare Objekt dieses Schachers, das Kind Maria Stuart, fünf Jahre und acht Monate alt, nach Frankreich verpackt und verschickt, einem andern und ebenso unbekannten Gemahl für Lebenszeit verkauft. Abermals und nicht zum letztenmal formt und verwandelt fremder Wille ihr Schicksal.

Ahnungslosigkeit ist die Gnade der Kindheit. Was weiß ein dreijähriges, ein vierjähriges, ein fünfjähriges Kind von Krieg und Frieden, von Schlachten und Verträgen? Was sind ihm Namen wie Frankreich und England, wie Eduard und François, was all dieser wilde Wahn der Welt? Mit flatternden blonden Haaren läuft und spielt ein schlankbeiniges kleines Mädchen in den finsteren und hellen Räumen eines Schlosses, vier gleichaltrige Freundinnen zur Seite. Denn – ein reizender Gedanke inmitten einer barbarischen Zeit – von Anfang an hat man ihr vier gleichaltrige Gespielinnen mitgegeben, gewählt aus den vornehmsten Familien Schottlands, das Kleeblatt der vier Marys, Mary Fleming, Mary Beaton, Mary Livingstone und Mary Seton. Kinder, sind sie heute des Kindes lustige Gespielinnen, morgen werden sie Kameradinnen in der Fremde sein, damit ihr die Fremde nicht so fremd erscheine, später werden sie ihre Hofdamen werden und in zärtlicher Stimmung den Eid ablegen, nicht früher in den Ehestand zu treten, ehe sie nicht selber einen Gatten gewählt. Und wenn dann die drei andern im Unglück von ihr abfallen, eine wird sie weiter begleiten in das Exil und bis in ihre Todesstunde: ein Glanz seliger Kindheit leuchtet so hinüber bis in ihre dunkelste Stunde. Doch wie weit ist noch diese trübe und verschattete Zeit! Jetzt spielen die fünf Mädchen noch munter tagaus und tagein mitsammen im Schloß von Holyrood oder Stirling und wissen nichts von Hoheit und Würde und Königtum, nichts von seinem Stolz und seinen Gefahren. Dann aber kommt einmal ein Abend, und die kleine Maria wird hinausgetragen aus ihrem Kinderbettchen in die Nacht, ein Boot wartet an einem Teich, man rudert sie hinüber auf eine Insel, wo es still ist und gut – Inchmahome, Ort des Friedens. Fremde Männer grüßen sie dort, anders als andere Männer gekleidet, schwarz und in weiten wallenden Kutten. Aber sie sind freundlich und mild, sie singen schön in dem hohen Raum mit den farbigen Fenstern und das Kind gewöhnt sich ein. Doch abermals holt man sie weg eines Abends (immer wird Maria Stuart so reisen und fliehen müssen, des Nachts, aus einem Schicksal in das andere), und dann steht sie plötzlich auf einem hohen, mit weißen Segeln knatternden Schiff, umringt von fremden Kriegsleuten und bärtigen Matrosen. Aber warum sollte sie Angst haben, die kleine Maria? Alles ist ja sanft und freundlich und gut, der siebzehnjährige Stiefbruder James – einer der zahlreichen Bastarde, die James V. vor seiner ehelichen Zeit gezeugt – streichelt ihr das blonde Haar, und die vier Marys sind da, die geliebten Gespielinnen. So tollen und lachen unbesorgt zwischen den Kanonen des französischen Kriegsschiffes und den geharnischten Matrosen fünf kleine Mädchen, entzückt und beglückt wie Kinder von jeder unerwarteten Veränderung. Oben allerdings, im Mastkorb, steht ängstlich ein Seemann auf Ausguck: er weiß, die englische Flotte kreuzt im Kanal, um in letzter Stunde noch der englischen Königsbraut habhaft zu werden, ehe sie Braut des französischen Thronerben wird. Aber das Kind sieht nur das Nahe, das Neue, es sieht nur: das Meer ist blau, die Menschen sind freundlich, und stark und atmend wie ein riesiges Tier stößt sich das Schiff durch die Flut.

Am 13. August landet endlich die Galione in Roscoff, einem kleinen Hafen bei Brest. Die Boote fahren zum Ufer. Von dem bunten Abenteuer kindlich begeistert, lachend, übermütig und ahnungslos springt die noch nicht sechsjährige Königin von Schottland auf die französische Erde. Aber damit ist ihre Kindheit zu Ende, Pflicht und Prüfung beginnen.

Zweites Kapitel
Jugend in Frankreich

1548–1559

Der französische Hof ist wohlerfahren in vornehmen Sitten und untadelig in der geheimnisvollen Wissenschaft der Zeremonien. Ein Heinrich II., ein Valois, weiß, was der Braut eines Dauphins an Würde gebührt. Noch vor ihrer Ankunft unterzeichnet er einen Erlaß, daß „la reinette", daß die kleine Königin von Schottland von allen Städten und Orten auf ihrem Weg mit gleichen Ehren begrüßt werden solle, als ob sie seine eigene Tochter wäre. So erwartet Maria Stuart schon in Nantes eine Fülle bezaubernder Aufmerksamkeiten. Nicht nur sind an allen Straßenecken Galerien mit klassischen Emblemen, Göttinnen, Nymphen und Sirenen errichtet, nicht nur wird die Laune der Begleitmannschaft durch ein paar Fässer köstlichen Weines aufgelockert, nicht nur werden Feuerwerke und Artilleriesalven zu ihren Ehren abgefeuert – auch eine liliputanische Armee, hundertfünfzig kleine Kinder, alle unter acht Jahren, marschieren in ihren weißen Kleidchen, zu einer Art Ehrenregiment zusammengefaßt, mit Pfeifen und Trommeln, mit Miniaturpiken und Hellebarden jubelnd der kleinen Königin voran. Und so geht es von Ort zu Ort: in einer ununterbrochenen Folge von Festen gelangt die Kind-Königin Maria Stuart endlich nach Saint-Germain. Dort erblickt das noch nicht sechsjährige Mädchen zum erstenmal seinen Bräutigam, einen viereinhalbjährigen, schwachen, fahlen und rachitischen Knaben, den das vergiftete Blut von vornherein zu Siechtum und frühem Tode bestimmt und der scheu und schüchtern seine „Braut" begrüßt. Um so herzlicher aber empfangen sie die andern Mitglieder der königlichen Familie, von ihrer kindlichen Anmut entzückt, und Heinrich II. nennt sie in einem Briefe begeistert „la plus parfayt entfant que je vys jamès".

Der französische Hof stellt in jenen Jahren einen der glänzendsten und großartigsten der Welt dar. Eben ist das Mittelalter mit seiner Verdüsterung dahingegangen, aber noch liegt ein letztes romantisches Leuchten sterbenden Rittertums auf diesem Übergangsgeschlecht. Noch wirken sich Kraft und Mut in der Freude an der Jagd, an Ringelstechen und Turnieren, an Abenteuer und Krieg in alter harter Art männlich aus, doch schon hat sich das Geistige Herrenrecht gewonnen im Kreise der Herrschenden und der Humanismus nach den Klöstern und Universitäten die Königsschlösser erobert. Von Italien her ist die Prunkliebe der Päpste, das geistig-sinnliche Genießertum der Renaissance, die Freude an den schönen Künsten siegreich nach Frankreich vorgedrungen, und so entsteht hier in dieser Weltminute eine fast einzigartige Bindung von Kraft und Schönheit, von Mut mit Sorglosigkeit: die hohe Kunst, den Tod nicht zu fürchten und dennoch das Leben sinnlich zu lieben. Natürlicher und freier als irgendwo gattet sich im französischen Wesen Temperament mit Leichtigkeit, die gallische „Chevalerie" wird wunderbar eins mit der klassischen Kultur der Renaissance. Zugleich wird von einem Edelmann gefordert, bei dem Turnier im Panzerrock den Gegner wuchtig mit der Lanze anzureiten und mit anmutvoller Wendung die künstlichsten Figuren des Tanzes vorbildlich auszuführen, er muß die rauhe Kriegswissenschaft ebenso meistern wie die zarten Gesetze der höfischen Courtoisie; dieselbe Hand, die den pfundigen Zweihänder im Nahkampf führt, muß verstehen, zärtlich die Laute zu schlagen und einer geliebten Frau Sonette zu schreiben: beides in einem zu sein, stark und zart, rauh und kultiviert, kampfgeübt und kunstgebildet, ist das Ideal der Zeit. Tagsüber setzen der König und seine Edelleute mit schäumenden Rüden stundenlang den Hirschen und Ebern nach, Speere werden gebrochen und Lanzen zerspellt, aber abends versammeln sich in den Sälen der großartig erneuerten Schlösser des Louvre oder von Saint-Germain, Blois und Amboise die Edelleute und Edeldamen zu geistiger Unterhaltung. Verse werden vorgelesen, Madrigale gesungen, Musik wird gemacht, in Maskenspielen der Geist der klassischen Literatur erweckt. Die Gegenwart der vielen schönen und geschmückten Frauen, das Werk von Dichtern und Malern wie Ronsard, Du Bellay und Clouet verleiht diesem fürstlichen Hofe eine einzige Farbigkeit und Freudigkeit, die sich in allen Formen der Kunst und des Lebens verschwenderisch ausdrückt. Wie überall in Europa vor dem unglückseligen Glaubenskrieg steht Frankreich damals vor einem Aufschwung zu großer Kultur.

Wer an solchem Hofe leben, und vor allem, wer an solchem Hofe dereinst als Gebieter herrschen soll, muß sich diesen neuen kulturellen Forderungen anpassen. Er muß zur Vollendung streben in allen Künsten und Wissenschaften, er muß seinen Geist ebenso zu schmeidigen wissen wie seinen Körper. Ewig wird es eines der herrlichsten Ruhmesblätter des Humanismus bleiben, daß er gerade jenen, die im obern Kreise des Lebens wirken wollen, Vertrautheit mit allen Künsten zur Pflicht macht. Kaum je zu einer Zeit wurde so eindringlich nicht nur bei den Männern von Stande, sondern auch bei den Edelfrauen – eine neue Epoche hat damit begonnen – auf vollendete Erziehung geachtet. Wie Maria von England und Elisabeth muß Maria Stuart ebenso die klassischen Sprachen studieren, Griechisch und Latein, wie die zeitgenössischen, Italienisch, Englisch und Spanisch.

Aber dank eines hellen und geschwinden Geistes und der von ihren Ahnen ererbten Kulturfreude wird dem begabten Kinde jede Mühe zum Spiel. Bereits mit dreizehn Jahren rezitiert sie, die aus den Colloquien des Erasmus ihr Latein gelernt hat, vor dem ganzen Hof im Saale des Louvre eine selbstverfaßte lateinische Rede, und stolz kann ihr Oheim, der Kardinal von Lothringen, an Maria Stuarts Mutter, Marie von Guise, berichten: „Ihre Tochter ist so gewachsen und wächst jeden Tag so sehr an innerer Größe, Schönheit und Klugheit, daß sie bereits in allen guten und ehrenhaften Dingen so vollendet wie nur möglich ist und in diesem Königreich niemand unter den Töchtern des Adels oder der anderen Stände ihr zu vergleichen wäre. Ich darf melden, daß der König so großen Geschmack an ihr findet, daß er oft mehr als eine Stunde sich nur mit ihr befaßt, und sie weiß ihn mit klugen und vernünftigen Reden so gut zu unterhalten wie sonst eine Frau von fünfundzwanzig Jahren!" In der Tat ist die geistige Entwicklung Maria Stuarts eine ganz ungewöhnlich frühzeitige. Bald beherrscht sie das Französische mit derartiger Sicherheit, daß sie auch dichterischen Ausdruck wagen und die huldigenden Verse eines Ronsard und Du Bellay in würdiger Weise zu erwidern vermag; und nicht nur zu gelegentlichem höfischem Spiel, sondern gerade in den Augenblicken innerer Bedrängnis wird sie von nun ab ihr Gefühl am liebsten Versen anvertrauen, die Dichtung liebend und von allen Dichtern geliebt. Aber auch in allen anderen Kunstformen offenbart sie außerordentlichen Geschmack; sie singt anmutig zur Laute, ihr Tanz wird als bezaubernd gerühmt, ihre Stickereien sind Werke nicht nur einer geschickten, sondern auch besonders begabten Hand, ihre Kleidung bleibt diskret und wirkt nie überladen wie die pompösen Glockenroben, in denen Elisabeth stolziert; im schottischen Kilt wie im seidenen Staatskleide erscheint sie mit ihrer mädchenhaften Anmut gleich natürlich. Takt und Schönheitssinn sind bei Maria Stuart von Anfang an natürliche Gaben, und diese ihre hohe und doch nicht theatralische Haltung, die ihr für alle Zeiten die Aura des Poetischen verleiht, wird diese Stuartstochter selbst in den schlimmsten Stunden als kostbares Erbe ihres königlichen Bluts und ihrer fürstlichen Erziehung bewahren. Jedoch auch in sportlichen Dingen steht sie hinter den Gewandtesten dieses ritterlichen Hofes kaum zurück, eine unermüdliche Reiterin, eine leidenschaftliche Jägerin, eine geschickte Ballspielerin; ihr hochgewachsener, schlanker Mädchenkörper kennt bei aller Grazie kein Erschöpfen und Ermatten. Hell und heiter, sorglos und selig trinkt sie aus allen Bechern diese reiche und romantische Jugend, ohne zu ahnen, daß sie damit das reinste Glück ihres Lebens schon unbewußt erschöpft: kaum in einer anderen Gestalt hat das Frauenideal der französischen Renaissance so ritterlich-romantischen Ausdruck gefunden wie in diesem frohen und feurigen Königskind.

Nicht nur die Musen aber, sondern auch die Götter segnen diese Kindheit. Zu den erfreulichen geistigen Gaben ist Maria Stuart auch ungewöhnliche körperliche Anmut verliehen. Kaum wird das Kind zum Mädchen, zur Frau, so wetteifern bereits alle Dichter, ihre Schönheit zu preisen. „In ihrem fünfzehnten Jahr begann ihre Schönheit wie das Licht im hellen Mittag zu erscheinen", verkündet Brantôme und noch leidenschaftlicher Du Bellay:

„En vôtre esprit le ciel s'est surmonté
Nature et art ont en vôtre beauté
Mis tout le beau dont la beauté s'assemble."

Lope de Vega schwärmt: „Die Sterne entlehnen ihren schönsten Glanz ihrem Auge und ihren Zügen die Farben, die sie so wunderbar machen", und Ronsard unterlegt Karl IX. bei dem Tode seines Bruders Franz die folgenden Worte beinahe neidvoller Bewunderung:

„Avoir joui d'une telle beauté
Sein contre sein, valoit ta royauté"

und Du Bellay faßt all das Lob der vielen Beschreibungen und Gedichte in den beseligten Ausruf zusammen:

„Contentez vous mes yeux,
Vous ne verrez jamais une chose pareille."

Nun sind Dichter immer berufsmäßige Übertreiber, und besonders Hofdichter, sobald es gilt, die Vorzüge ihrer Herrscherin zu rühmen; neugierig blickt man darum die Bilder jener Zeit an, denen die meisterliche Hand Clouets Verläßlichkeit verbürgt, und ist weder enttäuscht noch völlig jener hymnischen Begeisterung gewonnen. Man sieht keine strahlende Schönheit, sondern eher eine pikante: ein zartes anmutiges Oval, dem die etwas spitze Nase jenen Reiz der leichten Unregelmäßigkeit verleiht, der ein Frauenantlitz immer besonders anziehend macht. Ein weiches dunkles Auge blickt Geheimnis und verschleierten Glanz, still und verschwiegen ruht der Mund: man muß zuerkennen, daß für dieses Fürstenkind die Natur tatsächlich ihr kostbarstes Material verwendet hat, eine wundervolle weiße, blanke, schimmernde Haut, aschblondes und üppiges Haar, das sich gefällig mit Perlen durchwirkt, lange, feine, schneehelle Hände, einen hohen, geschmeidigen Körper, „dont le corsage laissait entrevoir la neige de sa poitrine et dont le collet relevé droit decouvrait le pur modelé de ses épaules". Kein Makel ist in diesem Gesicht zu finden, aber eben weil es so kühl fehllos, so glattwegs schön ist, fehlt ihm noch jeder entscheidende Zug. Man weiß nichts von diesem anmutigen Mädchen, wenn man in ihr Bildnis blickt, und sie selbst weiß noch nichts von ihrem wahren Wesen. Noch ist nicht von innen heraus dieses Antlitz mit Seele und Sinnlichkeit durchdrungen, noch spricht sich hier nicht die Frau in dieser Frau aus: freundlich und angenehm sieht ein hübsches, sanftes Pensionatsmädchen einen an.

Diese Unfertigkeit, diese Unerwachtheit bestätigen trotz ihres redseligen Überschwangs auch alle mündlichen Berichte. Denn gerade dadurch, daß sie immer nur die Tadellosigkeit, die besondere Wohlerzogenheit, den Fleiß und die Korrektheit Maria Stuarts rühmen, sprechen sie von ihr wie von einer Vorzugsschülerin. Man erfährt, daß sie vortrefflich lernt, daß sie liebenswürdig im Gespräche ist, manierlich und fromm, daß sie in allen Künsten und Spielen exzelliert, ohne für irgendeine Kunst eine besondere, eine entscheidende Begabung zu besitzen, daß sie brav und folgsam das einer Königsbraut vorgeschriebene Bildungspensum bewältigt. Aber immer sind es nur die gesellschaftlichen, die höfischen Vorzüge, die alle bewundern, das Unpersönliche in ihr statt des Persönlichen; von dem Menschen, von dem Charakter gibt kein einziger besondere Kunde, und dies bezeugt, daß das Eigentliche, das Wesentliche ihrer Natur vorläufig jedem Blick noch verschlossen blieb, einfach darum, weil es noch nicht aufgeblüht war. Noch jahrelang läßt die Wohlerzogenheit und Weltkultur der Prinzessin die innere Gewalt der Leidenschaft nicht ahnen, welcher die Seele der Frau, einmal im tiefsten berührt und erschlossen, fähig sein wird. Blank und kühl glänzt noch ihre Stirne, freundlich und zart lächelt ihr Mund, dunkel sinnt und sucht das Auge, das nur in die Welt und noch nicht in die eigene Tiefe geblickt: noch wissen die anderen, noch weiß Maria Stuart nichts von dem Erbe in ihrem Blut, noch nichts von ihren eigenen Gefahren. Immer enthüllt erst die Leidenschaft in einer Frau die innerste Seele, immer erst in der Liebe und im Leiden erreicht sie das eigene Maß.

Früher, als eigentlich vorausgesehen, wird, da das Kind sich so verheißungsvoll zur künftigen Fürstin entfaltet, die Hochzeit gerüstet: abermals ist es Maria Stuart zubestimmt, daß ihre Lebensuhr in jedem Sinne geschwinder laufen soll als die ihrer Altersgenossen. Zwar ist der vertragsmäßig ihr zugedachte Dauphin kaum vierzehn Jahre alt und überdies ein besonders schwächlicher, ein fahler, kranker Knabe. Aber die Politik ist hier ungeduldiger als die Natur, sie will und darf nicht warten. Man hat recht verdächtige Eile am französischen Königshofe, das Ehegeschäft abzuschließen, eben weil man um die Schwächlichkeit und die gefährliche Kränklichkeit dieses Erben aus den besorgten Berichten der Ärzte weiß. Und das Wichtigste an dieser Heirat ist für die Valois doch nur, sich die schottische Krone zu sichern; darum zerrt man so hastig die beiden Kinder an den Altar. In dem Ehevertrag, der gemeinsam mit den Abgesandten des schottischen Parlaments abgeschlossen wird, erhält der Dauphin die „matrimonial crown", die Mitkönigskrone Schottlands, aber gleichzeitig pressen ihre Verwandten, die Guisen, der ihrer Verantwortung gar nicht bewußten fünfzehnjährigen Maria in aller Heimlichkeit noch ein zweites Dokument ab, das dem schottischen Parlament verborgen bleiben soll und in dem sie sich voraus verpflichten muß, im Falle vorzeitigen Todes, oder falls sie ohne Erben sterben sollte, ihr Land – als ob es ihr Privateigentum wäre – und sogar ihre Erbrechte auf England und Irland der französischen Krone zu vermachen.

Dieser Vertrag ist selbstverständlich – schon die Heimlichkeit der Unterzeichnung beweist es – eine Unehrlichkeit. Denn Maria Stuart hat gar kein Recht, willkürlich die Erbfolge zu ändern und ihr Vaterland im Falle ihres Todes einer fremden Dynastie wie einen Mantel oder eine sonstige Habe zu vermachen; aber die Oheime nötigen die noch ahnungslose Hand zur Unterschrift. Tragisches Symbol: die erste Unterschrift, die Maria Stuart unter dem Fingerdruck ihrer Verwandten auf ein politisches Dokument setzt, stellt zugleich die erste Lüge dieser im tiefsten aufrichtigen, vertrauensvollen und eindeutigen Natur dar. Doch um Königin zu werden, um Königin zu bleiben, wird es ihr von nun ab nie mehr erlaubt sein, völlig wahr zu bleiben: ein Mensch, der sich der Politik verschworen, gehört nicht mehr sich selbst und muß anderen Gesetzen gehorchen als den heiligen seiner Natur.

Großartig aber werden diese geheimen Machenschaften vor der Welt durch das prunkvolle Schauspiel der Hochzeitsfeier verdeckt. Seit mehr als zweihundert Jahren hat kein Dauphin von Frankreich innerhalb seiner Heimat geheiratet; so glaubt es der Hof von Valois sich schuldig zu sein, dem sonst nicht verwöhnten Volke ein Beispiel unerhörter Pracht zu geben. Katharina, die Mediceerin, kennt aus ihrer Heimat die von den ersten Künstlern entworfenen Festzüge der Renaissance und empfindet es als Ehrgeiz, auch die prunkvollsten ihrer Kindheit bei der

Hochzeit ihres Kindes zu übertreffen: Paris wird an diesem 24. April 1558 die Feststadt der Welt. Vor Notre-Dame ist ein offener Pavillon mit einen ciel-royal aus blauer Zypernseide, durchwirkt mit goldenen Lilien, errichtet, zu dem ein blauer, gleichfalls mit Lilien bestickter Teppich führt. Musikanten marschieren voran, rot und gelb gewandet, auf mannigfachen Instrumenten spielend, dann folgt, jubelnd begrüßt, in den kostbarsten Kleidern, der königliche Zug. Vor den Augen des Volkes wird die Vermählung vollzogen, tausende und abertausende Blicke grüßen bewundernd die Braut an der Seite des schmächtigen fahlen Knaben, den sein Pomp fast erdrückt. Die Hofpoeten überbieten sich auch bei diesem Anlaß in ekstatischen Schilderungen ihrer Schönheit. „Sie erschien", schreibt hymnisch Brantôme, der sonst lieber seine galanten Anekdoten erzählt, „hundertmal schöner als eine himmlische Göttin", und vielleicht hat wirklich in jener Stunde der Glanz ihres Glückes dieser leidenschaftlich ehrgeizigen Frau eine besondere Aura verliehen. Denn in dieser Stunde genießt dies lächelnde, nach allen Seiten beglückt grüßende, dies herrlich junge und blühende Mädchen vielleicht den prunkvollsten Augenblick seines Lebens. Nie mehr wird Maria Stuart dermaßen von Reichtum, Bewunderung und Jubel umbrandet sein wie nun, da sie, an der Seite des ersten Fürstensohnes von ganz Europa, an der Spitze seiner köstlich geschmückten Reiterschar durch die Straßen zieht, die bis zu den Dächern hinauf donnern von Jubel und Begeisterung. Abends wird im Justizpalast öffentliche Tafel gehalten, ganz Paris darf jetzt, begeistert zudrängend, dieses junge Mädchen bewundern, das eine neue Krone zur Krone Frankreichs gebracht. Den ruhmreichen Tag beendet ein Ball, für welchen die Künstler die wunderbarsten Überraschungen ersonnen haben. Sechs ganz mit Gold geschmückte Schiffe, mit Segeln aus Silberstoff, künstlich die Bewegungen stürmischer Fahrt nachahmend, werden von unsichtbaren Maschinisten in den Saal hineingezogen. In jedem sitzt, in Gold gekleidet und mit damastener Maske, ein Prinz, und jeder führt mit galanter Geste eine der Frauen des Hofes in sein Schiff, Katharina von Medici, die Königin, Maria Stuart, die Thronfolgerin, dann die Königin von Navarra und die Prinzessinnen Elisabeth, Margarethe und Claudia. Glückliche Fahrt durchs Leben in Prunk und Pracht soll dieses Spiel symbolisch andeuten. Aber das Schicksal läßt sich durch menschliche Wünsche nicht meistern, und anderen, gefährlicheren Gestaden steuert von diesem einzig sorglosen Augenblick an das Lebensschiff Maria Stuarts zu.

Die erste Gefahr kommt völlig unvermutet. Zur Königin von Schottland ist Maria Stuart längst gesalbt, der Roi Dauphin, der Thronfolger Frankreichs, hat sie zur Gattin erhoben; damit schwebt schon eine zweite, eine noch kostbarere Krone unsichtbar über ihrem Haupte. Da hält ihr das Schicksal als verderbliche Versuchung eine dritte Krone hin, und sie greift in kindischer Art, mit unberatenen, mit verblendeten Händen nach ihrem trügerischen Glanz. Im selben Jahre 1558, da sie die Gattin des französischen Thronfolgers wird, stirbt Maria, die Königin von England, und sofort besteigt ihre Stiefschwester Elisabeth den englischen Thron. Aber ist Elisabeth wahrhaft die erbberechtigte Königin? Heinrich VIII., der frauenreiche Blaubart, hat drei Kinder hinterlassen, Eduard und zwei Töchter, von denen Maria aus seiner Ehe mit Katharina von Aragonien stammt und Elisabeth aus der Ehe mit Anna Boleyn. Nach dem frühen Tode Eduards wird Maria, weil die Ältere und aus unbezweifelbar rechtlicher Ehe geboren, die Erbin des Throns, aber ist es jetzt nach ihrem kinderlosen Tode auch Elisabeth? Ja, sagen die englischen Kronjuristen, denn der Bischof hat die Ehe geschlossen, der Papst sie anerkannt. Nein, sagen die französischen Kronjuristen, denn Heinrich VIII. hat nachträglich seine Ehe mit Anna Boleyn für ungültig erklären lassen und Elisabeth durch Parlamentsbeschluß als Bastard. Ist aber Elisabeth nach dieser – von der ganzen katholischen Welt bekräftigten Auffassung – als Bastard thronunwürdig, so steht jetzt der Anspruch auf den Königsthron von England niemandem andern zu als Maria Stuart, der Urenkelin Heinrichs VII.

Eine ungeheure und welthistorische Entscheidung fällt damit über Nacht in die Hände eines sechzehnjährigen unerfahrenen Mädchens. Maria Stuart hat zwei Möglichkeiten. Sie kann nachgiebig sein und politisch handeln, sie kann ihre Base Elisabeth als berechtigte Königin von England anerkennen und ihren eigenen Anspruch unterdrücken, der zweifellos nur mit der Waffe durchzufechten ist. Oder aber sie kann kühn und entschlossen Elisabeth eine Kronräuberin nennen und die französische, die schottische Armee aufbieten, um die Usurpatorin vom Throne gewaltsam herunterzustoßen. Verhängnisvollerweise wählen Maria Stuart und ihre Berater den dritten Weg, den unglückseligsten, den es in der Politik gibt: den Mittelweg. Statt eines kräftig entschlossenen Schlages gegen Elisabeth führt der französische Hof bloß einen prahlerischen Lufthieb: auf Befehl Heinrichs II. nimmt das Kronprinzenpaar in sein Wappen auch die englische Königskrone auf und Maria Stuart läßt sich späterhin öffentlich und in allen Urkunden „Regina Franciae, Scotiae, Angliae et Hiberniae" nennen. Man erhebt also den Anspruch, aber man verteidigt ihn nicht. Man bekriegt nicht Elisabeth, man verärgert sie bloß. Statt einer wirklichen Tat mit Eisen und Schwert wählt man die machtlose Geste eines Anspruchs auf bemaltem Holz und beschriebenem Papier; damit ist eine dauernde Zweideutigkeit geschaffen, denn in dieser Form ist der Anspruch Maria Stuarts auf den englischen Thron da und wieder nicht da. Je nach

Belieben versteckt man ihn einmal und holt ihn das andere Mal wieder heraus. So antwortet Heinrich II. Elisabeth, als sie gemäß dem Vertrage die Rückgabe von Calais verlangt: „In diesem Falle muß Calais der Gemahlin des Dauphins, der Königin von Schottland, übergeben werden, die wir alle als Königin von England betrachten." Aber andererseits rührte Heinrich II. keine Hand, um diesen Anspruch seiner Schwiegertochter zu verteidigen, sondern verhandelt weiter mit der angeblichen Thronräuberin wie mit einer gleichberechtigten Monarchin. Durch diese törichte leere Geste, durch dies kindisch-eitle aufgemalte Wappen ist für Maria Stuart nichts erreicht und alles verdorben. Im Leben eines jeden Menschen gibt es Fehler, die nicht mehr gutzumachen sind. So hat auch hier durch diese eine im Kindesalter mehr aus Trotz und Eitelkeit als aus bewußter Überlegung begangene politische Ungeschicklichkeit Maria Stuart eigentlich ihr ganzes Leben zerstört, denn mit dieser einen Kränkung macht sie sich die mächtigste Frau Europas zur unversöhnlichen Feindin. Eine wirkliche Herrscherin kann alles erlauben und dulden, nur dies eine nicht, daß ein anderer ihr Herrscherrecht bezweifelt. Nichts ist darum natürlicher und man kann es Elisabeth nicht verdenken, wenn sie von dieser Stunde an Maria Stuart als die gefährlichste Rivalin betrachtet, als den Schatten hinter ihrem Thron. Was immer auch von dieser Stunde zwischen den beiden gesagt und geschrieben wird, muß Tünche sein und trügerische Wortmalerei, um die innere Gegnerschaft zu verdecken, aber darunter bleibt unheilbar der Riß. Immer richten Halbheiten und Unehrlichkeiten in der Politik und im Leben mehr Schaden an als die energischen und scharfen Entschlüsse. Die nur symbolisch hingemalte englische Krone im Wappenschilde Maria Stuarts hat mehr Blut verschuldet als ein wirklicher Krieg um die wirkliche Krone. Denn ein offener Kampf hätte die Sachlage einmal und endgültig entschieden, dieser aber, der hinterhältige, erneut sich immer wieder und verstört beiden Frauen die Herrschaft und das Leben. Dieses verhängnisvolle Wappenschild mit dem englischen Hoheitsabzeichen wird auch im Juli 1559 stolz und sichtbar dem Roi Dauphin und der Reine Dauphine in Paris bei einem Turnier vorangetragen, das zur Feier des Friedens von Cateau-Cambrésis veranstaltet wird. Der ritterliche König Heinrich II. läßt es sich nicht nehmen, selbst eine Lanze „pour l'amour des dames" zu brechen, und jeder weiß, welche Dame er meint: Diana von Poitiers, die stolz und schön von ihrer Loge auf ihren königlichen Liebhaber niederblickt. Aber aus dem Spiel wird plötzlich furchtbarer Ernst. In diesem Zweikampf entscheidet sich Weltgeschichte. Denn der Kapitän der schottischen Leibwache Montgomery rennt, nachdem seine Lanze schon abgesplittert ist, mit ihrem Stumpf so ungeschickt heftig den König, seinen Spielgegner, an, daß ein Splitter durch das Visier tief ins Auge dringt und der König ohnmächtig von Pferde stürzt. Erst hält man die Verletzung noch für ungefährlich, aber die Besinnung kehrt nicht mehr wieder, entsetzt umsteht die Familie das Bett des Fiebernden. Einige Tage kämpft noch die kraftvolle Natur des tapferen Valois gegen den Tod; endlich, am 10. Juli, steht das Herz still. Aber selbst im tiefsten Schmerz ehrt der französische Hof noch die Sitte als den obersten Herrn des Lebens. Wie die königliche Familie das Schloß verläßt, bleibt Katharina von Medici, die Gemahlin Heinrichs II., plötzlich an der Tür stehen. Nicht ihr gebührt seit dieser Stunde, die sie zur Witwe gemacht hat, der Vortritt mehr bei Hofe, sondern der Frau, welche die gleiche Stunde zur Königin erhoben. Mit zagem Schritt, befangen und verwirrt, muß Maria Stuart als Gattin des neuen Königs von Frankreich an der Königin von gestern vorbeischreiten. Und mit diesem einzigen Schritt hat sie, siebzehnjährig, alle Altersgenossinnen überholt und die höchste Stufe der Macht erreicht.

Drittes Kapitel
Königin, Witwe und dennoch Königin

Juli 1560 bis August 1561

Nichts hat die Lebenslinie Maria Stuarts so sehr ins Tragische gewendet, als daß ihr das Schicksal alles an irdischer Macht so trügerisch mühelos in die Hände gibt. Ihr Aufstieg erfolgt in derart raketenhaft geschwinder Kurve – mit sechs Tagen Königin von Schottland, mit sechs Jahren Braut eines der mächtigsten Prinzen Europas, mit siebzehn Jahren Königin von Frankreich –, daß sie das höchste Maß an äußerer Macht schon in Händen hält, noch ehe ihr inneres Leben wahrhaft begonnen hat. Alles fällt ihr aus unsichtbarem Füllhorn scheinbar unerschöpflich zu, und nichts davon ist durch eigenen Willen erworben, durch eigene Kraft erkämpft, nichts Mühe und nichts Verdienst, alles Erbe, Gnade und Geschenk. Wie im Traume, wo alles flughaft-farbig vorüberflieht, erlebt sie sich im Hochzeits-, im Krönungskleide, und ehe sie mit wachen Sinnen diesen verfrühten Frühling begreifen kann, ist er schon verblüht, verwelkt, vorüber, und sie erwacht enttäuscht, geplündert, beraubt, verstört. In einem Alter, da andere erst zu wünschen, zu hoffen, zu begehren beginnen, hat sie bereits alle Möglichkeiten des Triumphes durchschritten, ohne Zeit und Muße gehabt zu haben, ihn auch seelisch zu erfassen. In dieser Vorschnelle ihres Schicksals ist aber auch das Geheimnis ihrer Unruhe und Ungenügsamkeit im Samenkorn verschlossen: wer so früh die Erste eines Landes, einer Welt gewesen, wird sich nie mit kleinem Lebensmaß mehr bescheiden können. Nur schwache Naturen verzichten und vergessen, die starken aber fügen sich nicht und fordern auch das übermächtige Schicksal zum Kampfe heraus.

In der Tat, wie ein Traum geht diese kurze Königszeit in Frankreich dahin, wie ein hastiger, unruhiger, angstvoller, sorgenvoller Traum. Die Kathedrale von Reims, wo der Erzbischof dem blassen kranken Knaben die Krone auf das Haupt drückt und die schöne junge, mit allen Juwelen des Schatzes geschmückte Königin inmitten des Adels wie eine schmale, schlanke, noch nicht voll erblühte Lilie aufleuchtet, schenkt ihr einen einzigen, farbig vorstrahlenden Augenblick, sonst meldet die Chronik keine Feste und Fröhlichkeiten. Das Schicksal läßt Maria Stuart keine Zeit, jenen troubadourischen Hof der Künste und der Dichtung zu schaffen, von dem sie träumte, keine Zeit auch den Malern, das Bild des Monarchen und seiner schönen Gattin in Prunkgemälden festzuhalten, keine Zeit den Chronisten, ihren Charakter zu schildern, keine Zeit dem Volke, seine Herrscher kennen oder gar lieben zu lernen; wie zwei hastige Schatten, von bösem Wind gejagt, fliehen diese beiden Kindergestalten in der langen Reihe der Könige von Frankreich vorüber.

Denn Franz II. ist krank und von Anbeginn zu frühem Tode gezeichnet wie ein Baum im Wald. Ängstlich, mit schweren, müden, wie vom Schlaf aufgeschreckten Augen, blickt aus rundem, gedunsenem Gesicht ein fahler kleiner Knabe den Betrachter an, und ein plötzlich einsetzendes und darum unnatürliches Wachstum schwächt noch mehr seine Widerstandskraft. Ständig wachen die Ärzte um ihn und raten dringend zur Schonung. Jedoch in diesem Knaben pocht ein törichter, kindischer Ehrgeiz, hinter seiner schlanken, sehnigen Gemahlin, die Jagd und Sport leidenschaftlich liebt, nicht zurückzubleiben. Er zwingt sich gewaltsam zu hitzigen Ritten und körperlichen Anstrengungen, um sich Gesundheit und Männlichkeit vorzutäuschen; aber die Natur läßt sich nicht betrügen. Sein Blut bleibt unheilbar matt und vergiftet, schlimmes Erbteil seines Großvaters Franz I., immer wieder fallen Fieber ihn an, bei jedem scharfen Wetter muß er zu Hause sitzen, ungeduldig, ängstlich und müde, ein kläglicher Schatten, von der Sorge vieler Ärzte umringt. Ein solch armer König weckt an seinem Hofe mehr Mitleid als Ehrfurcht, im Volke dagegen gehen bald böse Mären um, er sei leprakrank und bade im Blute frischgeschlachteter Kinder, um zu genesen; finster blicken die Bauern dem kümmerlichen Jungen nach, wenn er fahl und langsam auf seinem

Rosse vorbeitrabt, die Höflinge aber beginnen schon vorausdenkend, die Königinmutter, Katharina von Medici, und Karl, den Thronerben, zu umscharen. Mit solchen matten, schwachen Händen vermag man die Zügel der Herrschaft nicht lange straff zu halten; ab und zu malt der Knabe mit steifer, ungelenker Schrift sein „François" unter Dokumente und Dekrete, aber in Wahrheit regieren die Verwandten Maria Stuarts, die Guisen, statt seiner, der nur um eines kämpft: sein bißchen Leben und Kraft möglichst lange festzuhalten.

Eine glückliche Ehe, falls es überhaupt eine wirkliche gewesen, kann man ein solches In-Krankenstuben-Beisammensein, ein solches stetes Sorgen und Behüten kaum nennen. Aber nichts wiederum läßt annehmen, daß diese beiden Halbkinder sich nicht vertragen hätten, denn selbst ein so bösartig geschwätziger Hof, an dem Brantôme jede Liebschaft in seinem „Vie des dames galantes" verzeichnete, findet über Maria Stuarts Verhalten kein Wort des Tadels oder der Verdächtigung. Lange ehe sie die Staatsraison vor dem Altar verbunden, waren Franz und Maria Stuart Kameraden gewesen, kindliche Spielgemeinschaft hatte sie längst vereint und das Erotische darum kaum eine wesentliche Rolle bei diesen Halbkindern gespielt: es wird noch Jahre dauern, ehe in Maria Stuart die Fähigkeit leidenschaftlicher Hingabe erwacht, und Franz, der fiebermatte Knabe, wäre der letzte gewesen, sie in dieser verhaltenen, tief in sich verschlossenen Natur zu erwecken. Gewiß hat gemäß ihrem mitleidigen und gefällig gutmütigen Wesen Maria Stuart ihren Gemahl auf das sorglichste gepflegt, denn wenn schon nicht vom Gefühl, so mußte sie doch vom Verstande her wissen, daß all ihre Macht und Herrlichkeit an den Atem und Herzschlag dieses armen siechen Knaben gebunden war und daß sie ihr eigenes Glück verteidigte, indem sie sein Leben behütete. Aber für wirkliches Glücklichsein war in dieser Spanne Königszeit überhaupt kein Raum; im Lande regt sich hugenottischer Aufruhr, und nach dem berüchtigten Tumult von Amboise, der das Königspaar persönlich bedroht, muß Maria Stuart der Herrscherpflicht einen traurigen Tribut abstatten. Sie muß anwesend sein bei der Hinrichtung der Rebellen, muß zusehen – und der Augenblick wird sich tief in ihre Seele eingraben, vielleicht wird er aufleuchten wie ein magischer Spiegel in einer andern, eigenen Stunde –, wie mit verschnürten Armen ein lebender Mensch auf den Block niedergepreßt wird, wie mit hartem Henkerschlag, mit einem dumpfen, knirschenden und dröhnenden Ton die Axt in den Nacken fährt und ein Haupt blutend in den Sand kollert: ein Bild, grausig genug, jenes glänzende der Krönung von Reims auszulöschen. Und dann jagt eine schlimme Botschaft die andere: ihre Mutter, Marie von Guise, die für sie Schottland verwaltet, ist im Juni 1560 gestorben, das Erbland hinterlassend in religiösem Zwist und Aufruhr, Krieg an den Grenzen, die englischen Truppen tief in den Gemarken, und bereits muß Maria Stuart Trauergewand tragen statt des festlichen, das sie kindisch erträumt. Die Musik, die geliebte, muß schweigen, der Tanz anhalten. Aber schon pocht abermals die knöcherne Hand an Herz und Haus. Franz II. wird schwächer und schwächer, das vergiftete Blut in seinen Adern hämmert unruhig hinter den Schläfen und braust in den Ohren. Er kann nicht mehr gehen, nicht mehr reiten und muß im Bett von einem Ort zum andern getragen werden. Endlich bricht die Entzündung eitrig in seinem Ohre durch, die Ärzte wissen keine Hilfe mehr, und am 6. Dezember 1560 hat der unselige Knabe ausgelitten.

Und abermals wiederholt sich – tragisches Symbol – die Szene zwischen den beiden Frauen Katharina von Medici und Maria Stuart an einem Sterbebett. Kaum hatte Franz II. den letzten Atemzug getan, so weicht Maria Stuart, weil nicht mehr Königin von Frankreich, an der Tür hinter Katharina von Medici zurück, die jüngere Königswitwe muß der älteren den Vortritt lassen. Sie ist nicht mehr die erste Frau des Reiches, sondern schon wieder nur die zweite; in einem einzigen Jahr ist der Traum zu Ende und Maria Stuart nicht mehr Königin von Frankreich und einzig noch, die sie gewesen vom ersten Augenblick an und bleiben wird bis zum letzten: Königin von Schottland.

Vierzig Tage dauert gemäß dem Zeremoniell des französischen Hofes die strengste Trauerzeit einer Königswitwe. Während dieser unerbittlichen Klausur darf sie ihre Gemächer nicht für einen Augenblick verlassen, in den ersten zwei Wochen darf niemand außer dem neuen König und seinen nächsten Verwandten sie in dem künstlichen Grabgewölbe, in dem abgedunkelten und nur mit Kerzen erhellten Raum besuchen. Nicht wie die Frauen des Volks kleidet sich in diesen Tagen die Königswitwe in das düstere Schwarz, die ewig gültige Farbe der Trauer, denn ihr allein ziemt der „Deuil blanc“. Weiß die Haube über dem blassen Gesicht, weißbrokaten das Kleid, weiß die Schuhe, die Strümpfe, nur dunkel der Flor über diesem fremden Geleucht, so trägt sich Maria Stuart in jenen Tagen, so zeigt sie uns Janet in seinem berühmten Gemälde und so schildert sie Ronsard in seinem Gedicht:

„Un crespe long, subtil et délié
Ply contre ply, retors et replié
Habit de deuil, vous sert de couverture,
Depuis le chef jusques à la ceinture,

Qui s'enfle ainsi qu'un voile quand le vent
Soufle la barque et la cingle en avant,
De tel habit vous étiez accoutrée
Partant, hélas! de la belle contrée
Dont aviez eu le sceptre dans la main,
Lorsque, pensive et baignant votre sein
Du beau cristal de vos larmes coulées
Triste marchiez par les longues allées
Du grand jardin de ce royal château
Qui prend son nom de la beauté des eaux."

Und in der Tat, kaum in einem andern Bilde hat das Sympathische und Milde dieses jungen Antlitzes sich sieghafter dargetan als hier, da eine ernste Besinnlichkeit das sonst unruhige Auge verklärt und die einförmige schmucklose Farbe die reine Blässe ihrer Haut heller aufleuchten läßt; in der Trauer fühlt man das Edle, das Königliche ihrer Menschlichkeit ungleich deutlicher als bei den Bildern von vordem, die sie in Prunk und Pracht ihrer Würde darstellen, überhäuft mit Juwelen und geschmückt mit allen Insignien der Macht.

Diese edle Melancholie spricht auch aus den Strophen, die sie selbst in diesen Tagen als Totenklage dem verstorbenen Gemahle widmet, Verse, die nicht unwürdig sind ihres Meisters und Lehrers Ronsard. Selbst nicht von königlicher Hand geschrieben würde diese leise Nänie zum Herzen sprechen durch den schlichten Ton ihrer Aufrichtigkeit. Denn keineswegs einer leidenschaftlichen Liebe zum Verstorbenen rühmt sich hier die Zurückgebliebene – nie hat Maria Stuart im Dichterischen gelogen, immer nur in der Politik –, einzig ihre Verlorenheit und Verlassenheit läßt sie sprechen:

„*Sans cesse mon cœur sent*
Le regret d'un absent
Si parfois vers les cieux
Viens à dresser ma veue
Le doux traict de ses yeux
Je vois dans une nue;
Soudain je vois dans l'eau
Comme dans un tombeau
Si je suis en repos
Sommeillant sur ma couche,

Je le sens qu'il me touche:
En labeur, en recoy
Toujours est près de moy."

Daß diese Trauer Maria Stuarts um Franz II. mehr als eine poetische Fiktion, daß sie ein ehrliches und aufrichtiges Bedauern gewesen, ist nicht zu bezweifeln. Denn mit Franz II. hat Maria Stuart nicht nur einen wohlgesinnten, nachgiebigen Kameraden, einen zärtlichen Freund verloren, sondern auch ihre europäische Stellung, ihre Macht, ihre Sicherheit. Bald wird die kindliche Witwe den Unterschied spüren, wie viel es bedeutet hat, die Erste an einem Hofe, die Königin gewesen zu sein, und wie wenig, plötzlich die Zweite zu werden, eine Pensionistin von des Nachfolgers Gnaden. Erschwert wird diese an sich schon bedrückende Lage durch die Feindseligkeit, die ihr Katharina von Medici, ihre Schwiegermutter, kaum daß sie wieder die erste Frau am Hofe geworden ist, entgegenbringt; es scheint, daß Maria Stuart einmal diese hochfahrende und heimtückische Mediceerin durch ein törichtes Wort tödlich beleidigt hat, indem sie verächtlich die geringe Herkunft der „Kaufmannstochter" mit ihrer eigenen, von Geschlecht zu Geschlecht ererbten Königswürde verglich. Solche Unbedachtsamkeiten – auch gegen Elisabeth wird sich das unberatene, ungestüme Mädchen ähnliche zuschulden kommen lassen – sind zwischen Frauen verhängnisvoller als offene Beleidigungen. Und kaum gelangt Katharina von Medici, die ihren Ehrgeiz zwei Jahrzehnte lang erst um Diana von Poitiers, dann um Maria Stuarts willen bezähmen mußte, zu politischer Macht, so läßt sie die beiden Gestürzten ihren Haß herrisch und herausfordernd fühlen.

Aber Maria Stuart – deutlich tritt jetzt der entscheidende Zug ihres Charakters ans Licht: ihr unbändiger, unbeugsamer, männlich harter Stolz – wird nirgends bleiben wollen, wo sie nur Zweite ist, nie wird ihr hohes und heftiges Herz sich mit einer kleinen Stellung, mit einem halben Rang begnügen. Lieber wählt sie das Nichts, lieber den Tod. Einen Augenblick denkt sie daran, sich für immer in ein Kloster zurückzuziehen, allen Rang abzuschwören, da sie den höchsten in diesem Lande nicht mehr erreichen kann. Aber noch ist die Verführung des Lebens zu groß, noch wäre für eine Achtzehnjährige ewiger Verzicht wider die innere Natur. Und dann: noch immer kann sie für die verlorene Krone eine andere, eine ebenso kostbare, eintauschen. Schon meldet sich der Gesandte des Königs von Spanien als Werber für Don Carlos, den zukünftigen Herrn zweier Welten, schon sendet der österreichische Hof geheime Unterhändler, die Könige von Schweden und

Dänemark bieten ihr Thron und Hand. Und schließlich ist noch immer die Erbkrone ihr eigen, jene von Schottland, und noch immer der Anspruch auf die andere, die nachbarliche, die englische Krone in Schwebe. Immer harren ja noch unermeßliche Möglichkeiten dieser mädchenhaften Königswitwe, dieser eben erst zu voller Schönheit herangeblühten Frau. Nur sind sie nicht mehr wie vordem geschenkt und entgegengetragen vom Schicksal, von jetzt ab muß alleserrungen werden, mit Geschick und Geduld zähen Gegnern abgekämpft. Aber mit so viel Mut im Herzen, mit so viel Schönheit im Antlitz, mit so viel Jugend im heißen blühenden Leibe kann man auch höchstes Spiel unbedenklich wagen. Und mit entschlossener Seele tritt Maria Stuart in den Kampf um ihr Erbe.

Freilich: der Abschied von Frankreich wird ihr nicht leicht. Zwölf Jahre hat sie an diesem fürstlichen Hofe gelebt, und das schöne, reiche, sinnlich freudige Land war ihr schon mehr Heimat geworden als das Schottland der versunkenen Kindertage. Hier sind die mütterlichen Verwandten, die sie umhüten, hier die Schlösser, in denen sie glücklich gewesen, hier die Dichter, die sie rühmen und verstehen, hier die leichte, die ritterliche Anmut des Lebens, der sie sich im tiefsten zugeboren weiß. Von Monat zu Monat zögert sie darum, obwohl längst auf das dringlichste berufen, mit der Rückkehr in ihr eigenes Königreich. Sie besucht in Joinville, in Nancy ihre Verwandten, sie wohnt in Reims der Krönung ihres zehnjährigen Schwagers, Karls IX., bei; immer sucht sie, wie von geheimnisvoller Ahnung gewarnt, anderen und anderen Vorwand, um die Reise zu verschieben. Und es ist, als warte sie eigentlich auf irgendeine Schicksalsfügung, welche ihr die Heimfahrt nach Schottland ersparte.

Denn so neu und unerfahren die Achtzehnjährige in Staatsdingen auch sein mag: dies muß Maria Stuart doch schon erfaßt haben, daß in Schottland harte Prüfung ihr bevorsteht. Seit dem Tode ihrer Mutter, die für sie als Regentin das Erbe verwaltete, haben die protestantischen Lords, ihre schlimmsten Gegner, die Oberhand und verbergen kaum ihr Widerstreben, eine gläubige Katholikin, eine Anhängerin der verhaßten Messe, ins Land zu rufen. Offen erklären sie – der englische Gesandte meldet es begeistert nach London –, „man solle die Reise der Königin von Schottland noch um einige Monate verzögern, und wären sie nicht zu Gehorsam verpflichtet, so würde ihnen wenig daran liegen, sie überhaupt zu sehen". Heimlich haben sie längst schlimmes Spiel getrieben, sie haben versucht, der Königin von England den nächsten Thronberechtigten, den protestantischen Earl of Arran, als Gatten anzubieten und damit widerrechtlich Elisabeth eine

Krone in die Hände zu schieben, die unzweideutig Maria Stuart gehört. Ebensowenig kann sie ihrem eigenen Stiefbruder, James Stuart, Earl of Moray, trauen, der im Auftrage des schottischen Parlaments zu ihr nach Frankreich kommt; denn er steht Elisabeth bedenklich nahe und vielleicht sogar besoldet in ihrem Dienst. Einzig ihre schleunige Heimkehr kann alle diese dunklen und dumpfen Intrigen rechtzeitig niedertreten, nur mit dem von ihren Ahnen, den Stuartkönigen, ererbten Mut kann sie ihr Königtum behaupten. Und so entschließt sich endlich, um nicht im selben Jahre die zweite Krone nach der ersten zu verlieren, Maria Stuart schweren Sinnes und düsterer Ahnung, einem Ruf zu folgen, der nicht aus ehrlichem Herzen kommt und den sie selbst nur mit halbem Vertrauen hört.

Aber noch ehe sie das eigene Reich betritt, muß Maria Stuart spüren, daß Schottland an England grenzt und daß eine andere als sie selbst dessen Königin ist. Elisabeth hat keinen Grund und noch weniger Neigung, dieser Rivalin und Kronanwärterin das Leben leicht zu machen, und mit zynischer Offenheit bekräftigt ihr Staatsminister Cecil jedes feindselige Vorgehen: „Je länger die Angelegenheiten der schottischen Königin unsicher bleiben, um so besser für die Sache Ihrer Majestät." Denn noch ist der Zwist jenes papierenen und gemalten Thronanspruchs nicht ausgetragen. Zwar hatten die schottischen Abgesandten in Edinburgh einen Vertrag mit den englischen abgeschlossen, in dem sie im Namen Maria Stuarts sich verpflichteten, Elisabeth „for all times coming", also für immerdar, als die rechtmäßige Königin von England anzuerkennen. Aber als dann der Vertrag nach Paris gebracht wurde und es galt, die Unterschrift unter die zweifellos gültige Abmachung zu setzen, waren Maria Stuart und ihr Gatte Franz II. ausgewichen; die Anerkennung will ihr nicht in die Feder, nie wird sie, die einmal mit dem Wappen den Anspruch auf die englische Krone wie eine Fahne vor sich her tragen ließ, diese Fahne senken. Sie ist allenfalls bereit, ihr Recht aus Politik zurückzustellen, aber nie wird sie zu bewegen sein, offen und ehrlich auf ihr Ahnenerbe zu verzichten.

Eine solche Zweideutigkeit des Ja und Nein kann Elisabeth nicht dulden. Die Gesandten der schottischen Königin haben in ihrem Namen den Vertrag von Edinburgh unterschrieben, folglich, erklärt sie, sei Maria Stuart verpflichtet, diese Unterschrift einzulösen. Eine Anerkennung sub rosa, eine heimliche Zusage, kann Elisabeth nicht genügen, denn für sie als Protestantin, deren halbes Reich sich noch immer leidenschaftlich zum Katholizismus bekennt, bedeutet eine katholische Prätendentin nicht nur Throngefahr, sondern Lebensgefahr. Wenn die

Gegenkönigin nicht klar auf jede Art des Anspruchs Verzicht leistet, ist Elisabeth nicht wahrhaft Königin.

Elisabeth befindet sich, niemand kann es leugnen, in dieser Streitsache zweifellos im Recht; aber sie setzt sich selber schleunig ins Unrecht, indem sie einen so großen politischen Konflikt in kleinlicher und mesquiner Weise auszutragen sucht. Immer haben Frauen in der Politik die gefährliche Eigenschaft, bloß mit Nadelstichen ihre Rivalen zu verwunden und Gegensätze durch persönliche Bosheiten zu vergiften; auch jetzt begeht die sonst klarsichtige Herrscherin diesen ewigen Fehler der politischen Frauen. Maria Stuart hat für die Reise nach Schottland formell einen „safe conduct" – wir würden heute sagen: ein Durchreisevisum – angesprochen, was man ihrerseits sogar als einen Akt der Courtoisie, der formellen amtlichen Höflichkeit deuten kann, denn der gerade Seeweg in die Heimat steht ihr ohnedies offen: wenn sie über England reisen will, so bietet sie damit ihrer Gegnerin stillschweigend die Möglichkeit freundschaftlicher Aussprache. Elisabeth aber ergreift sofort die Gelegenheit, um ihrer Rivalin einen Stich zu versetzen. Sie erwidert die Höflichkeit mit einer groben Unhöflichkeit und erklärt, sie verweigere insolange Maria Stuart den „safe conduct", als sie den Vertrag von Edinburgh nicht unterzeichnet habe. Um die Königin zu treffen, beleidigt sie die Frau. Statt der kraftvollen Geste der Kampfandrohung wählt sie die boshafte und kraftlose der persönlichen Kränkung.

Nun ist von dem innerlichen Konflikt dieser beiden Frauen der Schleier abgerissen, mit harten, heißen Augen stoßen Stolz und Stolz gegeneinander. Unverzüglich läßt Maria Stuart den englischen Gesandten zu sich rufen, und leidenschaftlich fährt sie ihn an: „Nichts schmerzt mich mehr, als daß ich mich so sehr vergessen konnte, von Ihrer Gebieterin, der Königin, diese Gunst zu verlangen, die ich gar nicht zu verlangen brauchte. Ich benötige ebensowenig ihre Bewilligung für meine Reise wie sie die meine für ihre Reisen und kann auch ohne ihren Paß und ihre Erlaubnis in mein Königreich zurückkehren. Denn obwohl der verstorbene König alle Hindernisse in Gang setzte, um mich abzufangen, als ich in dieses Land kam, wissen Sie doch, Herr Gesandter, daß ich heil herübergekommen bin, und ebenso würde ich gute Mittel und Wege finden, auf gleiche Art heimzugelangen, wollte ich meine Freunde anrufen ... Sie haben mir offen gesagt, daß Freundschaft zwischen der Königin und mir wünschenswert und für uns beide zum Vorteil wäre. Ich habe jetzt einigen Grund anzunehmen, daß die Königin nicht dieser Meinung ist, denn sonst würde sie mir mein Ansuchen nicht so unfreundlich abgelehnt haben. Es hat den Anschein, daß sie mehr Gewicht auf die Freundschaft der Ungehorsamen unter meinen Untertanen legt als auf die meine, die der Gebieterin, die ich ihr gleich im Range bin, wenn auch geringer an Klugheit und Erfahrung, aber doch ihre nächste Verwandte und ihr nächster Nachbar ... Ich verlange von ihr nichts als Freundschaft, ich beunruhige nicht ihren Staat, noch verhandle ich mit ihren Untertanen, und doch weiß ich, daß ihrer genug in ihrem Königreich wären, die meine Angebote gerne vernehmen würden."

Das ist eine starke Drohung, vielleicht mehr stark als klug. Denn noch bevor Maria Stuart den Fuß nach Schottland gesetzt hat, verrät sie schon ihre geheime Absicht, den Kampf mit Elisabeth notfalls auch nach England hinüberzutragen. Der Botschafter weicht höflich aus. Alle Schwierigkeiten entstammten doch nur dem Umstand, daß Maria Stuart seinerzeit das englische Wappen in das ihre aufgenommen habe. Auf diesen Anwurf hat Maria Stuart rasch eine Antwort bereit: „Herr Gesandter, ich stand damals unter dem Einfluß des Königs Heinrich, meines Schwiegervaters, und des Königs, meines Herrn und Gemahls, und was immer geschehen ist, geschah auf ihren Befehl und ihre Anordnung. Seit ihrem Tode, Sie wissen es, habe ich niemals weder das Wappen noch den Titel einer Königin von England geführt. Ich glaube, diese Handlungsweise müßte die Königin sichermachen. Übrigens wäre es für meine Base, die Königin, keine solche Unehre, wenn ich als Königin gleichfalls das Wappen von England führen würde, denn ich weiß, daß auch andere, die im Range niedriger sind als ich und nicht so nahe verwandt, dieses Wappen führen. Schließlich können Sie doch gar nicht leugnen, daß meine Großmutter eine der beiden Schwestern des Königs, ihres Vaters, war, und zwar die ältere."

Abermals schimmert unter der freundlichen Form eine gefährliche Mahnung: indem Maria Stuart betont, daß sie von der älteren Linie abstammt, bekräftigt sie neuerdings ihr Anrecht. Und wie nun der Botschafter sie beschwichtigend bittet, zur Bereinigung des unerfreulichen Zwischenfalls doch das gegebene Wort zu halten und den Edinburgher Vertrag zu unterzeichnen, flüchtet, wie immer, wenn der heikle Punkt berührt wird, Maria Stuart hinter Verzögerungen: sie könne das keinesfalls tun, ehe sie sich mit dem schottischen Parlament beraten habe; ebensowenig aber will der Botschafter seinerseits im Namen Elisabeths Zusicherungen geben. Immer wenn die Verhandlungen an die kritische Wende geraten, wo klar und deutlich eine oder die andere Königin etwas von ihren Rechten abgeben soll, beginnt die Unaufrichtigkeit. Jede hält krampfhaft ihren Trumpf in der Hand; so wird sich das Spiel ins Endlose und ins Tragische verlängern. Schroff bricht schließlich Maria Stuart die Verhandlungen über das freie Geleit ab; es ist wie der scharfe Riß, wenn ein Tuch zerschnitten wird: „Wären meine Vorbereitungen nicht so weit gediehen, so hätte vielleicht die Unfreundlichkeit der Königin, Ihrer Gebieterin, meine Reise verhindern können. Jetzt aber bin ich entschlossen, die Sache zu wagen, was immer daraus entsteht. Ich hoffe, der Wind wird so günstig sein, daß ich nicht genötigt bin, die englische Küste zu berühren. Sollte dies aber geschehen, dann bekommt mich die Königin, Ihre Herrin, in die Hände. Sie kann in diesem Falle mit mir tun, was sie will, und wenn sie so harten Herzens ist, meinen Tod zu verlangen, möge sie nach ihrem Gutdünken handeln und mich opfern. Vielleicht wäre diese Lösung für mich besser als zu leben. In dieser Sache sei nur Gottes Wille erfüllt."

Wiederum klingt in diesen Worten jener gefährliche, selbstbewußte und entschlossene Ton in Maria Stuart auf. Von Natur eher weich, lässig, leichtsinnig und dem Genuß des Lebens mehr zugetan als dem Kampfe, wird diese Frau sofort eisenhart, trotzig und kühn, sobald es ihre Ehre gilt, sobald an das Recht gerührt wird, das sie als Königin fordert. Lieber zugrunde gehen als sich beugen, lieber eine königliche Torheit als eine kleinliche Schwäche. Bestürzt meldet der Gesandte seinen Mißerfolg nach London hinüber, und hastig gibt nun Elisabeth, die Staatskluge und Geschmeidige, nach. Ein Paß wird ausgefertigt und nach Calais geschickt. Aber er kommt um zwei Tage zu spät. Denn Maria Stuart hat sich unterdes entschlossen, die Fahrt zu wagen, ob auch die englischen Kaperschiffe im Kanal kreuzen; lieber wählt sie frei und kühn den gefährlichen Weg als den sicheren um den Preis einer Demütigung. Eine einzige Gelegenheit, durch Großmut den drohenden Konflikt aus der Welt zu schaffen, als Gast sich zu verpflichten, die sie als Rivalin fürchtet, hat Elisabeth versäumt. Aber Vernunft und Politik gehen selten die gleichen Wege: vielleicht entsteht die dramatische Formung der Weltgeschichte immer nur durch die versäumten Möglichkeiten.

Noch einmal, wie Abendsonnenglanz trügerisch eine Landschaft anglüht und vergoldet, erlebt Maria Stuart in dieser Abschiedsstunde allen Prunk und alle Pracht des französischen Zeremoniells zu ihren Ehren. Denn nicht ungeleitet und unbegleitet soll sie, die als Königsbraut dieses Land betreten, die Stätte ihres verlorenen Herrschertums verlassen; öffentlich soll dargetan sein, daß nicht als arme verlassene Witwe, als schwache hilflose Frau die Königin von Schottland in ihre Heimat zurückkehrt, sondern daß gewappnet die Ehre Frankreichs hinter ihrem Schicksal steht. Von Saint-Germain folgt ihr bis Calais eine großartige Kavalkade. Auf mit reichen Schabracken geschmückten Pferden, verschwenderisch gekleidet in die üppige Pracht der französischen Renaissance, klirrend in Waffen und mit vergoldeten und kunstvoll eingelegten Harnischen reitet mit der Königswitwe die Elite des französischen Adels einher, voran im Prunkwagen ihre drei Oheime, der Herzog von Guise und die Kardinäle von Lothringen und Guise. Sie selbst ist umschart von den vier getreuen Marys, von Edelfrauen und Dienerinnen, von Pagen und Dichtern und Spielleuten, schwere Lasten kostbaren Hausgeräts werden dem farbigen Zuge nachgeführt und in verschlossenem Schrein die Juwelen der Krone. Als Königin, wie sie gekommen, in Ansehen und Ehren, in Glanz und Größe geht Maria Stuart aus ihrer Herzensheimat fort. Nur die Freude fehlt, die einstmals so herrlich unbesorgt die Augen des Kindes erleuchtet. Ein Abschied ist immer Abendsonnenglanz, halb nur mehr Licht und halb schon Dunkelheit.

In Calais bleibt der Großteil des fürstlichen Zuges zurück. Die Edelleute reiten heim. Sie werden morgen im Louvre einer andern Königin dienen, denn Höflingen gilt immer nur die Würde allein und nichts der Mensch, der sie trägt. Alle werden sie Maria Stuart vergessen, sobald der Wind die Segel der Galionen faßt, alle sie mit dem Herzen verlassen, die jetzt mit verzücktem Aufblick vor ihr das Knie beugen und ewige Treue in die Ferne versprechen: eine pathetische Zeremonie wie Krönung oder Begräbnis hat für die Ritter dies Abschiedsgeleit bedeutet und nicht mehr. Wahrhafte Trauer, wirkliche Wehmut empfinden bei Maria Stuarts Fortgang einzig die Dichter, weil mit feineren Sinnen begabt für Ahnung und Mahnung. Sie wissen, daß mit dieser jungen Frau, die einen Hof der Heiterkeit und der Schönheit schaffen wollte, das Musische aus Frankreich dahingeht; nun kommen dunkle Jahre für sie und für alle: politische Zeit, Zank und Zwist, die Hugenottenkämpfe, die Bartholomäusnacht, die Zänker, die Zeloten. Dahin ist das Ritterliche, das Romantische, das Helle und unbesorgt Schöne, der Triumph der Künste mit dieser jugendlichen Gestalt. Das Sternbild der „Pleiade“, das Siebengestirn der Dichtung, bald wird es erbleichen am verdüsterten Himmel des Krieges. Mit Maria Stuart gehe, so klagen sie, die holde, die geistige Freude fort:

„Ce jour le même voile emporta loin de France
Les Muses, qui songoient y faire demeurance.“

Noch einmal rühmt Ronsard, dessen Herz an jeder Jugend, jeder Anmut sich wieder jung entzückte, in seiner Elegie „Au départ“ alle Schönheit Maria Stuarts, als wollte er wenigstens im Verse festhalten, was für sein heißes Auge für immer verloren ist, und in der Aufrichtigkeit seiner Trauer formt er wirklich ergreifend beredte Klage:

„Comment pourroient chanter les bouches des poètes,
Quand, par vostre départ les Muses sont muettes?
Tout ce qui est de beau ne se garde longtemps,
Les roses et les lys ne règnent qu'un printemps.
Ainsi votre beauté seulement apparue
Quinze ans en notre France, est soudain disparue,
Comme on voit d'un éclair s'évanouir le trait,
Et d'elle n'a laissé sinon le regret,
Sinon le déplaisir qui me remet sans cesse
Au cœur le souvenir d'une telle princesse.“

Während Hof und Adel und Ritterschaft Frankreichs bald die Abwesende vergessen, bleiben einzig von allen die Dichter weiter im Dienst ihrer Königin; denn für die Dichter ist Unglück nur neuer Adel, und die sie als Herrscherin um ihrer Schönheit willen gerühmt, sie werden sie nun doppelt lieben in ihrer Trauer. Treu bis zum Ende werden sie ihr Leben und ihren Tod besingen und begleiten. Immer, wo ein hoher Mensch sein Leben als Dichtung, als Drama, als Ballade zu Ende lebt, werden Dichter sich finden, um es neu und zu immer neuem Leben zu formen.

Im Hafen von Calais wartet eine prunkvolle, weiß angestrichene Galione; auf dieses Admiralsschiff, das die französische Königsflagge neben der schottischen hißt, geleiten sie die drei fürstlichen Oheime, die erlesensten Ritter des Hofs und die vier Marys, die treuen Gespielinnen; zwei andere Schiffe bilden die Eskorte. Aber noch ist das Schiff aus dem innern Hafen nicht herausgesteuert, noch sind die Segel nicht gesetzt, so begegnet Maria Stuarts erster Blick auf das Ungewisse des Meeres schon einem üblen Vorzeichen: eine hereingelotste Barke zerschellt, ihre Insassen drohen zu ertrinken. Das erste Bild, da Maria Stuart Frankreich verläßt, um ihre Regentschaft anzutreten, wird zum trüben Symbol: ein Schiff, das, schlecht gesteuert, in die Tiefe gerissen wird.

Ist es heimliche Angst um dieses Vorzeichens willen, ist es das Gefühl der verlorenen Heimat, ist es Ahnung des Nichtwiederkehrens: jedenfalls, Maria Stuart kann den von Tränen verschleierten Blick nicht von der Erde wenden, auf der sie jung, unbewußt und darum glücklich gewesen. Ergreifend schildert Brantôme den dumpfen Schmerz ihres Abschieds: „Sobald das Schiff aus dem Hafen gesteuert war und eine Brise sich erhoben hatte, begann man die Segel aufzuziehen. Beide Arme auf dem Heck neben dem Steuerruder, brach sie in gewaltiges Weinen aus, immer wieder mit ihren schönen Augen auf den Hafen und die Stelle, von der sie abgesegelt waren, zurückblickend, und immer von neuem die traurigen Worte wiederholend: ›Lebe wohl, Frankreich‹ bis es begann Nacht zu werden. Man schlug ihr vor, sich zur Ruhe zu begeben und in den Steuerbordraum hinabzusteigen, aber entschlossen wies sie alles zurück. So bereitete man ihr auf dem Verdeck ein Lager. Ausdrücklich schärfte sie dem Untersteuermann ein, sobald es Tag würde, möge er sie, falls man auch nur ferne noch den Horizont Frankreichs gewahren könne, sofort wecken und nicht davor zurückscheuen, sie heftig anzurufen. Und wirklich begünstigte das Glück ihren Wunsch. Denn da sich der Wind gelegt hatte und man zum Rudern seine Zuflucht nehmen mußte, kam man in dieser Nacht nicht viel weiter. Bei Tagesanbruch war tatsächlich die französische Küste noch immer sichtbar. Kaum hatte der Steuermann ihren Auftrag erfüllt, so erhob sie sich von ihrem Lager und blickte hin und hin auf das Land, solange es noch sichtbar blieb, immer und immer wieder die Worte wiederholend: ›Leb wohl, Frankreich, leb wohl, Frankreich! Ich glaube, ich werde dich nie mehr wiedersehen‹“

Viertes Kapitel
Heimkehr nach Schottland

August 1561

Ein Nebel, so dicht, wie er im Sommer nur selten diese nördlichen Küsten befällt, verhüllt das Gestade, da Maria Stuart am 19. August 1561 in Leith landet. Aber wie anders ist diese Ankunft in Schottland als der Abschied von der douce France. Dort hatte sie im majestätischen Zuge die Blüte des französischen Adels begleitet, Fürsten und Grafen, Dichter und Musiker entboten ihr in höfischer Weise Ehrfurcht und Gruß. Hier hat niemand sie erwartet; erst als die Boote an den Strand stoßen, sammelt sich erstaunt und neugierig das Volk: ein paar Fischer in ihren rauhen Arbeitsgewändern, ein paar lungernde Soldaten, ein paar Krämer und Bauern, die gekommen waren, ihre Schafe in der Stadt zu verkaufen.

Mehr scheu als begeistert schauen sie zu, wie, in reichen Kleidern und festlich geschmückt, fürstliche Frauen und Edelleute den Barken entsteigen. Fremdheit und Fremdheit blicken einander an. Es ist ein rauher Willkomm, hart und streng wie die Seele dieses nordischen Landes. Gleich in den ersten Stunden erkennt Maria Stuart schmerzlich die furchtbare Armut ihrer Heimat, und daß sie in diesen fünf Tagen Seefahrt in Wahrheit ein Jahrhundert zurückgefahren ist, aus einer großen, reichen, üppigen, verschwenderischen und selbstgenießerischen Kultur in eine enge, dunkle und tragische Welt. Denn dutzendemal von Engländern und Aufständischen geplündert und niedergebrannt, besitzt diese Stadt keinen Palast, kein einziges adeliges Wohnhaus, das sie würdig empfangen könnte: bei einem gewöhnlichen Kaufmann muß die Königin ihres Landes übernachten, um nur ein Dach über dem Haupte zu haben.

Erste Eindrücke haben große Macht über die Seele, tief und schicksalhaft prägen sie sich ein. Vielleicht weiß die junge Frau selbst nicht, was sie dermaßen ergreift, als sie jetzt wie eine Fremde nach dreizehnjähriger Abwesenheit wieder ihr Reich betritt. Ist es Heimweh, ein unbewußtes Verlangen nach jener Wärme und Süße des Lebens, die sie auf französischer Erde lieben gelernt, ist es der Schatten des grauen fremden Himmels, ist es das Vorgefühl kommender Gefahren? Jedenfalls bricht Maria Stuart, kaum mit sich allein – Brantôme erzählt es –, in Tränen aus. Nicht wie Wilhelm der Eroberer setzt sie stark und selbstbewußt mit rechtem Herrengefühl den Fuß auf die britannische Insel – Befangenheit ist ihr erstes Empfinden, Ahnung und Angst vor dem künftigen Geschehen.

Am nächsten Tag kommen der inzwischen benachrichtigte Regent, ihr Stiefbruder James Stuart – bekannter unter dem Namen Earl of Moray –, und einige andere Edelleute schleunig herangeritten, um ihr ein halbwegs würdiges Geleite nach dem nahen Edinburgh zu bereiten. Aber es wird kein festlicher Zug. Unter dem fadenscheinigen. Vorwand, nach Piraten zu fahnden, haben die Engländer eines der Schiffe, auf dem sich die Rosse des Hofes befanden, zurückgehalten, und in der kleinen Stadt Leith ist gerade noch für die Königin ein halbwegs taugliches und erträglich aufgezäumtes Pferd aufzutreiben; ihre Frauen und adeligen Begleiter dagegen müssen sehr verärgert mit groben und bäurischen Schindmähren vorliebnehmen, die man hastig aus den umliegenden Scheunen und Ställen zusammenholt. Tränen kommen bei diesem Anblick Maria Stuart in die Augen, abermals muß sie fühlen, wie viel ihr der Tod ihres Gatten genommen und um wie viel weniger es bedeutet, bloß Königin von Schottland zu sein, als jene von

Frankreich, die sie gewesen. In einem derart armen, unwürdigen Aufzug sich ihren Untertanen zu zeigen, verbietet ihr der Stolz. Statt zu einer „joyeuse entrée" durch die Straßen Edinburghs reitet sie darum mit ihrem Gefolge gleich in das Schloß von Holyrood außerhalb der Stadtmauern. Dunkel liegt das von ihrem Vater gebaute Haus mit seinen runden Türmen in der Tiefe der Landschaft, von der sich nur trotzig die Zinne der Festung abhebt; von außen scheint es für den ersten Blick großartig in seinen klaren Formen und mit seiner quadernen Wucht.

Aber wie frostig, wie leer, wie unfestlich grüßen innen die Räume die von Frankreich Verwöhnte! Keine Gobelins und kein Lichterglanz, der aus italienischen Spiegeln von Wand zu Wand sich weitergibt, keine kostbaren Stoffe, kein Schimmer von Silber und Gold. Seit Jahren ist hier nicht hofgehalten worden, kein Lachen nistet in diesen verlassenen Räumen, keine königliche Hand hat dies Haus seit ihres Vaters Tod erneuert und geschmückt: auch hier blickt ihr hohläugig die Armut entgegen, der alte Fluch ihres Königreichs.

Kaum haben die Einwohner von Edinburgh vernommen, daß ihre Königin in Holyrood eingetroffen ist, so ziehen sie alle noch nachts hinaus, ihr Willkommen zu bieten. Daß dieser Gruß für den verfeinerten, verwöhnten Geschmack der französischen Adelsleute etwas rauh und bäuerisch ausfällt, ist nicht zu verwundern; Edinburghs Bürger haben keine ›musiciens de la cour‹, um die Schülerin Ronsards mit zärtlichen Madrigalen und kunstvoll gesetzten Kanzonen zu erfreuen. Sie können die Königin des Landes nur nach althergebrachter Art feiern, indem sie Holzklötze, das einzige, was diese unwirtliche Gegend reichlich gibt, auf den Plätzen zusammenschichten, um sie als „bonfires" hell durch die Nacht lodern zu lassen. Dann versammeln sie sich vor ihren Fenstern und veranstalten mit Dudelsäcken, Pfeifen und ungefügen Instrumenten etwas, was ihnen als Musik, den kultivierten Gästen aber als höllischer Lärm erscheint: dazu singen sie – denn profane Texte sind ihnen von ihren calvinistischen Priestern untersagt – mit rauhen Männerstimmen Psalmen und fromme Lieder; mehr haben sie mit bestem Willen nicht zu bieten. Aber Maria Stuart freut sich über den guten Empfang oder zeigt zumindest Freundlichkeit und Freude. Und wenigstens in jener ersten Ankunftsstunde herrscht seit Jahrzehnten wieder Einklang zwischen einer Fürstin und ihrem Volke.

Daß eine unermeßlich schwierige Aufgabe diese politisch völlig unerfahrene Herrscherin erwartet, darüber geben sich weder die Königin selbst noch ihre Ratgeber einer Täuschung hin. Prophetisch hatte Maitland of Lethington, der klügste Kopf des schottischen Hochadels, von Maria Stuarts Ankunft geschrieben, sie würde unaufhaltsam außerordentliche Tragödien verursachen („it could not fail to raise wonderful tragedies“). Selbst ein energischer, entschlossener Mann, die Faust mit Eisen bewehrt, könnte auf die Dauer hier nicht Ruhe erzwingen, und wie erst eine neunzehnjährige, dem eigenen Lande entfremdete und im Herrschen so ungeübte Frau! Ein armes Land, ein korrupter Adel, dem jeder Anlaß zu Aufstand und Krieg willkommen ist, eine Unzahl Clans, die in ewigem Streit und Zwist miteinander leben und nur ständig auf einen Anlaß warten, um Haß in Bürgerkrieg zu verwandeln, eine katholische und eine protestantische Geistlichkeit, die grimmig um die Oberherrschaft ringen, eine wachsame und gefährliche Nachbarin, die mit geschickter Hand jeden Anlaß zur Unruhe schürt, und dazu die Feindseligkeit der Weltmächte, welche unbarmherzig Schottland mitreißen wollen in ihr blutiges Spiel: das ist die Lage, die Maria Stuart vorfindet.

Im Augenblick, da sie ihr Land betritt, steht dieser Kampf auf des Messers Schneide. Statt gefüllter Kassen übernimmt sie von ihrer Mutter eine verhängnisvolle Erbschaft, eine wahrhaft „damnosa hereditas“: den religiösen Zwist, der hier erbitterter als irgendwo die Seelen verstört. Während der Jahre, die sie selbst ahnungslos und beglückt in Frankreich verbrachte, war es der Reformation gelungen, siegreich in Schottland vorzudringen. Durch Hof und Haus, durch Dörfer und Städte, durch Sippen und Familien geht nun dieser furchtbare Riß: ein Teil des Adels protestantisch, der andere katholisch, die Städte dem neuen Glauben zugewandt, das flache Land dem alten, Clan gegen Clan, Geschlecht gegen Geschlecht, und beide Parteien ständig in ihrem Haß geschürt von fanatischen Priestern und politisch gestützt von fremden Mächten. Gefährlich für Maria Stuart aber wird vor allem, daß eben der mächtigste und einflußreichste Teil des Adels im gegnerischen, im Lager des Calvinismus steht; die Gelegenheit, sich der reichen Kirchengüter zu bemächtigen, hat zauberisch auf diese machtgierige und rebellische Rotte gewirkt. Endlich haben sie einen herrlichen pseudoethischen Vorwand, als Schirmer der wahren Kirche, als die „Lords of the Congregation“, sich gegen ihre Herrscherin aufzulehnen, und für diesen Widerstand finden sie an England jederzeit einen bereiten Helfer. Mehr als zweihunderttausend Pfund hat die sonst sparsame Elisabeth schon geopfert, um Schottland durch Aufstände und Kriegszüge den katholischen Stuarts zu entreißen, auch jetzt nach feierlich abgeschlossenem Frieden, steht ein Großteil der Untertanen Maria Stuarts heimlich in ihrem Sold. Mit einem Schlage könnte nun Maria Stuart das Gleichgewicht herstellen, nämlich wenn sie selbst zur protestantischen Religion übertreten würde, wozu ein Teil ihrer Berater sie auf das heftigste drängt. Aber Maria Stuart ist eine Guise. Sie stammt aus der Familie der glühenden Vorkämpfer des Katholizismus und ist selbst, wenn auch nicht zelotisch fromm, so doch treu und leidenschaftlich dem Glauben ihrer Väter und Ahnen ergeben. Nie wird sie von ihrer Überzeugung weichen und selbst in äußerster Gefahr, gemäß ihrer kühnen Natur, lieber ewigen Kampf wählen als eine einmalige feige Handlung gegen ihr Gewissen. Damit aber ist ein unheilbarer Riß zwischen ihr und dem Adel geschaffen; immer wirkt es sich gefährlich aus, wenn ein Herrscher einer anderen Religion angehört als seine Untertanen. Denn zwischen so scharfem Hin und Wider kann die Waage nicht ewig schwanken, einmal muß die Entscheidung fallen; eigentlich bleibt Maria Stuart nur die Wahl, der Reformation Herr zu werden oder ihr zu erliegen. Die unaufhaltsame Auseinandersetzung zwischen Luther, Calvin und Rom wird durch einen merkwürdigen Zufall gerade in ihrem Schicksal dramatisch ausgetragen; der persönliche Kampf zwischen Elisabeth und Maria Stuart, zwischen England und Schottland entscheidet – und darum wird er so bedeutsam – auch zwischen England und Spanien, zwischen Reformation und Gegenreformation.

Erschwert wird diese an sich schon schicksalsträchtige Situation durch den Umstand, daß der religiöse Zwiespalt hier bis in ihre Familie, in ihr Schloß, in ihr Beratungszimmer hineinreicht. Der einflußreichste Mann Schottlands, ihr eigener Stiefbruder James Stuart, Earl of Moray, dem sie die Führung der Staatsgeschäfte anvertrauen muß, ist entschlossener Protestant und Schirmherr jener „kirk“, die sie, die gläubige Katholikin, als Ketzerei verdammen muß. Als erster hat er schon vor vier Jahren seine Unterschrift unter den Eid der Schutzherren, der „Lords of Congregation“, gesetzt, die sich verpflichteten, „die Lehre Satans abzuschwören und ihren Aberglauben und ihren Bilderdienst und sich von nun ab als ihr offener Gegner zu erklären“. Diese Satansreligion („Congregation of Satan“), welche sie abschwören, ist nun keine andere als die katholische, also die Religion Maria Stuarts. Damit klafft zwischen der Königin und dem Regenten von allem Anbeginn ein Zwiespalt in der letzten, der wesentlichsten Lebensauffassung, und ein solcher Zustand verspricht keinen Frieden. Denn im innersten Herzen hat die Königin nur einen Gedanken: die Reformation in Schottland zu unterdrücken, und ihr Regent und Bruder nur einen Willen: sie in Schottland zur einzig herrschenden Religion zu erheben. Ein derart schroffer Gegensatz der Überzeugungen muß unaufhaltsam bei erster Gelegenheit zu offenem Konflikt führen.

Dieser James Stuart ist bestimmt, eine der entscheidendsten Gestalten im Drama Maria Stuarts zu verkörpern, eine große Rolle hat ihm das Schicksal zugedacht, und er weiß sie als Meister darzustellen. Sohn desselben Vaters, aber aus dessen langjährigem Liebesverhältnis mit Margaret Erskine, der Tochter einer der edelsten Familien Schottlands, scheint er durch das königliche Blut und nicht minder durch seine eherne Energie von der Natur zum würdigsten Erben der Krone berufen. Allein die politische Schwäche seiner Position hatte James V. seinerzeit gezwungen, auf eine legale Ehe mit der sehr geliebten Lady Erskine zu verzichten und zur Festigung seiner Macht und seiner Finanzen sich mit einer französischen Prinzessin, der Mutter Maria Stuarts, zu vermählen. So lastet auf diesem ehrgeizigen Königssohn der Makel der unehelichen Geburt, der ihm für alle Zeit den Weg zum Throne sperrt. Wenn ihm auch auf die Bitte James' V. der Papst öffentlich nebst fünf anderen Liebeskindern seines Vaters das königliche Blut zuerkennt. Moray bleibt dessenungeachtet Bastard und von jedem Anspruch auf die väterliche Krone ausgeschlossen.

Unzählige Male hat die Geschichte und ihr größter Nachbildner, Shakespeare, die seelische Tragödie des Bastards gestaltet, dieses Sohnes und Doch-nicht-Sohnes, dem ein staatliches, ein geistliches, ein irdisches Gesetz unbarmherzig das Recht nimmt, das Natur ihm in Blut und Antlitz geprägt. Verurteilt durch das Vorurteil – das härteste, das unbeugsamste aller Urteile –, sind diese Unehelichen, diese nicht im Königsbett Gezeugten, hintangesetzt den meist schwächlicheren, weil nicht aus Liebe, sondern aus politischer Berechnung gezeugten Erben, ewig Zurückgestoßene und Ausgestoßene und zu Bettel verdammt, wo sie befehlen und besitzen sollten. Wird aber einem Menschen der Stempel der Minderwertigkeit sichtbarlich aufgedrückt, so muß dieses dauernde Minderwertigkeitsgefühl ihn entweder entscheidend schwächen oder entscheidend stärken; ein solcher Druck kann einen Charakter brechen, oder er kann ihn wundervoll härten. Feige und laue Charaktere werden durch solche Demütigkeit noch kleiner, als sie waren; als Bettler und Schmeichler lassen sie von den anerkannt Legitimen sich beschenken und beamten. In starken Naturen aber steigert Zurücksetzung alle dunklen und gebundenen Kräfte; wo ihnen der gerade Weg zur Macht nicht gutwillig gewährt ist, werden sie lernen, Macht aus sich selbst zu schaffen.

Moray nun ist eine starke Natur. Die wilde Entschlossenheit seiner königlichen Stuartsahnen, ihr Stolz und ihr Herrscherwille wogen stark und finster in seinem Blut; als Mann, als Erscheinung überragt er durch Klugheit und klare Entschlossenheit um Haupteslänge das kleine raffgierige Geschlecht der andern Lords und

Barone. Seine Ziele sind weit gesteckt, seine Pläne politisch überdacht; klug wie seine Schwester, ist der Dreißigjährige ihr durch Besonnenheit und männliche Erfahrung unermeßlich überlegen. Wie auf ein spielendes Kind blickt er auf sie herab und läßt sie spielen, solange ihr Spiel nicht seine Kreise stört. Denn als reifer Mann gehorcht er nicht wie seine Schwester heftigen, nervösen romantischen Impulsen, er hat nichts Heldisches als Herrscher, aber er kennt dafür das Geheimnis des Wartens und Sichgeduldens, das den Erfolg sicherer verbürgt als der rasche leidenschaftliche Elan.

Erstes Anzeichen einer wirklichen politischen Begabung bleibt es allezeit, wenn ein Mann von vornherein darauf verzichtet, Unerreichbares für sich zu fordern. Dieses Unerreichbare ist für diesen unehelich Geborenen die Königskrone. Nie wird Moray, dies weiß er, sich James VI. nennen dürfen. So stellt der besonnene Politiker von Anfang an den Anspruch zurück, jemals König von Schottland zu werden, um desto gewisser Schottlands Herrscher zu bleiben – Regent, da er Rex niemals werden kann. Er verzichtet auf die Insignien der Macht, auf den sichtbaren Schein, aber nur, um die wirkliche Macht dann noch fester in Händen zu halten. Schon als junger Mensch rafft er die sinnlichste Form der Macht an sich. Reichtum, er läßt sich von seinem Vater viel vererben und viel von anderen schenken, er nützt die Auflösung der Klostergüter, er nützt den Krieg, bei jedem Fischzug füllt sich sein Netz als das erste. Ohne alle Hemmung nimmt er von Elisabeth Subsidien an, und wie seine Schwester Maria Stuart dann als Königin einzieht, muß sie in ihm bereits den reichsten und mächtigsten Mann des Landes erkennen, stark genug, um von niemandem mehr beiseite geschoben zu werden. Mehr aus Not als aus wirklicher Neigung sucht sie seine Freundschaft; sie gibt ihrem Stiefbruder, um die eigene Herrschaft zu sichern, alles in die Hände, was er begehrt, sie füttert seine unersättliche Gier nach Reichtum und Macht. Diese Hände Morays sind nun – zum Glück für Maria Stuart – wirklich zuverlässig, sie wissen zu halten und wissen nachzugeben. Ein geborener Staatsmann, bewährt sich Moray als Mann der Mitte: er ist Protestant, aber kein Bilderstürmer, schottischer Patriot und doch in guter Gunst bei Elisabeth, er ist leidlich Freund mit den Lords und weiß doch, ihnen im gegebenen Augenblick die Faust zu zeigen – im ganzen ein kalter, nervenloser Rechner, den der Schein der Macht nicht blendet und nur die Macht selbst befriedigt.

Ein solch außerordentlicher Mann ist ein ungeheurer Gewinn für Maria Stuart, solange er an ihrer Seite steht. Und eine ungeheure Gefahr, sobald er ihr entgegentritt. Als Bruder durch gleiches Blut verbunden, hat auch rein egoistisch Moray alles Interesse, seine Schwester an der Macht zu erhalten, denn ein Hamilton oder ein Gordon an ihrer Stelle würde ihm nie soviel unbeschränkte Gewalt und Freiheit des Regierens gewähren; gerne läßt er sie darum repräsentieren, neidlos sieht er zu, wie man bei feierlichen Anlässen ihr Szepter und Krone voranträgt, sofern er nur die wirkliche Macht in seinen Händen weiß. Aber im Augenblick, da sie versuchen wird, selber zu regieren und seine Autorität zu mindern, stößt eisenhart Stuartstolz gegen Stuartstolz. Und keine Feindschaft ist furchtbarer, als wenn Ähnliches wider Ähnliches aus gleichen Trieben und mit gleicher Kraft gegeneinander kämpft.

Auch Maitland of Lethington, der zweitwichtigste Mann ihres Hofes, Maria Stuarts Staatssekretär, ist Protestant. Aber auch er ist zunächst an ihrer Seite. Maitland, ein feiner Kopf, ein geschmeidiger, kultivierter Geist – „the flower of wits", wie ihn Elisabeth nannte –, liebt nicht wie Moray herrisch und stolz die Macht. Ihn freut als Diplomat bloß das verworrene und verwirrende Spiel des Politisierens und Intrigierens, die Kunst der Kombination; ihm geht es nicht um starre Prinzipien, um Religion und Vaterland, um Königin und Reich, sondern um die artistische Kunst, überall die Hände im Spiel zu haben und nach eigener Lust Fäden zu knüpfen oder zu lösen. Er ist Maria Stuart, der er persönlich merkwürdig zugetan ist – eine der vier Marys, Mary Fleming, wird seine Gattin –, weder recht treu noch recht untreu. Er wird ihr dienen, solange sie Erfolg hat, und sie verlassen in der Gefahr; an ihm, der farbigen Wetterfahne, kann sie erkennen, ob der Wind günstig weht oder ungünstig. Denn als wahrer Politiker wird er nicht ihr, der Königin, der Freundin, dienen, sondern einzig ihrem Glück.

Zur Rechten und zur Linken, in der Stadt und im eigenen Hause – schlimmes Vorzeichen! – findet also Maria Stuart bei ihrer Ankunft keinen verläßlichen Freund. Aber immerhin, mit einem Moray, mit einem Maitland läßt sich regieren und paktieren – unversöhnlich dagegen, unerbittlich, mit harter, mörderisch gesinnter Gegnerschaft, steht ihr vom ersten Augenblick der mächtigste Volksmann entgegen: John Knox, der Volksprediger von Edinburgh, der Organisator und Herr der schottischen „kirk", der Meister religiöser Demagogie. Mit ihm hebt ein Kampf an um Sein oder Nichtsein, um Leben oder Tod. Denn der Calvinismus des John Knox stellt keineswegs eine bloß reformatorische Erneuerung der Kirche dar, sondern ein starres Gottesstaatssystem und damit gewissermaßen einen Superlativ des Protestantismus. Herrisch und als Herrscher tritt er auf, zelotisch heischt er selbst vom Könige sklavische Unterordnung unter sein theokratisches

Gebot. Mit einer Hochkirche, mit einer Lutherkirche, mit irgendeiner milderen Form der Reformation hätte Maria Stuart sich gemäß ihrer weichen und nachgiebigen Natur vielleicht verständigen können. Das Selbstherrliche des Calvinismus schaltet dagegen jede Verständigungsmöglichkeit für einen wirklichen Herrscher von vornherein aus, und selbst Elisabeth, welche sich Knoxens politisch bedient, um ihrer Rivalin Widerwärtigkeiten zu schaffen, verabscheut ihn persönlich wegen seiner unerträglichen Anmaßung. Wie sehr erst muß dies finstere Eiferertum der durchaus human und humanistisch gesinnten Maria Stuart zum Ärgernis werden! Nichts konnte ihrer lebensfreudigen, ihrer genießerischen Art, ihrer musischen Neigung unfaßbarer sein als die nüchterne Strenge, die Lebensfeindlichkeit und der bilderstürmerische Kunsthaß, der Freudehaß dieser Genfer Lehre, nichts unerträglicher als der hochmütige Starrsinn, der das Lachen verbietet und die Schönheit als Verbrechen verurteilt, der alles zerstören will, was ihr teuer ist, die frohen Formen der Sitte, Musik, Dichtung und Tanz, und der überdies hier in einer an sich schon düstern Welt noch eine besondere Düsternis annimmt.

Diesen steinharten, alttestamentarischen Charakter prägt in Edinburgh der „kirk" John Knox auf, der eisenköpfigste, zelotischeste, unbarmherzigste aller Kirchengründer und seinen eigenen Lehrer Calvin an Unerbittlichkeit und Unduldsamkeit noch übersteigend. Ursprünglich ein kleiner katholischer Priester niederen Ranges, hatte er sich mit der ganzen Wildheit und Wut seiner rechthaberischen Seele in die Reformation geworfen, ein Schüler George Wisharts, den die Mutter Maria Stuarts als Ketzer lebendig verbrennen ließ. Diese Flamme, in der sein Lehrer unterging, brennt weiter in seiner Seele. Als einer der Führer des Aufstands gegen die Regentin wird er von den französischen Hilfstruppen gefangengenommen und in Frankreich an die Galeere geschmiedet. Dort sitzt er lange in Ketten, aber sein Wille wird bald so eisern wie diese Ketten. Freigelassen, flüchtet er zu Calvin; dort lernt er die Kraft der Rede und den unbarmherzigen puritanischen Haß gegen alles Helle und Hellenische, und kaum nach Schottland zurückgekehrt, zwingt er durch den Genius seiner Gewalttätigkeit in wenigen Jahren die Lords und das Volk in die Reformation.

John Knox ist vielleicht der vollendetste Typus des religiösen Fanatikers, den die Geschichte kennt, härter als Luther, dem doch manchmal innerer Frohmut die Seele bewegte, strenger als Savonarola, weil ohne den Glanz und die mystische Erleuchtung der Rede. Durchaus redlich in seiner Geradlinigkeit, wird er durch dies grauenhafte Scheuklappendenken einer jener engen, strengen Geister, für die nur die eigene Wahrheit wahr ist, nur die eigene Tugend tugendhaft, nur das eigene Christentum christlich. Wer nicht seines Sinnes ist, gilt als Verbrecher, wer nur einen einzigen Buchstaben von seinen Forderungen abweicht, als Satansknecht. Knox hat den finstern Mut des von sich selbst Besessenen, die Leidenschaft des bornierten Ekstatikers und den stinkenden Stolz des Selbstgerechten: in seiner Härte schwelt zugleich eine gefährliche Freude an dem eigenen Hartsein, in seiner Unduldsamkeit eine finstere Lust an der eigenen Unfehlbarkeit. Mit seinem wallenden Bart steht er, ein schottischer Jehova, allsonntags auf der Kanzel von St. Giles und donnert Haß und Fluch gegen alle, die nicht seiner Predigt lauschen; grimmig schleudert er, der „kill joy", der Freudetöter, Schmähungen gegen das „Satansgeschlecht" der Unbekümmerten, der Sorglosen, die Gott nicht genau nach seinem Buchstaben und seiner persönlichen Auffassung dienen. Denn dieser alte Fanatiker kennt keine andere Freude, als den Triumph der Rechthaberei, keine andere Gerechtigkeit als den Sieg seiner Sache. In ganz naiver Weise jubelt er auf, sobald irgendein Katholik oder ein anderer Gegner beseitigt oder gedemütigt ist; und wenn durch Mörderhand ein Feind der „kirk" aus dem Wege geräumt wird, so war es selbstverständlich Gott, der diese löbliche Tat gewollt und gefördert hat. Knox stimmt auf seiner Kanzel Triumphgesänge an, als dem armen kleinen Jungen Franz II., dem Gatten Maria Stuarts, der Eiter tödlich aus dem Ohre bricht, „das die Stimme Gottes nicht hören wollte", und als Marie von Guise, Maria Stuarts Mutter, stirbt, predigt er begeistert: „Möge uns Gott in seiner großen Gnade bald von den andern aus dem Blute der Valois befreien. Amen! Amen!" Nichts von der Milde und der göttlichen Güte des Evangeliums spürt man je in seiner Rede, die er wie eine Zuchtrute drohend schwingt; nur der Rachegott ist sein Gott, der eifersüchtige und unerbittliche, nur das Alte Testament, das blutrünstige und barbarisch strenge, sein eigentliches Bibelbuch. Von Moab, von Amalek, von allen Feindesgestalten des Volkes Israel, die ausgetilgt werden sollen mit Feuer und Schwert, geht unablässig drohend seine Rede und damit gegen die Feinde des wahren – also seines – Glaubens. Und wenn er mit grimmigen Worten die Königin Jezabel der Bibel geißelt, so wissen seine Hörer wohl, welche Königin er in Wahrheit meint. Wie ein Gewitter, dunkel und großartig, das den freien Himmel verdüstert und die Seele mit zuckenden Blitzen und schmetterndem Donner ewig in Angst versetzt, hält der Calvinismus das schottische Land überzogen, und jeden Augenblick kann sich zerstörend die Spannung entladen.

Mit einem derart unbeirrbaren und unbestechlichen Mann, der nur befehlen will und nur gehorsame Gläubigkeit hinnimmt, gibt es keine Kompromisse; alles

Werben und Sich-um-ihn-Bemühen wird ihn nur um so härter, höhnischer und anspruchsvoller machen. An dem steinernen Block eines solchen selbstfreudigen Starrsinns zerschellt jeder Versuch der Verständigung. Immer sind, die für Gott zu streiten vorgeben, die unfriedlichsten Menschen auf Erden; weil sie himmlische Botschaft zu vernehmen glauben, sind ihre Ohren taub für jedes Wort der Menschlichkeit.

Noch ist Maria Stuart nicht eine Woche in ihrem Lande, und schon muß sie dieses Fanatikers finstere Gegenwart spüren. Ehe sie die Herrschaft antrat, hatte sie nicht nur volle Glaubensfreiheit allen ihren Untertanen zugesichert – was ihrem toleranten Temperamente kaum ein Opfer bedeutete –, sondern sogar das Gesetz zur Kenntnis genommen, das in Schottland die öffentliche Zelebrierung der Messe verbietet – ein schmerzliches Zugeständnis dies an die Anhänger John Knoxens, dem es nach seinem Wort „lieber wäre, zehntausend Feinde in Schottland landen zu sehen, als eine einzige Messe gelesen zu wissen". Aber selbstverständlich hat sich die strenggläubige Katholikin, die Nichte der Guisen, vorbehalten, in ihrer eigenen Hauskapelle ihre Religion ungehindert ausüben zu dürfen, und ohne Bedenken hatte das Parlament dieser gerechten Forderung zugestimmt. Jedoch kaum daß am ersten Sonntag in ihrem eigenen Hause, in der Kapelle von Holyrood, zum katholischen Gottesdienst gerüstet wird, drängt eine aufgereizte Menge drohend bis an die Türen; dem Mesner, der geweihte Kerzen zum Altare bringen will, werden sie mit Gewalt entrissen und zerbrochen. Immer lauteres Murren verlangt die Entfernung und sogar die Ermordung des „götzendienerischen Priesters", immer aufgeregter werden die Rufe gegen den „Satansdienst", ein Kirchensturm im eigenen Hause der Königin kann jeden Augenblick losbrechen. Glücklicherweise wirft sich Lord Moray, obwohl selbst Vorkämpfer der „kirk", der fanatischen Masse entgegen und verteidigt den Eingang. Nach angstvoll beendetem Gottesdienst führt er den erschreckten Priester heil in sein Zimmer zurück; ein offenes Unheil ist verhütet, die Autorität der Königin noch mit Mühe gerettet. Aber die heiteren Feste der Ankunft zu ihren Ehren, die „joyousities", wie sie Knox grimmig verhöhnt, sind zu seiner Freude grob unterbrochen: zum erstenmal spürt die romantische Königin in ihrem Lande den Widerstand der Wirklichkeit. Ein Zornausbruch Maria Stuarts erwidert diese Beleidigung. In Tränen und harten Worten schäumt ihre erstickte Erbitterung auf. Und damit fällt abermals schärferes Licht auf ihren bisher noch undeutlichen Charakter. Diese junge, vom Schicksal seit frühester Jugend verwöhnte Frau ist ihrem innersten Wesen nach zart und zärtlich, nachgiebig und umgänglich; von den ersten Edelleuten des Hofes bis zu ihren Zofen und Mägden rühmt jeder ihre freundliche, unstolze und herzliche Art. Jeden weiß sie zu gewinnen, weil sie keinem gegenüber hart und hochmütig auf ihre Hoheit pocht und durch eine natürliche Lockerheit die Überlegenheit ihrer Stellung vergessen läßt. Aber dieser freigebigen Herzlichkeit liegt ein starkes Selbstbewußtsein zugrunde, unsichtbar so lange, als niemand daran rührt, leidenschaftlich jedoch sofort vorbrechend, sobald jemand gegen sie Widerspruch oder Auflehnung wagt. Oft hat diese merkwürdige Frau persönliche Kränkung zu vergessen gewußt, nie aber den geringsten Verstoß gegen ihr Königsrecht.

Nicht einen Augenblick will sie darum diese erste Beleidigung dulden. Eine solche Anmaßung muß gleich von Anfang an in Grund und Boden gestampft werden. Und sie weiß, an wen sie sich zu halten hat, sie weiß von diesem Langbart in der Ketzerkirche, der das Volk gegen ihren Glauben aufhetzt und auch diese Meute ihr ins Haus getrieben. Sofort beschließt sie, sich ihn gründlich vorzunehmen. Denn Maria Stuart, an die königliche Allmacht von Frankreich, an Gehorsam von Kindheit her gewohnt, im Gottesgnadengefühl aufgewachsen, kann sich Widerspruch eines Untertanen, eines Bürgermenschen gar nicht vorstellen. Auf alles und jedes ist sie eher gefaßt als auf das eine, daß jemand wagte, ihr offen und sogar unhöflich zu widersprechen. Dazu ist aber John Knox bereit und sogar freudig bereit. „Warum sollte das hübsche Gesicht einer Edelfrau mich erschrecken, der ich so vielen zornigen Männern ins Auge geblickt habe und doch niemals ungebührend erschrocken bin?" Mit Begeisterung eilt er in den Palast, denn zu streiten – wie er meint, für Gott zu streiten – ist jedes Fanatikers liebste Lust. Hat Gott den Königen die Krone, so seinen Priestern und Gesandten das feurige Wort verliehen. Über dem König steht für John Knox der Priester der „kirk" als Hüter des göttlichen Rechts. Seine Aufgabe ist, Gottes Reich im Irdischen zu verteidigen, er darf nicht zögern, die Unbotmäßigen mit dem harten Stecken seines Zornes zu züchtigen, wie es weiland Samuel tat und die biblischen Richter. So kommt es zu einer Szene wie im Alten Testament, wo Königsstolz und Priesterhochmut Stirn gegen Stirn aneinanderstoßen; nicht eine einzelne Frau und ein einzelner Mann ringen hier um die Oberhand, sondern zwei uralte Ideen begegnen einander zum tausendsten und abertausendsten Male in erbittertem Kampf. Maria Stuart versucht, milde zu sein. Sie wünscht eine Verständigung, sie verbirgt ihre Erbitterung, denn sie möchte Frieden im Lande; höflich leitet sie die Unterhaltung ein. John Knox aber ist entschlossen, unhöflich zu werden und dieser „idolatress" zu zeigen, daß er vor den Mächtigen dieser Erde sich nicht einen Zoll tief beugt. Stumm und finster, nicht wie ein Angeklagter, sondern wie ein Ankläger, hört er der Königin zu, während sie ihm Vorwürfe macht wegen seines

Buches „The first blast of trumpet against the monstrous regiment of women", in dem er Frauen jedes Königsrecht bestreitet. Aber derselbe Knox, der wegen ebendesselben Buches sich vor der protestantischen Elisabeth nachträglich in demütiger Weise entschuldigte, beharrt vor seiner „papistischen" Landesfürstin mit allerhand zweideutigen Worten auf seiner Meinung. Allmählich wird die Aussprache energischer. Maria Stuart fragt Knox auf den Kopf zu, ob Untertanen ihrem Herrscher unbedingt zu gehorchen hätten oder nicht. Aber statt dies mit dem „Selbstverständlich" zu beantworten, das Maria Stuart erwartet, schränkt der geschickte Taktiker die Gehorsamspflicht mit einem Gleichnis ein: Wenn ein Vater den Verstand verliere und seine Kinder töten wolle, so hätten die Kinder das Recht, seine Hände zu binden und ihm das Schwert zu entreißen. Wenn Fürsten die Kinder Gottes verfolgen, so hätten diese ein Recht auf Widerstand. Die Königin spürt in dieser Verklausulierung sofort die Auflehnung des Theokraten gegen ihr Herrscherrecht. „Meine Untertanen haben also", fragt sie, „Ihnen zu gehorchen und nicht mir? Ich bin also Ihnen Untertan und Sie nicht mir?"

Dies ist zwar John Knoxens Meinung. Aber er ist zu vorsichtig, sie in Gegenwart Morays völlig deutlich auszusprechen. „Nein", antwortet er ausweichend, „beide, der Fürst und die Untertanen, sollen Gott gehorchen. Könige sollen die Nährväter der Kirche sein und die Königinnen ihre Ammen."

„Aber Eure Kirche ist nicht jene, die ich nähren will", sagt darauf, von seiner Zweideutigkeit erbittert, die Königin. „Ich will die römisch-katholische Kirche pflegen, die ich für die Kirche Gottes halte."

Jetzt schlägt endlich hart gegen hart. Der Punkt ist erreicht, wo es keine Verständigung gibt zwischen einer gläubigen Katholikin und einem fanatischen Protestanten. Knox wird kräftig unhöflich und nennt die römisch-katholische Kirche eine Hure, die nicht Gottes Braut sein dürfe. Und da ihm die Königin solche Worte untersagt, weil sie ihr Gewissen beleidigten, antwortet er herausfordernd: „Gewissen erfordert Kenntnis", und er fürchte, die Königin entbehre der rechten Kenntnis. Statt einer Versöhnung erreicht dies erste Gespräch nur eine Verhärtung der Gegensätze. Knox weiß nun, daß dieser „Satan stark ist" und er von der jungen Herrscherin Nachgiebigkeit nicht erhoffen kann. „In der Auseinandersetzung mit ihr stieß ich auf eine Entschlossenheit, wie ich sie in diesem Alter bisher noch nicht gesehen habe. Seitdem ist der Hof für mich erledigt und ich für ihn", schreibt er erbittert. Andererseits hat die junge Frau zum erstenmal die Grenze ihrer Königsmacht gespürt. Aufrechten Hauptes verläßt Knox das Zimmer, selbstzufrieden und stolz, einer Königin Trotz geboten zu haben, verstört bleibt Maria

Stuart zurück und bricht, ihrer Ohnmacht bitter gewahr, in heiße Tränen aus. Aber es werden nicht die letzten sein. Bald wird sie erkennen, daß man Macht nicht bloß vom Blute her erbt, sondern unablässig durch Kampf und Demütigungen sich neu erobern muß.

Fünftes Kapitel
Der Stein kommt ins Rollen

1561–1563

Die ersten drei Jahre, welche die junge Königin als Königswitwe in Schottland verbringt, gehen ziemlich windstill und ereignislos dahin: es gehört zur besonderen Form ihres Schicksals, daß alles große Geschehen sich bei ihr immer (und dies hat die Dramatiker so sehr angezogen) in ganz kurze und elementare Episoden zusammenballt. Moray und Maitland regieren, Maria Stuart repräsentiert in jenen Jahren, und diese Teilung der Macht erweist sich als vortrefflich für das ganze Reich. Denn sowohl Moray als auch Maitland regieren klug und vorsichtig, Maria Stuart wiederum repräsentiert ausgezeichnet. Von Natur mit Schönheit und Anmut bedacht, wohlgewandt in allen ritterlichen Künsten, eine männlich kühne Reiterin, eine geschickte Ballspielerin, eine leidenschaftliche Jägerin, gewinnt sie schon durch ihre äußere Erscheinung allgemeine Bewunderung: mit Stolz blickt das Volk von Edinburgh auf die Stuartstochter, wenn sie frühmorgens, den Falken in der erhobenen Faust, inmitten der farbenleuchtenden Kavalkade ausreitet und freundlich-freudig jeden Gruß erwidert: etwas Heiteres, etwas Rührendes und Romantisches, ein Sonnenstrahl von Jugend und Schönheit ist mit dieser mädchenhaften Königin in das strenge und dunkle Land eingezogen, und immer gewinnt Schönheit, immer Jugend eines Herrschers geheimnisvoll die Liebe jeder Nation. Die Lords achten wiederum das Männlich-Kühne ihres Wesens. Tagelang kann diese junge Frau in wildestem Galopp ihrem Gefolge als erste und unermüdlichste voranstürmen; wie unter ihrer herzgewinnenden Freundlichkeit die Seele noch unausgefaltet einen ehernen Stolz, so verbirgt dieser gertenschlanke, zarte, leichte und fraulich-weiche Körper eine ungewöhnliche Kraft. Keine Anstrengung ist ihrem heißen Mute zuviel, und einmal, mitten in der Lust des wilden Hinjagens zu Pferde, sagt sie einem Begleiter, sie möchte gerne ein

Mann sein, um auch dies zu kennen, wie es sei, die ganze Nacht im Felde zu verbringen. Als der Regent Moray gegen den aufständischen Clan der Huntlys in den Krieg zieht, reitet sie entschlossen mit, den Degen an der Seite, die Pistolen im Gürtel; wundervoll behagt ihr das heiße Abenteuer mit seinem neuen starken Reiz von Wildheit und Gefahr, denn sich ganz einzusetzen mit ihrer ganzen Kraft, ihrer ganzen Liebe, ihrer ganzen Leidenschaft, ist das innerste Seelengeheimnis dieser entschlossenen Natur. Aber einfach und ausdauernd wie ein Jäger, wie ein Krieger auf diesen Ritten und Fahrten, vermag sie anderseits wieder mit höchster Kunst und Kultur in ihrem Schloß als Herrscherin zu wirken, die Heiterste, die Liebenswürdigste in ihrer kleinen Welt: wahrhaftig vorbildlich vereinigt ihre knappe Jugend das Ideal des Zeitalters, Mut und Leichtigkeit, das Starke und das Milde in ritterlich romantischer Erscheinung. Ein letztes Scheidelicht troubadourischer Chevalerie leuchtet mit ihrer Gestalt in die nebelig kühle Nordwelt, die der Schatten der Reformation schon verdüstert.

Niemals hat das Bild dieser romantischen Mädchenfrau oder Mädchenwitwe strahlender erglänzt als in diesem ihrem zwanzigsten, ihrem einundzwanzigsten Jahr: auch hier kommt ihr Triumph, weil unverstanden und ungenützt, zu früh. Denn immer noch ist ihr inneres Leben nicht voll erwacht, noch weiß die Frau in ihr nicht um den Willen ihres Blutes, noch hat sich ihre Persönlichkeit nicht geformt, nicht entwickelt. Immer nur in der Erregung, in der Gefahr wird die wahre Maria Stuart sich enthüllen, jene ersten Jahre in Schottland aber sind nur eine gleichgültige Wartezeit, ein zielloses spielendes Zeitverbringen, ein Sichbereithalten, ohne daß der innere Wille schon wüßte, wofür und für wen. Es ist wie das Atemholen vor einer großen, einer entscheidenden Anstrengung, ein blasser, ein toter Augenblick. Denn Maria Stuart, die als halbes Kind schon Frankreich zu eigen gehabt, genügt innerlich keineswegs dies karge Königsein in Schottland. Nicht um dieses arme, enge, abseitige Land zu beherrschen, ist sie in ihre Heimat zurückgekehrt; von allem Anbeginn betrachtet sie diese Krone nur als Einsatz, um im Weltspiel eine glänzendere zu gewinnen, und vollkommen irren alle jene, die meinen oder bekunden, Maria Stuart hätte nichts anderes und Höheres gewünscht, als das Erbgut ihres Vaters still und friedlich als brave Erbwalterin der Schottenkrone zu regieren. Wer ihr so engen Ehrgeiz zumißt, verkleinert ihr seelisches Maß, denn in dieser jungen Frau lebt ein unzähmbarer, ein unbändiger Wille zu großer Macht; nie wird, die mit fünfzehn Jahren in der Kathedrale von Notre-Dame einem Königssohn von Frankreich vermählt wurde, die im Louvre prunkvoll als Gebieterin von Millionen gefeiert worden war, sich begnügen, Herrscherin zu sein über zwei Dutzend unbotmäßige und halbbäuerliche Grafen und

Barone, Königin über ein paar hunderttausend Schafhirten und Fischer. Nichts ist künstlicher und unwahrhaftiger, als ihr a posteriori ein patriotisches Nationalgefühl anzudichten, das in Wahrheit eine Entdeckung späterer Jahrhunderte ist. Die Fürsten des fünfzehnten, des sechzehnten Jahrhunderts – mit Ausnahme ihrer großen Gegenspielerin Elisabeth – denken an ihren Völkern damals noch völlig vorbei und einzig an die persönliche Macht. Wie Kleider werden Reiche zusammengeschneidert und auseinandergestückelt, Krieg und Heirat formen die Staaten und nicht die innere Bestimmung der Nation. Man täusche sich also nicht sentimental: Maria Stuart war damals bereit, Schottland gegen den spanischen, den englischen, den französischen und jeden beliebigen Thron einzutauschen, keine Träne hätte sie wahrscheinlich der Abschied von den Wäldern und Seen und romantischen Schlössern ihrer Heimat gekostet; denn niemals hat ihr leidenschaftlicher Ehrgeiz dies ihr kleines Reich anders als ein Sprungbrett zu einem höheren Ziel gewertet. Durch Erbschaft weiß sie sich zur Herrscherin berufen, durch Schönheit und Kultur jeder Krone Europas würdig, und mit der gleichen unklaren Leidenschaft wie andere Frauen ihres Alters von unermeßlicher Liebe, träumt ihr Ehrgeiz einzig von unermeßlicher Macht.

Darum überläßt sie auch zu Anfang Moray und Maitland die Staatsgeschäfte ohne jede Eifersucht und sogar ohne wirklich teilnehmendes Interesse; neidlos – was gilt ihr, der früh Gekrönten, der vom Schicksal zu früh Verwöhnten dies arme enge Land? – läßt sie beide schalten und regieren. Niemals war Verwalten, Vermehren ihres Besitzes, diese höchste politische Kunst, Maria Stuarts Stärke. Sie kann nur verteidigen und nicht bewahren. Erst wenn ihr Recht bedroht, wenn ihr Stolz herausgefordert wird, erst wenn ein fremder Wille nach ihrem Anspruch greift, dann erwacht, wild und stoßhaft, ihre Energie: nur in den großen Augenblicken wird diese Frau groß und tatkräftig, jede mittlere Zeit findet sie mittelmäßig und gleichgültig.

In dieser stillen Zeit wird auch die Gegnerschaft ihrer großen Rivalin still; denn immer wenn das hitzige Herz Maria Stuarts Ruhe hält und sich bescheidet, beruhigt sich Elisabeth. Einer der bedeutendsten politischen Vorzüge dieser großen Realistin war es von je, Tatsachen anzuerkennen und dem Unvermeidlichen nicht eigenwillig zu widerstreben. Mit aller Macht hatte sie sich der Heimkehr Maria Stuarts nach Schottland entgegengestellt und alles getan, um sie hinauszuschieben; nun, da sie erfolgt ist, kämpft Elisabeth nicht weiter gegen die unumstößliche Tatsache und tut lieber alles, um mit ihrer Rivalin, solange sie sie nicht beseitigen kann, in ein freundliches Verhältnis zu kommen. Elisabeth – dies eine der stärksten positiven Eigenschaften ihres irrlichternden und eigenwilligen Charakters – liebt als kluge Frau nicht den Krieg, sie hat ängstliche Scheu vor gewaltsamen und verantwortlichen Entscheidungen; als berechnende Natur zieht sie lieber aus Verhandlungen und Verträgen ihren Vorteil und sucht die Oberhand durch geschicktes geistiges Spiel. Kaum daß Maria Stuarts Rückkehr nach Schottland gewiß war, hatte Lord Moray Elisabeth in beweglichen Worten gemahnt, mit ihr redliche Freundschaft zu schließen. „Ihr seid beide zwei junge, hervorragende Königinnen, und Euer Geschlecht sollte Euch nicht erlauben, Euren Ruhm durch Krieg und Blutvergießen erhöhen zu wollen. Jede von Euch weiß, von welchem Anlaß das feindliche Gefühl zwischen Euch seinen Ursprung genommen hat, und ich wünschte vor Gott, meine Herrin, die Königin, hätte es niemals auf sich genommen, einen Anspruch oder Titel auf das Reich Eurer Majestät zu erheben. Trotzdem hättet Ihr beide Freunde sein und bleiben müssen. Da sie aber ihrerseits einmal diesen Gedanken geäußert hat, fürchte ich, wird immer zwischen Euch Mißverstehen walten, solange dieser Anstoß nicht aus dem Wege geräumt ist. Eure Majestät kann nicht nachgeben in diesem Punkte, und sie wieder mag es als hart empfinden, da sie England durch ihr Blut so nahesteht, dort als Fremde behandelt zu werden. Wäre hier nicht ein mittlerer Weg möglich?“ Elisabeth zeigt sich für einen solchen Vorschlag nicht unempfänglich; als bloße Königin von Schottland und unter der Hut ihres Pensionärs Moray ist Maria Stuart ihr ja vorderhand nicht mehr so gefährlich, wie sie es als Doppelkönigin von Frankreich und Schottland gewesen. Warum nicht ihr Freundschaft bezeigen, ohne sie im innersten Herzen zu empfinden? Bald kommt ein Briefwechsel zwischen Elisabeth und Maria Stuart in Gang, in dem eine der „dear sisters“ der andern ihre herzlichsten Gefühle auf geduldigem Papier übermittelt. Maria Stuart sendet Elisabeth als Liebesgabe einen Brillantring, den diese mit einem noch kostbareren erwidert; beide spielen sie vor der Welt und vor sich selbst das erfreuliche Schauspiel verwandtschaftlicher Zuneigung. Maria Stuart versichert, sie „habe kein größeres Verlangen auf Erden, als ihre gute Schwester zu sehen“, sie wolle die Allianz mit Frankreich lösen, denn sie schätze Elisabeths Zuneigung „more than all uncles of the world“, Elisabeth wieder malt in ihrer großen feierlichen Schrift, die sie nur bei bedeutsamen Anlässen anwendet, die überschwenglichsten Versicherungen ihrer Neigung und Treue. Aber sofort, wenn es gilt, wirklich ein Abkommen zu treffen und eine persönliche Zusammenkunft zu bestimmen, weichen beide vorsichtig aus. Denn im Grunde stehen die alten Verhandlungen noch immer auf demselben toten Punkt: Maria Stuart will den Vertrag von Edinburgh mit der Anerkennung Elisabeths erst unterzeichnen, wenn Elisabeth ihr das Nachfolgerecht zuerkannt hat; dies wieder empfindet Elisabeth gleichbedeutend, als ob sie ihr eigenes Todesurteil unterzeichnete. Keine weicht einen Zoll breit von ihrem Recht, und so überdecken im letzten alle diese blumigen Phrasen nur eine unüberbrückbare Kluft. „Es kann", wie Dschingis Khan, der Welteroberer, entschlossen sagte, „nicht zwei Sonnen am Himmel geben und nicht zwei Khans auf Erden." Eine von den beiden wird weichen müssen, Elisabeth oder Maria Stuart; beide wissen dies im tiefsten Herzen, und beide warten auf den gegebenen Augenblick. Aber solange die Stunde noch nicht gekommen ist, warum nicht der knappen Pause im Kriege sich freuen? Wo Mißtrauen im tiefsten Herzen untilgbar lebt, wird der Anlaß nicht fehlen, die dunkle Flamme aufschlagen zu lassen zur verzehrenden Glut.

Manchmal bedrücken die junge Königin in jenen Jahren kleine Sorgen, manchmal verdrießt sie die Lästigkeit der Staatsgeschäfte, oft und öfter fühlt sie sich fremd zwischen diesen harten, kriegerischen Adelsleuten, widerlich ist ihr das Gezanke mit den eifernden Pfaffen und heimlichen Intriganten: in solchen Stunden flüchtet sie dann in ihr Frankreich, in die Heimat ihres Herzens zurück. Freilich, Schottland kann sie nicht verlassen, so hat sie sich in ihrem Schlosse in Holyrood selbst ein eigenes Kleinfrankreich gegründet, ein winziges Stück Welt, wo sie ganz unbeachtet und frei ihren liebsten Neigungen leben kann, ihr Trianon. In dem runden Turm von Holyrood errichtet sie nach französischem Geschmack einen chevaleresken, einen romantischen Hofhalt; von Paris hat sie Gobelins gebracht und türkische Teppiche, prunkvolle Betten und Möbel und Bilder, ihre schön gebundenen Bücher, ihren Erasmus, ihren Rabelais, ihren Ariost und Ronsard. Hier wird französisch gesprochen und gelebt, hier bei flackernden Kerzen abends Musik gemacht, Gesellschaftsspiele werden veranstaltet, Verse gelesen, Madrigale gesungen. Zum erstenmal an diesem Miniaturhofhalt werden hier die „Masques", die kleinen klassischen Gelegenheitsspiele jenseits des Kanals versucht, die später das englische Theater zur höchsten Blüte entfaltet. Bis spät nach Mitternacht wird in Kostümen getanzt, und bei einem dieser Maskentänze, „The purpose", erscheint die junge Königin sogar als Mann verkleidet, in schwarzen straffen Seidenhosen, während ihr Partner – der junge Dichter Chastelard – als Dame vermummt ist, ein Anblick, der wahrscheinlich John Knoxens bitteres Entsetzen erregt hätte.

Aber Puritanern, Zeloten und ähnlichen Murrköpfen sind vorsichtigerweise diese Stunden des Frohmutes verschlossen, und vergebens entrüstet sich John

Knox über diese „souparis“ und „dansaris“ und donnert von der Kanzel in St. Giles, daß sein Bart wie ein Pendel schwingt: „Fürsten sind geübter, Musik zu machen und sich zu Gastmählern zu setzen, als das heilige Wort Gottes zu lesen und zu hören. Musiker und Schmeichler, die immer die Jugend verderben, gefallen ihnen besser als die alten und weisen Männer“ – an wen mag der Selbstgerechte hier denken? –, „die mit ihren heiligen Ermahnungen einen Teil des Stolzes, in dem wir alle geboren sind, niederschlagen wollen.“ Aber dieser junge, frohmütige Kreis hat wenig Verlangen nach den „heilkräftigen Ermahnungen“ des „kill joy“, des Freudetöters; die vier Marys, ein paar französisch gesinnte Kavaliere sind glücklich, hier im erhellten und warmen Raum der Freundschaft die Düsternis dieses strengen und tragischen Landes zu vergessen, und Maria Stuart vor allem, die kalte Maske der Majestät ablegen zu dürfen und bloß eine heitere junge Frau im Kreise gleichalteriger und gleichgestimmter Gefährten zu sein.

Ein solches Verlangen ist nur natürlich. Aber immer bedeutet es für Maria Stuart Gefahr, ihrer Lässigkeit nachzugeben. Verstellung bedrückt sie, Vorsicht ist ihr auf die Dauer unerträglich, jedoch gerade diese Tugend des „Nicht-sich-verschweigen-Könnens“, dieses „Je ne sais point déguiser mes sentiments“ (wie sie einmal schreibt), schafft ihr politisch mehr Unannehmlichkeiten als andern der böswilligste Betrug und die grimmigste Härte. Denn die Ungezwungenheit, mit der sich die Königin unter diesen jungen Leuten bewegt, lächelnd ihre Huldigungen hinnehmend und vielleicht sogar unbewußt sie herausfordernd, erzeugt bei diesen Zügellosen eine unangebrachte Kameraderie, und sie wird für leidenschaftliche Naturen sogar zur Verlockung. Etwas muß in dieser Frau, deren Schönheit auf den Bildern nicht ganz ersichtlich wird, sinnlich aufreizend gewesen sein; vielleicht haben an unmerklichen Zeichen einzelne Männer schon damals vorausgefühlt, daß unter der weichen, umgänglichen und scheinbar völlig selbstsicheren Art dieser mädchenhaften Frau eine ungeheure Leidenschaftsfähigkeit verborgen war wie ein Vulkan unter lieblicher Landschaft; vielleicht haben sie, lange ehe Maria Stuart selbst ihr eigenes Geheimnis erkannte, jene Unbeherrschtheit aus männlichem Instinkt geahnt und gewittert, denn irgendeine Macht war in ihr, die Männer zum Sinnlichen stärker drängte als zu einer romantischen Liebe. Möglich, daß sie, gerade weil selbst in ihren Trieben noch nicht erwacht, kleine körperliche Vertraulichkeiten – eine streichelnde Hand, einen Kuß, einen einladenden Blick – leichter gewährte als eine wissende Frau, welche das Kupplerisch-Gefährliche solcher Ungezwungenheiten kennt: jedenfalls, sie läßt die jungen Menschen um sich manchmal vergessen, daß die Frau in ihr als Königin jedem kühnen Gedanken unnahbar bleiben muß. Schon einmal hatte ein junger schottischer Kapitän, namens Hepburn, sich tölpisch-freche Ungehörigkeiten gegen sie erlaubt, und nur die Flucht bewahrte ihn vor der äußersten Strafe. Aber zu mild geht Maria Stuart über diesen ärgerlichen Zwischenfall hinweg, leichtherzig verzeiht sie ihn als läßliche Sünde und gibt damit einem andern Edelmann aus ihrem kleinen Kreise neuen Mut.

Dieses Abenteuer gestaltet sich durchaus romantisch; wie fast jede Episode in diesem schottischen Land formt es sich zur blutdunklen Ballade. Der erste Bewunderer Maria Stuarts am französischen Königshof, Monsieur Danville, hatte seinen jungen Freund und Begleiter, den Dichter Chastelard, zum Vertrauten seiner Schwärmerei gemacht. Nun muß Monsieur Danville, der Maria Stuart gemeinsam mit den anderen Edelherren auf ihrer Reise nach Schottland begleitet hatte, nach Frankreich zurück, zu seiner Frau, zur Pflicht: der Troubadour Chastelard aber bleibt in Schottland, gleichsam als der Statthalter fremder Neigung. Und es ist nicht ungefährlich, immer zärtliche Verse zu dichten, denn aus dem Spiel wird leicht Wirklichkeit. Maria Stuart nimmt unbedacht die poetischen Huldigungen des jungen, in allen ritterlichen Künsten wohlerfahrenen Hugenotten entgegen, sie erwidert sogar seine Verse mit eigenen Gedichten; welche musisch empfindsame, inmitten einer rauhen und rückständigen Umgebung vereinsamte junge Frau würde nicht geschmeichelt sein, sich in so bewundernden Strophen gefeiert zu hören wie:

„Oh Déesse immortelle
Escoute donc ma voix
Toy qui tiens en tutelle
Mon pouvoir sous tes loix
Afin que si ma vie
Se voie en bref ravie
Ta cruauté
La confesse périe
Par ta seule beauté“

und besonders, wenn sie sich ohne Schuld fühlt? Denn einer wirklichen Gegenliebe für seine Leidenschaft kann sich Chastelard nicht rühmen. Melancholisch muß er eingestehen:

„Et néansmoins la flâme
Qui me brûle et entflâme

De passion
N'émeut jamais ton âme
D'aucune affection."

Wahrscheinlich bloß als poetische Huldigung inmitten soviel anderer höfischer und liebedienerischer Schmeicheleien nimmt Maria Stuart, die selbst als Dichterin um das Übertreibliche alles Lyrischen weiß, derartige Strophen ihres hübschen Seladon lächelnd hin, und völlig ohne andere als spielerische Laune duldet sie Galanterien, die an einem romantischen Frauenhofe nichts Befremdliches bedeuten. In ihrer unbefangenen Art scherzt und spaßt sie mit Chastelard genau so arglos wie mit ihren vier Marys. Sie zeichnet ihn aus mit kleinen unverfänglichen Artigkeiten, sie wählt ihn (der dem Range nach ihr kaum nahen dürfte) als Partner zum Tanz, sie lehnt sich während einer Tanzfigur, dem Falking-Dance, einmal sehr nahe an seine Schulter, sie erlaubt ihm eine freiere Rede, als sie in Schottland, drei Straßen von John Knoxens Kanzel, üblich ist, der „such fashions more lyke to the bordell than to the comeliness of honest women" schilt; sie gewährt Chastelard vielleicht sogar einmal beim Masken- oder Pfänderspiel einen flüchtigen Kuß. Aber an sich nicht bedenklich, zeitigen solche Vertraulichkeiten doch die schlimme Wirkung, daß seinerseits der junge Dichter, ähnlich Torquato Tasso, die Grenzen zwischen Königin und Diener, Respekt und Kameradschaftlichkeit, zwischen Galanterie und Schicklichkeit, Ernst und Scherz nicht mehr deutlich wahrnimmt und heißköpfig seinem Gefühle folgt. So ereignet sich unvermutet ein ärgerlicher Zwischenfall: Eines Abends finden die jungen Mädchen, die Maria Stuart bedienen, Chastelard im Schlafzimmer der Königin hinter den Vorhängen versteckt. Sie vermuten zunächst nichts Unziemliches, sondern betrachten diese jugendliche Tollheit als Schabernack; mit muntern und scheinbar erzürnten Reden wird der Übermütige von den Mädchen aus dem Schlafzimmer hinausgetrieben. Auch Maria Stuart nimmt seine Taktlosigkeit mehr mit verzeihender Milde auf als mit wirklicher Entrüstung; der Vorfall wird sorgfältig vor dem Bruder Maria Stuarts verschwiegen, und von einer ernsten Bestrafung für einen so ungeheuerlichen Verstoß gegen jede Sitte ist bald keine Rede mehr. Aber diese Nachsicht war fehl am Ort. Denn entweder fühlt sich der Tollkopf von der leichten Auffassung im Kreise der jungen Frauen eher ermutigt, seinen Spaß zu wiederholen, oder eine wirkliche Leidenschaft zu Maria Stuart beraubt ihn aller Hemmungen – jedenfalls, er folgt heimlich der Königin auf ihrer Reise nach Fife, ohne daß jemand bei Hofe von seiner Anwesenheit eine Ahnung hätte, und erst als Maria Stuart schon halb entkleidet ist, entdeckt man den Unsinnigen abermals in ihrem

Schlafgemach. Im ersten Schreck schreit die beleidigte Frau auf, der schrille Ruf hallt durch das Haus, aus dem Nachbarzimmer stürzt Moray, ihr Stiefbruder, herein, und jetzt ist Verzeihen und Verschweigen nicht mehr möglich. Angeblich verlangte damals Maria Stuart (es ist nicht wahrscheinlich), Moray solle sofort den Verwegenen mit dem Dolch niederstoßen. Aber Moray, der bei jeder Handlung, im Gegensatz zu seiner leidenschaftlicheren Schwester, klug und rechnerisch alle Folgen überdenkt, weiß genau, die Ermordung eines jungen Mannes im Schlafzimmer einer Königin würde mit seinem Blute nicht nur den Estrich, sondern auch ihre Ehre beflecken. Öffentlich muß ein solches Vergehen angeklagt, öffentlich auf dem Marktplatz der Stadt muß es gesühnt werden, um die völlige Unschuld der Herrscherin vor dem Volke und vor der Welt darzutun.

Wenige Tage später führt man Chastelard zum Block. Seine freche Verwegenheit ist von den Richtern als Verbrechen, seine Leichtfertigkeit als Böswilligkeit gewertet worden. Einstimmig erkennen sie ihm die härteste Strafe zu: den Tod durch das Beil. Maria Stuart, selbst wenn sie wollte, hat jetzt keine Möglichkeit mehr, den Unsinnigen zu begnadigen; schon haben die Gesandten an alle Höfe von dem Vorfall berichtet, in London, in Paris beobachtet man neugierig ihr Verhalten. Jedes Wort zu seinen Gunsten würde jetzt als Eingeständnis einer Mitschuld gedeutet werden. So muß sie härter erscheinen, als sie wahrscheinlich persönlich gesinnt war, und den Gefährten munterer und gefälliger Stunden in seiner schwersten Stunde ohne Hoffnung und Hilfe lassen.

Chastelard stirbt, wie es sich an dem Hof einer romantischen Königin ziemt, einen tadellosen Tod. Er weist jeden priesterlichen Beistand zurück, nur die Dichtung soll ihn trösten und das Bewußtsein, daß

„Mon malheur déplorable
Soit sur moy immortel“.

Aufrecht schreitet der tapfere Troubadour zur Richtstätte, und statt Psalm und Gebet rezitiert er laut auf dem Wege die berühmte „Epitre à la mort“ seines Freundes Ronsard:

„Je te salue, heureuse et profitable Mort
Des extrêmes douleurs médicin et confort.“

Vor dem Block hebt er noch einmal das Haupt zu einem Anruf, der mehr ein Seufzer ist als Anklage: „O cruelle dame“, dann beugt er sich gefaßt nieder, um den mörderischen Hieb zu empfangen. Dieser Romantiker stirbt im Stil einer Ballade, eines Gedichts.

Aber dieser unselige Chastelard ist nur ein einzelner aus einer dunklen Schar, er ist bloß der erste, der für Maria Stuart stirbt, er geht nur den anderen voran. Mit ihm beginnt der gespenstige Totentanz all derer, die für diese Frau zum Richtblock schreiten, von ihrem Schicksal angezogen und sie selbst mitziehend in das eigene Schicksal. Aus allen Ländern kommen sie, wie bei Holbein schleifen sie sich hinter der schwarzen beinernen Trommel willenlos heran, Schritt für Schritt, Jahr für Jahr, Fürsten und Regenten, Grafen und Edelleute, Priester und Krieger, Jünglinge und Greise, alle sich für sie opfernd, alle für sie geopfert, die unschuldig schuldig ist an ihrem finstern Gang und ihn selber zur Sühne beschließt. Selten hat das Schicksal so viel Todesmagie in eine Frauengestalt getan: wie ein dunkler Magnet zieht sie auf das gefährlichste alle Männer ihrer Umwelt in verhängnisvolle Bahn. Wer ihren Weg kreuzt, gleichgültig ob in Gunst oder Ungunst, ist dem Unheil verfallen und gewaltsamem Tod. Es hat niemandem Glück gebracht, Maria Stuart zu hassen. Und noch schwerer haben jene gebüßt, die es wagten, sie zu lieben.

Nur scheinbar ist darum diese Episode Chastelards ein Zufall, ein bloßer Zwischenfall: zum erstenmal enthüllt sich hier – ohne daß sie es gleich verstünde – das Gesetz ihres Schicksals, daß es ihr nie ungestraft erlaubt sein soll, lässig, leicht und vertrauensvoll zu sein. Von der ersten Stunde an ist ihr Leben so eingestellt, daß sie eine repräsentative Gestalt darstellen muß, Königin, immer und immer nur Königin, öffentlicher Charakter, Spielball im Weltspiel, und was anfangs Gnade schien: ihre frühe Krönung, ihr zugeborener Rang, ist eigentlich Fluch. Denn immer, wenn sie versucht, sich selbst zu gehören, nur ihrer Laune, ihrer Liebe, ihren wahren Neigungen zu leben, wird sie fürchterlich für ihr Versäumnis gestraft. Chastelard ist nur die erste Warnung. Nach einer Kindheit ohne Kindsein hatte sie in der schmalen Zwischenzeit, ehe man zum zweitenmal, zum drittenmal ihren Leib, ihr Leben an irgendeinen fremden Mann gegen irgendeine Krone verhandelt, versucht, ein paar Monate nichts anderes als jung und sorglos zu sein, nur zu atmen, nur zu leben und sich zu freuen: da reißen sie harte Hände aus dem leichten Spiel. Beunruhigt durch den Vorfall, drängen jetzt der Regent, das Parlament, die Lords zu neuer Heirat. Maria Stuart soll einen Gatten wählen: selbstverständlich nicht einen, der ihr gefällt, sondern einen, der die Macht und Sicherheit des Landes mehrt. Die längst eingeleiteten Verhandlungen werden scharf beschleunigt, denn eine Art Angst ist über die Verantwortlichen gekommen, diese unbedachte Frau könnte am Ende mit einer neuerlichen Torheit ihren Ruf und Anwert völlig zerstören. Abermals beginnt der Schacher auf dem Heiratsmarkt: Maria Stuart wird wieder zurückgedrängt in den Bannkreis der Politik, der ihr Schicksal von der ersten bis zur letzten Stunde unerbittlich umschließt. Und immer, wenn sie diesen kalten Ring um ihr warmes wirkliches Leben für einen Atemzug zu zerbrechen sucht, zerbricht sie fremdes und ihr eigenes Geschick.

Sechstes Kapitel Großer politischer Heiratsmarkt

1563–1565

Zwei junge Frauen sind in diesem Augenblick die umworbensten der Welt: Elisabeth von England und Maria von Schottland. Wer irgend in Europa Kronrecht hat und keine Gattin, der sendet jetzt seine Werber, Habsburg und Bourbon, Philipp II. von Spanien und sein Sohn Don Carlos, der Erzherzog von Österreich, die Könige von Schweden und Dänemark, Greise und Knaben, Männer und Jünglinge: schon lange war der politische Heiratsmarkt nicht so reichlich beschickt. Denn noch immer stellt Vermählung mit einer Fürstin die bequemste Form für einen Herrscher dar, seine Macht zu erweitern. Nicht durch Krieg, sondern durch Heirat sind in den Zeiten des Absolutismus die großen Erbrechte aufgebaut worden, das geeinte Frankreich, das weltumfassende Spanien und die Hausmacht Habsburgs. Jetzt aber locken unvermuteterweise noch die letzten kostbaren Kronjuwele Europas. Elisabeth oder Maria Stuart, England oder Schottland, wer das eine Land oder das andere durch Ehe gewinnt, der hat auch im Weltspiel gewonnen, und gleichzeitig mit dem nationalen Wettlauf entscheidet sich ein anderer, ein geistig-geistlicher Krieg. Denn fällt durch die Heirat mit einer der beiden Herrscherinnen die britannische Insel einem katholischen Mitkönig zu, so hat das Zünglein an der Waage im Kampf zwischen Katholizismus und Protestantismus endgültig zugunsten Roms ausgeschlagen, die ecclesia universalis ist wieder sieghaft auf Erden. Darum bedeutet diese hitzige Brautjagd unermeßlich viel mehr als eine familiäre Angelegenheit; in ihr versinnbildlicht sich eine Weltentscheidung.

Eine Weltentscheidung, aber für diese beiden Frauen, für diese beiden Königinnen auch eine Lebensentscheidung. Denn unlösbar sind ihre Schicksalslinien verstrickt. Wird eine der beiden Rivalinnen durch eine Heirat erhöht, so gerät der andere Thron unaufhaltsam ins Wanken, steigt die eine Schale, so muß die andere sinken. Die Schwebe der Scheinfreundschaft zwischen Maria Stuart und Elisabeth kann nur insolange dauern, als beide unvermählt bleiben, bloß Königin von England die eine, bloß Königin von Schottland die andere; verschieben sich die Gewichte, so muß eine die mächtigere werden, die Siegerin. Aber entschlossen steht Stolz gegen Stolz, keine will und wird der andern weichen. Nur Kampf auf Leben und Tod kann diese furchtbare Verstrickung lösen.

Für das prachtvoll gestufte Schauspiel dieses Schwesternkampfes hat die Geschichte zwei Gegenspielerinnen größten Formats gewählt. Beide, Maria Stuart und Elisabeth, sind Begabungen besonderer und unvergleichlicher Art. Neben ihren energischen Erscheinungen wirken die andern Monarchen der Zeit, der mönchisch starre Philipp II. von Spanien, der knabenhaft launische Karl IX. von Frankreich, der unbedeutende Ferdinand von Österreich, wie flache Nebenrollenspieler; keiner von ihnen erreicht auch nur annähernd die hohe geistige Ebene, auf der diese außerordentlichen Frauen einander entgegentreten. Beide klug – und in ihrer Klugheit nur oft durch weibliche Launen und Leidenschaften gehemmt –, beide ehrgeizig bis zur Unbändigkeit, haben von frühester Jugend an sich für ihren hohen Rang besonders vorbereitet. Beider Haltung im Sinne der äußeren Repräsentation musterhaft, beider Kultur auf der vollen Höhe der humanistischen Zeit. Fließend spricht jede neben ihrer Muttersprache Latein, Französisch, Italienisch, Elisabeth überdies noch Griechisch, und beider Briefe übertreffen an plastischer Ausdruckskraft weitaus diejenigen ihrer besten Minister, die Elisabeths ungleich farbiger, bildlicher als jene ihres klugen Staatssekretärs Cecil, die Maria Stuarts geschliffener und eigenartiger als die glatt diplomatischen eines Maitland und Moray. Beider Intelligenz, ihr Kunstsinn, ihre fürstliche Art der Lebenshaltung kann vor den strengsten Richtern bestehen, und wenn Elisabeth einem Shakespeare und Ben Jonson, so wird Maria Stuart einem Ronsard und Du Bellay Bewunderung abnötigen. Aber mit dieser gemeinsamen Höhe des kulturellen Niveaus ist auch alle Ähnlichkeit zwischen diesen Frauen erschöpft; um so schärfer prägt sich der innere Gegensatz aus, den die Dichter von Anbeginn schon als typisch dramatischen empfunden und gestaltet haben.

Dieser Gegensatz ist derart vollständig, daß schon die Lebenslinien ihn geradezu geometrisch-anschaulich ausdrücken. Entscheidender Unterschied: Elisabeth hat es im Anfang schwer und Maria Stuart am Ende. Maria Stuarts Glück und Macht steigen leicht, hell und schnell auf wie ein Morgenstern am klaren

Himmel; als Königin geboren, wird sie noch als Kind zum zweitenmal zur Königin gesalbt. Aber ebenso steil und jäh vollzieht sich ihr Sturz. In drei oder vier einzelnen Katastrophen ist ihr Schicksal konzentriert, also typisch dramatisch geformt – weshalb sie auch immer wieder als Heldin von Tragödien gewählt wird –, während Elisabeths Aufstieg langsam und beharrlich sich vollzieht (und darum vermag ihr eigentlich nur eine episch breite Darstellung gerecht zu werden). Ihr ist nichts geschenkt und mit leichter Hand von Gott gegeben. Als Kind zum Bastard erklärt, von der eigenen Schwester in den Tower geworfen, mit tödlichem Gerichtsspruch bedroht, hat sie sich mit List und frühreifer Diplomatie erst das nackte Dasein und Geduldetsein erobern müssen. Maria Stuart war durch Erbe von Anbeginn die Würde zuteil, Elisabeth hat sie sich mit dem eigenen Leibe und dem eigenen Leben geschaffen.

Zwei derart verschiedene Lebenslinien müssen notwendigerweise auseinanderstreben. Sie können sich gelegentlich kreuzen und überschneiden, niemals aber wirklich binden. Denn bis tief hinein in jede Schwingung und Tönung des Charakters muß sich der fundamentale Unterschied auswirken, daß die eine mit der Krone geboren ist wie mit dem eigenen Haar, während die andere sich ihre Stellung erkämpft, erlistet, erobert hat, daß die eine von Anfang an legitime Königin gewesen und die andere eine angezweifelte. Jede dieser beiden Frauen entwickelt aus dieser besonderen Schicksalsform eine andere Kraft. Bei Maria Stuart erzeugt die Leichtigkeit, die Mühelosigkeit, mit der sie alles – zu früh! – zugeteilt bekam, eine ganz ungewöhnliche Leichtfertigkeit und Selbstsicherheit, sie schenkt ihr jenen verwegenen Wagemut, der ihre Größe ist und ihr Verhängnis. Gott hat ihr die Krone gegeben, niemand kann sie ihr nehmen. Sie hat zu gebieten, die andern zu gehorchen, und zweifelte auch die ganze Welt an ihrem Recht, sie fühlt ihr Herrentum heiß in ihrem Blut. Leicht und ohne zu prüfen läßt sie sich begeistern, rasch und hitzig wie einen Schwertgriff faßt sie ihre Entschlüsse, und so, wie sie als verwegene Reiterin mit einem Riß am Zügel, einem Ruck, einem Schwung über Hürden und Hindernisse hinwegsetzt, meint sie auch, über alle Schwierigkeiten und Fährnisse der Politik mit dem bloßen beschwingten Mut hinüberstürmen zu können. Bedeutet für Elisabeth Herrschen ein Schachspiel, ein Denkspiel, eine stete gespannte Anstrengung, so für Maria Stuart nur ein starkes Genießen, eine Steigerung der Daseinslust, ein Kampfspiel ritterlicher Art. Sie hat, wie einmal der Papst von ihr sagt, „das Herz eines Mannes im Körper einer Frau", und gerade dies leichtsinnig Wagende, dies egoistisch Souveräne, das sie für das Gedicht, die Ballade, die Tragödie so anziehend macht, verschuldet ihren frühen Untergang.

Denn Elisabeth, eine durchaus realistische Natur, eine beinahe geniale Kennerin der Wirklichkeit, gewinnt ihren Sieg eigentlich nur durch das kluge Ausnützen der Unüberlegtheiten und Torheiten ihrer ritterlichen Gegnerin. Mit ihren klaren, scharfen Vogelaugen – man blicke in ihr Bildnis – sieht sie mißtrauisch in die Welt, deren Gefahren sie frühzeitig zu fürchten gelernt hat. Schon als Kind hat sie Gelegenheit gehabt, zu beobachten, wie rasch die Kugel der Fortuna auf und nieder rollt und daß es nur ein Schritt weit ist vom Königsthron zum Schafott und ein Schritt wiederum aus dem Tower, diesem Vorhof des Todes, nach Westminster. Ewig wird sie darum Macht als etwas Fließendes empfinden und alles Sichere als gefährdet; vorsichtig und ängstlich, als wären sie aus Glas und könnten jeden Augenblick ihren Händen entgleiten, hält Elisabeth Krone und Zepter fest; eigentlich verbringt sie ihr ganzes Leben in Sorge und Unentschlossenheit. Alle Porträts ergänzen hier überzeugend die überlieferten Schilderungen ihres Wesens: auf keinem blickt sie klar, frei und stolz wie eine wahrhafte Gebieterin, immer ist ihr nervöses Gesicht furchtsam und unruhig angespannt, als lauschte, als wartete sie auf etwas, nie glänzt das Lächeln der Selbstgewißheit froh um ihren Mund. Scheu und eitel zugleich hebt sie ihr blasses Antlitz aus dem pompösen Putz der juwelenüberglitzerten Roben, gleichsam frierend unter dieser überladenen Pracht. Und man fühlt: kaum mit sich allein, kaum ist das Staatskleid von ihren knochigen Schultern abgeglitten, kaum weicht die Schminke von den schmalen Wangen, so fällt auch die Hoheit von ihr ab, und es bleibt eine arme, verstörte, frühgealterte Frau, ein einsamer Mensch zurück, der kaum seine eigene Not und um wieviel weniger eine Welt zu beherrschen weiß. Eine solche zaghafte Haltung mag bei einer Königin nicht sehr heroisch wirken und dies ewige Zaudern und Zögern und Sich-nicht-entschließen-Können gewiß nicht majestätisch; aber Elisabeths staatsmännische Größe lag auf einer anderen Ebene als der romantischen. Ihre Kraft offenbarte sich nicht in verwegenen Plänen und Entschlüssen, sondern in einer zähen und sorgsamen Dauerarbeit des Mehrens und Sicherns, des Sparens und Zusammenraffens, in eigentlich bürgerlichen und haushälterischen Tugenden: gerade ihre Fehler, ihre Ängstlichkeit, ihre Vorsichtigkeit sind im staatsmännischen Sinne produktiv geworden. Denn wenn Maria Stuart nur sich selbst, so lebt Elisabeth ihrem Lande, sie nimmt als Realistin ihr Herrschertum pflichthaft als einen Beruf, Maria Stuart dagegen, die Romantikerin, ihr Königtum als völlig unverpflichtende Berufung. Jede ist stark, jede schwach in einem andern Sinne. Wird Maria Stuart ihre heldisch-törichte Verwegenheit zum Verhängnis, so Elisabeth ihr Zaudern und Zögern schließlich zum

Gewinn. Denn immer siegt in der Politik die langsame Zähigkeit über die unbeherrschte Kraft, der durchgearbeitete Plan über den improvisierten Elan, der Realismus über die Romantik.

Aber in diesem Schwesternkampf reicht der Gegensatz noch tiefer. Nicht nur als Königinnen, sondern auch als Frauen stellen Elisabeth und Maria Stuart völlig polare Typen dar, gleichsam als hätte es der Natur gefallen, einmal eine große welthistorische Antithese in zwei großen Gestalten bis in die letzte Einzelheit kontrapunktisch durchzuführen.

Maria Stuart ist als Frau ganz Frau, in erster und letzter Linie Frau, und gerade die wichtigsten Entschließungen ihres Lebens kamen aus dieser untersten Quelle ihres Geschlechts. Nicht daß sie eine ständig leidenschaftliche, eine einzig von ihren Trieben beherrschte Natur gewesen wäre – im Gegenteil, was zuerst an Maria Stuart charakterologisch auffällt, ist ihre lange weibliche Zurückhaltung. Jahre und Jahre hat es gedauert, ehe das Gefühlsleben in ihr überhaupt erwachte. Lange sieht man nur (und die Bilder bestätigen es) eine freundliche, weiche, milde, lässige Frau, ein leichtes Schmachten im Auge, ein fast kindliches Lächeln um den Mund, ein unentschiedenes, unaktives Wesen, eine Mädchenfrau. Sie ist auffallend sensitiv (wie jede wahrhaft weibliche Natur), ihr Gemüt gerät leicht in Schwingung, sie kann beim leichtesten Anlaß erröten, erblassen, und rasch und locker sitzt ihr die Träne. Aber diese eiligen, oberflächlichen Wellen ihres Bluts rühren lange Jahre nicht ihre Tiefe auf; und gerade weil sie eine vollkommen normale, eine echte, eine wirkliche Frau ist, entdeckt Maria Stuart ihre eigentliche, ihre wahre Kraft erst an einer Leidenschaft – im ganzen nur einmal in ihrem Leben. Da aber spürt man, wie ungemein stark sie Frau ist, wie sehr triebhaftes und instinkthaftes Wesen, wie willenlos gekettet an ihr Geschlecht. Denn in diesem großen Moment ihrer Ekstase schwinden plötzlich wie weggerissen die oberen, die kulturellen Kräfte in der bislang kühlen und gemessenen Frau dahin, alle Dämme von Wohlerzogenheit, von Sitte und Würde brechen ein, und vor die Wahl gestellt zwischen ihrer Ehre und ihrer Leidenschaft, bekennt sich Maria Stuart als wirkliche Frau nicht zu ihrem Königtum, sondern zu ihrem Frauentum. Jäh fällt der Kronmantel ab, sie fühlt nur nackt und heiß als eine der Unzähligen, die Liebe nehmen und Liebe geben wollen, und nichts schenkt ihrer Gestalt eine solche Großzügigkeit, als daß sie um einzelner volldurchlebter Daseinsaugenblicke willen Reich und Macht und Würde geradezu verächtlich hingeworfen hat.

Elisabeth dagegen war einer völligen Selbsthingabe solcher Art niemals fähig, und dies aus einem geheimnisvollen Grunde. Denn sie war – wie es Maria Stuart in ihrem berühmten Haßbrief formulierte – körperlich "nicht wie alle andern Frauen". Nicht nur die Mutterschaft war ihr versagt, sondern wahrscheinlich auch die natürliche Form der vollen weiblichen Preisgabe. Nicht so freiwillig, wie sie vortäuschte, ist sie zeitlebens „virgin Queen", die jungfräuliche Königin, und wenn auch gewisse gleichzeitige Nachrichten (wie jene von Ben Jonson überlieferten) über Elisabeths physische Mißbildung anzweifelbar sind, dies bleibt gewiß, daß eine körperliche oder seelische Hemmung sie in den geheimsten Zonen ihres Frauentums verstört hat. Ein solches Mißgeschick muß das Wesen einer Frau entscheidend bestimmen, und in diesem Geheimnis sind alle andern Geheimnisse ihres Charakters gleichsam im Kern enthalten. Jenes Schillernde, Schwankende, Fahrige, Wetterwendische ihrer Nerven, das ihr Wesen ständig in ein zuckendes Licht von Hysterie taucht, das Ungleichgewichtige, Unberechenbare ihrer Entschlüsse, dieses ewige Umschalten von heiß auf kalt, von ja auf nein, all das Komödiantische, das Raffinierte, das Hinterhältige und nicht zumindest jene Koketterie, die ihrer staatsmännischen Würde die schlimmsten Streiche spielte, stammten aus dieser innern Unsicherheit. Eindeutig und natürlich zu fühlen, zu denken, zu handeln war dieser im tiefsten verwundeten Frau versagt, niemand konnte auf sie zählen, und am wenigsten war sie ihrer selbst sicher.

Aber wenn auch verstümmelt in ihren geheimsten Bezirken, wenn auch hin und her gerissen in ihren Nerven, wenn auch gefährlich in ihrer Intrigantenklugheit, so war Elisabeth doch niemals grausam, unmenschlich, kalt und hart. Nichts ist falscher, oberflächlicher und banaler erfunden als die schon schematisch gewordene Auffassung (wie sie Schiller in seine Tragödie übernommen hat), als hätte Elisabeth wie eine tückische Katze mit einer sanften und wehrlosen Maria Stuart gespielt. Wer tiefer blickt, spürt in dieser Frau, die einsam friert inmitten ihrer Macht, die sich mit ihren Halbliebhabern immer nur hysterisch quält, weil sie sich keinem ganz und eindeutig hingeben kann, eine verborgene, verschlagene Wärme und hinter all ihren Schrullen und Heftigkeiten einen ehrlichen Willen, großmütig und gütig zu sein. Ihrer ängstlichen Natur entsprach nicht die Gewalt, sie flüchtete lieber in die kleinen, nervenprickelnden Künste der Diplomatie, das unverantwortliche Hintergrundspiel; bei jeder Kriegserklärung aber zauderte und schauerte sie, jedes Todesurteil lastete wie ein Stein auf ihrem Gewissen, und um ihrem Lande Frieden zu bewahren, setzte sie ihre beste Kraft ein. Wenn sie Maria Stuart bekämpfte, so war es einzig, weil sie sich (nicht mit Unrecht) von ihr bedroht fühlte, und doch wäre sie dem offenen Kampfe lieber ausgewichen, weil sie ihrer Natur nach nur Spielerin und Falschspielerin, nicht aber Kämpferin war.

Beide, Maria Stuart aus Lässigkeit, Elisabeth aus Ängstlichkeit, hätten lieber halben und falschen Frieden gehalten. Aber die Konstellation der Stunde erlaubte kein Nebeneinandersein. Gleichgültig gegen den innersten Willen des einzelnen stößt oft der stärkere Wille der Geschichte Menschen und Mächte in ihr mörderisches Spiel.

Denn hinter der inneren Verschiedenheit der Persönlichkeiten erheben sich gebieterisch wie riesenhafte Schatten die großen Gegensätze der Zeit. Man nenne es nicht Zufall, daß Maria Stuart die Vorkämpferin der alten, der katholischen Religion gewesen und Elisabeth Schirmherrin der neuen, der reformatorischen; diese Parteinahme versinnbildlicht nur symbolisch, daß jede dieser beiden Königinnen eine andere Weltanschauung verkörperte, Maria Stuart die absterbende, die mittelalterlich-ritterliche Welt, Elisabeth die werdende, die neuzeitliche. Eine ganze Zeitwende kämpft sich in ihrem Widerstreit zu Ende.

Maria Stuart – und dies macht ihre Figur so romantisch – steht und fällt für eine vergangene, für eine überholte Sache als ein letzter kühner Paladin. Sie gehorcht nur dem gestaltenden Willen der Geschichte, wenn sie, die Rückwärtsgewandte, sich politisch jenen Mächten verbindet, die den Zenit bereits überschritten haben, Spanien und dem Papsttum, während Elisabeth klarsichtig in die fernsten Länder, nach Rußland und Persien, ihre Gesandten schickt und in vorausschauendem Gefühl die Energie ihres Volkes gegen die Ozeane wendet, als ahnte sie, daß in den neuen Kontinenten die Pfeiler des zukünftigen Weltreiches aufgerichtet werden müßten. Maria Stuart beharrt starr im Übernommenen, sie kommt über die dynastische Auffassung des Königtums nicht hinaus. Das Land ist nach ihrer Meinung an den Herrscher gebunden, nicht aber der Herrscher an sein Land; eigentlich ist Maria Stuart all diese Jahre nur Königin über Schottland gewesen und niemals eine Königin für Schottland. Die hundert Briefe, die sie geschrieben, gelten alle nur der Befestigung, der Erweiterung ihres persönlichen Rechtes, aber völlig vermißt man einen einzigen, der sich mit dem Volkswohl, mit der Förderung von Handel, Schiffahrt oder Kriegsmacht befaßte. Wie ihre Sprache in Dichtung und Konversation zeitlebens die französische blieb, so ist auch ihr Denken, ihr Fühlen nie ein schottisches, ein nationales geworden; nicht für Schottland hat sie gelebt und ist sie gestorben, sondern einzig um Königin von Schottland zu bleiben. Im letzten hat Maria Stuart ihrem Lande nichts Schöpferisches gegeben als die Legende ihres Lebens.

Dieses Über-allem-Stehen Maria Stuarts mußte notwendigerweise zu einem Alleinstehen werden. An Mut und Entschlossenheit war sie persönlich Elisabeth unermeßlich überlegen. Aber Elisabeth kämpfte nicht allein gegen sie. Aus dem Gefühl ihrer Unsicherheit hatte sie rechtzeitig verstanden, ihre Position zu stärken, indem sie sich mit ruhigen und klarsehenden Leuten umgab; um sie stand ein ganzer Generalstab in diesem Kriege, lehrte sie Taktik und Praktik und schützte sie bei großen Entscheidungen vor der Sprunghaftigkeit und Fahrigkeit ihres Temperamentes. Elisabeth wußte eine derart vollendete Organisation um sich zu schaffen, daß es heute, nach Jahrhunderten, fast unmöglich ist, ihre persönliche Leistung aus der Kollektivleistung der elisabethanischen Epoche herauszuschälen, und der unermeßliche Ruhm, der sich an ihren Namen bindet, schließt die anonyme Leistung ihrer ausgezeichneten Berater in sich. Während Maria Stuart nur Maria Stuart ist, stellt Elisabeth eigentlich immer Elisabeth plus Cecil, plus Leicester, plus Walsingham, plus die Energie ihres ganzen Volkes dar, und man kann kaum unterscheiden, wer der Genius jenes shakespearischen Jahrhunderts gewesen, England oder Elisabeth, so sehr sind sie zusammengeschmolzen in eine herrliche Einheit. Nichts hat Elisabeth einen solchen Rang unter den Monarchen jener Epoche gegeben, als daß sie nicht Herrin über England sein wollte, sondern bloß Verwalterin des englischen Volkswillens, Dienerin einer nationalen Mission; sie hat den Zug der Zeit verstanden, der vom Autokratischen ins Konstitutionelle führt. Freiwillig erkennt sie die neuen Kräfte an, die aus der Umformung der Stände, aus der Weltraumerweiterung durch die Entdeckungen sich entwickeln, sie fördert alles Neue, die Gilden, die Kaufleute, die Geldleute und selbst die Piraten, weil sie England, ihrem England, die Vorherrschaft über die Meere anbahnen. Unzählige Male bringt sie (was Maria Stuart niemals tut) ihre persönlichen Wünsche dem allgemeinen, dem nationalen Wohl zum Opfer. Denn immer ist es beste Rettung aus innerer Not, wenn sie sich ins Schöpferische wendet; aus ihrem Unglück als Frau hat Elisabeth das Glück ihres Landes gestaltet. Ihren ganzen Egoismus, ihre ganze Machtleidenschaft hat die Kinderlose, die Männerlose ins Nationale umgestaltet; groß vor der Nachwelt zu sein durch Englands Größe war die edelste ihrer Eitelkeiten, und nur diesem kommenden größeren England hat sie wahrhaft gelebt. Keine andere Krone konnte sie locken (während Maria Stuart begeistert die ihre gegen jede bessere tauschen würde), und indes jene in der Gegenwart, in der Stunde großartig aufglühte, hat sie, die Sparsame, die Weitblickende, ihre ganze Kraft der Zukunft ihrer Nation geweiht.

Es war kein Zufall darum, daß sich der Kampf zwischen Maria Stuart und Elisabeth zugunsten der fortschrittlichen und weltgewandten und nicht der rückgewandten und ritterlichen Königin entschied; mit Elisabeth siegte der Wille der Geschichte, der vorwärts drängt, der die abgelebten Formen wie leere Schalen hinter sich schleudert und seine Kraft in immer anderen schöpferisch versucht. In ihrem Leben verkörpert sich die Energie einer Nation, die ihre Stelle im Weltall erobern will, in Maria Stuarts Ende stirbt nur prächtig und heldisch eine ritterliche Vergangenheit. Aber dennoch erfüllt jede in diesem Kampfe vollendet ihren Sinn: Elisabeth, die Realistin, siegt in der Geschichte, Maria Stuart, die Romantikerin, in Dichtung und Legende.

Großartig ist dieser Gegensatz in Raum, Zeit und seinen Gestalten: wäre doch nur die Art nicht so erbärmlich kleinlich, in der er durchfochten wird! Denn trotz ihrem überragenden Format bleiben diese beiden Frauen immerhin Frauen, sie können die Schwäche ihres Geschlechts nicht überwinden, Feindschaften, statt aufrichtig, immer nur mesquin und hinterhältig auszutragen. Ständen statt Maria Stuart und Elisabeth zwei Männer, zwei Könige einander gegenüber, es käme sofort zu scharfer Auseinandersetzung, zu klarem Krieg. Anspruch stellte sich schroff gegen Anspruch, Mut gegen Mut. Der Konflikt Maria Stuarts und Elisabeths dagegen entbehrt dieser hellen männlichen Aufrichtigkeit, er ist ein Katzenkampf, ein Sich-Umschleichen und Belauern mit verdeckten Krallen, ein hinterhältiges und durchaus unredliches Spiel. Durch ein Vierteljahrhundert haben diese Frauen einander unablässig belogen und betrogen (ohne sich aber nur eine Sekunde lang tatsächlich zu täuschen). Nie blicken sie einander frei und gerade ins Auge, nie wird ihr Haß offen, wahr und klar; mit Lächeln und Schmeicheln und Heucheln begrüßen und beschenken und beglückwünschen sie einander, während jede heimlich das Messer hinter dem Rücken hält. Nein, die Chronik des Krieges zwischen Elisabeth und Maria Stuart zeitigt keine iliadischen Schlachten, keine ruhmreichen Situationen, sie ist kein Heldenlied, sondern ein perfides Kapitel aus Machiavelli, psychologisch zwar ungemein erregend, aber moralisch abstoßend, weil eine zwanzigjährige Intrige und nie ein ehrlicher, klingender Kampf.

Dieses unehrliche Spiel setzt sofort mit den Heiratsverhandlungen Maria Stuarts ein, und fürstliche Bewerber sind auf den Plan getreten. Maria Stuart wäre mit jedem einverstanden, denn die Frau in ihr ist noch nicht wach und mengt sich nicht in die Wahl. Sie würde willig den fünfzehnjährigen Knaben Don Carlos nehmen, obwohl das Gerücht ihn als bösartigen, tollwütigen Jungen schildert, und ebenso gern das unmündige Kind Karl IX. Jung, alt, widerwärtig oder anziehend, das ist ihrem Ehrgeiz völlig gleichgültig, sofern die Heirat sie nur über die verhaßte Rivalin erhebt. Persönlich beinahe uninteressiert, überläßt sie die Verhandlungen ihrem Stiefbruder Moray, der sie mit äußerst egoistischem Eifer führt, denn wenn seine Schwester in Paris oder Wien oder Madrid eine Krone trägt, wäre er ihrer ledig und wieder ungekrönter König von Schottland. Sehr bald aber erfährt Elisabeth, durch ihre schottischen Spione tadellos bedient, von diesen überseeischen Freiten und legt sofort ein kräftiges Veto ein. Ganz klar droht sie dem schottischen Gesandten, falls Maria Stuart eine fürstliche Werbung aus Österreich, Frankreich oder Spanien annähme, würde sie dies als feindseligen Akt betrachten, was sie aber keineswegs hindert, gleichzeitig die zärtlichsten Mahnungen an ihre teure Base zu schreiben, sie möchte einzig auf sie vertrauen, „welche Berge von Glückseligkeit und irdischer Pracht ihr auch die andern versprächen". Oh, sie habe nicht das mindeste einzuwenden gegen einen protestantischen Prinzen, gegen den König von Dänemark oder den Herzog von Ferrara – deutsch übersetzt: gegen ungefährliche, unwertige Werber – am besten aber wäre, Maria Stuart würde „daheim" heiraten, irgendeinen schottischen oder englischen Adeligen. In diesem Falle könne sie ihrer schwesterlichen Liebe, ihrer Hilfe ewig gewiß sein.

Diese Haltung Elisabeths ist selbstverständlich ein klares „foul play", und jeder durchschaut ihre Absicht: die unfreiwillige „virgin Queen" will nichts anderes als ihrer Rivalin jede gute Chance verderben. Aber mit ebenso wendiger Hand wirft Maria Stuart den Ball zurück. Sie denkt selbstverständlich nicht einen Augenblick daran, Elisabeth eine „overlordship", ein Einspruchsrecht, in ihren Heiratsangelegenheiten zuzuerkennen. Aber noch ist das große Geschäft nicht abgeschlossen, noch zögert Don Carlos, der Hauptkandidat. So heuchelt Maria Stuart zunächst innigen Dank für das sorgsame Interesse Elisabeths. Sie versichert, nicht „for all uncles of the world" würde sie die kostbare Freundschaft mit der englischen Königin durch eigenwilliges Verhalten in Frage stellen, o nein, oh, keineswegs! – sie sei aufrichtigen Herzens bereit, allen ihren Vorschlägen treulich zu folgen, und Elisabeth möge ihr nur mitteilen, welche Werber als „allowed" zu gelten hätten und welche nicht. Rührend ist diese Gefügigkeit; aber mitten hinein streut Maria Stuart die schüchterne Zwischenfrage, auf welche Art Elisabeth sie dann für ihre Gefügigkeit entschädigen wolle. Gut, sagt sie gewissermaßen, ich gehe auf Deine Wünsche ein, ich heirate keinen Mann so hohen Ranges, daß er Deine Stellung, Du vielgeliebte Schwester, überhöht. Aber nun gib auch Du mir Sicherheit und werde gütigst deutlich: wie steht es mit meinem Nachfolgerecht?

Damit ist der Konflikt glücklich wieder auf dem alten toten Punkte. Sobald Elisabeth ein deutliches Wort über die Nachfolge sagen soll, wird kein Gott ihr eine klare Äußerung abzwingen. Höchst umwegig stammelt sie hin und her, „da ihre eigene Neigung ganz den Interessen ihrer Schwester gehöre", wolle sie für Maria Stuart sorgen wie für eine eigene Tochter; seitenlang strömen die süßesten Worte, aber das eine, das verpflichtende, das entscheidende, wird nicht ausgesprochen. Wie zwei Levantiner Kaufleute wollen beide das Geschäft nur Zug um Zug machen, keiner öffnet zuerst die Hand. Heirate, den ich Dir vorschlage, sagt Elisabeth, und ich ernenne Dich zu meiner Nachfolgerin. Ernenne mich zu Deiner Nachfolgerin, und ich heirate, wen Du mir vorschlägst, antwortet Maria Stuart. Aber keine traut der anderen, weil jede die andere betrügen will.

Durch zwei Jahre schleppen sich diese Verhandlungen über die Heirat, die Werber, das Nachfolgerecht. Sonderbarerweise aber arbeiten die beiden Falschspielerinnen dabei einander unbewußt in die Hände. Elisabeth will Maria Stuart nur hinhalten, und Maria Stuart hat unglücklicherweise mit dem langsamsten aller Monarchen, dem Cunctator Philipp II., zu tun. Erst als die Verhandlungen mit Spanien auf Sand geraten und eine andere Entscheidung ins Auge gefaßt werden muß, hält es Maria Stuart für nötig, dem Schielen und Vorbeischauen ein Ende zu machen und der lieben Schwester die Pistole auf die Brust zu setzen. So läßt sie klar und deutlich anfragen, wen denn eigentlich Elisabeth ihr als standesgemäßen Gatten vorschlage.

Nichts Unlieberes kann Elisabeth geschehen, als wenn man von ihr bündige Auskunft fordert, besonders in diesem Falle. Denn längst hat sie durch die Blume zu verstehen gegeben, wen sie für Maria Stuart in Aussicht genommen. Sie hat vieldeutig gemurmelt, sie „wolle ihr jemanden geben, von dem niemand glauben würde, daß sie sich dazu entschließen könnte". Aber der schottische Hof tut so, als ob er nicht verstünde, und verlangt einen positiven Vorschlag, einen Namen. An die Wand gedrückt, kann Elisabeth nicht mehr weiter hinter Andeutungen zurückweichen. Endlich preßt sie den Namen des Auserkorenen durch die Zähne: Robert Dudley.

Jetzt droht die diplomatische Komödie für einen Augenblick zur Posse zu werden. Denn dieser Vorschlag Elisabeths ist entweder eine ungeheuerliche Beleidigung oder ein ungeheuerlicher Bluff. Schon dies, einer Königin von Schottland, einer Königswitwe von Frankreich zuzumuten, ein „subject", einen Untertanen ihrer Schwesterkönigin, einen kleinen Adeligen ohne Tropfen ebenbürtigen Blutes zu ehelichen, bedeutet ja nach den Begriffen der damaligen Zeit beinahe Beschimpfung. Aber sie wird noch impertinenter durch die Wahl der vorgeschlagenen Person; in ganz Europa weiß man, daß Robert Dudley seit Jahren der erotische Spielkamerad Elisabeths ist und demnach also die Königin von England wie einen abgetragenen Rock der Königin von Schottland gerade den Mann überlassen will, den sie selber für eine Ehe zu gering erachtet. Allerdings, vor einigen Jahren hat die ewig Unschlüssige noch mit dem Gedanken gespielt, ihn zu heiraten. (Immer spielt sie bloß mit diesem Gedanken). Erst als Dudleys Frau, Amy Robsart, unter sehr merkwürdigen Umständen ermordet aufgefunden wurde, war sie eiligst zurückgetreten, um jeden Verdacht der Mitschuld zu meiden. Diesen Mann nun, der zweimal vor der Welt kompromittiert ist, einmal durch jene dunkle Angelegenheit und dann durch seine erotische Beziehung, jetzt Maria Stuart als Gatten anzubieten war unter den vielen brüsken und verblüffenden Gesten ihrer Regierungszeit vielleicht die verblüffendste.

Was Elisabeth innerlich mit diesem abstrusen Vorschlag bezweckte, wird nie völlig zu ergründen sein: wer kann sich erkühnen, die wirren Wunschgedanken einer hysterischen Natur logisch zu formulieren! Wollte sie als ehrlich Liebende dem Geliebten, den sie selbst nicht zu heiraten wagte, mit der Erbfolge das Kostbarste übermachen, was sie besaß: ihr Königreich? Oder wollte sie sich bloß eines langweilig gewordenen Cicisbeo entledigen? Hoffte sie, mit dem Mann ihres Vertrauens die ehrgeizige Rivalin besser in Schranken zu halten? Wollte sie nur die Treue Dudleys auf die Probe stellen? Träumte sie von einer partie à trois, einem gemeinschaftlichen Liebeshaushalt? Oder erfand sie diesen unsinnigen Vorschlag überhaupt nur, um Maria Stuart mit der selbstverständlichen Ablehnung ins Unrecht zu setzen? Alle diese Möglichkeiten sind gegeben, die nächstliegende aber, daß die launische Frau innerlich selber gar nicht wußte, was sie wollte: sie hat wahrscheinlich nur mit dem Gedanken gespielt, wie sie allezeit mit Menschen und Entschlüssen zu spielen liebte. Niemand kann ausdenken, was geschehen wäre, wenn Maria Stuart ernstlich auf die Zumutung, Elisabeths abgelegten Liebhaber zu nehmen, eingegangen wäre. Vielleicht hätte Elisabeth dann in rascher Umschaltung ihrem Dudley die Heirat verboten und zu dem Hohn des Antrages noch die Schande der Abweisung auf ihre Rivalin gehäuft.

Maria Stuart empfindet Elisabeths Vorschlag, sie solle jemanden ehelichen, dem nicht königliches Blut in den Adern rollt, wie eine Gotteslästerung. Höhnisch fragt sie den Gesandten im ersten frischen Zorne, ob seine Herrin diesen Vorschlag wahrhaft im Ernst meine, daß sie, eine gesalbte Königin, einen bloßen „Lord Robert" heiraten solle. Aber rasch bemäntelt sie ihren Verdruß und macht freundliche Augen; eine so gefährliche Gegnerin darf nicht vorzeitig durch eine schroffe Ablehnung furios gemacht werden. Hat man einmal den spanischen, den französischen Thronfolger zum Gatten, so wird man gründlich für diese Beleidigung abrechnen. Immer antwortet in diesem Schwesterkampf eine Unehrlichkeit der andern, auf ein tückisches Angebot Elisabeths folgt sofort eine ebenso verlogene Freundlichkeit Maria Stuarts. Keineswegs wird also Dudley als Werber in Edinburgh sofort abgelehnt, nein, o nein, die Königin tut so, als ob sie auf die Posse ernst einginge, und das schafft ihr einen vorzüglichen zweiten Akt. In offiziellem Auftrag wird Sir James Melville nach London gesendet, angeblich um die Verhandlungen wegen Dudley zu eröffnen, in Wirklichkeit aber, um diesen Knäuel von Lüge und Verstellung nur noch gründlicher zu verwickeln.

Melville, der getreueste unter Maria Stuarts Edelleuten, hat eine geschickte diplomatische Hand, die außerdem noch gut zu schreiben und zu beschreiben weiß, und dafür wollen wir ihm besonders dankbar sein. Denn sein Besuch beschenkt die Welt mit der plastischesten und eindruckvollsten Schilderung der privaten Persönlichkeit Elisabeths und gleichzeitig mit einem vortrefflichen historischen Lustspielakt. Elisabeth weiß genau, daß dieser kultivierte Mann lange am französischen und am deutschen Hof gelebt hat; so setzt sie alles daran, gerade ihm als Frau zu imponieren, ahnungslos, daß er mit grausamer Gedächtniskraft jede ihrer Schwächen und Koketterien der Geschichte überliefern wird. Denn weibliche Eitelkeit spielt ihrer königlichen Würde oftmals einen schlimmen Streich: auch diesmal sucht die kokette Frau, statt den Botschafter der Königin von Schottland politisch zu überzeugen, zunächst dem Manne mit ihren privaten Vorzügen zu imponieren. Ein Pfauenrad schlägt sie nach dem andern. Sie wählt aus ihrer riesigen Garderobe – man hat dreitausend Kleider nach ihrem Tode gezählt – die kostbarsten Toiletten, sie zeigt sich bald nach englischer, bald nach italienischer, bald nach französischer Art gekleidet, offenbart großmütig ein ziemlich aufschlußreiches Dekolleté, dazwischen prunkt sie mit ihrem Latein, ihrem Französisch und Italienisch und sammelt mit unersättlichem Eifer die scheinbar maßlose Bewunderung des Gesandten ein. Aber alle Superlative, wie schön, wie klug, wie gebildet sie sei, genügen ihr nicht: sie will durchaus – „Spieglein, Spieglein an der Wand, wer ist die Schönste im ganzen Land?“ – gerade dem Gesandten der Königin von Schottland eine Äußerung abzwingen, daß er sie als Frau mehr bewundere als seine eigene Herrin. Sie will hören, daß sie entweder schöner oder klüger oder gebildeter sei als Maria Stuart. Sie zeigt ihm also ihre wunderbar gewellten rotblonden Haare und fragt, ob das Haar Maria Stuarts schöner wäre – peinliche Frage für den Gesandten einer Königin! Melville zieht sich geschickt aus der Affäre, indem er salomonisch erwidert, in England gäbe es keine Frau, die sich Elisabeth vergleichen ließe, und in Schottland keine, die Maria Stuart überträfe. Aber ein solches Halb und Halb genügt der närrisch Eitlen nicht; abermals und abermals paradiert sie mit ihren Reizen, sie spielt auf dem Clavecin und singt zur Laute: schließlich läßt sich Melville, wohlbewußt des Auftrags, sie politisch-einzubalbieren, zum Zugeständnis herbei, daß Elisabeths Teint weißer sei, daß sie besser Clavecin spiele und mit mehr Haltung tanze als Maria Stuart. Über dieser eifrigen Selbstausstellung hat Elisabeth zunächst das eigentliche Geschäft vergessen, und als Melville endlich das heikle Thema berührt, holt sie, nun schon ins Komödiantische verstrickt, vorerst ein Miniaturporträt Maria Stuarts aus der Lade und küßt es mit Zärtlichkeit.

Mit schwingender Stimme erzählt sie sodann, wie gerne sie Maria Stuart, ihre geliebte Schwester, persönlich kennenlernen möchte (nachdem sie in Wahrheit alles Erdenkliche getan, um eine solche Begegnung immer wieder zu vereiteln), und wer dieser verwegenen Schauspielerin glaubte, müßte überzeugt sein, für Elisabeth gäbe es auf Erden nichts Wichtigeres, als ihre Nachbarkönigin glücklich zu wissen. Aber Melville hat einen kühlen Kopf und einen klaren Blick. Er läßt sich von all den Spiegelfechtereien nicht täuschen, er wird zusammenfassend nach Edinburgh melden, Elisabeth habe weder aufrichtig gesprochen noch gehandelt und nur große Verstellung, Erregung und Furcht gezeigt. Als Elisabeth ihrerseits mit der Frage herausrückt, was Maria Stuart von jener Heirat mit Dudley denke, vermeidet der geübte Diplomat ebenso ein krasses Nein wie ein deutliches Ja. Er redet ausweichend herum, Maria Stuart habe diese Möglichkeit noch nicht recht ins Auge gefaßt. Aber je mehr er zurückweicht, desto schärfer drängt Elisabeth nach. „Lord Robert", sagt sie, „ist mein bester Freund. Ich liebe ihn wie einen Bruder und würde niemals jemanden andern geheiratet haben, wenn ich mich überhaupt hätte entschließen können, mich zu vermählen. Da ich mich aber in dieser Hinsicht nicht überwinden kann, wünsche ich, daß wenigstens meine Schwester ihn wähle, denn ich weiß niemanden, von dem ich eher wollte, daß sie meine Nachfolge mit ihm teile. Damit ihn meine Schwester nicht geringschätze, werde ich ihn in einigen Tagen zur Würde eines Grafen von Leicester und Barons von Denbigh erheben."

Tatsächlich, einige Tage später – dritter Akt der Komödie – vollzieht sich mit prunkvollstem Aufgebot die angekündigte Zeremonie. Lord Robert Dudley kniet angesichts des ganzen Adels nieder vor seiner Fürstin und Herzensfreundin, um sich als Graf Leicester zu erheben. Aber wieder hat die Frau in Elisabeth in diesem pathetischen Augenblick der Königin einen törichten Streich gespielt. Denn während die Herrin dem getreuen Diener die Grafenkrone auf das Haupt drückt, kann sich zärtlicherweise die Liebhaberin nicht enthalten, die Haare ihres Freundes vertraulich zu krauen; aus der pathetischen Zeremonie ist eine Farce geworden, und still kann Melville in seinen Bart lächeln: er wird seiner Herrin in Edinburgh fröhlichen Bericht heimzusenden haben.

Aber Melville ist keineswegs bloß nach London gekommen, um sich als Chronist an einer königlichen Komödie zu erlustigen, er hat selbst eine Sonderrolle in diesem Quidproquo. Seine diplomatische Aktentasche verbirgt einige Geheimfächer, die er Elisabeth durchaus nicht aufzuschließen gedenkt, und das höfische Geplauder über den Grafen Leicester ist nur ein Scheinmanöver, um seine eigentlichen Aufträge in London zu decken. Vor allem soll er energisch bei dem spanischen Gesandten anklopfen, ob Don Carlos endgültig absage oder zusage, Maria Stuart wollte nicht länger mehr warten. Außerdem aber soll er noch diskrete Fühlung nehmen mit einem Kandidaten zweiter Klasse, mit Henry Darnley.

Dieser Henry Darnley steht vorläufig auf einem Nebengeleise; ihn hält sich Maria Stuart in Reserve für den äußersten Fall, daß alle besseren Heiraten sich zerschlagen sollten. Denn Henry Darnley ist weder König noch Fürst und sein Vater, der Earl of Lennox, als Feind der Stuarts aus Schottland verbannt und seiner Güter verlustig erklärt. Aber von mütterlicher Seite her hat dieser achtzehnjährige Junge gutes gültiges Blut, Königsblut, Tudorblut, in den Adern; als Urenkel Heinrichs VII. ist er der erste „Prince de sang“ am englischen Königshofe und kann deshalb als ehewürdig für jede Monarchin gelten; außerdem hat er noch den Vorzug, katholisch zu sein. Als drittes, viertes oder fünftes Eisen im Feuer käme also dieser junge Darnley immerhin in Frage, und Melville führt allerhand unverpflichtende Gespräche mit Margarete Lennox, der ehrgeizigen Mutter dieses Notfallskandidaten.

Nun gehört es zum Wesen jeder echten, rechten Komödie, daß sich in ihr alle Mitspieler zwar gegenseitig betrügen, aber doch nie so vollkommen, daß nicht ab und zu einer dem andern für einen Augenblick ein wenig in die Karten schielte. Elisabeth ist nicht so einfältig zu glauben, Melville sei eigens und einzig nach London gekommen, um ihr Komplimente über ihr Haar und ihr Clavecinspiel zu machen: sie weiß, daß der Vorschlag, ihren abgelegten Busenfreund zu wählen, Maria Stuart nicht sonderlich begeistern kann, sie kennt auch den Ehrgeiz und die Geschäftigkeit ihrer lieben Verwandten, der Lady Lennox. Einiges dürften überdies ihre Spione ausgekundschaftet haben. Und als bei der Zeremonie des

Ritterschlags Henry Darnley als erster Prinz des Hofes ihr das königliche Schwert voranträgt, wendet sich die Verschlagene mit einem plötzlichen Ausbruch von Aufrichtigkeit zu Melville und sagt ihm glatt ins Gesicht: „Ich weiß genau, dieser junge Fant gefällt Euch besser." Aber Melville verliert bei diesem brüsken Griff in seine Geheimtasche keineswegs die Kaltblütigkeit. Er wäre ein übler Diplomat, verstünde er nicht die Kunst, in heiklen Augenblicken frech zu lügen. So zieht er nur eine verächtliche Falte in sein kluges Gesicht und antwortet, geringschätzig auf ebendenselben Darnley blickend, dessentwegen er noch gestern hitzig verhandelt hatte: „Eine Frau von Geist wird niemals einen solchen Fant wählen, der so hübsch, schlank und bartlos ist und mehr einer Frau als einem Manne gleicht."

Läßt Elisabeth sich wirklich durch diese gespielte Geringschätzung täuschen? Hat die geschickte Parade des Diplomaten tatsächlich ihr Mißtrauen eingeschläfert? Oder spielt sie in der ganzen Sache ein noch undurchdringlicheres Doppelspiel? Jedenfalls, das Unwahrscheinliche geschicht; zuerst erhält Lord Lennox, Darnleys Vater, die Erlaubnis, sich wieder nach Schottland zu begeben, und im Januar 1565 sogar Darnley selbst. Elisabeth schickt also – nie wird man wissen, aus welcher Laune oder List – gerade den gefährlichsten Kandidaten Maria Stuart ins Haus. Merkwürdigerweise ist der Fürsprecher dieser Erlaubnis kein anderer als Graf Leicester, der wieder seinerseits ein Doppelspiel treibt, um sich unmerklich aus der Hochzeitsschlinge zu ziehen, die ihm seine Herrin geflochten. Nun könnte der vierte Akt der Farce munter in Schottland weitergehen, aber da überspielt plötzlich der Zufall alle Mitglieder. Mit einmal reißt dieser Faden der künstlichen Verwirrung ab, und die Komödie der Werbungen kommt zu einem verblüffenden und von keinem der Teilnehmer geahnten Ende.

Denn die Politik, diese irdische und künstliche Macht, ist an jenem winterlichen Tag einer ewigen und elementaren begegnet: der Werber, der gekommen, Maria Stuart zu besuchen, er findet unvermuteterweise in der Königin eine Frau. Nach Jahren und Jahren geduldigen, gleichmütigen Wartens ist sie endlich zu sich erwacht. Bisher war sie nur Königstochter, Königsbraut, Königin und Königswitwe gewesen, Spielball fremden Willens, gehorsames Geschöpf der Diplomatie. Jetzt aber bricht zum erstenmal wirkliches Gefühl aus ihr vor, mit einem Ruck wirft sie ihren Ehrgeiz ab wie ein lastendes Kleid, um völlig frei über ihren jungen Leib, über ihr Leben zu verfügen. Zum erstenmal hört sie nicht auf andere mehr, sondern bloß auf das Pulsen ihres Blutes, auf den Wunsch und Willen ihrer Sinne. Und damit beginnt die Geschichte ihres innern Lebens.

Siebentes Kapitel
Die zweite Heirat
1565

Das Unerwartete, das sich in diesem Augenblick ereignet, ist eigentlich das Allergewöhnlichste auf Erden: eine junge Frau verliebt sich in einen jungen Mann. Auf die Dauer läßt sich die Natur nicht unterdrücken: Maria Stuart, eine Frau mit warmem Blut und gesunden Sinnen, steht in dieser Jahres- und Schicksalswende an der Schwelle ihres dreiundzwanzigsten Jahres. Als Witwe hat sie vier Jahre ohne jede ernsthafte erotische Episode in völlig untadeliger Haltung verlebt. Aber alle Zurückhaltung des Gefühls hat ein Ende: auch in einer Königin fordert die Frau einmal ihr heiligstes Recht, das Recht, zu lieben und geliebt zu werden.

Der Gegenstand dieser ersten Neigung Maria Stuarts ist – ein seltener Fall in der Weltgeschichte – kein anderer als der politische Brautwerber, als Darnley, der im Auftrag seiner Mutter anfangs Februar 1565 in Schottland eintrifft. Ganz fremd ist dieser junge Mann Maria Stuart nicht; vor vier Jahren war er als Fünfzehnjähriger nach Frankreich gekommen, um in die verdunkelte Witwenkammer des deuil blanc die Kondolenz seiner Mutter zu überbringen. Aber seitdem ist er mächtig aufgeschossen zu einem langen, kräftigen, strohblonden Burschen mit einem weibisch glatten und bartlosen, aber auch weibisch hübschen Gesicht, aus dem zwei kugelrunde große Kinderaugen etwas unsicher in die Welt schauen: „Il n'est possible de voir un plus beau prince", beschreibt ihn Mauvissière, und auch die junge Königin erklärt ihn für „the lustiest and bestproportioned long man", den nettesten und bestgewachsenen langen Jungen, den sie jemals gesehen. Nun gehört es zum feurigen und ungeduldigen Charakter Maria Stuarts, sich leicht zu illusionieren. Wachträumer ihrer romantischen Art sehen Menschen und Dinge selten in ihrem wahren Maß, sondern meistens nur so, wie sie diese zu sehen begehren. Zwischen Überschätzung und Enttäuschung rastlos hin und her geworfen, lassen sich diese Unbelehrbaren nie völlig ernüchtern, aufgeschreckt aus einem Wahn werden sie immer wieder einem neuen zum Opfer fallen, denn der Wahn ist die wahre Welt, nicht die Wirklichkeit. So bemerkt auch Maria Stuart in ihrer rasch entzündeten Sympathie für den glatten Jungen zunächst nicht, daß die hübsche Oberfläche Darnleys wenig Tiefe birgt, daß keine wirkliche Kraft unter den straffen Muskeln, keine seelische Kultur unter seiner höfischen Gewandtheit zu finden ist. Sie sieht nur, wenig verwöhnt von ihrer puritanischen Umgebung, daß dieser prinzliche Junge famos zu Pferde sitzt, geschmeidig tanzt, Musik und heitere Unterhaltung liebt und im Notfall gefällige Verse zu zimmern versteht. Immer macht ein solcher Anflug künstlerischer Neigung auf sie Eindruck; redlich ist sie erfreut, in diesem jungen Prinzen einen angenehmen Kameraden für Tanz und Jagd und alle ihre Künste und Spiele zu finden, seine Gegenwart bringt Abwechslung und das helle Aroma der Jugend an den etwas langweiligen Hof. Aber auch die andern nehmen Darnley, der sich gemäß den Weisungen seiner klügeren Mutter höchst bescheiden gebärdet, freundlich auf; bald ist er überall in Edinburgh ein gern gesehener Gast, „well liked for his personage", wie Randolph, der Späher Elisabeths, arglos meldet. Geschickter, als ihm zuzutrauen war, spielt er die Rolle des Werbenden nicht nur bei Maria Stuart, sondern nach allen Seiten. Einerseits schließt er Freundschaft mit David Rizzio, dem neuen Geheimsekretär der Königin und Vertrauensmann der Gegenreformation; tagsüber spielen sie gemeinsam Ball, nachts schläft er mit ihm im selben Bett. Aber während er sich so der katholischen Partei nähert, schmeichelt er gleichzeitig den Protestanten. Er begleitet den reformierten Regenten Moray sonntags in die „kirk", um dort, anscheinend tief ergriffen, der Predigt John Knoxens zu lauschen, mittags speist er, um allen Argwohn von sich abzulenken, bei dem englischen Gesandten und rühmt die Güte Elisabeths, abends tanzt er mit den vier Marys; kurzum, der lange, nicht kluge, aber gut instruierte Junge macht seine Sache gut, und gerade seine persönliche Mittelmäßigkeit schützt ihn vor jedem voreiligen Verdacht.

Aber plötzlich ist der Funke übergesprungen und hat gezündet, plötzlich ist es Maria Stuart, die von Königen und Fürsten Umworbene, die um diesen törichten neunzehnjährigen Knaben wirbt. Mit gestauter, ungeduldiger Gewalt bricht diese Neigung aus ihr, wie immer bei vollen Naturen, die nicht voreilig in kleinen Abenteuern und Liebeleien ihre Gefühlskraft vertändelt und vergeudet haben; an Darnley erlebt Maria Stuart zum erstenmal ihr weibliches Begehren. Denn ihre Kinderehe mit Franz II. war nichts gewesen als eine Art unerlöster Kameraderie, und alle die Jahre seitdem hat die Frau in ihr bloß in einer Art Dämmerung der Gefühle gelebt: nun ist plötzlich ein Mensch, ein Mann da, dem dieser Überschuß aufgetauter und aufgestauter Empfindungen wie ein Wildbach zustürzen kann. Ohne zu denken, ohne zu überlegen, sieht sie, wie oftmals Frauen, in diesem bloß ersten schon den Einzigen, den Endgültigen. Gewiß, es wäre klüger, zu warten, diesen Mann in seinem Werte zu erproben. Aber von der Leidenschaft einer jungen verliebten Frau Logik verlangen zu wollen hieße die Sonne suchen um Mitternacht. Denn es gehört zum Wesen wirklicher Leidenschaft, daß sie unanalysierbar und irrational bleibt. Sie läßt sich nicht errechnen und nicht einmal nachrechnen. Zweifellos ist Maria Stuarts Wahl völlig jenseits ihres sonst hellen Verstandes getroffen. Nichts in dem Wesen des unreifen, eitlen und nur hübschen Knaben macht ihren Überschwang verständlich: gleich unzähligen anderen Männern, die von geistig überlegenen Frauen weit über ihr inneres Maß geliebt wurden, hat Darnley kein anderes Verdienst, keine andere magische Kraft, als zufällig derjenige gewesen zu sein, der in entscheidend gespannter Stunde dem noch unerwachten Liebeswillen einer Frau entgegentrat.

Es hat lange gedauert, überlange, ehe das Blut dieser stolzen Stuartstochter wirklich in Wallung kam. Jetzt aber zuckt und bebt es in Ungeduld. Wenn Maria Stuart einmal etwas will, wird sie nie warten und überlegen. Was gilt ihr noch England, was Frankreich, was Spanien, was die Zukunft über einer geliebten Gegenwart? Nein, sie mag nicht länger mehr das langwierige Narrenspiel mit Elisabeth treiben, nicht weiter harren auf den schläfrigen Brautwerber aus Madrid, und brächte er die Krone zweier Welten: hier hat sie den hellen, den jungen, den weichen und wollüstigen Knaben mit seinem roten sinnlichen Mund, seinen törichten Kinderaugen, seiner eben erst sich versuchenden Zärtlichkeit! Nur rasch jetzt sich binden, nur bald ihm gehören, das ist der einzige Gedanke, der sie in diesem Zustand selig-sinnlicher Unvernunft erfüllt. Von dem ganzen Hofe kennt zunächst nur einer ihre Neigung, ihre süße Not, der neue Geheimsekretär David Rizzio, der alles tut, um geschickt das Schiff der Liebenden in den Hafen von Cythera zu steuern. Dieser päpstliche Vertrauensmann sieht in einer Ehe mit einem Katholiken schon die kommende Oberherrschaft der Kirche in Schottland begründet, und sein eifriger Kuppeldienst gilt wohl weniger dem Glück dieses Paares als den politischen Zwecken der Gegenreformation. Er schreibt, ohne daß die Siegelbewahrer des Reichs, ohne daß Moray und Maitland die Absicht Maria Stuarts ahnen, bereits an den Papst wegen einer Heiratsdispens, die nötig ist, weil Maria Stuart im vierten Grade mit Darnley verwandt ist. Er fragt, vorsichtig alle Folgen bedenkend, schon bei Philipp II. an, ob Maria Stuart auf seine Hilfe rechnen könne, falls Elisabeth dieser Ehe Schwierigkeiten bereiten würde; ja, Tag und Nacht arbeitet dieser verläßliche Agent, der mit dem Gelingen des Heiratsprojekts seinen eigenen Stern und den Triumph der katholischen Sache in alle Himmel steigen sieht. Aber so emsig er wühlt und wirkt, die Bahn frei zu bekommen, der Ungeduldigen ist alles noch zu langsam, zu behutsam, zu vorsichtig. Sie will nicht warten. Wochen und Wochen, bis die Briefe über Meer und Land schneckenhaft kriechen, sie ist der Dispens vom Heiligen Vater zu gewiß, als daß ein

Pergament ihr bestätigen müßte, was ihr Wille schon wahrhaben will. Immer hat Maria Stuart in ihren Entschlüssen diese blinde Unbedingtheit, dieses prachtvolle und törichte Übermaß. Aber auch diesem Wunsch weiß schließlich wie jedem andern seiner Herrin der gewitzte Rizzio Erfüllung zu verschaffen; er bestellt einen katholischen Priester in sein Zimmer, und wenn auch nicht nachweisbar ist, daß tatsächlich eine vorzeitige Eheschließung im Sinne der Kirche stattgefunden habe – man darf in der Geschichte Maria Stuarts Einzelberichten nie voll vertrauen –, irgendeine Art der Verlobung oder Bindung zwischen den beiden muß doch bestanden haben. Denn „Laudato sia Dio“, ruft der wackere Helfer Rizzio aus, niemand könne nunmehr „disturbare le nozze“. Noch ehe die andern bei Hofe in Darnley den Werber ahnen, ist er in Wahrheit schon der Herr ihres Lebens und vielleicht auch ihres Leibes.

Das Geheimnis dieses „matrimonio segreto“ bleibt, weil nur den dreien und dem zum Schweigen verpflichteten Priester anvertraut, restlos gewahrt. Aber wie der Rauch eine unsichtbare Flamme, so läßt immer Zärtlichkeit ein verborgenes Gefühl ahnen; es dauert nicht lange, und man beginnt bei Hofe, die beiden sorgfältiger zu beobachten. Es war aufgefallen, wie ängstlich und beflissen Maria Stuart ihren Verwandten pflegte, als dem armen Jungen plötzlich – seltsame Krankheit für einen Bräutigam – die Masern zu schaffen machten. Tag um Tag hatte sie damals an seinem Bette gesessen, und kaum gesundet, weicht er nicht von ihrer Seite. Der erste, der grimmige Augen macht, ist Moray. Er hatte redlich (und vor allem wohlmeinend für sich selbst) alle Heiratspläne seiner Schwester gefördert, er hatte, obwohl strenggläubiger Protestant, sogar zugestimmt, daß sie dem Oberhort des Katholizismus, dem spanischen Habsburgersohn, sich vermähle, denn Madrid ist weit genug von Holyrood, um ihn nicht zu stören. Dieser Darnley-Plan aber kreuzt messerscharf seine Interessen. Moray ist hellsichtig genug, um zu erkennen, daß, sobald dieser eitle, pflaumenweiche Knabe Darnley Königsgemahl ist, er sofort auch Königsgewalt wird ausüben wollen. Außerdem hat er genug politischen Spürsinn, um zu ahnen, wohin die geheimen Intrigen des italienischen Schreibers und päpstlichen Agenten zielen: auf Wiederherstellung der katholischen Oberherrschaft und Vernichtung der Reformation in Schottland. Persönlicher Ehrgeiz mengt sich in seiner entschlossenen Seele mit religiöser Überzeugung, Machtleidenschaft mit nationaler Besorgnis; er sieht klar, mit einer Darnley-Ehe beginnt in Schottland eine fremde Herrschaft, und die seine geht zu Ende. Mahnend tritt er darum seiner Schwester entgegen und warnt vor einer Heirat, die unermeßliche Konflikte über das kaum befriedete Land heraufbeschwören müsse. Und als er sieht, daß seine Mahnungen ungehört bleiben, verläßt er trotzig den Hof.

Auch Maitland, der andere erprobte Berater, versucht Widerstand. Auch er sieht seine Stellung und den Frieden Schottlands bedroht, auch er lehnt sich sowohl als Minister wie als Protestant gegen die Einsetzung eines katholischen Prinzgemahls auf, und allmählich sammeln sich um diese beiden die reformierten Adeligen des Landes. Nun beginnen schließlich auch Randolph, dem englischen Gesandten, die Augen aufzugehen. Aus Beschämung, die entscheidenden Stunden verschlafen zu haben, schildert er in seinen Berichten den Einfluß des hübschen Jungen auf die Königin als Zauberei, als „witchcraft", und trommelt heftig um Hilfe. Aber was bedeutet all das Mißbehagen und Murren dieser kleinen Leute gegen den wilden, den vehementen, den ratlosen Zorn Elisabeths, sobald sie von Maria Stuarts Wahl erfährt! Denn ihr ist wahrhaftig ihre Zweideutigkeit bitter vergolten worden, bei diesem Heiratsspiel hat man sie bis zur Lächerlichkeit geprellt. Unter dem Vorwand, wegen Leicester zu verhandeln, hat man den wirklichen Werber ihr glücklich aus der Hand gelockt und nach Schottland geschmuggelt; nun sitzt sie mit ihrer Überdiplomatie in London und hat das Nachsehen. In der ersten Wut läßt sie Lady Lennox, die Mutter Darnleys, als die Anstifterin der ganzen Werbung in den Tower werfen, drohend befiehlt sie ihrem „Untertanen" Darnley, unverzüglich heimzukehren, sie schreckt den Vater mit der Konfiskation aller Güter, sie beruft einen Kronrat, der auf ihren Wunsch die Heirat als gefährlich für die Freundschaft der beiden Länder erklärt, sie droht also in verdeckten Worten mit dem Kriege. Aber im tiefsten ist die Überspielte so erschreckt und verstört, daß sie sich gleichzeitig auch auf Feilschen und Handeln verlegt. Um sich aus ihrer Blamage zu retten, wirft sie hastig ihren letzten Trumpf auf den Tisch, die Karte, die sie bisher verkrampft zwischen den Fingern gehalten: zum erstenmal bietet sie Maria Stuart offen und bindend (jetzt, da das Spiel für sie verloren ist) die ThronfolgeEnglands an, sie schickt sogar – mit einmal ist es ihr eilig geworden – einen eigenen Gesandten mit dem gültigen Versprechen, „if the Queen of Scots would accept Leicester, she would be accounted and allowed next heir to the crown as though she were her own born daughter". Wunderbare Probe für den ewigen Widersinn alles Diplomatisierens: was Maria Stuart durch Jahre mit größter Klugheit, Eindringlichkeit und List von ihrer Rivalin erlangen wollte, die Anerkennung ihres Kronrechts, kann sie jetzt mit einem Schlage gerade durch die größte Torheit ihres Lebens erreichen.

Aber es gehört zum Wesen der politischen Konzessionen, daß sie immer zu spät kommen. Gestern war Maria Stuart noch Politikerin, heute ist sie nur mehr Frau, nur mehr Liebende. Thronfolgerin von England zu werden, das war bis vor kurzem noch Maria Stuarts heißester Gedanke gewesen, heute ist all dieser königliche Ehrgeiz vergessen über dem geringeren, aber impulsiveren Verlangen der Frau, nur rasch diesen schlanken, hübschen, jungen Buben zu haben, zu besitzen. Es ist zu spät für die Drohungen, die Erbangebote Elisabeths, zu spät auch schon für die Warnungen ehrlicher Freunde, wie die des Herzogs von Lothringen, ihres Oheims, sie solle doch von diesem „joli hutaudeau", diesem „Hübschling" lassen. Nicht Vernunft, nicht Staatsraison haben mehr Gewalt über ihre so unbändige Ungeduld. Mit Ironie antwortet sie der furiosen Elisabeth, die sich in ihrem eigenen Netz gefangen hat. „Die Unzufriedenheit meiner guten Schwester ist für mich wahrhaft erstaunlich, denn diese Wahl; die sie jetzt tadelt, ist doch ganz nach ihren Wünschen geschehen. Ich habe alle ausländischen Bewerber verworfen, ich habe einen Engländer gewählt, der aus dem königlichen Blut beider Königreiche stammt und in England der erste Prinz ist." Dagegen kann Elisabeth nichts sagen, denn allzu buchstabengetreu hat Maria Stuart – freilich in anderer Form – ihrem Wunsche stattgegeben. Sie hat einen englischen Adeligen erkoren, und sogar einen, den sie ihr in zweideutiger Absicht ins Haus geschickt. Da sie aber desungeachtet in ihrer fassungslosen Nervosität Maria Stuart mit Angeboten und Drohungen weiterhin bedrängt, wird diese schließlich grob und klar. Man habe sie eben so lange mit schönen Reden hingehalten und in ihren Erwartungen getäuscht, daß sie mit Zustimmung des ganzen Landes nun ihre eigene Wahl getroffen habe. Gleichgültig gegen die süßen oder sauren Briefe aus London, wird in Edinburgh in schärfstem Tempo die Hochzeit gerüstet und noch rasch Darnley zum Herzog von Ross ernannt; der englische Botschafter, der in letzter Minute mit einem Pack von Protesten aus England herübergaloppiert, kommt gerade noch zurecht, um verkünden zu hören, daß Henry Darnley von nun an König genannt und angesprochen werden solle („namit and stylith").

Am 29. Juli läuten die Glocken die Vermählung ein. In der kleinen katholischen Hauskapelle von Holyrood segnet ein Priester den Bund. Maria Stuart, immer erfindungsreich, wenn es repräsentative Zeremonien gilt, ist bei diesem Anlaß zur allgemeinen Überraschung in Trauerkleidern erschienen, ebendenselben, die sie beim Begräbnis ihres ersten Gatten, des Königs von Frankreich, getragen; damit soll öffentlich dargetan werden, daß sie keineswegs leichtfertig ihren ersten Mann vergessen habe und nur um dem Wunsche ihres Landes zu genügen, noch einmal vor den Traualtar getreten sei. Erst nachdem sie die Messe gehört und sich in ihr Zimmer zurückgezogen hat, läßt sie sich – die Szene ist ausgezeichnet vorbereitet, und die festlichen Gewande liegen bereits zur Hand – von Darnley durch zärtliche Bitten bewegen, das Kleid der Trauer abzulegen und die Farben des Festes und der Freudigkeit zu wählen. Unten umdrängt die jubelnde Menge das Schloß, Geld wird mit vollen Händen hinabgeworfen, und mit hellem Herzen geben sich die Königin und ihr Volk der Heiterkeit hin. Sehr zum Ärger John Knoxens, der sich zwar eben selbst mit sechsundfünfzig Jahren ein achtzehnjähriges Mädchen als zweite Frau zulegte, dem aber keine Freude verstattet scheint als die eigene, schwingt durch vier Tage und vier Nächte ein Reigen der Feste, als sollte die Düsternis nun für immerdar vorüber sein und das selige Reich der Jugend beginnen.

Die Verzweiflung Elisabeths ist maßlos, als sie, die Unvermählte, die Unvermählbare, erfährt, daß Maria Stuart zum zweitenmal Gattin geworden ist. Denn mit ihren künstlichen Winkelzügen hat sie sich arg in die Hinterhand manövriert. Sie hat der Königin von Schottland ihren Herzensfreund angeboten: vor aller Welt hat man ihn refüsiert. Sie hat gegen Darnley Einspruch erhoben: man hat sich gleichgültig darüber hinweggesetzt. Sie hat einen Gesandten mit einer letzten Warnung geschickt: man hat ihn vor verschlossenen Türen warten lassen, bis die Heirat vollzogen war. Um ihres Ansehens willen müßte sie nun etwas unternehmen. Sie müßte die diplomatischen Beziehungen abbrechen oder Krieg erklären. Aber welchen Vorwand finden? Denn Maria Stuart ist klar und eindeutig im Recht, sie hat dem Wunsche Elisabeths Genüge getan, keinen auswärtigen Fürsten zu wählen, die Heirat ist ohne Makel, Henry Darnley als nächster Thronanwärter Englands, als Urenkel Heinrichs VII., ein kronwürdiger Gemahl. Jeder nachträgliche Protest würde in seiner Machtlosigkeit nur Elisabeths private Verärgerung vor der Welt noch sichtbarer machen.

Aber Zweideutigkeit ist und bleibt lebenslang die eigentümliche Haltung Elisabeths. Auch nach der ersten schlimmen Erfahrung weicht sie nicht von ihrer Methode. Sie erklärt selbstverständlich Maria Stuart nicht den Krieg, sie beruft nicht den Gesandten ab, aber unterirdisch sucht sie diesem allzu glücklichen Paar die grimmigsten Ungelegenheiten zu bereiten. Zu ängstlich, zu vorsichtig, Darnley und Maria Stuart die Herrschaft offen streitig zu machen, wirbt sie im Dunkel gegen sie. Rebellen und Unzufriedene sind in Schottland immer leicht zu finden, wenn es gegen den angestammten Herrn geht, diesmal ist unter ihnen sogar ein Mann, der um Haupteslänge all dieses kleine Gezücht an geschlossener Energie und ehrlicher Haßkraft überragt. Bei der Hochzeit seiner Schwester hat Moray demonstrativ gefehlt, und seine Abwesenheit war von den Eingeweihten als schlimmes Omen vermerkt worden. Denn Moray – und dies macht seine Gestalt ungemein anziehend und geheimnisvoll – hat einen erstaunlichen Instinkt für politische Wetterumschläge, er errät mit einem unglaublich sichern Vorgefühl den Augenblick, da sich die Sachlage zum Gefährlichen wendet, und tut diesen Fällen das Klügste, was ein raffinierter Politiker tun kann: er verschwindet. Er läßt die Hand von der Lenkstange, er wird plötzlich unsichtbar und unauffindbar. So wie das plötzliche Versiegen von Flüssen, das Austrocknen von Wasserläufen in der Natur große Elementarkatastrophen, so kündet jedesmal das Verschwinden Morays – die Geschichte Maria Stuarts wird es erweisen – ein politisches Unheil an. Zunächst verhält sich Moray noch passiv. Er bleibt auf seinem Schlosse, er meidet trotzig den Hof, um zu zeigen, daß er als Regent und Schirmherr des Protestantismus die Wahl Darnleys zum König von Schottland mißbillige. Aber Elisabeth will mehr als einen bloßen Protest gegen das neue Königspaar. Sie will eine Rebellion, und so wirbt sie bei Moray und den gleichfalls unzufriedenen Hamiltons. Mit dem strengen Auftrag, sie selbst nicht zu kompromittieren, „in the most secret way", betraut sie einen ihrer Agenten damit, die Lords mit Truppen und Geld zu unterstützen, „as if from himself", als ob es von ihm aus geschähe und sie nichts davon wüßte. Das Geld fällt in die gierigen Hände der Lords wie Tau auf eine verbrannte Wiese, ihr Mut richtet sich auf, und die Versprechungen auf militärische Hilfe zeitigen bald den in England gewünschten Aufstand.

Es ist vielleicht der einzige Fehler, den der sonst kluge und weitdenkende Politiker Moray begeht, daß er sich tatsächlich auf die unverläßlichste aller Regentinnen verläßt und an die Spitze dieses Aufstandes tritt. Zwar nicht sofort schlägt der Vorsichtige los, er sammelt vorläufig nur heimlich Bundesgenossen: eigentlich will er warten, bis Elisabeth sich öffentlich für die Sache der protestantischen Lords erklärt und er nicht als Rebell, sondern als Verteidiger der bedrohten Kirche seiner Schwester entgegentreten kann. Maria Stuart aber, beunruhigt durch ihres Bruders zweideutiges Verhalten und mit Recht nicht gewillt, sein sichtlich feindseliges Sichabseitsstellen zu dulden, läßt ihn feierlich auffordern, zur Rechtfertigung vor dem Parlament zu erscheinen. Moray, nicht minder stolz als seine Schwester, nimmt eine solche Ladung als Angeklagter nicht an, hochmütig verweigert er den Gehorsam; so werden er und seine Anhänger auf dem offenen Marktplatz in die Acht erklärt („put to the horn"). Wieder einmal müssen die Waffen entscheiden statt der Vernunft.

Immer tritt bei scharfen Entscheidungen der Temperamentsunterschied zwischen Maria Stuart und Elisabeth prachtvoll deutlich zutage. Maria Stuart zeigt sich rasch entschlossen, immer ist ihr Mut ungeduldig, kurzatmig und schnell. Elisabeth aber, ihrer ängstlichen Art gemäß, zögert hinhaltend mit ihrem Entschluß. Noch ehe sie zu Ende überlegt hat, ob sie Anweisung an den Schatzmeister geben soll, ein Heer auszurüsten und öffentlich die Aufständischen zu unterstützen, hat Maria Stuart schon zugeschlagen. Sie erläßt eine Proklamation, in der sie mit den Rebellen gründlich abrechnet. „Sie sind nicht zufrieden, Reichtümer über Reichtümer und Ehren über Ehren aufzuhäufen, sie möchten Uns und Unser Königreich ganz in Händen haben, um darüber nach ihrem Gefallen zu verfügen und Uns zu nötigen, einzig nach ihrem Rat zu handeln – kurz, sie möchten selber Könige sein und Uns bestenfalls den Titel verstatten, sich aber die Verwaltung des Königtums anmaßen." Ohne eine Stunde zu verlieren, springt die tapfere Frau in den Sattel. Die Pistolen im Gürtel, ihren jungen Gatten im vergoldeten Harnisch zur Seite und umschart von den getreu gebliebenen Edelleuten, reitet sie an der Spitze ihrer rasch aufgebotenen Armee den Aufständischen entgegen. Über Nacht ist der Brautzug zum Kriegszug geworden. Und diese Entschlossenheit bewährt sich. Denn den meisten der gegnerischen Barone wird es unbehaglich vor dieser neuen Energie, um so mehr, als die versprochene Hilfe aus England sich nicht einstellt und Elisabeth weiterhin verlegene Worte statt eines Heeres schickt. Einer nach dem anderen kehrt gesenkten Hauptes zur rechtmäßigen Herrscherin zurück, nur Moray will und wird sich nicht beugen; aber ehe er, von allen verlassen, eine richtige Armee zusammenbringen kann, ist er schon geschlagen und muß fliehen. Bis zur Grenze folgt ihm in scharfen, verwegenen Ritten das siegreiche Königspaar. Mit Mühe rettet er sich Mitte Oktober auf englisches Gebiet.

Der Sieg ist vollkommen, alle Barone und Lords ihres Reiches stehen jetzt geschlossen zu Maria Stuart, zum erstenmal ist Schottland wieder ganz in der Hand eines Königs und einer Königin. Einen Augenlick schwingt das Sicherheitsgefühl in Maria Stuart sogar so stark, daß sie erwägt, ob sie nicht ihrerseits zum Angriff vorgehen und nach England hinüberstoßen solle, wo, wie sie weiß, die katholische Minderheit sie mit Jubel als Befreierin grüßen würde; mit Mühe halten klügere Berater ihre Leidenschaft im Zaum. Aber jedenfalls sind jetzt die Höflichkeiten zu Ende, seit sie ihrer Gegnerin alle Karten, die offenen und verdeckten, aus der Hand geschlagen. Die selbständig beschlossene Heirat war ihr erster Triumph über Elisabeth, die Zerschmetterung der Rebellion der zweite; mit hellem freiem

Selbstbewußtsein kann sie nun der „guten Schwester" jenseits der Grenze ins Auge schauen.

War Elisabeths Lage schon vordem nicht beneidenswert, nun, nach der Niederlage der von ihr geförderten und aufgemunterten Rebellen, wird sie geradezu fürchterlich. Zwar galt und gilt es allezeit als internationaler Brauch, Aufständische, die man im Nachbarland heimlich geworben, für den Fall, daß sie besiegt werden, dann nachträglich zu desavouieren. Aber wie sich im Unglück immer schlimmer Zufall an Zufall reiht, ist eine der Geldsendungen Elisabeths an die Lords gerade Bothwell, Morays Todfeind, durch einen kühnen Handstreich in die Hände gefallen, der Beweis ihrer Mitschuld also klar geliefert. Und, zweite Unannehmlichkeit: Moray hat sich auf seiner Flucht selbstverständlich in das Land gerettet, von dem ihm laut und leise Unterstützung zugesichert war, nach England; plötzlich erscheint der Besiegte sogar in London. Abscheuliche Verlegenheit für die sonst bewährte Doppelspielerin! Denn empfängt sie Moray, den Rebellen gegen Maria Stuart, bei Hofe, so gibt sie dem Aufstand eine nachträgliche Billigung. Tut sie wiederum ihrem geheimen Verbündeten die offene Schmach einer Zurückweisung an, wie leicht kann dann der erbitterte Mann allerhand über seine Geldgeberin ausplaudern, was man doch an fremden Höfen lieber nicht erfahren soll – kaum jemals ist Elisabeth durch ihre Zweideutigkeit in eine üblere Zwickmühle geraten als in diesem Augenblick.

Aber glücklicherweise ist dies Jahrhundert eines der meisterhaften Komödien, und nicht zufällig atmet Elisabeth die gleiche starke und kühne Lebensluft wie ein Shakespeare und Ben Jonson ein. Sie versteht sich, geborene Schauspielerin, wie nur irgendeine Königin auf Theater und große Szenen: nicht schlechtere wurden in Hampton Court und Westminster damals gespielt als im Globe- und im Fortune-Theater. Kaum hat sie erfahren, daß der unbequeme Bundesgenosse angekommen ist, so wird Moray noch am selben Abend in einer Art Generalprobe von Cecil die Rolle eingelernt, die er am nächsten Tage zur Ehrenrettung Elisabeths zu spielen hat.

Es fällt schwer, sich etwas Frecheres auszudenken als diese Komödie am nächsten Morgen. Der französische Gesandte ist zu Besuch und plaudert – wie kann er ahnen, daß er zu einer Farce bestellt ist! – mit Elisabeth über politische Dinge. Plötzlich tritt ein Diener ein und meldet den Earl of Moray. Die Königin runzelt die Stirne. Wie? Hat sie nicht schlecht verstanden? Wirklich Lord Moray? Wie kommt dieser niederträchtige Rebell gegen ihre „gute Schwester" nach London? Und wie kann er wagen – unerhörte Kühnheit! –, sich vor ihr blicken zu lassen, die doch – die Welt weiß es – ein Herz und eine Seele mit ihrer lieben Base ist? Arme Elisabeth! Sie kann sich zunächst gar nicht fassen vor Erstaunen und Empörung! Aber immerhin, sie beschließt nach finsterem Zögern, den „Verwegenen" zu empfangen, aber, Gott behüte, nicht allein! Nein, ausdrücklich behält sie den französischen Botschafter zurück, um einen Zeugen für ihre „ehrliche" Erbitterung zur Stelle zu haben.

Jetzt ist die Schauspielerei an Moray. Und mit strengem Ernst spielt er die eingelernte Szene. Schon sein Auftritt ist bemerkenswert gut auf Schuldbewußtsein stilisiert. Demütig und zaghaft, nicht mit seinem sonstigen so aufrechten und kühnen Schritt, ganz in Schwarz gekleidet, tritt er heran, beugt als Bittsteller das Knie und beginnt in schottischer Sprache zur Königin zu sprechen. Sofort unterbricht Elisabeth und befiehlt ihm, französisch zu reden, damit der Gesandte ihrer Unterhaltung folgen und niemand etwa behaupten könne, sie habe mit einem solchen verworfenen Rebellen irgendwelche Heimlichkeiten gehabt. Moray stammelt scheinbar verlegen herum, aber Elisabeth zieht sofort scharfe Register an: sie verstehe nicht, wie er, ein Flüchtling und Rebell gegen ihre Freundin, wagen könne, unaufgefordert an ihren Hof zu kommen. Gewiß, es hätten manchmal zwischen ihr und Maria Stuart allerhand Mißverständnisse bestanden, aber diese seien keineswegs ernstlicher Art gewesen. Sie betrachte die Königin von Schottland immer als ihre gute Schwester und hoffe, sie werde es allezeit bleiben. Wenn Moray ihr daher nicht den Beweis liefern könne, daß er nur aus Torheit oder im Zustande der Selbstverteidigung sich gegen seine Herrscherin erhoben hätte, werde sie ihn verhaften lassen und für sein rebellisches Betragen zur Verantwortung ziehen. Moray möge sich also verteidigen.

Moray, gut von Cecil in seine Rolle eingespielt, weiß genau, daß er jetzt alles sagen darf, nur eines nicht: die Wahrheit. Er weiß, er muß alle Schuld auf sich, auf sich allein häufen, um Elisabeth vor dem Gesandten zu entlasten und als völlig unbeteiligt an dem befohlenen Aufstand erscheinen zu lassen. Er muß ihr ein Alibi besorgen. Statt sich also über Maria Stuart zu beschweren, rühmt er seine Stiefschwester über den grünen Klee. Sie hätte ihm Länder, Ehren und Belohnungen weit über Verdienst zugeteilt, er habe ihr deshalb allezeit auf das getreueste gedient, und nur die Furcht vor einer Verschwörung gegen seine Person, nur die Besorgnis, ermordet zu werden, hätte ihn zu seiner unsinnigen Handlungsweise veranlaßt. Zu Elisabeth aber sei er nur deshalb gekommen, damit sie ihm in ihrer Güte behilflich sei, von seiner Gebieterin, der Königin von Schottland, wieder Verzeihung zu erlangen.

Das klingt schon herrlich entschuldigend für die eigentliche Anzettlerin des Aufstandes. Aber Elisabeth braucht noch mehr. Denn nicht darum ist diese Komödie aufgezogen worden, daß Moray vor dem Gesandten alle Schuld auf sich nehme, sondern daß er als Kronzeuge erkläre, Elisabeth habe nicht das mindeste mit dieser Sache zu tun gehabt. Eine kräftige Lüge kostet nun niemals einen gerissenen Politiker mehr als einen Atemzug leerer Luft, und so versichert Moray feierlichst vor dem Gesandten, Elisabeth habe „von dieser Verschwörung nicht das mindeste gewußt und niemals ihn oder seine Freunde ermutigt, seiner königlichen Herrscherin den Gehorsam zu verweigern".

Jetzt hat Elisabeth das gewünschte Alibi. Sie ist völlig reingewaschen. Und mit dem schönsten Theaterpathos kann sie den Mitspieler vor dem Gesandten andonnern: „Jetzt habt Ihr die Wahrheit gesagt! Denn weder ich noch irgend jemand anderer in meinem Namen hat Euch gegen Eure Königin aufgehetzt. Ein solcher niederträchtiger Verrat könnte doch nur ein schlimmes Beispiel geben und meine eigenen Untertanen zur Rebellion gegen mich ermutigen. Darum seht, daß Ihr aus meiner Gegenwart fortkommt, Ihr seid ein unwürdiger Verräter."

Moray beugt sehr tief das Haupt, vielleicht auch, um zu verbergen, daß seine Lippe leise lächelt. Er hat die vielen tausend Pfund nicht vergessen, die seiner eigenen Frau und den andern Lords im Namen der Königin eingehändigt wurden, nicht die Briefe, die Beschwörungen Randolphs, nicht die Versprechungen der Staatskanzlei. Aber er weiß, daß, wenn er jetzt den Sündenbock mimt, Elisabeth ihn nicht in die Wüste jagen wird. Auch der französische Botschafter bleibt still und scheinbar respektvoll, als Kulturmensch versteht er eine gute Komödie zu schätzen. Erst zu Hause wird er schmunzeln, wenn er allein vor seinem Pult sitzt und diese Szene nach Paris berichtet. Nicht ganz heiter zumute ist es in diesem Augenblick vielleicht nur Elisabeth; wahrscheinlich glaubt sie selbst nicht, daß ihr jemand geglaubt hat. Aber zumindest hat niemand gewagt, offen zu zweifeln, der Schein ist gewahrt, was gilt da die Wahrheit! Hoheitsvoll und stumm rauscht sie in ihren weiten Gewändern aus dem Raum.

Nichts zeigt stärker die augenblickliche Macht Maria Stuarts, als daß ihre Gegnerin zu solchen kleinen Winkelzügen greifen muß, um sich nach verlorener Schlacht wenigstens einen moralischen Rückzug zu sichern. Stolz kann die Königin von Schottland nun das Haupt erheben, alles ist ihr gelungen nach ihrem Willen. Der Mann, den sie gewählt hat, trägt die Krone. Die Barone, die sich gegen sie erhoben, sind zurückgekehrt oder irren geächtet im Ausland. Alle Sterne stehen günstig, und wenn diesem neuen Bunde nun noch ein Erbe entsprießt, dann ist der letzte, der größte Traum erfüllt: ein Stuart als Königsanwärter des geeinten Schottland und England.

Günstig stehen die Sterne, Stille liegt wie ein seltener Segen über dem Land. Nun könnte Maria Stuart ruhen und endlich geernteten Glückes sich freuen. Aber Unruhe zu erleiden, Unruhe zu schaffen ist das Gesetz ihrer unbändigen Natur. Wem ein wildes Herz zugeteilt ist, dem frommt es nicht viel, wenn die äußere Welt ihm Glück schenken will und Frieden. Denn ungestüm erschafft es sich immer wieder von innen neues Verhängnis und andere Gefahr.

Achtes Kapitel
Die Schicksalsnacht von Holyrood

9. März 1566

Es gehört zum Wesen jedes vollblütigen Gefühls, daß es nicht zählt und spart, nicht zögert und nicht fragt: wenn eine fürstliche Natur liebt, so bedeutet dies volles Hingeben und Verschwenden. In den ersten Wochen der Ehe kann sich Maria Stuart gar nicht genug tun an Gunstbezeigungen für ihren jungen Gatten. Jeden Tag überrascht sie Darnley mit anderen Geschenken, bald ist es ein Pferd, bald ein Kleid, hundert kleine und zärtliche Dinge, nach dem sie ihm alles Große, nachdem sie ihm den Königstitel und ihr unruhiges Herz schon gewährt hat. „Was an Ehre einem Manne von einer Frau zugebilligt werden kann", berichtet der englische Gesandte nach London, „wurde ihm voll und ganz zuteil. Alles Lob, alle Würden, welche sie zu vergeben hat, sind ihm längst zuerkannt. Keiner gefällt ihr, der ihm nicht zusagt, und was soll ich mehr sagen, als daß sie ihren ganzen Willen ihm unterordnet." Maria Stuart vermag ihrer vehementen Natur gemäß nichts halb zu tun, sondern alles nur ganz und mehr als ganz: wenn sie sich hingibt, so ist es nicht ein zögerndes, ängstliches, sondern ein besinnungslos wildes und verschwenderisches Schenken ohne Maß. „Sie hat sich völlig unter seinen Willen gestellt", schreibt Randolph, „und läßt sich lenken und führen, wie es ihm gefällt." Als leidenschaftlich Liebende löst sie ihr ganzes Leben in Gehorsam und ekstatischer Demut auf. Nur ein ungeheurer Stolz kann bei einer liebenden Frau so großartig in eine ungeheure Hingabe umschlagen.

Jedoch große Geschenke sind dem nur Gnade, der ihrer würdig ist, jedem andern werden sie Gefahr. Starke Charaktere werden stärker durch plötzlich ihnen zugewachsene Macht (denn Macht ist ihr natürliches Element), schwache Charaktere aber erliegen ihrem unverdienten Glück. Triumph macht sie nicht demütig, sondern hoffärtig, und in kindischer Torheit verwechseln sie ein zugefallenes Geschenk mit eigenem Verdienst. Bald erweist sich die rasche und unbeschränkte Gebelust Maria Stuarts als verhängnisvoll verschwendet an diesen engen, eitlen Jungen, der selbst noch einen Erzieher brauchte, statt sich Herr zu fühlen einer großmütigen, einer großherzigen Königin. Denn kaum bemerkt Darnley, welche Gewalt er gewonnen hat, so wird er anmaßend und frech. Er nimmt Maria Stuarts Geschenke wie einen ihm schuldigen Tribut, die Gnade dieser königlichen Liebe als sein ihm zustehendes Mannesrecht; zum Herrn erhoben, meint er, das Recht zu haben, sie wie eine Untergebene zu behandeln. Innerlich eine armselige Natur, wächsernen Herzens – „heart of wax", wie später Maria Stuart selbst verächtlich von ihm sagen wird –, verliert der verwöhnte Junge jede Hemmungen, er bläht sich auf und mengt sich herrisch in Staatsgeschäfte. Dahin die Gedichte und die zarten Manieren, sie sind nicht mehr nötig, jetzt trumpft er im Rate auf, spricht rüde und laut, trinkt mit seinen Kumpanen und kanzelt die Königin, als sie ihn einmal aus derart unwürdiger Gesellschaft zu holen sucht, in so beschämender Weise ab, daß die öffentlich Gedemütigte in Tränen ausbricht. Weil ihm Maria Stuart den Titel König geschenkt hat – nur den Titel und nicht mehr –, meint er, jetzt schon wirklich König zu sein, und fordert ungebärdig die Mitherrschaft, die „matrimonial crown"; noch ehe ihm der Bart gesprossen, will der Neunzehnjährige schon als unumschränkter Gebieter Schottland regieren. Aber jeder erkennt: hinter dieser herausfordernden Art steckt kein wirklicher Mut, hinter diesem Prahlen kein entschlossener Wille. Bald wird auch Maria Stuart sich nicht länger der Beschämung entziehen können, ihr erstes und schönstes Liebesgefühl an einen undankbaren Laffen verschwendet zu haben. Zu spät, wie so oft, könnte sie jetzt bereuen, die wohlmeinenden Warnungen ihrer besten Berater mißachtet zu haben.

Nun gibt es im Leben einer Frau keine tiefere Erniedrigung, als sich voreilig einem Manne hingegeben zu haben, der solcher Liebe unwürdig war: nie wird eine wahre Frau solche Schuld sich selber, nie dem Schuldigen verzeihen können. Nach so viel Leidenschaft zwischen zwei Menschen wäre aber bloße Kühle und glatte Höflichkeit widernatürlich: einmal entzündet, muß ein Gefühl weiterbrennen, es kann nur seine Farbe ändern, dunkel schwelen in Haß und Verachtung, statt hell zu lodern als Liebe und Brand. So entzieht Maria Stuart, immer hemmungslos in ihrem Empfinden, sobald sie ihn als unwert erkannt hat, Darnley vielleicht brüsker und plötzlicher, als es eine besonnene, eine berechnende Frau getan hätte, ihre Gunst. Von einem Extrem fällt sie in das andere. Stück für Stück nimmt sie jetzt Darnley wieder weg, was sie im ersten Schwung ihrer Leidenschaft, ohne zu überlegen, ohne zu zählen, ihm zuerkannt. Von einem faktischen Mitkönigtum, von der „matrimonial crown", die sie seinerzeit dem sechzehnjährigen Franz II. übertragen hatte, ist nun mit einmal keine Rede mehr. Voll Ärger merkt Darnley, daß er zu wichtigen Sitzungen des Staatsrats nicht mehr zugezogen wird und man ihm verweigert, die königlichen Insignien in seinem Wappen zu führen. Zum bloßen Prinzgemahl degradiert, spielt er jetzt plötzlich statt der erträumten Hauptrolle am Hofe nur mehr jene des verärgerten Raisonneurs. Bald färbt die verächtliche Behandlung auf die Höflinge ab; sein Freund David Rizzio zeigt ihm keine Staatsdokumente mehr und siegelt, ohne ihn zu fragen, mit dem „iron stamp", der Königsunterschrift, alle Briefe, der englische Gesandte verweigert ihm den Titel „Majestät" und kann bereits zu Weihnachten, kaum ein halbes Jahr nach den Flitterwochen, über „strange alterations" am schottischen Königshofe berichten. „Vor kurzem hieß es noch immer: der König und die Königin, jetzt wird bloß vom Gatten der Königin gesprochen. Er hatte sich schon gewöhnt, in allen Edikten als erster genannt zu werden, jetzt kommt er an zweiter Stelle. Jüngst wurden gewisse Münzen mit den Doppelköpfen „Henricus et Maria" geprägt, aber diese wurden alsbald eingezogen und neue ausgegeben. Zwischen den beiden bestehen gewisse Unstimmigkeiten, aber weil es amantium irae oder ›household words‹ sind, wie man im Volke sagt, hätte all das noch nichts zu sagen, vorausgesetzt, daß es nicht noch schlimmer wird."

Aber es wird schlimmer! Zu den empfindlichen Zurücksetzungen, die der papierene König an seinem eigenen Hofe erleiden muß, kommt noch die geheime und allerempfindlichste des Ehegatten. Seit Jahren hat Maria Stuart, tiefinnerlich eine aufrichtige Natur, lernen müssen, in der Politik zu lügen: wo aber ihr persönliches Gefühl berührt ist, kann sie sich niemals verstellen. Kaum ist sie sich klargeworden, an welchen Nichtigen sie ihre Leidenschaft verschwendet hat, kaum taucht hinter dem Phantasie-Darnley der Brautwochen der törichte, eitle, freche und undankbare Junge auf, so schlägt die physische Verliebtheit brüsk in einen körperlichen Widerwillen um. Völlig unerträglich wird es ihr, diesem Gatten weiterhin ihren Leib zu gewähren, seit ihr Gefühl sich ihm entfremdet hat.

So entzieht sich, sofort wie sie sich schwanger fühlt, die Königin unter allerhand Vorwänden seiner Umarmung. Bald stellt sie sich krank, bald müde, immer findet sie andere Ausflüchte, sich ihm zu verweigern. Und während sie in den ersten Monaten (Darnley selbst enthüllt im Zorne all diese Einzelheiten) die sinnlich Werbende gewesen war, beschämt sie ihn nun durch häufige Zurückweisung. Auch in dieser intimsten Sphäre, in der er zuerst Macht über diese Frau gewonnen, fühlt sich – tiefste, weil quälendste Kränkung – Darnley plötzlich entrechtet und verstoßen.

Darnley hat nicht die seelische Kraft, seine Niederlage zu verschweigen. Dumm und töricht schwätzt und schreit er seine Zurücksetzung in aller Öffentlichkeit aus, er murrt und droht, er prahlt und kündigt fürchterliche Rache an. Je bombastischer er aber seine Verärgerung ausposaunt, um so lächerlicher wirken seine Faseleien, und nach einigen Monaten gilt er trotz seinem Königstitel nur mehr als lästiger und mißgelaunter Herumsteher, dem jeder gleichgültig den Rücken zeigt. Man beugt sich nicht mehr, sondern man lächelt, wenn dieser Henricus, Rex Scotiae, etwas will oder wünscht oder fordert. Und nicht einmal Haß wird einem Herrscher so verhängnisvoll wie allgemeine Verachtung.

Die fürchterliche Enttäuschung, die Maria Stuart an Darnley erlitten, ist aber nicht nur eine menschliche, sondern auch eine politische. Sie hatte gehofft, an der Seite eines jungen, ihr mit Leib und Seele ergebenen Gatten endlich unabhängig zu werden von der Vormundschaft Morays, Maitlands und der Barone. Aber mit den Honigwochen sind alle Illusionen geschwunden. Um Darnleys willen hatte sie Moray und Maitland zurückgestoßen, und mehr als jemals steht sie allein. Doch eine Natur wie die ihrige kann, wenn auch noch so tief enttäuscht, nicht ohne Vertrauen leben; immer wieder sucht sie nach einem sicheren Menschen, auf den sie sich unbedingt verlassen kann. Lieber wird sie jemanden wählen, der niederem Range entstammt, der nicht die Ansehnlichkeit eines Moray und Maitland besitzt, aber dafür eine Tugend, dieihr notwendiger ist an diesem schottischen Hofe, die kostbarste aller Dienergaben: unbedingte Treue und Verläßlichkeit.

Einen solchen Mann hat der Zufall ins Land gebracht. Als der Gesandte von Savoyen, Marchese Moreta, Schottland besucht, befindet sich in seinem Gefolge ein junger, dunkelhäutiger Piemontese, David Rizzio („in visage very black"), etwa achtundzwanzig Jahre alt, mit runden wachen Augen und einem frischen Mund, der gut zu singen weiß („particolarmente era buon musico"). Nun sind Dichter und Musikanten bekanntlich an Maria Stuarts romantischem Hofe immer willkommene Gäste. Von ihrem Vater, von ihrer Mutter trägt sie die leidenschaftliche Neigung zu den schönen Künsten im Blut, nichts entzückt und beglückt sie inmitten der Düsternis ihrer Umgebung so sehr, als sich an schönen Stimmen, an Geigen- und Lautenspiel zu erfreuen. Damals fehlte gerade ein Bassist in ihrem Chor, und da der „Seigneur Davie" (so wird er von nun ab im engeren Kreise genannt) nicht nur gut zu singen, sondern auch Worte und Noten geschickt zu setzen weiß, bittet sie Moreta, er möge ihr den „buon musico" für ihren persönlichen Dienst überlassen. Moreta ist einverstanden und ebenso Rizzio, der mit einem Jahresgehalt von fünfundsechzig Pfund angestellt wird. Daß er in den Rechnungsbüchern als „David le Chantre" unter dem Gesinde als „valet de chambre", als Kammerdiener, geführt wird, hat an sich nichts Erniedrigendes zu besagen, denn bis zu Beethovens Zeit werden Musiker auch göttlichster Art an den Höfen schlechtweg zum Gesinde gezählt. Noch Wolfgang Amadeus Mozart und der alte weißhaarige Haydn essen, obwohl schon in ganz Europa berühmt, nicht am höfischen Tisch mit Adel und Fürstlichkeit, sondern am ungedeckten mit den Stallmeistern und Kammerzofen.

Nun hat sich Rizzio nebst seiner guten Stimme einen hellen Kopf mitgebracht, einen frischen beweglichen Verstand und eine gute künstlerische Kultur. Er beherrscht Latein ebenso fließend wie Französisch und Italienisch, er schreibt guten Stil; eines seiner erhaltenen Sonette zeigt dichterischen Geschmack und wirkliches Formgefühl. Bald ergibt sich für ihn erwünschte Gelegenheit, vom Dienertisch aufzurücken. Der Geheimsekretär Maria Stuarts, Raulet, hatte sich nicht sehr widerstandsfähig gezeigt gegen die am schottischen Hofe epidemische Krankheit: gegen die englische Bestechung. Und kurzerhand mußte ihn die Königin aus ihrem Dienst entlassen. An die freie Stelle in ihrem Arbeitskabinett schiebt sich jetzt der wendige Rizzio, und von nun ab geht es rasch aufwärts und aufwärts. Aus einem bloßen Schreiber wird er nach kurzer Frist ihr Berater. Bald diktiert nicht mehr Maria Stuart dem piemontesischen Secretarius die Briefe, sondern er entwirft sie nach eigenem Ermessen; nach wenigen Wochen wird sein persönlicher Einfluß in den schottischen Staatsgeschäften bereits fühlbar. Die rasche Heirat mit dem katholischen Prinzgemahl Darnley war zum guten Teil sein Werk gewesen, und die außerordentliche Festigkeit, mit der die Königin Moray und die andern schottischen Aufständischen zu begnadigen ablehnt, schreiben diese nicht mit Unrecht seinen Machenschaften zu. Daß Rizzio nebenbei auch Agent des Papstes am schottischen Hofe gewesen, ist vielleicht Tatsache, vielleicht bloß Verdacht; aber wenn auch der päpstlichen, der katholischen Sache leidenschaftlich zugetan, dient er doch jedenfalls Maria Stuart hingebungsvoller, als sie es bislang in Schottland erfahren. Bei wem aber Maria Stuart Treue fühlt, den weiß sie würdig zu belohnen; zu wem sie offenen Herzens sprechen kann, dem zeigt sie auch eine offene Hand. Sichtbar, allzu sichtbar, zeichnet sie Rizzio aus, sie beschenkt ihn mit kostbaren Kleidern, sie vertraut ihm das Siegel des Reiches an und alle Staatsgeheimnisse. Es dauert nicht lange, und der Diener David Rizzio ist ein großer Herr geworden, der an der Tafel der Königin mit ihren Freundinnen speist, er hilft als maître de plaisir wie weiland Chastelard (verhängnisvolle Schicksalsbrüderschaft) herzhaft mit, musikalische Feste und andere Heiterkeiten bei Hofe zu veranstalten, immer mehr wird das Dienstverhältnis zur Freundschaftsbeziehung. Bis tief in die Nacht darf zum Neide des Gesindes dieser niedergeborene Ausländer allein in engster Vertrautheit in den königlichen Gemächern weilen; prinzlich angetan, hochmütig abweisend, übt ein Mann das höchste Staatsamt aus, der erst vor ein paar Jahren völlig arm in abgerissener Lakaientracht mit nichts als ein bißchen Wohllaut in der Kehle an diesen Hof gekommen. Nun geschieht keine Entscheidung im schottischen Königreiche mehr ohne seinen Willen und sein Wissen. Aber wenn auch Herr über alle andern, bleibt Rizzio doch zugleich der treueste Diener seiner Königin.

Und zweiter sicherer Pfeiler ihrer Selbständigkeit: nicht nur die politische, sondern auch die militärische Macht liegt jetzt in verläßlichen Händen. Auch hier steht ein neuer Mann ihr zur Seite, Lord Bothwell, der in seiner Jugend schon für die Sache ihrer Mutter, Marie von Guise, gegen die Lords der protestantischen Kongregation – obwohl selbst Protestant – gekämpft und der vor dem Hasse Morays Schottland verlassen mußte. Nach dem Sturze seines Todfeindes zurückgekehrt, stellt er sich und die Seinen der Königin zur Verfügung, und diese Macht ist nicht gering. Selber ein unbedenklicher, zu jedem Abenteuer bereiter Kriegsmann, eine eiserne Natur, gleich leidenschaftlich in seiner Liebe wie in seinem Haß, hat Bothwell seine Borderers, seine Grenzleute, hinter sich. Und seine Person allein bedeutet schon eine entschlossene Armee: dankbar ernennt ihn Maria Stuart zum Großadmiral und weiß, gegen wen immer es gilt, wird er zur Stelle sein, um sie und ihr Kronrecht zu verteidigen.

Mit diesen beiden ihr persönlich Getreuen hat Maria Stuart, dreiundzwanzigjährig, endlich beide Zügel der Herrschaft straff in der Hand, den politischen und den militärischen. Nun könnte sie es zum erstenmal wagen, allein gegen alle zu regieren, und immer hat diese Unvorsichtige jedes Wagnis gewagt.

Jedesmal aber, wenn in Schottland ein König wirklich herrschen will, wehren sich die Lords. Nichts kann diesen Unbotmäßig-Trotzigen unerträglicher sein als eine Monarchin, die weder um sie wirbt noch sich vor ihnen fürchtet. Von England her drängen Moray und die andern Geächteten auf Rückberufung. Sie lassen alle Minen, auch die silbernen und goldenen, springen, und da Maria Stuart unerwartet fest bleibt, richtet sich der Unmut des Adels in erster Linie gegen ihren Berater Rizzio; bald geht ein heimliches Murren und Munkeln in den Schlössern um. Voll Erbitterung spüren die Protestanten eine feinmaschige Diplomatie machiavellistischer Schule in Holyrood am Werk. Sie ahnen mehr, als sie es wissen können, daß Schottland in den großen Geheimplan der Gegenreformation einbezogen werden soll, vielleicht hat auch wirklich Maria Stuart sich schon der großen katholischen Union verpflichtet. Dafür wird in erster Linie der fremde Eindringling Rizzio verantwortlich gemacht, der zwar das unbeschränkte Vertrauen seiner Herrin, aber sonst keinen Freund an diesem Hofe besitzt. Immer handeln die Klugen am unklügsten. Statt bescheiden seine Macht zu verdecken, trägt Rizzio sie – ewiger Fehler aller Emporkömmlinge – prahlerisch zur Schau. Vor allem aber ist es für den schottischen Adelsstolz unerträglich, zusehen zu müssen, wie ein ehemaliger Diener, ein hergelaufener Wandermusikant zweifelhaftester Abkunft, im Gemach der Königin, dicht neben ihrem Schlafgemach, Stunden und Stunden in vertrauten Gesprächen verbringen darf. Immer grimmiger wird der Verdacht, diese heimlichen Besprechungen hätten die Ausrottung der Reformation und die Einsetzung des Katholizismus zum Ziele. Und um rechtzeitig alle derartigen Pläne zu durchkreuzen, findet sich heimlich eine Reihe protestantischer Lords zu einer Verschwörung zusammen.

Nun kennt der schottische Adel seit Jahrhunderten nur ein und dieselbe Methode, sich mit unbequemen Gegnern auseinanderzusetzen: den Mord. Erst wenn die Spinne, die alle diese heimlichen Fäden zieht, zertreten, erst wenn dieser geschmeidige, undurchdringliche italienische Abenteurer beseitigt ist, erst dann haben sie neuerdings das Heft in der Hand, erst dann wird Maria Stuart wieder gefügiger werden. Dieser Plan, Rizzio durch Mord beiseite zu schaffen, scheint schon sehr früh Anhänger unter dem Adel gewonnen zu haben, denn Monate vor der Tat meldet der englische Gesandte bereits nach London: „Entweder bereitet ihm Gott ein rasches Ende oder ihnen ein unerträgliches Leben." Aber zu offener Auflehnung finden die Verschworenen lange nicht den rechten Mut. Noch steckt ihnen der Schrecken zu tief in den Knochen, mit welcher Schnelligkeit und Festigkeit Maria Stuart die letzte Rebellion niedergeschlagen hat, sie zeigen wenig Lust, das Schicksal Morays und der anderen Emigranten zu teilen.

Nicht minder aber fürchten sie die eiserne Hand Bothwells, der hart zuzuschlagen liebt und den sie zu hochmütig wissen, um sich mit ihnen in Komplotten gemein zu machen. So können sie nur murren und heimlich die Fäuste ballen, bis endlich einer von ihnen – es ist ein teuflisch genialer Gedanke – den Plan faßt, die Ermordung Rizzios aus einem rebellischen Akt zu einer legalen und patriotischen Tat zu machen, indem man Darnley, den König, als Schirmherrn an die Spitze der Verschwörung stellt. Auf den ersten Blick scheint dieser Gedanke unsinnig. Der Herrscher eines Landes in Verschwörung gegen seine eigene Frau, der König gegen die Königin? Aber die Kombination erweist sich psychologisch als richtig, denn wie bei jedem Schwächling ist bei Darnley die Triebfeder aller seiner Handlungen unbefriedigte Eitelkeit. Und zu viel Macht ist an Rizzio gefallen, als daß der gestürzte Darnley seinem einstigen Freunde nicht neidisch grollen sollte. Dieser hergelaufene Habenichts führt diplomatische Verhandlungen, von denen er, Henricus, Rex Scotiae, nicht verständigt wird, er sitzt in den Zimmern der Königin bis ein und zwei Uhr nachts herum, also die Stunden, welche die Gattin mit ihrem Ehegemahl verbringen sollte, und seine Macht wächst Tag um Tag in dem Grade, als seine eigene vor dem ganzen Hofe sich mindert. Die Weigerung Maria Stuarts, ihm das Mitregentenrecht, die „matrimonial crown“, zu verleihen, führt Darnley – wahrscheinlich mit Recht – auf Rizzios Einfluß zurück, und schon dies wäre genug, einen gekränkten und innerlich unedlen Menschen zum Haß aufzustacheln. Aber die Lords träufeln ein noch brennenderes Gift in die aufgerissene Wunde seiner Eitelkeit, sie reizen Darnley dort, wo er am empfindlichsten verwundet ist, in seiner Mannesehre. Sie erwecken in ihm durch allerhand Andeutungen den Verdacht, Rizzio teile mit der Königin nicht nur den Tisch, sondern auch das Bett. Diese an sich unbeweisbare Vermutung empfängt bei dem verärgerten Darnley besondere Glaubhaftigkeit durch den Umstand, daß sich Maria Stuart immer häufiger ihm selber in letzter Zeit ehelich verweigert hat. Sollte das, grausamer Gedanke, geschehen sein, weil sie diesen schwarzhäutigen Musikanten vorzieht? Gekränkter Ehrgeiz, der keinen Mut zu offener klarer Beschwerde hat, ist stets leicht für Verdächtigung zu gewinnen, eine Natur, die sich selber nicht traut, wird rasch jedem andern mißtrauen. Nicht lange müssen die Lords ihn anstacheln, um ihn wirr und bösartig zu machen. Bald ist Darnley ehern überzeugt, „daß ihm die größte Unehre zugefügt wurde, die einem Manne geschehen könne“. Und so wird das Unglaubliche Ereignis: der König tritt an die Spitze der Verschwörung gegen seine eigene Frau, gegen die Königin.

Daß dieser kleine dunkelhäutige Musikant David Rizzio tatsächlich der Liebhaber Maria Stuarts gewesen sei, ist niemals bewiesen worden noch zu beweisen.

Aber gerade die offene Gunst, welche die Königin diesem ihrem Geheimschreiber vor dem ganzen Hofe gewährt, spricht am energischesten gegen einen solchen Verdacht. Selbst zugegeben, daß zwischen geistiger Intimität einer Frau mit einem Manne und körperlicher Hingabe nur eine schmale Grenze liegt, die manchmal eine unruhige Minute, eine gespannte Gebärde plötzlich zu überspringen vermag, so zeigt doch Maria Stuart, die damals schon Schwangere, eine solche Sicherheit und Sorglosigkeit ihrer königlichen Freundschaft zu Rizzio, wie eine wirkliche Ehebrecherin sie nie zur Schau getragen hätte. Wäre sie tatsächlich in unerlaubten Beziehungen zu Rizzio gestanden, ihr Erstes und Natürlichstes wäre gewesen, alles Scheinverdächtige zu meiden; sie hätte nicht bis spätmorgens mit ihm in ihren Gemächern Musik gemacht und Karten gespielt, nicht sich während der Abfassung der diplomatischen Korrespondenz mit ihm in ihr Arbeitskabinett allein zurückgezogen. Aber wie im Falle Chastelards wird ihr auch diesmal gerade ihre sympathischeste Eigenschaft zur Gefahr, ihre Verachtung des „on dit", ihr souveränes Sich-Hinwegsetzen über jedes Gerede und Geschwätz, ihre natürliche Unbefangenheit. Fast immer gehen Unvorsichtigkeit und Mut in einem Charakter zusammen als Gefahr und Tugend, gleichsam Vorderseite und Rückseite derselben Münze: nur die Feigen und Unsicheren fürchten sich vor dem Anschein einer Schuld und handeln vorsichtig und berechnend.

Aber so böswillig und widersinnig auch erfunden, ein Gerücht, über eine Frau einmal ausgesprengt, kommt nicht mehr zur Ruhe. Von Mund zu Mund schwingt es sich weiter und nährt sich vom Atem der Neugier. Noch ein halbes Jahrhundert später wird Heinrich IV. die Verleumdung aufnehmen und über James VI. von England, den Sohn, den damals Maria Stuart im Schoße trägt, spotten, er sollte eigentlich Salomon heißen, weil er, wie jener, ein Sohn Davids sei. Zum zweitenmal leidet der Ruf Maria Stuarts schweren Schaden, nicht durch ihre Schuld, sondern durch ihre Unvorsichtigkeit.

Daß die Verschwörer, die Darnley aufstachelten, selbst nicht an ihre eigene Fabel glaubten, beweist außerdem, daß sie zwei Jahre später diesen angeblichen Bastard feierlich als James VI. zum König proklamieren. Und dem ehebrecherischen Sprossen eines zugereisten Musikanten hätten diese Hochmütigen nie den Eid geleistet. Mitten in ihrem Haß haben die Lügner schon damals die Wahrheit gewußt, und die Verleumdung dient ihnen nur, um Darnley in Saft zu bringen. Auf den schon Überreizten, den durch sein Minderwertigkeitsgefühl Verwirrten wirkt aber schon Verdacht elementar: wie Feuer schießt ihm die Wut in die Sinne, wie ein Stier stürzt er auf dies vorgehaltene rote Tuch und rennt damit blindwütig in das aufgezäumte Komplott. Ohne zu überlegen, läßt er sich in die Verschwörung gegen seine eigene Frau einfangen, und nach wenigen Tagen lechzt niemand so heftig nach dem Blute Rizzios wie sein ehemaliger Freund, der mit ihm Tisch und Bett geteilt und dem dieser kleine, von Italien zugereiste Musikant zu einer Krone verholfen.

Ein politischer Mord stellt bei dem schottischen Adel jener Zeit eine feierliche Angelegenheit dar: nicht hitzig und hastig wird im ersten Zorne zugestoßen, sondern die Partner verbinden sich vorsorglich – Ehre und Eid würde ihnen nicht genug Sicherheit bieten, dazu kennen sie einander zu gut – mit Siegel und Brief zu diesem seltsam ritterlichen Geschäft, als ob es ein rechtliches wäre. Bei allen gewalttätigen Unternehmungen wird, wie bei einem Kaufvertrag, sauber und klar auf einem Pergament ein sogenannter „covenant" oder „bond" angelegt, durch den sich die fürstlichen Banditen auf Gedeih und Verderb aneinander binden, denn nur als Gruppe, als Klüngel, als Clan fühlen sie Mut genug, sich gegen ihre Herrscher zu erheben. Diesmal – zum erstenmal in der schottischen Geschichte – haben die Verschwörer die Ehre einer Königsunterschrift auf einem solchen Bond. Zwischen den Lords und Darnley werden zwei Kontrakte ganz bieder und rechtschaffen abgeschlossen, in denen Zug um Zug der abgedrängte König und die ausgeschalteten Barone sich gemeinsam verpflichten, Maria Stuart die Macht aus den Händen zu winden. Darnley verspricht in dem ersten Bond, die Verschwörer auf jeden Fall „shaithless", straflos, zu halten und sie auch in Gegenwart der Königin persönlich zu schützen und auch zu verteidigen. Er stimmt ferner zu, daß die verbannten Lords zurückberufen und ihnen alle ihre „faults" nachgesehen würden, sobald ihm die Königsgewalt, die von Maria Stuart bisher verweigerte „matrimonial crown", übertragen worden sei; ferner erklärt er, die „kirk" gegen jede Schmälerung ihrer Rechte zu verteidigen. Dafür versprechen die verschworenen Lords in dem zweiten Bond – dem „Gegenbrief", wie man geschäftlich sich ausdrücken würde –, Darnley diese „matrimonial crown" zu verleihen und sogar (man wird sehen, daß sie nicht unbedacht diese Möglichkeit ins Auge fassen) im Falle des vorzeitigen Todes der Königin ihm das Königsrecht zu belassen. Aber hinter diesen scheinbar klaren Worten schimmert noch mehr durch, als Darnley begreift – der englische Gesandte hört schon richtig den wahren Text –, nämlich die Absicht, sich Maria Stuarts überhaupt zu entledigen und sie mittels eines „unglücklichen Zufalls" zugleich mit Rizzio unschädlich zu machen.

Kaum sind die Unterschriften unter diesen schmählichen Kuhhandel gesetzt, so galoppieren schon die Boten, um Moray zu verständigen, sich für die Rückkehr bereitzumachen. Und seinerseits sorgt der englische Gesandte, der kräftig an dem Komplotte mitwirkt, daß Elisabeth rechtzeitig die blutige Überraschung erfahre, die ihrer Nachbarkönigin zugedacht wird. „Ich weiß nun gewiß", hat er schon am 13. Februar, also lange vor dem Morde, nach London geschrieben, „daß die Königin ihre Heirat bereut und sie ihn und seine ganze Sippe haßt. Ich weiß auch, daß er glaubt, einen Teilhaber bei seinem Spiel zu haben („partaker in play and game"), und daß gewisse Machenschaften zwischen Vater und Sohn im Gange seien, gegen ihren Willen zur Krone zu kommen. Ich weiß, daß, wenn diese gelingen, David mit Zustimmung des Königs in den nächsten zehn Tagen die Kehle durchschnitten haben wird." Aber auch von den hintergründigeren Absichten der Verschwörer scheint dieser Späher genaue Kundschaft zu besitzen. „Noch ärgere Dinge als diese sind mir zu Ohren gekommen, sogar von Anschlägen gegen ihre eigene Person." Nach diesem Brief kann kein Zweifel mehr bestehen, daß diese Verschwörung weitere Ziele hat, als man sie dem Schwachkopf Darnley anvertraut, und daß der Stoß, der angeblich nur gegen Rizzio geführt wird, gegen Maria Stuart selbst geht und ihr Leben fast ebenso bedroht wie das seine. Aber der tollgemachte Darnley – immer sind die feigsten Naturen die grausamsten, sobald sie Macht hinter sich spüren – lechzt nach einer besonders raffinierten Rache an dem Manne, der ihm sein Siegel, der ihm das Vertrauen seiner Frau genommen. Er verlangt, daß, um seine Frau zu erniedrigen, der Mord in ihrer Gegenwart vorgenommen werde – Wahn eines Schwächlings, der hofft, eine starke Natur durch eine „Strafe" zu beugen und eine Frau, die ihn verachtet, durch eine brutale Kraftleistung wieder kirre zu machen. Seinem Wunsche entsprechend wird tatsächlich die Schlächterei in die Gemächer der schwangeren Frau verlegt und der 9. März als der richtige Tag gewählt: die Widrigkeit der Ausführung soll die Niedrigkeit des Anschlags noch übertreffen.

Während Elisabeth und ihre Minister in London seit Wochen um alle Einzelheiten wissen (ohne daß sie schwesterlich die Bedrohte warnte), während Moray an der Grenze seine Pferde gesattelt hält und John Knox bereits den Sermon vorbereitet, um den Mord als eine Tat „most worthy of all praise" zu rühmen, ist Maria Stuart, von allen verraten, völlig ahnungslos. Gerade in den letzten Tagen hat Darnley – immer macht Verstellung einen Verrat besonders widerlich – sich ungewöhnlich gefügig gezeigt, und nichts kann sie vermuten lassen, welche Nacht des Grauens und des noch auf Jahre weiterwirkenden Verhängnisses mit dem sinkenden Abend des 9. März beginnt. Eine Warnung von unbekannter Hand hat dagegen Rizzio erhalten, aber er läßt sie unbeachtet, denn am Nachmittag fordert, um sein Mißtrauen einzuschläfern, Darnley ihn zu einer Partie

Schlagball auf; fröhlich und unbesorgt nimmt der Musikus diese Einladung seines ehemaligen guten Freundes an.

Unterdessen wird es Abend. Maria Stuart hat sich wie gewöhnlich das Souper in das Turmzimmer bringen lassen, das im ersten Stock neben ihrem Schlafgemach liegt: es ist ein kleiner Raum, der nur Platz hat für intimste Geselligkeit. Ein engster familiärer Kreis – ein paar Edelleute und Maria Stuarts Stiefschwester – rundet sich um den schweren Eichentisch, den Wachskerzen in silbernen Kandelabern erhellen. Der Königin gegenüber sitzt David Rizzio, angetan wie ein großer Herr, den Hut à la mode de France auf dem Kopf, damasten und pelzverbrämt der Rock; munter erzählt er, und vielleicht wird man nach dem Essen ein wenig Musik machen oder sich sonst auf lässige Weise erheitern. Es wirkt auch nicht ungewöhnlich, daß mit einmal der Vorhang, der zum Schlafgemach der Königin führt, sich beiseite schiebt und Darnley, der König, der Gatte, eintritt; sofort erheben sich alle, man macht dem seltenen Gast an dem gedrängten Tische Platz neben seiner Gemahlin, die er locker umfaßt und mit einem Judaskuß begrüßt. Munter geht das Gespräch weiter, die Teller, die Gläser klirren freundlich gastliche Musik.

Aber da hebt sich zum zweitenmal der Vorhang. Jetzt fahren alle auf, verwundert, verärgert, erschreckt, denn hinter der Tür steht wie ein schwarzer Engel in voller Rüstung der allgemein gefürchtete, als Zauberer verschriene Lord Patrick Ruthven, einer der Verschworenen, das nackte Schwert in der Hand. Sein Antlitz starrt besonders bleich, denn schwerkrank ist der Fiebernde vom Bett aufgestanden, nur um die löbliche Tat nicht zu versäumen, und aus seinen heißen Augen spricht eine harte Entschlossenheit. Die Königin, sogleich Böses ahnend – denn niemand außer ihrem Gemahl darf sich der geheimen Wendeltreppe bedienen, die in ihr Schlafgemach führt –, herrscht Ruthven an, wer ihm erlaubt habe, unangemeldet bei ihr einzudringen. Aber kaltblütig, mit ruhiger Gelassenheit antwortet Ruthven, es sei weder gegen sie noch gegen irgendeinen andern etwas beabsichtigt. Sein Kommen gelte einzig „yonder poltroon David".

Rizzio erblaßt unter dem prunkvollen Hut und krampft sich mit der Hand an den Tisch. Er hat sofort begriffen, was ihm bevorsteht. Nur seine Herrin, nur Maria Stuart kann ihn jetzt noch schützen, da der König keinerlei Anstalten macht, den Frechen hinauszuweisen, sondern kühl und verlegen dasitzt, als ginge ihn die ganze Sache nichts an. Maria Stuart versucht sofort zu vermitteln. Sie fragt, was man denn Rizzio vorwerfe, welches Verbrechen er begangen habe.

Darauf zuckt Ruthven verächtlich die Schultern und sagt: „Fragen Sie Ihren Mann." „Ask your husband."

Maria Stuart wendet sich unwillkürlich Darnley zu. Aber in der entscheidenden Stunde wird der Schwächling, der seit Wochen zu diesem Morde hetzt, feig und klappt in sich zusammen. Er hat nicht den Mut, sich frei und klar hinter seine Spießgesellen zu stellen. „Ich weiß nichts von der ganzen Sache", lügt er verlegen und wendet den Blick ab.

Doch jetzt hört man neuerdings harte Schritte und Klirren von Waffen hinter dem Vorhang. Die Mitverschworenen sind einer nach dem andern die enge Treppe emporgestiegen und sperren als geharnischte Mauer Rizzio jeden Rückzug. Entkommen ist nicht mehr möglich. So versucht Maria Stuart, ihren treuen Diener wenigstens durch Verhandlungen zu retten. Wenn David etwas vorzuwerfen sei, dann werde sie selbst ihn vor das Parlament des versammelten Adels fordern, jetzt aber, gebietet sie, mögen sich Ruthven und alle anderen aus ihren Gemächern entfernen. Aber Rebellion gehorcht nicht. Bereits hat sich Ruthven dem leichenblassen Rizzio genähert, um ihn zu packen, ein anderer wirft ihm einen Strick um den Leib und beginnt, ihn hinauszuzerren. Ein furchtbarer Tumult entsteht, bei dem der Tisch umgeworfen wird und die Lichter verlöschen. Rizzio, unbewaffnet und schwächlich, kein Krieger und kein Held, klammert sich an das Kleid der Königin, grell schrillt sein Angstschrei durch das Gedränge: „Madonna, io sono morto, giustizia, giustizia!" Aber einer der Verschworenen schlägt die geladene Pistole gegen Maria Stuart an und würde sie im Sinne der Verschwörung abdrücken, wenn ein anderer sie nicht rechtzeitig ablenkte, und Darnley selbst hält mit beiden Armen den schweren Körper der schwangeren Frau fest, bis die andern den wild Aufheulenden und in Todesangst sich Wehrenden aus dem Zimmer geschleift haben. Noch einmal, da sie ihn schon durch das nachbarliche Schlafgemach schleppen, krallt er sich an das Bett der Königin, wehrlos hört sie seine Hilferufe. Aber mit Gewalt schlagen die Mitleidslosen ihm die Finger herunter, zerren ihn weiter und weiter in das Paradezimmer; dort fallen sie gemeinsam wie Rasende über ihn her. Angeblich war es ihre Absicht gewesen, Rizzio nur in Haft zu nehmen und dann am nächsten Tag feierlich auf dem Marktplatz zu hängen. Aber die Erregung macht sie toll. Wie um die Wette stoßen sie mit ihren Dolchen auf den Wehrlosen ein, immer, immer wieder, und vom Blutdunst trunken gemacht, schließlich derartig wildwütig, daß sie einander selber verwunden. Der Boden schwimmt schon naß und rot, und noch immer rasen sie weiter. Erst da sie den letzten Atemzug Leben dem zuckenden, aus mehr als fünfzig Wunden blutenden Leib des Unseligen entrissen haben, lassen sie ab. Und als grauenhaft entstellte Fleischmasse wird die Leiche des treuesten Freundes Maria Stuarts aus dem Fenster in den Hof hinabgeworfen.

Maria Stuart hört voll Erbitterung jeden Todesschrei ihres ergebenen Dieners. Aber unfähig, mit ihrem schwerfälligen schwangeren Leib sich von Darnley loszureißen, der sie eisern in seinen Armen hält, bäumt sie sich doch mit der ganzen Kraft ihrer leidenschaftlichen Seele gegen die unerhörte Erniedrigung auf, die ihr angesichts ihrer Untertanen im eigenen Hause angetan wird. Die Hände kann ihr Darnley zupressen, nicht aber die Lippen; aufschäumend in unsinniger Wut, speit sie dem Feigling ihre tödliche Verachtung entgegen. Sie nennt ihn Verräter und Sohn eines Verräters, sie klagt sich selbst an, eine solche Nichtigkeit wie ihn auf den Thron erhoben zu haben: was bisher in dieser Frau bloß Abneigung gegen ihren Gatten gewesen, härtet sich in diesen Minuten zu unvergeßbarem, unauslöschlichem Haß. Vergebens sucht Darnley sein Verhalten zu entschuldigen.

Er wirft ihr vor, daß sie seit einigen Monaten sich ihm immer wieder körperlich verweigert habe, daß sie mehr ihrer Zeit Rizzio gewährt habe als ihm, ihrem Gemahl. Auch gegen Ruthven, der jetzt in das Zimmer getreten ist und erschöpft von seiner Tat, in einen Stuhl sinkt, spart Maria Stuart nicht mit den fürchterlichsten Drohungen. Könnte Darnley in ihren Blicken lesen, er würde zurückschauern vor dem mörderischen Haß, der ihm unverhohlen entgegenflammt. Und wären seine Sinne wacher und klüger, er müßte das Gefährliche ihrer Ankündigung erfassen, sie betrachte sich nicht länger als seine Frau und werde nicht früher ruhen und rasten, bis sein Herz so von Trauer erfüllt sei wie das ihre in dieser Stunde. Jedoch Darnley, selbst nur kurzer und kleiner Leidenschaften fähig und unkundig, wie tödlich tief er Maria Stuarts Stolz verwundet hat, ahnt nicht, daß sie in diesem Augenblick ihm bereits sein Urteil gesprochen. Er meint, der arme, kleine Verräter, der sich von allen töricht täuschen läßt, nun, da die erschöpfte Frau verstummt und sich scheinbar willenlos in ihr Zimmer führen läßt, sei ihrer Kraft endgültig das Rückgrat gebrochen und sie ihm wieder hörig. Aber bald wird er erfahren, daß ein Haß, der zu schweigen versteht, noch gefährlicher ist als die wildeste Rede und daß, wer diese stolze Frau einmal tödlich beleidigt, sich selber den Tod in den Nacken gesetzt.

Die Hilferufe des weggeschleppten Rizzio, der Waffentumult in den Königsgemächern haben das ganze Schloß geweckt: das Schwert in der Hand, stürzen die getreuen Anhänger der Königin, Bothwell und Huntly, aus ihren Gemächern. Aber die Verschworenen haben auch diese Möglichkeit vorausbedacht: auf allen Seiten ist Holyrood von ihren bewaffneten Knechten umstellt, jeder Zugang gesperrt, damit nicht rechtzeitig aus der Stadt Hilfe für die Königin geholt werden könne. Bothwell und Huntly bleibt, um ihr Leben zu retten und rechtzeitig Entsatz herbeizurufen, kein anderer Weg, als aus den Fenstern zu springen. Auf ihren Alarm, das Leben der Königin sei bedroht, läßt der Stadtprovost sofort die Sturmglocken dröhnen, die Bürgerschaft sammelt sich und zieht vor die Tore nach Holyrood, um die Königin zu sehen und zu sprechen. Aber statt ihrer empfängt sie Darnley, der lügnerisch beruhigt, es sei nichts vorgefallen, man habe im Schloß nur einen ausländischen Spion beseitigt, der spanische Truppen habe ins Land bringen wollen.

Ein Königswort wagt selbstverständlich der Provost nicht zu bezweifeln, still kehren die braven Bürger wieder in ihre Häuser zurück, und Maria Stuart, die vergebens sich bemüht hat, Botschaft an ihre Getreuen gelangen zu lassen, bleibt in strengem Gewahrsam in ihre Gemächer versperrt. Ihren Hofdamen, ihren Dienerinnen wird der Eingang verwehrt, alle Türen und Tore im Schlosse sind dreifach besetzt: zum erstenmal in ihrem Leben ist Maria Stuart in dieser Nacht aus einer Königin eine Gefangene geworden. Bis in die letzte Einzelheit ist die Verschwörung gelungen. Im Hofe schwimmt in einer Blutlache die zerfleischte Leiche ihres besten Dieners, an der Spitze ihrer Feinde steht der König von Schottland, denn ihm ist die Krone jetzt zugesprochen, indes sie selbst nicht einmal mehr das Recht besitzt, ihr eigenes Zimmer verlassen zu dürfen. Mit einem Ruck ist sie von der höchsten Stufe herabgestürzt, ohnmächtig, verlassen, ohne Helfer, ohne Freunde, umstellt von Haß und Hohn. Alles scheint für sie verloren in dieser furchtbaren Nacht; aber unter dem Hammer des Schicksals härtet sich ein heißes Herz. Immer findet gerade in den Augenblicken, da es ihre Freiheit, ihre Ehre, ihr Königtum gilt, Maria Stuart mehr Kraft in sich selbst als bei allen ihren Helfern und Dienern.

Neuntes Kapitel
Die verratenen Verräter

März bis Juni 1566

Gefahr ist im menschlichen Sinne für Maria Stuart immer ein Glück. Denn nur in den entscheidenden Augenblicken, da sie zum letzten Einsatz ihres Wesens genötigt ist, wird man gewahr, welche außerordentlichen Fähigkeiten in dieser Frau verborgen sind: eine unbedingte, eherne Entschlossenheit, ein rascher, wacher Überblick, ein wilder und sogar heldischer Mut. Um diese ihre äußersten Kräfte ins Spiel zu bringen, muß jedoch zuvor der unterste, der empfindlichste Grund ihres Wesens hart berührt werden. Erst dann sammeln sich diese sonst spielerisch zerstreuten Seelenkräfte zu wirklicher Energie. Wer sie zu demütigen sucht, der richtet sie in Wahrheit auf; jede Prüfung des Schicksals wird ihr im tieferen Sinn Gewinn und Geschenk.

Diese Nacht der ersten Erniedrigung verwandelt Maria Stuarts Charakter und verwandelt ihn für immer. In der feurigen Schmiede dieser furchtbarsten Erfahrung, da sich ihr allzu fahrlässiges Vertrauen im selben Augenblick von ihrem Gatten, ihrem Bruder, ihren Freunden, ihren Untertanen betrogen sieht, wird alles in dieser sonst weiblichen und weichen Frau hart wie Stahl und zugleich von der biegsamen Geschmeidigkeit eines im Feuer gut gehämmerten Metalls. Aber wie ein rechtes Schwert zweischneidig, so wird ihr Charakter auch zweideutig seit jener einen Nacht, in der alles spätere Unheil seinen Anfang nimmt. Die große blutige Tragödie hat begonnen.

Nur der eine Gedanke an Vergeltung erfüllt jetzt ihre Sinne, da sie, eingeschlossen in ihrem Zimmer, eine Gefangene verräterischer Untertanen, rastlos auf und nieder geht, immer nur das eine denkend, das eine erwägend: wie diesen Ring ihrer Feinde zersprengen, wie das Blut ihres getreuen Dieners rächen, das noch warm von den Dielen tropft, wie alle jene wieder in die Knie beugen oder vor den Richtblock, die eben unbotmäßig sich aufgereckt und die Hand an sie, die gesalbte Königin, gelegt? Jedes Mittel scheint dieser bislang ritterlichen Kämpferin angesichts des erlittenen Unrechts von nun an erlaubt und gerecht. Eine innere Wandlung geschieht: die bisher unvorsichtig gewesen, wird vorsichtig und hinterhältig, die bisher zu ehrlich empfunden, um irgend jemanden anzulügen, lernt sich verstellen, die bisher fair play mit allen Menschen gespielt, wird nun alle ihre außerordentlichen geistigen Fähigkeiten daransetzen, Verräter mit ihren eigenen

Finten zu schlagen. Oft lernt ein Mensch an einem einzigen Tag mehr als sonst in Monaten und Jahren; eine solche entscheidende Lektion hat Maria Stuart jetzt für ihr ganzes Leben empfangen: die Dolche der Verschwörer haben nicht nur vor ihren Augen den treuen Diener Rizzio ermordet, sondern tief innen die sorglose Vertrauensbereitschaft und Unbefangenheit ihres Wesens. Welcher Fehler, leichtgläubig zu sein gegen Verräter, ehrlich zu Lügnern, welche Torheit, offen sein Herz den Herzlosen zu zeigen! Nein, jetzt sich verstellen, sein Gefühl verleugnen, seinen Ingrimm verstecken, freundlich tun zu jenen, denen man feind ist auf immerdar, und mit verdecktem Haß auf die Stunde warten, da man den ermordeten Freund rächen kann, auf die Stunde der Vergeltung! Alle Kraft jetzt einsetzen, um seine wahren Gedanken zu verschleiern, die Feinde einzuwiegen, solange sie noch trunken sind im Triumph ihres Erfolges, lieber vor Schurken einen Tag oder zwei Tage demütig tun, um sie dann endgültig zu demütigen! Einen solchen ungeheuren Verrat kann man nur rächen, indem man noch kühner, noch verwegener, noch zynischer die Verräter verrät.

Mit jener blitzhaften Genialität, wie sie Todesgefahr oft auch matten und lässigen Naturen verleiht, faßt Maria Stuart ihren Plan. Ihre Lage ist, das übersieht sie mit einem einzigen Blick, völlig aussichtslos, solange Darnley und die Verschworenen zusammenhalten. Nur eines kann sie retten: wenn es ihr gelingt, rechtzeitig einen Keil in den Block der Verschworenen zu treiben. Da sie die würgende Kette nicht mit einem Ruck zerreißen kann, muß sie versuchen, sie mit List an der schwächsten Stelle durchzufeilen: sie muß einen der Verräter zum Verräter an den andern machen. Und wer der Seelenschwächste von all diesen harten Betrügern ist, weiß sie verhängnisvoll gut: Darnley, dies „heart of wax", dies wächserne Herz, das von jedem starken Fingerdruck willig sich formen läßt.

Gleich die erste Maßnahme, die Maria Stuart ersinnt, ist psychologisch meisterhaft. Sie erklärt, von heftigen Kindswehen befallen zu sein. Die Aufregung der vergangenen Nacht, ein brutaler Mord vor den Augen einer im fünften Monat schwangeren Frau muß ja die Möglichkeit einer Frühgeburt tatsächlich glaubhaft machen. Maria Stuart heuchelt furchtbare Krämpfe, legt sich zugleich zu Bett, und nun kann niemand, ohne den Vorwurf brutalster Grausamkeit auf sich zu nehmen, der Schwangeren die Hilfe ihrer Dienerinnen und den Arzt verweigern. Mehr hat Maria Stuart fürs erste nicht gewollt, denn damit ist die strenge Klausur durchbrochen. Jetzt hat sie endlich die Möglichkeit, durch ihre verläßlichen Dienerinnen Botschaft an Bothwell und Huntly zu senden und alles für ihr beabsichtigtes Entkommen vorbereiten zu lassen. Außerdem versetzt sie durch die Drohung einer Frühgeburt die Verschwörer und besonders Darnley in arge moralische Bedrängnis. Denn das Kind, das sie im Schoße trägt, ist der Thronerbe Schottlands, der Thronerbe Englands; eine ungeheure Verantwortung würde vor den Augen der ganzen Welt auf den eigenen Vater fallen, wenn er durch den Sadismus, die Mordtat vor den Augen einer Schwangeren zu vollbringen, auch das Kind in ihrem Schoße getötet hätte. Voll Besorgnis erscheint Darnley in dem Gemach seiner Gattin.

Und nun beginnt eine Szene shakespearischen Maßes, vergleichbar in ihrer großartigen Unwahrscheinlichkeit vielleicht nur jener, da Richard III. vor dem Sarge des von ihm gemordeten Gatten um die Witwe wirbt und sie gewinnt. Auch hier liegt der Gemordete noch unbegraben über der Erde, auch hier steht der Mörder und Mitmörder vor einem Menschen, an dem er den denkbar tiefsten Verrat begangen, auch hier gewinnt die Kunst der Verstellung dämonische Beredsamkeit. Niemand ist Zeuge jener Szene gewesen; man kennt nur ihren Beginn und ihren Ausgang. Darnley begibt sich in das Zimmer seiner Frau, die er gestern tödlich erniedrigt und die in der ersten und wahrsten Aufrichtigkeit ihrer Entrüstung ihm gleichfalls tödliche Rache angekündigt. Wie Kriemhild an Siegfrieds Leiche hat sie gestern noch die Fäuste gegen den Mörder geballt, aber wie Kriemhild hat sie auch um der Rache willen in dieser einen Nacht gelernt, ihren Haß zu verdecken. Darnley findet nicht die Maria Stuart von gestern mehr, die stolz aufgebäumte Gegnerin und Rächerin, sondern ein armes, geknicktes Weib, sterbensmüde, nachgiebig, krank, eine Frau, die untertänig und zärtlich aufblickt zu ihm, dem starken tyrannischen Manne, der ihr den Herrn gezeigt. Der eitle Narr findet all den Triumph, den er gestern so herrlich erträumte: endlich wirbt wieder Maria Stuart um ihn. Seit sie seine eiserne Hand gefühlt, ist sie kirre geworden, die Stolze, die Hochmütige. Seit er diesen italienischen Schurken zur Seite geschafft, dient sie wieder ihrem wahren Herrn und Meister.

Einem klugen, einem überlegenen Mann müßte eine derart rapide Verwandlung immerhin verdächtig erscheinen. Ihm müßte noch der grelle Schrei in den Ohren nachklingen, mit dem gestern diese Frau, die Augen blitzend wie mörderischer Stahl, ihn Verräter und Sohn eines Verräters genannt. Er müßte sich erinnern, daß diese Stuartstochter für Schmach keine Vergebung kennt und für Beleidigung kein Vergessen. Aber Darnley ist leichtgläubig wie alle Eitlen, wenn man ihnen schmeichelt, und vergeßlich wie alle Dummköpfe. Und dann – merkwürdige Verstrickung – dieser hitzige Knabe ist von allen Männern, denen Maria

Stuart je begegnete, derjenige, der sie sinnlich am leidenschaftlichsten geliebt; dieser gierige Junge hängt mit einer hündischen Hörigkeit an ihrem Leib, und nichts hat ihn so sehr gereizt und erbittert, als daß sie in letzter Zeit seinen Umarmungen sich plötzlich verwehrte. Und nun – unverhofftes Wunder – verspricht die Begehrte sich ihm wieder ganz. Er möge doch bei ihr bleiben diese Nacht, drängt die sonst Abwehrende, und sofort schmilzt seine Kraft hin, sofort wird er wieder zärtlich und hörig, ihr Seelensklave, ihr Diener, ihr getreuer Knecht. Niemand weiß, durch welche raffinierte Täuschung Maria Stuart schließlich das Pauluswunder der Umkehr vollbracht. Aber noch nicht vierundzwanzig Stunden nach dem Mord ist Darnley, der eben noch Maria Stuart mit den Lords betrogen, schon willenlos zu allem bereit und wird sein Bestes tun, die Spießgesellen von gestern zu betrügen: noch leichter, als jene ihn an sich gezogen, lockt die Frau den Hörigen wieder zu sich zurück. Er liefert ihr alle Namen der Beteiligten aus, er zeigt sich willig, Maria Stuart die Flucht zu ermöglichen, er gibt sich schwachmütig her, Werkzeug einer Rache zu werden, die ihn als den Hauptverräter der Verräter schließlich selber erreichen muß. Als gefügiges Werkzeug verläßt er das Zimmer, das er als Herr und Gebieter zu betreten glaubte. Mit einem einzigen Riß hat Maria Stuart, wenige Stunden nach der tiefsten Erniedrigung, schon die Kette gesprengt; der wichtigste Mann der Verschwörer ist, ohne daß sie es ahnen, gegen die Verschworenen verschworen, geniale Verstellung hat über die gemeine der andern gesiegt.

Die halbe Arbeit der Befreiung ist bereits geleistet, als Moray mit den andern geächteten Lords in Edinburgh einreitet; gemäß seiner taktisch berechnenden Art war er während des Mordes nicht anwesend und an der Tat nicht nachweisbar beteiligt gewesen – niemals wird es gelingen, diesen Geschickten auf gefährlichem Pfad zu ertappen. Aber wie immer, wenn andere das Peinliche erledigten, ist er jetzt mit reinen, säubern Händen zur Stelle, ruhig, stolz, selbstbewußt, um die Früchte einzuheimsen. Gerade an diesem 11. März hätte er nach den Maßnahmen Maria Stuarts öffentlich im Parlament als Verräter erklärt werden sollen, aber siehe, die gefangene Schwester hat mit einmal allen Haß vergessen. Sie wirft sich, treffliche Schauspielerin aus Verzweiflung, in seine Arme und gibt ihm den gleichen Judaskuß, den sie gestern von ihrem Gatten empfangen. Dringlich und zärtlich erbittet sie von dem Manne, den sie eben noch in die Acht getan, jetzt brüderlichen Ratschlag und Hilfe.

Moray, ein guter Psychologe, übersieht klar die Situation. Er hat, darüber kann kein Zweifel bestehen, die Ermordung Rizzios gewünscht und gebilligt, um die katholische Geheimpolitik Maria Stuarts zu durchkreuzen; für ihn war dieser dunkle Intrigant ein Schädling der protestantischen, der schottischen Sache gewesen und außerdem ein lästiger Hemmschuh für seine eigene Herrschlust. Nun aber, da Rizzio glücklich aus dem Wege geräumt ist, möchte Moray die ganze trübe Angelegenheit rasch bereinigt wissen, und deshalb schlägt er einen Ausgleich vor: die schmähliche Bewachung der Königin durch die aufständischen Lords solle sofort aufgehoben und Maria Stuart ihre unbeschränkte königliche Würde wiedergegeben werden. Sie dagegen möge ihrerseits alles Geschehene als vergessen betrachten und den patriotischen Mördern verzeihen.

Maria Stuart, die längst schon im Verein mit ihrem verräterischen Gatten die Flucht bis in die kleinste Einzelheit vorbereitet hat, denkt natürlich nicht daran, den Mördern zu vergeben. Aber um die Wachsamkeit der Rebellen einzuschläfern, erklärt sie sich großmütig. Achtundvierzig Stunden nach der Ermordung scheint mit Rizzios zerfleischtem Leib der ganze Vorfall schon in die Erde geschaufelt; man wird tun, als sei nichts geschehen. Ein kleiner Musikant ist umgebracht worden, was weiter? Man wird diesen fremden Habenichts vergessen, und es wird wieder Friede in Schottland sein.

Der mündliche Pakt ist geschlossen. Aber trotzdem wollen sich die Verschworenen nicht recht entschließen, ihre Wachtposten von den Türen vor Maria Stuarts Gemächern zurückzuziehen. Irgendein unbehagliches Gefühl beunruhigt sie. Die Klügsten unter ihnen kennen den Stuartstolz zu gut, um trotz allen schönen Versöhnungsgesten zu glauben, Maria Stuart werde wirklich den niederträchtigen Mord an ihrem Diener gutmütig vergessen und verzeihen. Ihnen scheint es sicherer, diese unbändige Frau dauernd festzuhalten und ihr alle Möglichkeit zur Rache zu nehmen: solange man ihr Freiheit läßt, das spüren sie, wird sie gefährlich bleiben. Und noch etwas gefällt ihnen nicht, nämlich, daß Darnley immer wieder und wieder in ihr Gemach hinaufgeht und dort lange geheime Besprechungen mit der angeblich Kranken abhält. Aus eigener Erfahrung wissen sie, mit wie leichtem Druck man diesen elenden Schwächling weich bekommt. Offen beginnen sie den Verdacht zu äußern, daß Maria Stuart ihn zu sich hinüberziehen wolle. Ausdrücklich warnen sie Darnley, nur einer ihrer Versprechungen zu trauen, sie beschwören ihn, treu zu ihnen zu halten, denn sonst – prophetisches Wort – würden sie beide die Sache zu bedauern haben. Und obwohl der Lügner ihnen zusichert, alles sei vergeben und vergessen, wollen sie sich nicht bereitfinden, die Wachen von den Gemächern der Königin früher abzuziehen, ehe ihnen Maria Stuart die Zusage der Straflosigkeit nicht schriftlich eingehändigt habe. Wie für den Mord wollen diese sonderbaren Freunde des Rechts auch für die Absolution vom Mord ein geschriebenes Blatt, einen „bond".

Man sieht, die gelernten und geübten Eidbrecher wissen um die Windigkeit und Wertlosigkeit eines bloß gesprochenen Wortes, sie fordern dokumentarische Sicherheit. Maria Stuart aber ist viel zu stolz und zu vorsichtig, um sich mit ihrer Unterschrift an Mörder zu binden. Niemand von diesen Schurken soll sich rühmen dürfen, einen „bond" von ihrer Hand zu besitzen. Aber eben weil sie entschlossen ist, den Verschwörern den Freibrief nicht zu gewähren, heuchelt sie freudige Bereitschaft – es gilt doch nur, Zeit bis zum Abend zu gewinnen! Darnley, der ganz wieder Wachs in ihren Händen ist, wird mit der schäbigen Aufgabe betraut, seine Spießgesellen von gestern mit falscher Herzlichkeit in Schach zu halten und um die Unterschrift zu prellen. Er erscheint als Treuhänder bei den Rebellen, er arbeitet mit ihnen den feierlichen Freibrief ganz nach ihren Wünschen aus, schließlich fehlt nichts mehr als Maria Stuarts Unterschrift. Ach, die könne er jetzt am späten Abend nicht mehr beibringen, erklärt Darnley, die Königin sei, tief erschöpft, in Schlaf gesunken. Aber er verpflichte sich was liegt dem Lügner noch an einer Lüge mehr? –, ihnen morgen früh das Schriftstück unterschrieben einzuhändigen. Wenn ein König derart sein Wort verpfändet, wäre weiteres Mißtrauen Beleidigung. So ziehen die Verschworenen, um den Pakt zu besiegeln, die Wachen von den Schlafgemächern Maria Stuarts zurück. Mehr hatte die Königin nicht gewollt. Nun ist der Weg zur Flucht offen.

Kaum ist ihre Tür nicht mehr von Wächtern umstellt, so steht Maria Stuart hastig von ihrem vorgetäuschten Krankenbette auf und trifft mit Energie alle Vorbereitungen. Bothwell und die andern Freunde außerhalb des Schlosses sind längst verständigt, um Mitternacht werden gesattelte Pferde im Schatten der Kirchhofmauer warten. Jetzt gilt es noch, die Wachsamkeit der Verschworenen einzuschläfern, und abermals fällt die schmähliche Rolle, sie dumm und dumpf zu machen durch Wein und Vertraulichkeit, wie alle anderen verächtlichen Geschäfte, Darnley zu. Auf der Königin Befehl lädt er seine Spießgesellen von gestern zu einem mächtigen Abendschmause, es wird kräftig gebechert und die Versöhnung bis zu später Stunde brüderlich gefeiert, und wie endlich die Kumpane mit schweren Köpfen und Füßen sich zur Ruhe begeben, vermeidet es Darnley geflissentlich, um nur keinen Verdacht zu erwecken, sich in das Zimmer Maria Stuarts zu begeben. Aber die Lords fühlen sich zu sicher, um noch vorsichtig zu sein. Die Königin hat ihnen Vergebung versprochen, der König sie gewährleistet,

Rizzio liegt unter der Erde und Moray ist wieder im Land: was weiter da denken und spähen? Man wirft sich in sein Bett und schläft nach einem so anstrengenden Tage die Trunkenheit des Weines und des Triumphes gründlich aus.

Um Mitternacht, längst ist es still geworden in den Gängen des schlafenden Schlosses, geht leise oben eine Tür. Durch die Dienergemächer und dann die Treppe herab tastet sich Maria Stuart bis in die Kellergewölbe, von denen ein unterirdischer Gang zu den Katakomben des Kirchhofes führt – ein grausiger Weg im eiskalten, von Nässe tropfenden Gewölbe. Die Fackel wirft zuckendes Licht auf die nachtschwarzen Wände, vorbei an Särgen und aufgehäuften Totengebeinen. Endlich freie, offene Luft, der Ausgang ist gewonnen! Jetzt nur noch quer durch den Kirchhof zur Mauer, wo außen die Freunde warten mit den gesattelten Pferden! Plötzlich stockt Darnley und stolpert beinahe, die Königin tritt zu ihm hin, und mit Schauer erkennen sie, es ist ein frisch aufgeworfener Hügel, das Grab David Rizzios.

Das ist ein letzter Hammerschlag, um das schon eherne Herz dieser beleidigten Frau noch einmal zu härten. Sie weiß, nur zwei Dinge hat sie zu vollbringen: ihre Königsehre zu retten durch diese Flucht und ein Kind der Welt zu schenken, einen Erben der Krone – dann aber Rache an allen, die mitgeholfen, sie zu erniedrigen! Rache auch an dem, der jetzt aus Torheit ihr den Helfer macht! Ohne einen Augenblick zu zögern, schwingt sich die im fünften Monat schwangere Frau in den Männersattel hinter Arthur Erskine, den getreuen Hauptmann der Leibwache: bei diesem Fremden fühlt sie sich sicherer als bei ihrem Gemahl, der auch wirklich, ohne auf sie zu warten, nur um sich selber zu sichern, vorausssprengt. Zu zweit auf einem Pferd, so reiten Erskine und, an ihn geklammert, Maria Stuart in scharfem Galopp einundzwanzig Meilen bis zum Schloß Lord Setons. Dort erhält sie endlich ein eigenes Pferd und eine Eskorte von zweihundert Reitern; aus der Flüchtigen ist mit dem hellen Tag wieder die Gebieterin geworden. Vormittags erreicht sie ihr Schloß Dunbar. Aber statt der Ruhe zu pflegen, statt sich Rast zu gönnen, beginnt sie sofort mit der Arbeit: es genügt nicht, sich Königin zu nennen, in solchen Stunden muß man kämpfen, um es wirklich zu sein. Nach allen Seiten schreibt und diktiert sie Briefe, um die treugebliebenen Adeligen zusammenzurufen, um ein Heer zu sammeln gegen die Rebellen, die Holyrood besetzt halten. Das Leben ist gerettet, jetzt gilt es die Krone, die Ehre! Immer wenn es um ihre Rache geht, immer wenn Leidenschaft ihre Adern anglüht, hat diese Frau alle Schwäche, alle Müdigkeit zu besiegen gewußt; immer erst in diesen großen und entscheidenden Sekunden ist ihr Herz auf der Höhe ihrer Kraft.

Schlimmes Erwachen am nächsten Morgen im Schlosse Holyrood für die Verschworenen: die Zimmer leer, die Königin entflohen, ihr Bondsbruder und Schutzherr Darnley gleichfalls fort. Im ersten Augenblick erfassen sie noch nicht die ganze Tiefe ihres Falls, sie glauben noch immer, im Vertrauen auf Darnleys Königswort, der Generalpardon, den sie gestern abend mit ihm gemeinsam ausgefertigt, bestünde zu Recht. Und in der Tat, es gehört viel dazu, eine solche Verräterei für möglich zu halten. Nein, sie glauben noch nicht an Betrug. Sie schicken demütig einen Abgesandten, Lord Sempill, nach Dunbar, um die Ausfolgung jenes Schriftstückes zu erbitten. Aber drei Tage läßt Maria Stuart den Friedensboten vor dem Tore wie vor Canossa stehen: mit Rebellen verhandelt sie nicht, nun um so weniger, da Bothwell seine Truppen bereits gesammelt hat.

Jetzt fährt den Verrätern die Angst kalt über den Nacken, rasch lichten sich ihre Reihen. Einer nach dem andern schleicht leise heran, um flehentlich Verzeihung zu bitten, die Rädelsführer aber, wie Ruthven, der als erster Rizzio gepackt, und jener Fawdonside, der die Pistole gegen die Königin angeschlagen, wissen, daß für sie ein Pardon nie zu erhoffen sein wird. Eiligst fliehen sie aus dem Land; mit ihnen verschwindet diesmal auch John Knox, der zu früh und zu laut diesen Mord als wohlgefällige Tat gebilligt.

Ihrem starken Rachegefühl gemäß würde jetzt Maria Stuart am liebsten ein Exempel statuieren und der ewig aufrührerischen Adelsbande zeigen, daß man nicht ungestraft gegen sie konspiriert. Aber die Lage ist gefährlich genug gewesen, um sie zu lehren, in Hinkunft besonnener und hinterhältiger zu handeln. Moray, ihr Stiefbruder, hat zwar um die Verschwörung gewußt, das zeigt sein pünktliches Kommen, aber er hat nicht tätig mitgewirkt; Maria Stuart sieht ein, daß es klüger ist, diesen stärksten Mann zu schonen. „Um nicht allzu viele zugleich gegen mich zu haben", drückt sie lieber ein Auge zu. Denn wolle sie ernstlich zu Gericht gehen, wäre nicht der erste, den sie anklagen müßte, Darnley, ihr eigener Gatte, er, der die Mörder in ihr Gemach geführt, der ihr während des Mordes die Hände gehalten? Aber bereits einmal durch den Skandal mit Chastelard in ihrem Ruf schwer geschädigt, hat Maria Stuart allen Grund, ihren Gatten nicht als argwöhnischen und eifersüchtigen Rächer seiner Ehre erscheinen zu lassen. Semper aliquid haeret; lieber soll der ganze Vorgang jetzt so umgefälscht werden, als hätte er, der Hauptanstifter des ganzen Unheils, an der Ermordung keinerlei Anteil gehabt. Das ist zwar schwer glaubhaft zu machen bei einem, der zwei „bonds" unterzeichnet, der einen regelrechten Kontrakt abgeschlossen, in dem er im voraus den Mördern völlige Straffreiheit zugesichert, der seinen eigenen Dolch

– man fand ihn im zerfetzten Leibe Rizzios – einem der Schlächter freundlich geliehen. Aber Marionetten haben keinen Willen und haben keine Ehre, gehorsam tanzt Darnley, sobald Maria Stuart die Fäden zieht. Feierlich läßt er die frechste Lüge des Jahrhunderts „auf Ehre und sein Wort als Prinz“ auf dem Marktplatz von Edinburgh verkünden, daß er nie an dieser „treasonable conspiracy“, an dieser verräterischen Verschwörung, teilgehabt, daß es Lüge und Verleumdung sei, ihn zu beschuldigen, er hätte sie „geraten, anbefohlen, ihr zugestimmt oder sie gebilligt“, während doch in Stadt und Land jeder weiß, daß er sie nicht nur „counseled, commanded, consented, assisted“, sondern auch mit Siegel und Brief „approved“ hat. Wenn die Erbärmlichkeit, die dieser willensschwache Betrüger während der Mordtat bewiesen, noch zu überbieten war, durch diese Erklärung ist es gelungen; mit diesem Meineid vor Volk und Land auf dem Marktplatz von Edinburgh hat er sich selber gerichtet. Von allen, an denen sie Rache zu nehmen geschworen, hat sich Maria Stuart an keinem furchtbarer gerächt als an Darnley, indem sie ihn, den sie längst heimlich verachtete, dazu nötigt, sich nun auch vor aller Welt für ewig verächtlich zu machen.

Ein schneeweißes Leichentuch von Lüge ist jetzt über den Mord gebreitet. In demonstrativem Triumph und mit lauten Fanfaren zieht das neuerdings wundersam einige Königspaar in Edinburgh ein. Alles scheint beruhigt und beschwichtigt. Um einen kümmerlichen Schein von Justiz zu wahren und doch niemanden zu verängstigen, hängt man ein paar arme Teufel auf, kleine ahnungslose Hörige und Soldaten, die auf Befehl ihrer Clansherren, während diese mit den Dolchen oben zustießen, an den Toren Wache gestanden: die hohen Herren selber gehen straflos aus. Rizzio erhält, dünner Trost für einen Toten, eine anständige Grabstätte auf dem königlichen Kirchhof, sein Bruder rückt im Hofstaat der Königin an seine Stelle; damit soll die ganze tragische Episode vergeben und vergessen sein.

Nun hat Maria Stuart nach all den Fährnissen und Erregungen nur noch eines zu tun, um ihre stark erschütterte Stellung zu festigen: den Thronerben heil und glücklich zur Welt zu bringen. Erst als Mutter eines Königs wird sie unantastbar sein und nicht als Gattin einer solchen jämmerlichen Königspuppe. Unruhig erwartet sie ihre schwere Stunde. Eine merkwürdige Düsternis und Verzagtheit bemächtigt sich ihrer in den letzten Wochen. Schattet noch vom Tode Rizzios ein drückendes Gefühl in ihrer Seele? Spürt sie mit der gesteigerten Kraft der Ahnung nahendes Mißgeschick? Jedenfalls, sie macht ein Testament, in dem sie Darnley den Ring hinterläßt, den er ihr bei der Heirat an den Finger gesteckt, aber auch

Josef Rizzio, der Bruder des Ermordeten, Bothwell und die vier Marys werden nicht vergessen; zum erstenmal fürchtet diese sonst sorglose und kühne Frau den Tod oder sonst eine Gefahr. Sie verläßt Holyrood, das, wie jene tragische Nacht gezeigt hat, nicht genug Sicherheit bietet, und begibt sich in das unbequemere, aber hochauftrotzende und uneinnehmbare Kastell von Edinburgh, um dort dem künftigen Erben der schottischen und englischen Krone, selbst um den Preis ihres eigenen Lebens, das Leben zu schenken.

Am Morgen des 9. Juni donnern die Kanonen der Festung frohe Nachricht hinab in die Stadt. Ein Sohn ist geboren, ein Stuart, ein König von Schottland; zu Ende ist in Hinkunft die gefährliche Herrschaft der Frauen. Der sehnlichste Traum der Mutter, der Wunsch des Landes nach einem männlichen Stuartserben ist herrlich erfüllt. Aber kaum hat sie diesem Kinde das Leben gegeben, so fühlt Maria Stuart die Pflicht, ihm auch die Ehre zu sichern. Allzu deutlich muß sie wohl erfahren haben, daß die giftigen Gerüchte, die jene Verschwörer Darnleys ins Ohr geträufelt, daß die Verdächtigungen, sie hätte sich Rizzio ehebrecherisch hingegeben, längst durch die Mauern des Schlosses gesickert sind. Sie weiß, wie froh man in London jedes Vorwands wäre, diesem Erben die rechtmäßige Abkunft bestreiten zu können und vielleicht später damit die Thronfolge; darum will sie rechtzeitig und vor aller Welt diese freche Lüge ein für allemal in Grund und Boden schlagen. Sie läßt Darnley in die Wochenstube rufen und zeigt ihm vor allen Versammelten das Kind mit den Worten: „Gott hat dir und mir einen Sohn geschenkt, der von niemandem andern als von dir gezeugt ist."

Darnley ist verlegen, denn gerade er selbst hat durch seine geschwätzige Eifersucht das ehrabschneiderische Gerücht verbreiten geholfen. Was soll er auf eine derart feierliche Erklärung antworten? Um seine Beschämung zu verbergen, beugt er sich über das Kind und küßt es. Aber Maria Stuart nimmt das Kind in ihre Arme und wiederholt noch einmal laut: „Ich bezeuge vor Gott, als stünde ich hier vor dem Jüngsten Gericht, daß es dein Sohn ist und keines andern Sohn, und ich wünsche, daß alle hier anwesenden Frauen und Männer Zeugen seien, daß er so sehr dein eigener Sohn ist, daß ich beinahe fürchte, es werde später einmal vielleicht für ihn schlimm ausgehen."

Das ist ein großer Eid und gleichzeitig eine sonderbare Befürchtung: selbst in so feierlicher Stunde kann die gekränkte Frau ihr Mißtrauen gegen Darnley nicht verbergen. Auch jetzt vermag sie nicht zu vergessen, wie tief dieser Mann sie enttäuscht und verwundet hat. Nach diesen schon andeutungsvollen Worten reicht sie das Kind einem der Lords, Sir William Standon: „Dies ist der Sohn, von dem ich hoffe, daß er als erster die beiden Königreiche von Schottland und England vereinigen wird."

Etwas betroffen antwortete darauf Standon: „Warum denn er, Madame? Warum sollte er Eurer Majestät und seinem Vater zuvorkommen?"

Und abermals vorwurfsvoll sagt Maria Stuart: „Weil sein Vater unsere Verbindung zerstört hat."

Darnley, vor allen beschämt, versucht die Erregte zu beschwichtigen. Beunruhigt fragt er: „Ist das nicht gegen dein gegebenes Versprechen, alles zu vergeben und zu vergessen?"

„Ich will alles vergeben", antwortet die Königin, „aber ich werde es nie vergessen. Wenn damals Fawdonside die Pistole abgedrückt hätte, was wäre aus ihm und mir geworden? Weiß Gott, was sie dann mit dir gemacht hätten."

„Madame", mahnt jetzt Darnley, „diese Dinge sind doch längst abgetan."

„Gut, reden wir nicht davon", antwortet die Königin, und damit ist dieses wetterleuchtende Gespräch zu Ende, das ein aufsteigendes Unwetter gefährlich ankündigt. Maria Stuart hat selbst in ihrer schweren Stunde nur die halbe Wahrheit gesagt, wenn sie erklärte, sie hätte nicht vergessen, aber sie würde vergeben; denn es wird nie mehr Friede sein in diesem Schloß, in diesem Land, solange nicht Blut mit Blut gesühnt ist und Gewalt mit Gewalt vergolten.

Kaum ist die Mutter erlöst, kaum das Kind geboren, um zwölf Uhr mittags, springt Sir James Melville, immer Maria Stuarts verläßlichster Bote, in den Sattel. Abends hat er schon Schottland bis zur Grenze durchritten, die Nacht rastet er in Berwick, am nächsten Morgen geht es weiter in scharfem Galopp. Am 12. Juni abends – großartige sportliche Leistung – reitet er auf überschäumtem Pferde in London ein. Dort erfährt er, daß Elisabeth in ihrem Schloß zu Greenwich einen Ball veranstaltet; also abermals, aller Müdigkeit spottend, auf ein anderes Roß und vorwärts, um die Nachricht noch in dieser Nacht zu überbringen!

Elisabeth hat auf diesem festlichen Balle selbst getanzt, nach langer, lebensgefährlicher Krankheit freut sie sich wieder der rückgewonnenen Kraft. Heiter, animiert, geschminkt und gepudert steht sie in ihrer breiten, pompösen Glockenrobe wie eine exotische Riesentulpe im Kreise ihrer getreuen Kavaliere. Da drängt sich eilig, von James Melville gefolgt, Cecil, ihr Staatssekretär, durch die Reihen der Tanzenden. Er geht auf die Königin zu und flüstert ihr ins Ohr, Maria Stuart sei ein Sohn, ein Erbe geboren. Elisabeth ist sonst als Staatslenkerin eine diplomatische Natur, Meisterin der Selbstbeherrschung und wohlgeübt in der Kunst, ihre wahren Gefühle zu verbergen. Aber diese Nachricht trifft die Frau in ihr. Mitten ins Menschliche stößt sie wie ein Dolch hinein. Und als Frau empfindet Elisabeth zu leidenschaftlich, um immer Herrin ihrer rebellischen Nerven zu bleiben. So elementar ist die Überraschung, daß ihre zornigen Augen, ihre verpreßten Lippen vergessen, zu lügen. Einen Augenblick wird ihr Ausdruck völlig starr, das Blut weicht unter der Schminke, hart verkrampft sich die Hand. Sofort gebietet sie der Musik, zu schweigen, mit einem Schlage erstarrt der Tanz, und überstürzt verläßt die Königin den Festsaal, weil sie fühlt, daß sie ihre Nerven nicht länger bemeistern kann. Im Schlafgemach aber, umringt von ihren aufgeregten Frauen, verliert sie die harte Haltung. Stöhnend und hingeschmettert von ihrem eigenen Schmerz, wirft sie sich in einen Stuhl und schluchzt auf: „Die Königin von Schottland hat einem Sohn das Leben gegeben, ich aber bin nichts als ein abgestorbener Strunk."

In keinem Augenblick ihrer siebzig Jahre hat sich die tiefste Tragödie dieser unglücklichen Frau deutlicher geoffenbart als in dieser Sekunde; nie enthüllt sich so sehr ihr Geheimnis, wie schwer diese durch ihre Liebesunfähigkeit verkümmerte, die ihrer Unfruchtbarkeit grausam bewußte Frau gelitten haben muß, als in diesem einen Aufschrei, der aus dem Weiblichsten, dem Tiefsten, dem Ehrlichsten ihres Herzens wie ein Blutsturz vorbricht. Alle Königreiche dieser Erde, man fühlt es, hätte diese Frau für das ganz einfache, klare, natürliche Glück gegeben, ganz Frau, ganz Liebende und Mutter sein zu dürfen; jede Macht und jeden anderen Erfolg hätte sie Maria Stuart trotz aller Eifersucht vielleicht verzeihen können. Dies eine aber neidet sie ihr tödlich mit einem verzweifelten Aufbäumen des innersten Gefühls, dies eine: Mutter zu sein. Aber am nächsten Morgen ist Elisabeth schon wieder ganz Königin, ganz politische, diplomatische Frau. Vorbildlich meistert sie die so oft bewährte Kunst, ihren Groll, ihren Unmut, ihr tiefstes Leiden hinter kühlen und majestätischen Worten zu verstecken. Ein freundliches Lächeln trefflich aufgeschminkt, empfängt sie Melville mit großen Ehren, und man müßte nach ihren Worten meinen, selten habe sie freudigere Botschaft erfahren. Sie bittet ihn, ihre herzlichsten Glückwünsche Maria Stuart zu übermitteln, sie erneuert ihr Versprechen, die Patenschaft des Kindes zu übernehmen und womöglich selbst zur Taufe zu kommen. Gerade weil sie ihrer Schicksalsschwester im Innersten ihr Glück mißgönnt, wünscht sie – ewige Schauspielerin der eigenen Größe – vor der Welt als die Gönnerin und Großmütige zu gelten. Abermals hat sich das Blatt zugunsten der Mutigen gewendet, alle Gefährdungen scheinen überstanden und alle Schwierigkeiten auf das wunderbarste gelöst. Noch einmal hat sich das Gewölk, das von Anbeginn tragisch über Maria Stuarts Schicksal hing, gnädig verzogen; aber den Verwegenen macht überstandene Gefahr niemals weiser, sondern immer nur noch tollkühner. Maria Stuart ist nicht zur Ruhe und nicht für Glück geboren, mächtig treibt sie von innen verhängnisvolle Gewalt. Und niemals erschafft sich nach den Geschehnissen und Zufällen der äußeren Welt ein Schicksal Sinn und Form. Immer sind es die eingeborenen, ureigensten Gesetze, die ein Leben gestalten oder zerstören.

Zehntes Kapitel
Furchtbare Verstrickung

Juli bis Weihnachten 1566

Die Geburt des Kindes bedeutet in der Tragödie Maria Stuarts gleichsam den Abschluß des nur vorbereiteten ersten Aktes. Die Situation hat sich mit einmal dramatisch gestaltet und bebt von inneren Unentschiedenheiten und Spannungen. Nun treten neue Gestalten und Charaktere vor, der Schauplatz verändert sich, die Tragödie wird aus einer politischen zur persönlichen. Bisher hatte Maria Stuart gegen die Rebellen in ihrem Lande, gegen die Feindschaft jenseits der Grenze gekämpft, nun fällt eine neue Macht sie an, gewalttätiger als alle ihre Lords und Barone: die eigenen Sinne geraten in Aufruhr, die Frau in Maria Stuart führt Krieg gegen die Königin. Der Machtwille verliert zum erstenmal die Oberhand gegen den Blutwillen. In Leidenschaft und Leichtsinn zerstört die erwachte Frau, was die Monarchin bisher mit Besonnenheit leidlich bewahrt: wie in einen Abgrund wirft sie sich herrlich selbstverschwenderisch in eine Ekstase der Leidenschaft, wie sie die Weltgeschichte kaum überschwenglicher kennt, alles vergessend, alles mit sich reißend, Ehre, Gesetz und Sitte, ihre Krone, ihr Land eine andere tragödische Seele, die kaum ahnbar gewesen, weder in der fleißigen, braven Prinzessin noch in der lässig wartenden und verspielten Königswitwe. In einem einzigen Jahr erhöht Maria Stuart ihr Leben zu dramatisch vertausendfachtem Maß, in diesem einen und einzigen Jahr zerstört sie ihr Leben.

Zu Beginn dieses zweiten Aktes tritt wiederum Darnley auf, auch er verändert und ins Tragische verwandelt. Er tritt auf, allein, denn niemand gibt ihm, der alle verraten hat, Vertrauen oder nur ehrlichen Gruß. Eine tiefe Erbitterung, eine ohnmächtige Wut zerwühlt diesem ehrgeizigen Jungen die Seele. Er hat das Äußerste getan, was ein Mann für eine Frau tun konnte, aber er meinte dafür zumindest Dank zu gewinnen, ein wenig Demut, Hingabe und vielleicht sogar Liebe. Statt dessen begegnet Darnley bei Maria Stuart, sobald sie ihn nicht mehr benötigt, einem nur verstärkten Widerwillen. Die Königin bleibt unerbittlich. Um sich an dem Verräter zu rächen, hatten ihr die geflüchteten Lords den von Darnley unterzeichneten Freibrief für Rizzios Mord heimlich zugesteckt, damit sie die Mitschuld ihres Mannes erkenne. Dieser „bond" lehrt Maria Stuart zwar nichts Neues, aber je mehr sie Darnleys verräterische und feige Seite verachtet, um so weniger kann sich die stolze Frau verzeihen, eine solche hohle Hübschheit einmal geliebt zu haben. In ihm haßt sie zugleich den eigenen Irrtum, längst ist der Mann in Darnley ihr widrig wie ein schleimiges, klebriges Geschöpf, wie eine Schlange, eine Schnecke, die man nicht einmal mit der Hand anrühren will, geschweige denn heranlassen an den warmen, lebendigen Leib. Sein Dasein und Vorhandensein drückt ihr wie ein Alp auf der Seele. Und nur ein Gedanke beherrscht ihre Tage und Nächte: wie von ihm loskommen, wie sich von ihm befreien?

Diesem Gedanken schattet vorerst nicht einmal der Wunschtraum einer Gewalttätigkeit bei: was Maria Stuart erlebt, ist kein Einzelfall. Wie Tausende andere Frauen fühlt sie sich nach kurzer Ehe zu schmerzlich enttäuscht, als daß ihr weiterhin Umarmung und Nähe dieses fremd gewordenen Mannes noch erträglich sein könnten. Scheidung ergibt sich in einem solchen Falle als selbstverständlich logische Lösung, und tatsächlich: Maria Stuart bespricht diese Möglichkeit mit Moray und Maitland. Aber einer Scheidung so knapp nach der Geburt des Kindes steht das gefährliche Gerede über ihre angeblichen Beziehungen zu Rizzio im Wege: sofort würde man ihr Kind einen Bastard nennen. Um keinen Makel an den Namen James VI. zu heften, der nur als Sproß einer völlig unantastbaren Ehe auf den Thron Anspruch erheben kann, muß die Königin – entsetzliche Qual – von dieser natürlichsten Lösung abstehen.

Aber es bliebe noch eine andere Möglichkeit: die vertrauliche, die stille Vereinbarung zwischen Mann und Frau, nach außen weiterhin als König und Königin vermählt zu erscheinen, innerlich aber einander die Freiheit zurückzugeben. Damit wäre Maria Stuart von Darnleys verliebtem Andrängen erlöst und vor der Welt der Schein einer Ehe gewahrt. Daß Maria Stuart auch diese Art der Befreiung angestrebt hat, beweist ein überliefertes Gespräch mit Darnley, in dem sie ihm nahelegte, sich eine Maitresse zu nehmen, womöglich Morays, seines Todfeindes, Frau; mit diesem scherzhaft maskierten Vorschlag wollte sie ihm andeuten, wie wenig sie gekränkt wäre, wollte er sich anderweitig schadlos halten. Aber entsetzliche Verstrickung: Darnley will keine andere, er will nur sie und sie allein, dieser klägliche arme Junge hängt mit geheimnisvoller Hörigkeit und Gier gerade an dieser starken stolzen Frau. Nie läßt er sich mit anderen ein, er kann und will keine berühren als diese eine, die sich ihm entzieht. Nur dieser Körper macht ihn gierig und toll, unablässig bettelt er um seine ehelichen Rechte, und je hitziger, je zudringlicher er um sie wirbt, um so heftiger sie ihn zurückstößt, um so tückischer, um so zorniger wird sein Verlangen, um so hündischer kommt er werbend wieder; mit furchtbarer Enttäuschung bezahlt die Frau ihre unselige Eile, diesem Knaben ohne Haltung und Hoheit eheliche Gewalt gewährt zu haben, denn mit widerstrebenden Sinnen bleibt sie nun rettungslos an ihn gebunden.

In dieser grauenhaften seelischen Situation handelt Maria Stuart wie Menschen meist in derart auswegloser Lage; sie entflüchtet der Entscheidung, sie weicht dem offenen Kampfe aus, indem sie sich ihm entzieht. Merkwürdigerweise haben es fast alle ihre Biographen als unverständlich erklärt, daß Maria Stuart nicht eine gewisse Ruhezeit nach dem Kindbett abwartete, sondern das Schloß und ihr Kind schon nach vier Wochen ohne vorherige Ansage verließ, um sich zu Boot auf eine Lustfahrt nach Alloa zu begeben, einem Gut des Earl of Mar. Nichts ist in Wahrheit erklärlicher als diese Flucht. Denn mit diesen Wochen war die Respektfrist zu Ende, innerhalb welcher sie ihren Körper ohne besonderen Vorwand dem ungeliebten Gatten verweigern konnte; jetzt wird er bald wieder sich nähern, jeden Tag, jede Nacht sie bedrängen, und ihr Körper will, ihre Seele kann einen Liebhaber nicht ertragen, den sie nicht mehr liebt; was natürlicher darum, als daß Maria Stuart aus seiner Nähe flieht, daß sie Raum und Ferne zwischen ihn und sich stellt, daß sie sich äußerlich frei macht, um innerlich frei zu sein! In all den nächsten Wochen und Monaten, den ganzen Sommer lang bis tief in den Herbst, rettet sie sich durch dieses Wandern von Schloß zu Schloß, von Jagd zu Jagd, durch diese Flucht. Und daß sie dabei sich zu erheitern sucht, daß in Alloa und überall Maria Stuart, noch nicht vierundzwanzig Jahre alt, sich fröhlich unterhält, daß die alten Maskenspiele und Tänze und die buntesten Vergnügungen wie zu Chastelards, wie zu Rizzios Tagen der Unbelehrbaren wieder die Zeit vertreiben, bestätigt nur, wie rasch diese gefährlich Sorglose alle schlimmen Erfahrungen vergißt. Einmal macht Darnley den schüchternen Versuch, seine ehelichen Rechte einzufordern.Er reitet nach Alloa hinüber, aber er wird kurz abgefertigt und gar nicht eingeladen, die Nacht im Schlosse zu verbringen; innerlich ist er für Maria Stuart abgetan. Als Strohfeuer war das Gefühl für ihn aufgeschossen, als Strohfeuer ist es zusammengesunken. Ein Irrtum, an den man ungern denkt, eine lästige Erinnerung, die man am liebsten auslöschen möchte – das ist nunmehr für sie Henry Darnley geworden, den ihre verliebte Torheit zum Herrscher Schottlands und zum Herrn ihres Leibes gemacht.

Darnley zählt nicht mehr, aber auch Morays, ihres Bruders, ist sie trotz aller Versöhnung nicht mehr völlig gewiß; den nach längerem Zögern gleichfalls begnadigten Maitland wird sie nie mehr für ganz zuverlässig halten, und doch braucht sie jemanden, dem sie rückhaltlos vertrauen kann, denn alles Halbe und Vorsichtige, alles Zurückhaltende und Zögernde ist dieser impulsiven Natur unmöglich und fremd. Ganz und gar nur kann sie geben, ganz und gar sich verweigern, ganz mißtrauen oder ganz vertrauen. Als Königin und als Frau sucht Maria Stuart zeitlebens bewußt oder unbewußt den Gegenpol ihres unruhigen Wesens, den starken, den harten, den verläßlich beständigen Mann.

So ist Bothwell als einziger seit Rizzios Tod geblieben, auf den sie sich verlassen kann. Rücksichtslos hat das Leben diesen Starken umhergetrieben. Schon als jungen Mann jagt ihn die Meute der Lords aus dem Lande, weil er sich weigerte, mit ihnen Gemeinschaft zu machen; treu bis zum letzten Augenblick hat er Maria von Guise, Maria Stuarts Mutter, gegen die „Lords of the Congregation“ verteidigt und noch Widerstand geleistet, als die Sache der katholischen Stuarts schon völlig verloren war. Aber schließlich war die Übermacht zu groß geworden und drückte ihn aus der Heimat. In Frankreich wird der Verbannte sofort Kommandant der schottischen Leibgarde, die ehrenvolle Stellung bei Hofe verfeinert seine Umgangsformen, ohne aber die elementare Urgewalt seines Wesens zu schwächen. Aber Bothwell ist zu sehr Kriegsmann, um sich mit einer Pfründe zu bescheiden, und sofort wie sich Moray, sein Todfeind, gegen die Königin erhebt, segelt er über das Meer und steht für die Stuarttochter im Kampfe. Wann immer jetzt Maria Stuart einen Helfer gegen ihre intriganten Untertanen benötigt, bietet er seine starke und panzerbewehrte Hand freudig dar. In der Nacht von Rizzios Ermordung springt er entschlossen aus dem Fenster des ersten Stockwerkes herab, um Hilfe zu holen, seine Umsicht fördert die verwegene Flucht der Königin, seine militärische Energie flößt den Verschworenen solchen Schrecken ein, daß sie eiligst kapitulieren. Niemand in Schottland hat Maria Stuart bisher besseren Dienst geleistet als der etwa dreißigjährige verwegene Soldat.

Dieser Bothwell ist eine Figur wie aus einem einzigen Block schwarzen Marmors gemeißelt. Gleich dem Colleone, seinem italienischen Condottierebruder, blickt er mit energisch herausfordernder Haltung kühn über die Zeiten, ein ganzer

Mann mit aller Härte und Brutalität übersteigerter Männlichkeit. Er trägt den Namen eines uralten Geschlechts, der Hepburns, doch könnte man denken, daß von Wikingern und Normannen, diesen rauhen Kriegern und Räubern, noch ungebändigtes Blut in seinen Adern rollt. Trotz aller angelernten Kultur (er spricht trefflich Französisch und liebt und sammelt Bücher) hat er die elementare Rauflust eines geborenen Rebellen gegen die bürgerlich brave Ordnung bewahrt, die wilde Abenteuerfreude jener „hors la loi", jener romantischen Korsaren, wie sie Byron liebte. Groß, breitschultrig, von außerordentlicher Körperkraft – er kann mit dem schweren Zweihänder wie mit einem leichten Degen zuschlagen und allein ein Schiff durch den Sturm steuern –, gewinnt er aus dieser physischen Sicherheit auch eine großartige moralische oder vielmehr unmoralische Verwegenheit. Vor nichts schreckt dieser Gewalttätige zurück, nur die Moral des Starken ist die seine: rücksichtslos nehmen, halten und verteidigen. Aber diese seine naturhafte Rauflust hat nichts gemein mit der niederen Raffsucht und dem rechnerischen Ränkespiel der andern Barone, die er, der Unbedenkliche, verachtet, weil sie sich immer zu ihren Raubzügen vorsichtig zusammenrotten und feige ihre Wege im Dunkel gehen. Er aber schließt keine Bündnisse, er macht sich mit niemandem gemein; allein, hoffärtig und herausfordernd geht er an Gesetz und Sitte vorbei seinen Weg, jedem die gepanzerte Faust ins Gesicht schlagend, der ihm entgegenzutreten wagt. Völlig unbesorgt tut er, was er will, ob erlaubt oder unerlaubt, am offenen Tage. Aber obzwar ein Gewalttäter unbedenklichster Sorte, ein geharnischter Amoralist, hat Bothwell den andern zumindest den Vorzug der Aufrichtigkeit voraus. Inmitten der zweideutigen und zwiespältigen Charaktere all dieser Lords und Barone wirkt er wie ein reißendes und doch königliches Tier, ein Panther, ein Löwe unter all diesen schleicherischen Wölfen und Hyänen, keine moralische, keine menschlich einnehmende Figur, aber immerhin ein Mann, ein ganzer, urmännlich, kriegerischer Mann.

Darum hassen, darum fürchten ihn die anderen Männer, doch unermeßlich hat er durch diese nackte, klare, brutale Kraft über die Frauen Gewalt. Ob dieser Frauenräuber schön gewesen, weiß man nicht; kein zulängliches Bild von ihm ist erhalten (und doch denkt man ihn sich unwillkürlich von Frans Hals gemalt, als einen jener herausfordernden kühnen Krieger, den Hut verwegen ins Gesicht geschoben, das Auge frech und frei jedem Blick entgegen). Manche Berichte nennen ihn geradezu abstoßend häßlich. Aber um Frauen zu gewinnen, bedarf es nicht der Schönheit; schon das starke Arom von Männlichkeit, das von solchen Kraftnaturen ausströmt, das Anmaßend-Wilde, das Rücksichtslos-Gewalttätige, die Aura von Krieg und Sieg wirkt als sinnliche Verführung; keinen Mann lieben

Frauen ja leidenschaftlicher, als den sie gleichzeitig fürchten und bewundern, bei dem ein leichtes, rieselndes Gefühl von Grauen und Gefahr die Lust ins Geheimnisvolle steigert. Ist aber ein solcher Gewalttäter nicht nur ein „male", ein stierhaftes wildes Mannstier, sondern ist, wie bei Bothwell, das Nackt-Brutale gleichsam umhüllt von höfischer, von persönlicher Kultur, ist ihm außerdem Klugheit und Gewandtheit zu eigen, so wird seine Gewalt zur Unwiderstehlichkeit. Überall und anscheinend ohne Mühe hat dieser Abenteurer seine Abenteuer. Am französischen Hofe ist seine Beliebtheit berüchtigt, aus dem Kreise Maria Stuarts hat er sich bereits einiger Adelsdamen bemächtigt, in Dänemark hat eine Frau ihm ihren Gatten, Gut und Geld geopfert. Aber trotz all diesen Triumphen ist Bothwell keineswegs ein wirklicher Verführer, ein Don Juan, ein Frauenjäger, denn er jagt ihnen gar nicht ernstlich nach. Siege dieser Art sind seiner Kampfnatur viel zu ungefährlich und zu leicht. Bothwell nimmt die Frauen nach räuberischer Wikingerart nur als gelegentliche Beute, er nimmt sie gewissermaßen zwischendurch, wie er trinkt und spielt oder ein Pferd reitet und kämpft, als lebenssteigernde Kraftprobe, als männlichstes aller männlichen Spiele, er nimmt sie, aber er gibt sich ihnen nicht hin, er verliert sich nicht an sie. Er nimmt sie, weil Nehmen und Mit-Gewalt-Nehmen die natürlichste Lebensform seiner Machtlust ist.

Diesen Mann in Bothwell bemerkt Maria Stuart zunächst gar nicht in ihrem verläßlichen Vasallen. Ebensowenig erblickt Bothwell in der Königin die junge begehrenswerte Frau; mit seiner unbekümmerten Frechheit hatte er sich seinerzeit sogar über ihre private Person ziemlich unverblümt geäußert: „Sie und Elisabeth ergäben zusammen noch keine anständige Frau." Erotisch sie anzusehen kommt ihm gar nicht in den Sinn, und ebensowenig hat sie eine Neigung für ihn. Ursprünglich wollte sie ihm sogar die Rückkehr verbieten, weil er über sie freche Gerüchte in Frankreich verbreitet hatte, aber sobald sie ihn einmal als Soldaten erprobt hat, bedient sie sich seiner dankbar und treu. Eine Gunst folgt der andern, er wird zum Oberbefehlshaber der Nordmark ernannt, dann zum Großleutnant von Schottland und Oberkommandanten der bewaffneten Macht im Falle von Krieg und Rebellion. Die Güter der geächteten Rebellen werden ihm geschenkt, und als besonderes Zeichen ihrer freundschaftlichen Sorge wählt die Königin – der beste Beweis, wie unerotisch ihre Beziehungen anfangs gewesen – ihm eine junge Frau aus dem reichen Geschlecht der Huntlys.

Einem solchen geborenen Herrenmenschen muß man nur Macht geben, und er reißt sie völlig an sich. Bald ist Bothwell der erste Ratgeber in allen Dingen, der eigentliche Statthalter des Reiches, und ärgerlich meldet der englische Botschafter, „sein Ansehen bei der Königin sei höher als das aller andern“. Aber diesmal hat Maria Stuart richtig gewählt, sie hat endlich einen Machtwalter gefunden, der zu stolz ist, sich von Elisabeth mit Versprechungen und Bestechungen kaufen zu lassen oder mit den Lords wegen eines kleinen Vorteils zu bündeln; mit diesem verwegenen Soldaten als getreuen Diener gewinnt sie zum erstenmal die Oberhand in ihrem eigenen Land. Bald spüren die Lords, wieviel Autorität der Königin durch Bothwells Militärdiktatur zugewachsen ist. Schon beginnen sie zu klagen, „sein Hochmut sei so groß, daß David niemals so verabscheut wurde wie er“, und gerne möchten sie sich seiner entledigen. Aber Bothwell ist kein Rizzio, der sich wehrlos abschlachten, kein Darnley, der sich widerstandslos zur Seite schieben läßt. Er kennt die Praktiken seiner Adelskameraden; ständig umgibt er sich darum mit einer starken Leibgarde, und auf seinen Wink wären seine Borderers bereit, die Waffen zu ergreifen. Ihm ist es gleichgültig, ob diese Intriganten bei Hofe ihn lieben oder hassen. Genug, daß sie ihn fürchten und daß, solange er das Schwert an der Seite trägt, die unruhige und räuberische Bande zähneknirschend der Königin pariert. Auf ausdrücklichen Wunsch Maria Stuarts hat sich sein erbittertster Feind, Moray, mit ihm versöhnen müssen; damit ist der Ring der Macht geschlossen, die Gewichte sind klar verteilt. Maria Stuart, seit von Bothwell gesichert, begnügt sich mit der bloßen Repräsentation, Moray führt weiter die innere Verwaltung, Maitland den diplomatischen Dienst und Bothwell, der Verläßliche, ist „all in all“. Dank seiner eisernen Hand herrscht wieder Ordnung und Friede in Schottland; ein einziger wirklicher Mann hat dieses Wunder bewirkt.

Je mehr Macht aber Bothwell in seine harten Hände bekommt, um so weniger bleibt für denjenigen, dem sie nach Fug und Recht zugehörte, für den König. Und allmählich schrumpft auch dies Wenige zu einem bloßen Namen, zu einem Nichts. Ein Jahr nur, und wie fern ist schon die Zeit, da die schöne junge Herrscherin Darnley leidenschaftlich gewählt, da man ihn zum König ausgerufen und er im goldenen Harnisch gegen die Rebellen geritten! Nun, nach der Geburt des Kindes, nach erledigter Pflicht, sieht der Unselige sich immer mehr beiseite geschoben und mißachtet. Man läßt ihn reden und hört ihm nicht zu, man läßt ihn gehen und begleitet ihn nicht. Er wird nicht mehr dem Staatsrat beigezogen, nicht mehr zu Geselligkeiten, immer irrt er allein herum, und ein kalter Raum von Einsamkeit wandert mit wie sein Schatten. Überall spürt er im Rücken scharfe Zugluft von Hohn und Haß. Ein Fremder, ein Feind, steht er zwischen Feinden in seinem eigenen Land, in seinem eigenen Haus.

Dieses völlige Fallenlassen Darnleys, diese jähe Umschaltung von heiß auf kalt, mag aus dem seelischen Widerwillen der Frau verständlich sein. Aber ihre Verachtung derart öffentlich kundzutun, war eine staatspolitische Torheit der Königin. Vernunft müßte ihr gebieten, diesem Ehrgeiz-Eitlen wenigstens einen Faden Ansehen zu lassen und ihn nicht so mitleidlos der frechen Beleidigung der Lords auszusetzen. Denn immer hat Beleidigung die schlimme Wirkung, selbst aus dem Schwächsten noch Härte herauszupressen; auch Darnley, bisher bloß weichlich, wird allmählich boshaft und gefährlich. Er hält seine Erbitterung nicht länger im Zaum. Wenn er mit bewaffneten Knechten – er hat seit Rizzios Ermordung Vorsicht gelernt – für Tage wegreitet, hören die Jagdgäste offene Drohungen gegen Moray und manche der Lords. Er schreibt aus eigener Machtvollkommenheit diplomatische Briefe ins Ausland, beschuldigt darin Maria Stuart als „unverläßlich im Glauben" und bietet sich als der wahre Schutzherr des Katholizismus Philipp II. an. Als Urenkel Heinrichs VII. will er sein Recht auf Macht und Mitrede, und so seicht und weich diese Knabenseele auch sein mag, auf ihrem tiefsten Grunde glüht doch ein flackerndes Gefühl für Ehre auf. Nur charakterlos, nicht ehrlos kann man diesen Unglücklichen nennen, und wahrscheinlich hat Darnley sogar seine verächtlichsten Handlungen gerade aus verkehrtem Ehrgeiz, aus einem überreizten Geltungswillen begangen. Schließlich faßt – man hat den Bogen eben überspannt – der Zurückgestoßene einen verzweifelten Entschluß. Ende September reitet er plötzlich von Holyrood nach Glasgow und verschweigt nicht seine Absicht, Schottland zu verlassen und in die Fremde zu gehen. Er spiele nicht mehr mit, erklärt er. Man verweigere ihm die Machtbefugnis, die ihm als König gebühre; gut, aber dann schmeiße er auch den Titel hin. Man gebe ihm keinen würdigen Wirkungskreis im Reich und Haus; gut, dann verlasse er eben das Königsschloß und Schottland. Auf seinen Befehl wird ein Schiff im Hafen ständig unter Segel gehalten und alles zur Abfahrt gerüstet.

Was will Darnley mit dieser überraschenden Drohung? Hat ihn bereits eine Warnung erreicht? Ist ein Wink über ein geplantes Komplott ihm zugekommen und beabsichtigt er – unfähig, gegen die ganze Meute sich zu wehren –, rechtzeitig irgendwohin zu fliehen, wo ihn Gift und Dolch nicht erreichen können? Quält ihn ein Verdacht, jagt ihn eine Angst? Oder war die ganze Ankündigung nur ein bloßes Sichaufplustern, eine diplomatische Trotzgeste, um Maria Stuart zu erschrecken? Alle diese Möglichkeiten sind denkbar und sogar sie alle zugleich – viele Gefühle mengen sich ja immer in einem einzigen Entschluß –, keine kann man mit Entschiedenheit behaupten oder verneinen. Denn hier, da der Weg bereits in die verschattete Unterwelt des Herzens hinabzuführen beginnt, brennen die historischen Lichter trüber: vorsichtig und nur auf Vermutungen gestützt, kann man sich weitertasten in diesem Labyrinth.

Offenkundig aber ist, daß Maria Stuart über Darnleys angekündigte Abreise schwer erschrickt. Welch ein tödlicher Schlag für ihren guten Ruf wäre eine so böswillige Landesflucht des Vaters, unmittelbar vor der festlichen Taufe des Kindes? Und wie gefährlich gerade jetzt, so knapp nach dem Rizzioskandal! Wie, wenn dieser zur Weißglut der Wut aufgereizte dumme Junge am Hofe Katharinas von Medici oder Elisabeths allerhand ausplauderte, das nicht zu ihren Ehren gereichte? Welcher Triumph für die beiden Rivalinnen, welch ein Hohn vor der ganzen Welt, wenn der vielgeliebte Ehegemahl so eilig Reißaus nähme von Tisch und Bett! Sofort ruft Maria Stuart ihren Staatsrat zusammen, und hastig wird, um Darnley zuvorzukommen, in einem großen diplomatischen Schreiben an Katharina von Medici von vorneweg alles Unrecht auf den Ausreißer gehäuft.

Aber dieser Alarm war zu früh geblasen. Denn Darnley ist gar nicht abgereist. Dieser schwächliche Knabe findet immer gerade noch die Kraft zu männlichen Gesten, nie aber zu einer männlichen Tat. Am 29. September, demselben Tage, da die Lords ihren Warnungsbrief nach Paris sandten, erscheint er unerwartet in Edinburgh vor dem Palast; jedoch er weigert sich einzutreten, solange darin noch mehrere der Lords verbleiben: wiederum ein sonderbares und kaum erklärliches Verhalten! Fürchtet Darnley das Schicksal Rizzios, will er das Schloß aus Vorsicht nicht betreten, solange er seine Todfeinde darin weiß? Oder will der Gekränkte nur öffentlich von Maria Stuart gebeten sein, wieder heimzukehren? Ist er vielleicht nur gekommen, um die Wirkung seiner Drohung auszukosten? Geheimnis, wie alle die anderen, die Darnleys Gestalt und Schicksal umwittern!

Maria Stuart faßt sich schnell. Sie hat jetzt schon eine bestimmte Technik zur Hand, mit diesem Schwächling fertig zu werden, wenn er den Herrn oder Rebellen spielen will. Sie weiß, sie muß ihm jetzt rasch – genau wie in jener Nacht nach der Ermordung Rizzios – den Willen entwinden, ehe er in seinem kindischen Trotz Unheil anstiftet. Also schleunigst fort mit allen moralischen Rücksichten und allen zimperlichen Bedenken! Wieder schauspielert sie Nachgiebigkeit. Um ihn kirre zu kriegen, scheut Maria Stuart auch nicht das äußerste Mittel: sie verabschiedet die Lords, sie geht dem vor dem Tore trotzig wartenden Darnley entgegen und führt ihn nicht nur feierlich in den Palast, sondern wahrscheinlich auch auf Circes Insel, in ihr eigenes Schlafgemach. Und siehe, der Zauber wirkt wie damals und immer auf den mit all seiner sinnlichen Leidenschaft ihr verfallenen Jungen; am nächsten Morgen ist Darnley zahm, Maria Stuart hat ihn wieder am Gängelband.

Unerbittlich muß der Verlockte wie damals nach der Rizzionacht bittern Preis zahlen. Darnley, der sich bereits wieder Herr und Gebieter fühlt, stößt plötzlich im Empfangsgemach auf den französischen Gesandten und die Lords: Maria Stuart hat sich, genau wie Elisabeth für die Moraykomödie, rechtzeitig Zeugen bestellt. Vor ihnen fragt sie nun laut und eindringlich „for God's sake“ Darnley, weshalb er Schottland verlassen wolle, und ob sie ihm etwa dazu irgendwelchen Anlaß gegeben habe. Es ist eine harte Überraschung für Darnley, der sich noch ganz als Liebhaber und Geliebter fühlt, wie ein Angeklagter diesen Lords und dem Gesandten vorgeführt zu werden. Finster steht er da, der lange Bursche mit seinem blassen bartlosen Kindergesicht. Wäre er ein wirklicher Mann und aus hartem Holz geschnitzt, jetzt wäre der Augenblick, stark aufzutreten, herrisch seine Beschwerden vorzubringen und statt als Angeklagter sich als Richter und König über diese Frau und vor seine Untertanen zu stellen. Aber mit einem wächsernen Herzen wagt man keinen Widerstand. Wie auf schlimmer Tat ertappt, wie ein Schuljunge, der Angst hat, jeden Augenblick könnten ihm die Tränen ohnmächtiger Wut in die Augen treten, steht Darnley in dem großen Saal, beißt die Lippen zusammen und schweigt und schweigt. Er gibt keine Antwort. Er beschuldigt nicht, aber er entschuldigt sich auch nicht. Allmählich beginnen die Lords, von diesem Schweigen peinlich berührt, ihm höflich zuzureden, wie er „so beautiful a queen and so noble a realm“ verlassen könne. Aber vergeblich; Darnley würdigte sie keiner Antwort. Dieses Schweigen voll Trotz und geheimer Drohung wirkt auf die Versammelten immer niederdrückender, man spürt, daß dieser Unselige sich nur mehr mühsam zurückhält, um nicht loszufahren, und es wäre eine fürchterliche Niederlage für Maria Stuart, wenn er die Kraft aufbrächte, dieses anklägerische starke Schweigen durchzuhalten. Aber Darnley wird schwach. Wie der Gesandte und die Lords ihn immer und immer wieder „avec beaucoup de propos“ bedrängen, läßt er sich schließlich mit leiser und unwilliger Stimme das Zugeständnis entringen, nein, seine Frau habe ihm keinen Anlaß zur Abreise geboten. Mehr hat Maria Stuart nicht gewollt als diese Erklärung, die ihn selber ins Unrecht setzt. Jetzt ist ihr guter Ruf vor dem französischen Gesandten gesichert. Nun kann sie wieder ruhig lächeln und mit einer abschließenden Handbewegung feststellen, diese Erklärung Darnleys genüge ihr vollkommen.

Aber Darnley ist nicht zufrieden; Scham würgt ihm das Herz, daß er abermals dieser Delila erlegen, daß er sich aus dem Bollwerk seiner Stummheit herauslocken ließ. Unermeßliche Qual muß der damals Betörte und Genarrte empfinden, wie sie ihm jetzt mit hoheitsvoller Gebärde gewissermaßen „verzeiht", während er wahrscheinlich mit mehr Recht hätte den Ankläger spielen können. Zu spät findet er etwas Haltung zurück. Er bricht das Gespräch schroff ab. Ohne einen höflichen Gruß gegen die Lords, ohne seine Frau zu umarmen, hart wie ein Herold, der eine Kriegserklärung übergibt, verläßt er das Zimmer. Seine einzigen Abschiedsworte sind: „Madame, Sie werden mich so bald nicht wiedersehen." Aber die Lords und Maria Stuart lächelten einander nur erleichtert an, da der „proud fool", der aufbegehren und frech gekommen, mit geducktem Rücken wieder heimschleicht; seine Drohung erschreckt niemanden mehr. Möge er nur fernbleiben, und je weiter, um so besser für ihn und alle.

Aber doch! Den Unbrauchbaren, einmal braucht man ihn noch. Den niemand im Haus will, einmal ruft man ihn noch dringlich heim. Nach langer Verzögerung soll am 16. Dezember im Schlosse von Stirling die feierliche Taufe des jungen Prinzen stattfinden. Großartige Vorbereitungen sind getroffen. Elisabeth, die Patin, ist zwar nicht selbst erschienen – ein Leben lang hat sie jede Gelegenheit vermieden, Maria Stuart zu begegnen –, aber sie hat, ausnahmsweise ihre berüchtigte Sparsamkeit überwindend, ein kostbares Geschenk durch den Earl of Bedford überbringen lassen, ein schwergewichtiges, köstlich getriebenes Taufbecken aus reinem Gold, den Rand mit Juwelen besetzt. Die Gesandten Frankreichs, Spaniens, Savoyens sind zur Stelle, der ganze Adel entboten; wer durch Namen und Ansehen gilt, will bei dieser Feier nicht fehlen. Bei solcher repräsentativer Entfaltung geht es nun mit bestem Willen nicht an, eine an sich zwar unbedeutende Persönlichkeit auszuschalten, nämlich Henry Darnley, den Vater des Kindes, den Herrn des Landes. Aber Darnley, der weiß, daß man ihn zum letztenmal benötigt, läßt sich nicht mehr so leicht einfangen. Er hat genug an den öffentlichen Beschämungen, er weiß, daß der englische Gesandte Auftrag hat, ihm den Titel „Majestät" zu verweigern, und der französische Gesandte, den er in seinem Zimmer aufsuchen will, läßt ihm mit erstaunlicher Anmaßung sagen, er würde bei der einen Tür des Zimmers herausgehen, sobald Darnley bei der andern hereinkäme. Jetzt endlich bäumt sich in dem Getretenen der Stolz – freilich langt seine Kraft nur wieder zu einer infantil schmollenden und boshaften Geste. Aber diesmal ist die Geste wirksam. Darnley bleibt zwar im Schlosse von Stirling, aber er zeigt sich nicht. Er trotzt durch Abwesenheit. Demonstrativ verläßt er seine Gemächer nicht, er nimmt nicht teil an dem Taufakt seines Sohnes, an Ball und

Fest und Maskenspiel; statt seiner – und ein Murmeln des Ärgers geht durch die Reihen empfängt Bothwell, der verhaßte Günstling, in neuen prächtigen Gewändern die Gäste, und Maria Stuart muß sich in Freundlichkeit und Heiterkeit überbieten, damit niemand an das Skelett im Hause denke, an den Herrn, Vater und Gatten, der eine Treppe höher oben im verriegelten Zimmern sitzt und dem es gelungen ist, seiner Frau und ihren Freunden gründlich die Festfreude zu verderben. Noch einmal hat er bewiesen, daß er da ist, noch da ist; gerade durch sein Nichtdabeisein bringt Darnley sein Dasein zum letztenmal in Erinnerung.

Aber für dieses knabenhaft auftrotzende Benehmen wird schleunig die Zuchtrute zugeschnitten. Ein paar Tage später, am Weihnachtsabend, zuckt sie mit scharfem Hieb nieder. Das Unerwartete tritt ein: Maria Stuart, die sonst Unversöhnliche, entschließt sich auf den Rat Morays und Bothwells, die geächteten Mörder ihres Rizzio zu begnadigen. Damit sind die erbittertsten Todfeinde Darnleys, die Verschwörer, die er damals belogen und betrogen, wieder ins Land zurückgerufen. Darnley, so einfältig er sonst sein mag, erkennt sofort die tödliche Gefahr für seine Person. Wenn dieser Klüngel, Moray, Maitland, Bothwell, Morton, sich zusammenrottet, dann bedeutet das eine Treibjagd, dann ist er endgültig umstellt. Es muß einen Sinn haben, wenn seine Frau sich plötzlich mit seinen bittersten Feinden verständigt, einen Sinn und auch einen Preis, den er nicht gewillt ist zu bezahlen. Darnley hat die Gefahr begriffen. Er weiß, jetzt geht es gegen sein Leben. Wie ein Wild, das die Bluthunde schon hart auf der Spur weiß, flüchtet Darnley mit einem Sprung weg aus dem Schloß zu seinem Vater nach Glasgow. Noch ist das verhängnisvolle Jahr nicht zu Ende, seit man Rizzio in die Erde gescharrt, und wieder sind die Mörder brüderlich versammelt, nah und immer näher rückt etwas Unheimliches heran. Die Toten schlafen nicht gern allein in ihrer Tiefe, immer fordern sie jene zu sich, die sie hinabgestoßen, immer senden sie Angst und Grauen als Herolde voraus.

Wirklich, irgend etwas Dunkles und Schweres wie eine Wolke am föhnigen Tag, etwas Drückendes und Fröstelndes hängt über dem Schloß von Holyrood seit einigen Wochen. An jenem Abend der Königstaufe im Schloß von Stirling, als Hunderte von Kerzen den Gästen entgegenglühten, da man den Fremden die Pracht des Hofes zeigen wollte und den Freunden Freundlichkeit, hat noch einmal Maria Stuart, immer für kurze Spannen Zeit Meisterin ihres Willens, alle Kraft zusammengefaßt. Sie hat ihre Augen strahlen lassen von erheucheltem Glück, sie hat die Gäste bezaubert durch funkelnde Laune und gewinnende Herzlichkeit; aber kaum verlöschen die Lichter, so erlischt auch ihre gespielte Freudigkeit, still wird es, grauenhaft still in Holyrood, still, merkwürdig still in ihrer Seele; irgendein geheimnisvoller Kummer, eine undurchsichtige Befangenheit bemächtigt sich der Königin. Eine sonst ganz fremde Melancholie liegt mit einmal wie ein trüber Schatten auf ihrem Antlitz, das innerste Gemüt scheint durch irgend etwas Unerklärliches verstört. Sie tanzt nicht mehr, sie verlangt nicht mehr nach Musik, auch ihre Gesundheit scheint seit jenem Ritt von Jedburgh, nach dem man sie wie tot vom Pferde gehoben, völlig erschüttert. Sie klagt über Schmerzen in der Seite, sie bleibt tagelang im Bett und meidet alle Fröhlichkeit. Nur kurze Zeit aber hält sie es in Holyrood aus, ganze Wochen verbringt sie in abgelegenen Behausungen und anderen Schlössern, aber nirgends lange, eine fürchterliche Unrast treibt sie weiter und weiter. Es ist, als arbeite in ihr ein zerstörendes Element, als horchte sie mit einer grauenhaften Spannung und Neugier auf dieses Schmerzhafte, das in ihr wühlt – etwas Neues, etwas anderes hat in ihr begonnen, etwas Feindseliges und Böses Gewalt bekommen über ihre sonst so helle Seele. Einmal überrascht sie der französische Gesandte auf dem Bett liegend und bitter schluchzend; der alte erfahrene Mann läßt sich nicht täuschen, wie nun die Beschämte beginnt, hastig von Schmerzen in der linken Seite zu erzählen, die sie bis zu Tränen peinigen. Er erkennt sofort, das sind Sorgen der Seele und nicht des Körpers, Sorgen nicht der Königin, sondern die einer unglücklichen Frau. „Die Königin fühlt sich nicht wohl", meldet er nach Paris, „aber ich glaube, daß die wahre Ursache ihrer Krankheit in einem tiefen Schmerze hegt, für den es kein Vergessen gibt. Immer wiederholt sie: ›Ich möchte sterben.‹"

Auch Moray, Maitland und den Lords entgeht nicht die Verdüsterung ihrer Herrin. Jedoch besser zum Krieg als zur Seelenkunde geschult, sehen sie nur den groben, den äußern, den handgreiflichen Anlaß der ehelichen Enttäuschung. „Für sie ist es unerträglich", schreibt Maitland, „daß er ihr Gatte ist und sie keinen Ausweg weiß, um von ihm freizukommen." Aber Du Croc, der alte erfahrene Mann, hat richtiger gesehen, als er von einem „tieferen Schmerze" sprach, „für den es kein Vergessen gibt". Eine andere, eine innerliche und unsichtbare Wunde in ihrer Seele quält diese unglückliche Frau. Der Schmerz, für den es kein Vergessen gibt, ist, daß sie sich vergessen hat, sich und ihre Ehre, Gesetz und Sitte, daß eine Leidenschaft sie aus dem Dunkel her plötzlich überfallen hat wie ein reißendes Tier und ihren Leib bis in die Eingeweide zerfleischt, eine maßlose, eine unstillbare, unersättliche Leidenschaft, als Verbrechen beginnend und nicht anders zu lösen als durch neues und neues Verbrechen. Und nun kämpft sie, über sich selbst erschreckend, von sich selber beschämt, nun quält sie sich, dies grausige Geheimnis zu verbergen, und fühlt doch und weiß doch, es läßt sich nicht verbergen und verschweigen. Schon ist stärkerer Wille über ihr als ihr wissendes Wollen; schon gehört sie nicht mehr sich selbst, sondern hilflos und ratlos dieser übermächtigen, dieser unsinnigen Leidenschaft.

Elftes Kapitel
Tragödie einer Leidenschaft

1566, 1567

Die Leidenschaft Maria Stuarts zu Bothwell gehört zu den denkwürdigsten der Geschichte; kaum die antiken und sprichwörtlich gewordenen übertreffen sie an Wildheit und Wucht. Wie eine jähe Stichflamme schießt sie empor, bis in die purpurnen Zonen der Ekstase, bis in die nachtdunklen des Verbrechens schleudert sie ihre rasende Glut. Erreichen aber Seelenzustände einmal ein solches Übermaß, so handelte man einfältig, sie nach Logik und Vernunft zu bemessen, denn immer gehört es zum Wesen unzähmbarer Triebe, daß sie widervernünftig sich äußern. Leidenschaften wie Krankheiten kann man weder anklagen noch entschuldigen: man kann sie nur beschreiben mit jenem immer neuen Erstaunen, dem ein leises Grauen sich beimengt vor der Urkraft des Elementaren, das manchmal in der Natur, manchmal in einem Menschen gewitterhaft zum Ausbruch gelangt. Immer sind Leidenschaften dieses äußersten Grades nicht mehr der Willensfähigkeit des Menschen Untertan, den sie befallen, sie gehören mit allen ihren Äußerungen und Folgerungen nicht mehr in die Sphäre seines bewußten Lebens, sondern geschehen gleichsam über ihn hinweg und jenseits seiner Verantwortlichkeit. Einen dermaßen von seiner Leidenschaft überwältigten Menschen moralisch beurteilen zu wollen bedeutete gleiche Sinnlosigkeit, als wollte man ein Gewitter zur Rechenschaft ziehen oder einen Vulkan vor Gericht stellen. So kann man auch Maria Stuart während ihres Zustandes sinnlich-seelischer Hörigkeit kaum für ihre Handlungsweise verantwortlich machen, denn ihr unsinniges Handeln in jener Zeit liegt völlig außerhalb ihrer sonstigen normalen und eher gemäßigten Lebensverfassung; alles wird von ihren berauschten Sinnen ohne und sogar gegen ihren Willen getan. Verschlossenen Auges, tauben Ohres geht sie wie eine Traumwandlerin, angezogen von der magnetischen Macht, ihren Weg in Verhängnis und Verbrechen. Kein Rat kann sie erreichen, kein Ruf sie erwecken, und erst sobald die innere Flamme in ihrem Blute sich aufgezehrt hat, wird sie wieder erwachen, aber ausgebrannt und zerstört. Wer einmal durch eine solche Glut gegangen, dem verbrennt sie das Leben.

Denn niemals wiederholt sich eine Leidenschaft solchen Übermaßes in ein und demselben Menschen ein zweites Mal. So wie eine Explosion den ganzen Vorrat an Sprengstoff, verbraucht ein solcher Ausbruch immer und für immer den innern Vorrat des Gefühls. Bei Maria Stuart dauert die Weißglut der Ekstase kaum länger als ein halbes Jahr. Aber in dieser knappen Frist steigert und spannt sich ihre Seele empor zu solchen Feurigkeiten, daß sie später nur mehr Schatten sein kann dieses unmäßig lodernden Lichts. Wie manche Dichter (Rimbaud), manche Musiker (Mascagni) in einem einzigen genialen Werk sich völlig ausgeben und nachher kraftlos und verbraucht in sich zurückstürzen, so gibt es Frauen, die in einem einzigen Anfall von Leidenschaft auf einmal ihre ganze Liebesmöglichkeit verschwenden, statt sie wie die maßvolleren, die bürgerlichen Naturen sparsam auf Jahre und Jahre zu verteilen. In einem Extrakt genießen sie zusammengepreßt die ganze Liebe ihres Lebens, in einem Sturz werfen sich solche Frauen, Genies der Selbstverschwendung, in jene letzte Tiefe der Leidenschaft, aus der es nicht mehr Rettung gibt und Wiederkehr. Für eine solche Art der Liebe, die, weil sie Gefahr und Tod nicht scheut, man wahrhaft die heldische nennen kann, wird Maria Stuart immer ein vollendetes Beispiel sein, sie, die nur einmal eine Leidenschaft zu erleben wußte, diese aber bis zu dem letzten Ende des Gefühls: bis zur Selbstauflösung und Selbstzerstörung.

Auf den ersten Blick mag es befremdlich erscheinen, daß eine derartig elementare Leidenschaft wie jene Maria Stuarts zu Bothwell so rasch ihrer früheren Neigung zu Darnley folgt. Und doch ist gerade diese Entwicklung die einzige logische und natürliche. Denn wie jede andere große Kunst will auch Liebe gelernt, geprobt und erfahren sein. Nie oder beinahe nie findet – genau wie in der Kunst – der erste Griff schon die ganz vollendete Lösung: dieses ewig gültige Gesetz der Seelenkunde, daß fast immer eine Leidenschaft höchsten Grades eine frühere und geringere als Stufe voraussetzt, hat Shakespeare, der beste Seelenwisser, großartig in seiner Dichtung aufgetan. Es ist vielleicht der genialste Griff seiner unsterblichen Liebestragödie, daß er sie nicht (wie es ein geringerer Künstler und Kenner gestaltet hätte) mit der blitzhaften Zündung der Liebe Romeos zu Julia einsetzen läßt, sondern scheinbar paradoxerweise mit Romeos Verliebtheit in irgendeine Rosalinde. Bewußt ist hier ein Irrtum des Herzens vor die heiße Wahrheit gesetzt, ein Vorzustand, ein schülerhafter und halb unbewußter, geht der Meisterschaft voraus; Shakespeare zeigt an seinem herrlichen Beispiel, daß es keine Erkenntnis gibt ohne frühere Ahnung, keine Lust ohne Vorlust und daß ein Gefühl, um seine Flamme bis ins Unendliche zu erheben, schon vordem einmal erregt und entzündet gewesen sein muß. Nur weil Romeo sich innerlich in einem

Spannungszustand befindet, weil seine starke und leidenschaftliche Seele sich nach Leidenschaft sehnt, greift der Liebeswille in ihm zunächst töricht und blind nach dem ersten Anlaß, nach der durchaus zufälligen Rosalinde, um dann erst, sehend und wissend geworden, die halbe Liebe rasch gegen die ganze, Rosalinde gegen Julia, zu vertauschen. Genau so war Maria Stuart mit noch blindem Gefühl zunächst Darnley entgegengegangen, nur weil er, jung und hübsch, wie er war, in der rechten Stunde kam. Aber sein matter Atem war zu schwach, ihre innere Glut zu nähren. Er vermochte sie nicht aufschlagen zu lassen in die Himmel der Ekstase, sie konnte sich nicht ausbrennen und nicht auflodern. So schwelte diese Glut dunkel weiter, die Sinne erregend und doch die Seele enttäuschend, ein qualvoller Zustand des Nach-innen-Brennens mit erstickter Flamme. Sobald aber der Richtige kam, er, dem es gegeben war, diese Qual zu erlösen, der dieser in sich selbst erstickten Glut Luft und Nahrung schenkte, so schlug die niedergepreßte Flamme in einer einzigen Lohe bis in alle Himmel und Höllen. Genau wie Romeos Gefühl für Rosalinde sich spurlos auflöst in seiner wahren Leidenschaft für Julia, so vergißt Maria Stuart die sinnliche Neigung für Darnley sofort in der restlosen und ekstatischen für Bothwell. Denn immer ist es Form und Sinn jeder letzten Leidenschaft, daß sie sich an allen früheren nur nährt und steigert. Immer wird alles, was ein Mensch vordem an Leidenschaft sich vortäuschte, erst in einer wirklichen Liebe wahr.

Für die Geschichte der Leidenschaft Maria Stuarts zu Bothwell haben wir zweierlei Urkunden. Die ersten sind die zeitgenössischen Annalen, Chroniken und Dokumente, die anderen eine Reihe überlieferter Briefe und Verse, die ihr zugeschrieben werden; beide Formen, die äußere Projektion der Tatsachen und das innere Zeugnis des seelischen Antriebs, passen haarscharf ineinander. Dennoch weigern sich aber all jene, die meinen, Maria Stuart im Namen einer nachträglichen Moral verteidigen zu müssen gegen eine Leidenschaft, gegen die sie sich selbst nicht zu verteidigen wußte, die Echtheit jener Briefe und Gedichte anzuerkennen. Sie nennen sie glattweg gefälscht und historisch unzuverlässig. Dafür haben sie im prozessualen Sinne zweifellos eine gewisse Handhabe. Denn jene Briefe und Sonette Maria Stuarts sind nur in übersetzten und sogar vielleicht verstümmelten Texten auf uns gekommen. Die Originale fehlen und werden niemals mehr ans Licht kommen, die eigenen Handschriften Maria Stuarts, also das letzte, unwidersprechliche Zeugnis, sind vernichtet, und man weiß auch durch wen. James I., ihr Sohn, hat sofort, nachdem er zur Herrschaft gelangt, diese für die Frauenehre seiner Mutter im bürgerlichen Sinne belastenden Schriftstücke dem Feuer überliefert. Seitdem geht um die Echtheit oder Unechtheit dieser sogenannten „Kassettenbriefe" ein erbitterter Streit mit der ganzen Parteilichkeit, die sich aus religiösen und nationalen Gründen in der Beurteilung Maria Stuarts herausgebildet hat; gerade für den parteilosen Darsteller ist es darum notwendig, Beweis gegen Beweis abzuwägen. Seine Entscheidung wird aber immer eine persönliche, eine individuelle sein müssen, weil der letzte wissenschaftliche oder gerichtsmäßig gültige Beweis, die Vorweisung der Originale, nicht mehr möglich ist und nur logisch, nur psychologisch ihre Echtheit behauptet oder geleugnet werden kann.

Dennoch: wer Maria Stuart wahr sehen und in ihrem innern Wesen darstellen will, muß sich entscheiden, ob er diese Gedichte, diese Briefe für echt hält oder nicht. Er darf nicht mit einem achselzuckenden „Forse che si, forse che no", mit einem scheuen „Vielleicht, vielleicht auch nicht" an dieser Frage vorbeischleichen, denn hier liegt der seelische Kernpunkt der inneren Entwicklung; er muß mit voller Verantwortlichkeit das Für und Wider abwägen, und wenn er sich für die Echtheit entscheidet und jene Gedichte als gültige Zeugnisse in seiner Darstellung verwertet, so hat er seine Überzeugung offen und klar zu begründen.

„Kassettenbriefe" werden jene Briefe und Sonette genannt, weil sie nach Bothwells überstürzter Flucht in einer verschlossenen silbernen Kassette gefunden wurden. Daß tatsächlich Maria Stuart jene Kassette, die sie von Franz II., ihrem ersten Gemahl, empfangen hatte, Bothwell wie alles andere geschenkt, steht außer Zweifel, und ebenso, daß Bothwell in diesem sicheren Schrein seine geheimsten Dokumente aufbewahrt hatte, darunter selbstverständlich die Briefe Maria Stuarts. Ebensowenig ist fraglich, daß jene Mitteilungen Maria Stuarts an ihren Geliebten unvorsichtige und kompromittierende gewesen sein müssen, denn erstens war Maria Stuart zeitlebens eine wagemutige, unbedenkliche Frau und hat niemals verstanden, in Wort oder Schrift ihre Gefühle zurückzuhalten. Zweitens bezeugt die maßlose Freude ihrer Gegner bei der Auffindung dieser Briefe, daß sie irgend etwas Belastendes oder Beschämendes für Maria Stuart enthalten mußten. Aber die Verteidiger der Fälschungshypothese streiten das Vorhandensein solcher Briefe und Gedichte gar nicht mehr ernstlich ab, sondern behaupten nur, daß die Lords in den wenigen Tagen zwischen der gemeinsamen Überprüfung bis zur Vorlegung im Parlament statt der Originale böswillige Fälschungen eingeschmuggelt hätten, daß also jene veröffentlichten Briefe keineswegs dieselben gewesen seien wie die in dem verschlossenen Schrein ursprünglich vorgefundenen.

Hier nun setzt die Frage ein: Wer von den Zeitgenossen hat diese Anschuldigung erhoben? Und die Antwort lautet belastenderweise: Eigentlich niemand. Die Lords haben gemeinsam am Tage, nachdem die Kassette in Mortons Hände gefallen war, sie eröffnet und die Echtheit beschworen, das versammelte Parlament hat sie noch einmal geprüft (darunter nächste Freunde Maria Stuarts) und keinen Zweifel geäußert, sie wurden ein drittes, ein viertes Mal in York und Hampton Court gezeigt, mit anderen Originalen von der Hand Maria Stuarts verglichen und als echt befunden. Vor allem aber fällt überzeugend ins Gewicht, daß Elisabeth den Druck der Texte an alle Höfe sandte, und so dubios ihr Charakter auch sein mag, eine offene freche Fälschung, welche irgendeiner der Teilnehmer irgendeines Tages hätte aufdecken können, hätte die Königin von England nie patronisiert: diese Politikerin war zu vorsichtig, bei kleinem Betrug sich ertappen zu lassen. Die einzige Person, die damals um ihrer Ehre willen verpflichtet gewesen wäre, die ganze Welt angesichts einer Fälschung zu ihrer Hilfe anzurufen, Maria Stuart, die Hauptbeteiligte, die angeblich schuldlos Verleumdete, hat – man staunt – nur ganz, ganz lau und gar nicht überzeugend protestiert. Zunächst sucht sie durch geheime Verhandlungen zu verhindern, daß die Briefe in York überhaupt vorgelegt werden – warum, muß man fragen, denn eine nachweisbare Fälschung hätte ihre Stellung nur gestärkt! –, und wenn sie schließlich ihren Vertretern Auftrag gibt, im vorhinein alles, was man gegen sie vorbringen könnte, „en bloc“ als unwahrhaftig zurückzuweisen, so bedeutet das bei Maria Stuart nicht viel, die sich in politischen Dingen wenig an die Wahrheit gehalten hat und einfach verlangte, daß ihre „parole de prince“ mehr zu gelten habe als alle Beweise.

Aber selbst dann, als in dem Libell Buchanans die Briefe gedruckt werden und anklägerisch in alle Winde wehen, an allen Höfen begierig gelesen werden, erhebt sie keinerlei wilden Protest, sie beschwert sich mit keiner Silbe über eine Fälschung ihrer Dokumente, sondern nennt Buchanan bloß ganz allgemein einen „abscheulichen Atheisten“. In keinem Briefe, nicht an den Papst, nicht an Frankreichs König, nicht an ihre Verwandten, schreibt sie ein Wort, man hätte Briefe und Gedichte von ihr gefälscht, und ebensowenig hat je der französische Hof, der schon von der ersten Stunde an Kopien der Originale in Händen hatte, in einer so aufsehenerregenden Sache für Maria Stuart Stellung genommen. Niemand der Zeitgenossen hat also einen Augenblick an der Echtheit gezweifelt, keiner der zeitgenössischen Freunde ein so ungeheures Unrecht öffentlich behauptet, wie es die Unterschiebung falscher Dokumente doch dargestellt hätte. Erst hundert, erst zweihundert Jahre später, als die Originale von ihrem Sohne längst vernichtet waren, hat sich die Fälschungshypothese im Zusammenhang mit der Bemühung, diese kühne und unbändige Frau als ahnungsloses und makelloses Opfer einer niederträchtigen Konspiration hinzustellen, allmählich vorgewagt.

Die Haltung der Zeitgenossen, das historische Argument, spricht also unbedingt für die Echtheit und ebenso deutlich meines Erachtens das philologische, das psychologische. Denn – um zuerst die Gedichte ins Auge zu fassen – wer, muß man fragen, im damaligen Schottland wäre fähig gewesen, in so knapper Frist in einer fremden, in französischer Sprache einen Zyklus Sonette zu dichten, die allerintimste Kenntnis der privaten Vorgänge in Maria Stuarts Leben voraussetzen? Zwar kennt die Weltgeschichte zahllose Fälle von untergeschobenen Dokumenten und Briefen, auch in der Literatur sind allerhand apokryphe Dichtungen oft geheimnisvoll aufgetaucht, aber dann handelt es sich wie bei Macphersons Ossian-Gedichten oder bei der Fälschung der Königinhofer Handschrift immer um philologische Rekonstruktionen aus verschollenen jahrhundertweiten Epochen. Niemals aber war versucht worden, einem lebenden Menschen einen ganzen Zyklus Gedichte zu unterschieben. Und wie absurd auch der Gedanke, schottische Landjunker, denen Dichtung dasFremdeste auf Erden war, würden, um ihre Königin zu kompromittieren, rasch elf Sonette in französischer Sprache dichten! Wer also war der namenlose Zauberer – die Frage hat keiner der Paladine je beantwortet –, der in einer fremden Sprache so vollendet und stilgenau eine Gedichtreihe der Königin unterschieben konnte, die Wort für Wort, Gefühl um Gefühl mit dem Geheimsten dieser Frau in Einklang steht? Selbst ein Ronsard, ein Du Bellay hätten dies nicht so rasch und so seelenwahr vermocht, und wie da erst die Mortons, die Argylls und Hamiltons und Gordons, die allenfalls das Schwert, aber schwerlich ein Tischgespräch in französischer Sprache zu führen wußten!

Ist aber die Echtheit der Gedichte gewiß (und sie wird heute kaum ernstlich mehr geleugnet), so ist man genötigt, sich auch zur Echtheit der Briefe zu bekennen. Zugegeben sei, daß durch die Rückübersetzung ins Lateinische und Schottische (nur zwei Briefe sind in der Originalsprache erhalten) einige Einzelheiten verändert sein mögen, vielleicht ist tatsächlich sogar eine oder die andere Stelle eingefügt. Aber im ganzen sprechen dieselben Argumente überzeugend für die Echtheit der Briefe und ganz besonders ein letztes, ein psychologisches. Denn wenn ein angebliches „Verbrecherkonsortium“ aus Haß belastende Briefe hätte fälschen wollen, so wäre es doch selbstverständlich gewesen, daß es eindeutige Geständnisse fabriziert hätte, welche Maria Stuart verächtlich machten und sie als liebeslüsterne, heimtückische, bösartige Frau darstellten. Völlig widersinnig aber war das Absurdum, daß man, um Maria Stuart zu schaden, Briefe und Gedichte erfunden hätte wie die überlieferten, die sie eher entschuldigen als beschuldigen, weil sie menschlich erschütternd vor allem das Grauen Maria Stuarts vor dem Mitwissen und der Mithilfe am Verbrechen zum Ausdruck bringen. Denn nicht die Lust dieser Leidenschaft, sondern ihre grimmigste Not offenbaren diese Briefe, die wie erstickte Schreie sind eines bei lebendigem Leibe Brennenden und Verbrennenden. Gerade daß sie mit solcher Ungeschicklichkeit, in so wirrer Gedankenflucht, daß sie in so sichtlicher Hast und Verstörung hingeworfen sind von einer Hand, die, man spürt es, im Schreiben vor Erregung zittert, gerade dies entspricht vollkommen jenem überreizten Seelenzustand, den Maria Stuarts Handlungen in jenen Tagen bezeugen; nur ein Seelenwisser genialsten Ranges hätte derart vollendet eine solche psychologische Untermalung zu den offenbaren Tatsachen erdichten können. Moray, Maitland und Buchanan, die abwechselnd aufs Geratewohl von den professionellen Ehrenrettern Maria Stuarts der Fälschung beschuldigt werden, sie aber waren keine Shakespeares, keine Balzacs, keine Dostojewskis, sondern kleine Seelen, wohl fähig kleiner schuftiger Betrügereien, aber nicht fähig, in ihren Tintenstuben ein Gebilde von so erschütternder seelischer Wahrhaftigkeit aufzubauen, wie es diese Briefschaften Maria Stuarts für alle Zeiten sind; der Genius, der diese Briefe erfunden haben sollte, müßte erst gefunden werden. Und so darf der Unbefangene einzig Maria Stuart, welche immer nur die Not und der innerste Druck der Seele zur Dichterin schuf, guten Gewissens als die Verfasserin jener Briefe und Gedichte anerkennen und als sicherste Zeugin ihrer bittersten Stunde anrufen.

Einzig durch den Selbstverrat im Gedicht kennt man vor allem den Beginn dieser unseligen Leidenschaft. Einzig dank jener glühenden Zeilen weiß man, daß nicht langsam und kristallinisch diese Liebe sich gebildet, sondern mit einem Ruck sich über die ahnungslose Frau geworfen und sie für immer an sich gerissen hat. Den unmittelbaren Anlaß bildet ein grober körperlicher Akt, ein Überfall Bothwells, eine halbe oder ganze Vergewaltigung. Wie ein Blitz erhellen die Verse in ihrem Sonett das Dunkel:

„Pour luy aussi j'ay jette mainte larme,
Premier qu'il fust de ce corps possesseur,
Duquel alors il n'avoit pas le coeur.“

„Für ihn hab' manche Träne ich vergossen,

Zuerst, da er sich meines Leibs bemächtigt,
Des damals er noch nicht das Herz besaß."

Mit einem Schlage sieht man die ganze Situation. Maria Stuart ist seit Wochen mehr und mehr mit Bothwell zusammen gewesen; er hat sie als erster Berater des Reichs, als der Kommandant ihrer Heermacht auf Reisen und Lustfahrten von Schloß zu Schloß begleitet. Aber keinen Augenblick hat sie, die doch eben selbst für diesen Mann eine schöne adelige Frau gewählt und seiner Hochzeit beigewohnt hat, in diesem jungen Ehegatten einen Werbenden erblickt; doppelt gesichert und unantastbar mußte sie sich durch jene Ehe gegenüber ihrem getreuen Vasallen empfinden. Arglos konnte sie mit ihm reisen, unbedenklich mit ihm beisammen sein. Aber immer wird Maria Stuarts unvorsichtig vertrauendes Sicherheitsgefühl, gerade die wertvollste Eigenschaft ihres Charakters, ihr zur Gefahr. Wahrscheinlich, man glaubt die Szene zu sehen, erlaubt sie sich gelegentlich mit ihm eine jener lässigen Vertraulichkeiten, jener weiblichen koketten Achtlosigkeiten, wie sie ihr schon bei Chastelard, schon bei Rizzio verhängnisvoll geworden sind. Sie bleibt vielleicht lange mit ihm allein in den Gemächern, sie plaudert vertraulicher, als es die Vorsicht gebietet, sie scherzt, sie spielt, sie spaßt mit ihm. Aber dieser Bothwell ist kein Chastelard, kein romantischer Lautenschläger und Troubadour, kein Rizzio, kein schmeichlerischer Emporkömmling: Bothwell ist ein Mann mit heißen Sinnen und harten Muskeln, ein Triebmensch und Instinktmensch, der vor keinerlei Verwegenheit zurückschreckt. Ein solcher Mann läßt sich nicht leichtfertig herausfordern und reizen. Schroff greift er zu, er packt die Frau, die sich längst schon in einem schwankenden und irritierten Seelenzustand befindet, deren Sinne durch die erste törichte Neigung erregt und doch nicht beschwichtigt sind. „Il se fait de ce corps possesseur", er überrumpelt sie oder vergewaltigt sie. (Wer kann den Unterschied messen in solchen Momenten, da Wollen und Sich-Wehren rauschhaft zusammenfließen?) Man kann kaum zweifeln: auch von seiten Bothwells war dieser Überfall gewiß kein vorbedacht geplanter, nicht Erfüllung einer lange zurückgehaltenen Zärtlichkeit, sondern eine impulsive Lusthandlung ohne jede Seelenbetonung, ein rein körperlicher, ein rein physischer Gewaltakt.

Doch die Wirkung auf Maria Stuart ist blitzhaft hinschmetternd. Etwas völlig Neues bricht wie Sturm in ihr ruhiges Leben: mit ihrem Körper hat Bothwell auch ihr Gefühl vergewaltigt. In beiden Gatten, dem fünfzehnjährigen Kindgemahl Franz II. und dem unbärtigen Darnley, war sie bislang nur halbmännlichen Charakteren begegnet, Weichlingen und Schwächlingen. Schon war es ihr selbstverständlich geworden, die Schenkende, die großmütig Beglückende, die Herrin und Herrscherin auch in dieser geheimsten Sphäre zu sein und niemals die Nehmende, die Genommene, die Überwältigte. In diesem brutalen Gewaltakt aber ist sie plötzlich – und ihre Sinne taumeln betäubt unter dieser Überraschung – einem wirklichen Manne begegnet, endlich einem, der alle ihre weiblichen Kräfte, ihre Scham, ihren Stolz, ihr Sicherheitsgefühl zerschlagen hat, endlich einem, der ihr die eigene, bisher noch nicht bewußte vulkanische Welt lustvoll aufgetan. Noch ehe sie die Gefahr erkannt, noch ehe sie versucht, Widerstand zu leisten, ist sie schonbesiegt, die strenge Schale ist zerbrochen, und verzehrend, verbrennend überströmt die innere Glut. Wahrscheinlich ist ihr erstes Gefühl bei dieser Überrumplung nur Zorn, nur Empörung, nur wütender, tödlicher Haß gegen diesen Lustmörder ihres Frauenstolzes. Aber dies bleibt ja allezeit eines der tiefsten Geheimnisse der Natur, daß die Pole der äußersten Empfindung einander berühren. So wie die Haut äußerste Kälte und äußerste Hitze kaum mehr zu unterscheiden vermag, so wie Frost brennen kann, als ob er Feuer wäre, so fließen die entgegengesetzten Gefühle manchmal jäh ineinander. In einem Augenblick kann in der Seele einer Frau Haß überspringen in Liebe und beleidigter Stolz in rasende Demut, kann ihr Körper mit letzter Gier wollen und bejahen, was er vor einer Sekunde noch mit letztem Widerwillen verweigert. Jedenfalls, von dieser Stunde an steht diese bisher leidlich besonnene Frau in Feuer und brennt und verbrennt sich völlig an diesen inneren Flammen. Alle die Pfeiler, die bisher ihr Leben getragen, Ehre, Würde, Anstand, Stolz, Selbstsicherheit und Vernunft, brechen zusammen: einmal niedergeworfen und hingeschleudert, will sie nur immer tiefer sinken und sinken, nur noch fallen und sich verlieren. Eine neue, eine fremde Lust ist über sie gekommen, und sie kostet sie bis zur Selbstauflösung aus, gierig und berauscht: demütig küßt sie die Hand des Mannes, der ihr den Stolz ihres Frauentums vernichtet und sie dafür die neue Ekstase der Hingabe gelehrt.

Unermeßlich reicht diese neue, diese unüberbietbare Leidenschaft über die erste zu Darnley hinaus. An Darnley hatte ihre Hingebelust sich nur entdeckt und versucht, nun erst lebt sie sich aus; mit Darnley wollte sie nur teilen, die Krone, die Macht, das Leben. Bothwell aber will sie nichts Einzelnes mehr geben, nicht dies und das, sondern alles und alles, was sie auf Erden besitzt, sich arm machen, um ihn zu bereichern, sich lustvoll erniedrigen, um ihn zu erhöhen. In einer geheimnisvollen Verzückung schleudert sie alles weg, was sie bindet und einengt, um ihn, den Einen, zu fassen und zu halten. Sie weiß, daß ihre Freunde sie verlassen werden, die Welt sie schmähen und verachten wird, aber gerade dies schenkt ihr für ihren zertretenen Stolz eine neuen Stolz, und begeistert bekundet sie:

„Pour luy depuis j'ay mesprise l'honneur,
Ce qui nous peust seul pourvoir de bonheur.
Pour luy j'ay hazarde grandeur & conscience,
Pour luy tous mes parens J'ay quitte & amis,
Et tous autres respectz sont a part mis.

Pour luy tous mes amis, j'estime moins que rien,
Et de mes ennemis je veux esperer bien.
J'ay hazardé pour luy nom & conscience,
Je veux pour luy au monde renoncer,
Je veux mourir pour le faire avancer.“

„Für ihn hab' ich seitdem der Ehre abgesagt,
Die einzig wahres Glück erschafft im Leben,
Für ihn Gewissen und Gewalt dahingewagt,
Für ihn Verwandtschaft, Freundschaft weggegeben,
Jedwede Rücksicht mußte vor ihm weichen.

Kein Freund zählt mehr, wenn seiner ich gedenke,
Kein Feind, kein Haß macht fürder mich erbeben,
Lust war mir's, all dies für ihn wegzuschenken,
Denn seinetwillen will ich gern der Welt entsagen
Und sterben, daß er höhern Rang erreiche.“

Nichts mehr nun für sich, alles nur für ihn, in dem sie sich zum ersten Male ganz hingegeben empfindet:

„Pour luy je veux rechercher la grandeur,
Et feray tant que de vray congnoistra
Que je n'ay bien, heur, ne contentement,
Qu'a l'obeir & servir loyaument.

Pour luy j'attendz toute bonne fortune,
Pour luy je veux garder sante & vie,

Pour luy tout vertu de suivre j'ay envie,
Et sans changer me trouvera tout' une.“

„Für ihn will ich den höchsten Preis gewinnen
Und nimmer ruhn, bis endlich er erkenne,
Daß keine andre Lust mein Herz entbrenne,
Denn unablässig und unstillbar ihm zu dienen.

Um seinetwillen mög' das Schicksal mich bewahren,
Für ihn nur Glück, Gesundheit lange sparen,
Daß ich ihm folgen kann und an ihn binden
Und ewig als die Eine, Seine finden.“

Alles, was sie besitzt, alles, was sie ist, ihr Königtum, ihre Ehre, ihren Körper, ihre Seele, schleudert sie hinab in den Abgrund ihrer Leidenschaft, und in der Tiefe ihres Sturzes genießt sie zugleich den ganzen Überschwang ihres Gefühls.

Eine solche rasende Spannung und Überspannung des Empfindens muß eine Seele verwandeln. Unbekannte und einmalige Kräfte reißt das Übermaß der Leidenschaft aus dieser bisher lässigen und zurückhaltenden Frau. Verzehnfacht lebt sich ihr Körper, ihre Seele in diesen Wochen aus, Möglichkeiten und Fähigkeiten brechen aus ihr vor, die sie vordem und nachdem nie wieder erreichte. In diesen Wochen kann Maria Stuart achtzehn Stunden galoppieren und dann noch die Nacht durch ohne Müdigkeit wachen und Briefe schreiben. Sie vermag, sonst nur Dichterin knapper Epigramme und flüchtiger Gelegenheitsverse, in einem Zuge feurigster Inspiration jene elf Sonette hinzuschreiben, in denen sie alle ihre Lust und Qual mit einer nie vordem, nie später wieder gegebenen Wortkraft und Beredsamkeit aussagt. Sie ist fähig, sie, die sonst Unvorsichtige und Sorglose, sich so vollkommen vor den Menschen zu verstellen, daß durch Monate niemand ihre Beziehungen zu Bothwell bemerkt. Sie kann vor den Menschen mit dem Manne, vor dessen leisester Berührung sie glühend erbebt, kühl und kalt wie mit einem Untergebenen sprechen, sie vermag heiter zu tun, während innen die Nerven zucken und brennen und ihr die Seele vor Verzweiflung vergeht. Ein dämonisches, ein Über-Ich ist plötzlich in ihr entstanden und reißt sie weit über ihre eigene Kraft hinaus.

Aber diese Überleistungen des Gefühls, gewaltsam dem Willen abgezwungen, sind bezahlt mit furchtbaren Niederbrüchen. Tagelang liegt sie dann wieder schwach und erschöpft auf ihrem Bette, stundenlang irrt sie in den Zimmern herum mit betäubten Sinnen, schluchzend stöhnt sie auf ihrem Lager: „Ich möchte tot sein" und schreit nach einem Dolche, sich selbst zu morden. Wie sie gekommen, diese Überkraft, so schwindet sie in manchen Stunden wieder geheimnisvoll fort. Denn ihr Körper kann auf die Dauer dieses wütende Sich-selbst-Übersteigern, dieses rasende Aus-sich-heraus-Wollen nicht mehr ertragen, er revoltiert, er rebelliert, die Nerven brennen und beben. Nichts zeigt deutlicher, bis zu welchem äußersten Ende ihr Leib durch den maßlosen Exzeß der Leidenschaft erschüttert ist, als die berühmte Episode von Jedburgh. Am 7. Oktober ist Bothwell im Kampf mit einem Wilddieb lebensgefährlich verwundet worden; die Nachricht erreicht Maria Stuart in Jedburgh, wo sie Landgerichtstag abhält. Um kein Aufsehen zu erregen, sieht sie davon ab, sich sofort in den Sattel zu schwingen und die fünfundzwanzig Meilen nach Hermitage Castle zu jagen. Aber es ist kein Zweifel, daß sie die schlimme Botschaft völlig verstört, denn der unparteiischeste Beobachter in ihrer Umgebung, der Botschafter Du Croc, der damals noch nicht die mindeste Ahnung einer intimeren Beziehung zu Bothwell haben kann, meldet nach Paris: „Ce ne luy eust esté peu de perte de le perdre." Auch Maitland merkt ihre Geistesabwesenheit und Verworrenheit, aber gleichfalls in Unkenntnis der wirklichen Ursache meint er, daß „diese trüben Gedanken und dieses Mißvergnügen ihren Grund in der Beziehung zum König hätten". Erst ein paar Tage später sprengt in wildem Ritt die Königin zu Bothwell hinüber, begleitet von Lord Moray sowie einigen Edelleuten. Zwei Stunden bleibt sie am Bette des Verwundeten und jagt dann ebenso toll zurück, um in dieser rasenden Jagd ihre qualvolle Unruhe zu überrennen. Aber nun sackt ihr von nach innen brennender Leidenschaft unterhöhlter Körper zusammen. Wie man sie vom Sattel hebt, fällt sie ohnmächtig hin und bleibt zwei Stunden liegen. Dann bricht ein Fieber aus, ein typisches Nervenfieber, sie schlägt um sich und deliriert. Hierauf erstarrt plötzlich der Körper, sie sieht, sie fühlt nichts mehr, ratlos umstehen die Edelleute und der Arzt die rätselhaft Kranke. Boten werden nach allen Richtungen gesendet, den König zu holen und den Bischof, damit er ihr für alle Fälle die Letzte Ölung spende. Acht Tage liegt so Maria Stuart zwischen Leben und Tod. Es ist, als ob der geheime Wille, nicht mehr leben zu wollen, in einer furchtbaren Explosion ihre Nerven zerrissen, ihre Kräfte zerstört hätte. Doch – und dies zeigt mit klinischer Deutlichkeit, daß dieser Zusammenbruch im wesentlichen ein seelischer, ein typisch hysterischer gewesen – kaum bringt man auf einem Leiterwagen den genesenden Bothwell heran, fühlt sie sich besser, und – abermaliges Wunder – zwei

Wochen später sitzt die schon Totgemeinte neuerdings im Sattel. Von innen her ist die Gefahr gekommen, von innen her hat die Gefährdete sie überwunden.

Aber wenn auch körperlich gesundet, bleibt die Königin doch in den nächsten Wochen verändert und verstört. Sogar die Fremdesten merken, daß sie „eine andere" geworden ist. Etwas in ihren Zügen, ihrem Wesen hat sich dauernd umgefärbt, die gewohnte Leichtigkeit und Sicherheit ist von ihr abgefallen. Sie geht und lebt und handelt wie nur ein Mensch unter einem schweren Druck. Sie schließt sich ein in ihr Zimmer, und durch die Türen hören die Dienerinnen sie schluchzen und stöhnen. Jedoch sonst vertrauensvoll, vertraut sie sich diesmal niemandem an. Ihre Lippen bleiben versiegelt, und niemand ahnt das furchtbare Geheimnis, das sie durch ihre Tage und Nächte trägt und das ihr allmählich die Seele erdrückt.

Denn ein Furchtbares ist in dieser Leidenschaft, etwas, was sie zugleich so großartig und grauenhaft macht – das unüberbietbar Furchtbare, daß die Königin vom ersten Augenblicke weiß, daß ihre Liebeswahl eine verbrecherische und eine völlig ausweglose ist. Entsetzlich muß das Erwachen schon aus der ersten Umarmung gewesen sein, ein Tristansaugenblick, da sie, vergiftet von dem Liebestrank, aus dem Taumel auffahren und beide sich erinnern, daß sie nicht allein leben in der Unendlichkeit ihres Gefühls, sondern gebunden sind an diese Welt, an Pflicht und Recht. Entsetzliches Erwachen, da die Sinne sich wieder sammeln und grell die Erkenntnis aufblendet, welchem Wahn sie verfallen. Denn sie, die sich hingegeben, ist doch Gattin eines andern Mannes, und er, dem sie sich hingegeben, Gemahl einer anderen Frau. Es ist Ehebruch, doppelter Ehebruch, den ihre rasenden Sinne begangen haben, und wie viele Tage ist es erst her, vierzehn, zwanzig oder dreißig, da hat sie selbst, Maria Stuart, als Königin von Schottland ein Edikt feierlich erlassen und unterzeichnet, das Ehebruch und jede andere Form unerlaubter Lust in ihrem Lande mit dem Tode ahndet. Schon vom ersten Augenblick an ist diese Leidenschaft gebrandmarkt als eine verbrecherische, sie kann sich nur durch neue und neue Verbrechen, wenn sie dauern will, behaupten und betätigen. Um sich beide ewig binden zu können, müssen beide sich erst mit Gewalt lösen, die eine vom Gatten, der andere von der Gattin. Nur vergiftete Frucht kann diese sündige Liebe tragen, und Maria Stuart weiß mit grauenhafter Wachheit von der ersten Stunde an, daß es für sie von nun ab keine Ruhe mehr gibt und keine Rettung. Aber gerade in solchen verzweifelten Augenblicken erwacht in Maria Stuart ein letzter Mut, auch das Unsinnig-Vergebliche zu versuchen und das Schicksal herauszufordern. Nicht feige wird sie zurückweichen und sich verbergen und verstecken, sondern aufrechten Hauptes den Weg zu Ende gehen bis zum Abgrund. Mag alles verloren sein, ihr Glück in dieser Qual ist, daß es um seinetwillen geopfert ist.

„Entre ses mains, & en son plain pouvoir,
Je mets mon fils, mon honneur, & ma vie,
Mon pais, mes subjets, mon ame assubjettie
Est tout à luy, & n'ay autre vouloir
Pour mon objet, que sans le decevoir
Suivre je veux, malgré toute l'envie
Qu'issir en peut."

„In seine Hände und in sein Ermessen
Lege ich alles, was ich irdisch je besessen,
Mein Kind, mein Land, Leben, Glück und Ehre,
Denn ihm allein und unbedingt sein eigen
Will meine Seele ewig sich erzeigen,
Nur ihm sich bindend, selig seiner Nähe,
Treu bis zum Tod, was immer auch geschehe."

„Was immer auch geschehe", sie wird den Weg ins Aussichtslose wagen. Da sie sich ganz, Leib, Seele und Schicksal, an ihn, den unsäglich Geliebten, verloren hat, fürchtet diese maßlos Liebende nur eines mehr auf Erden: ihn zu verlieren.

Aber das Furchtbarste in diesem Furchtbaren, die äußerste Qual in dieser Qual ist für Maria Stuart noch aufgespart. Denn in all ihrer Torheit ist sie zu hellsichtig, um nicht bald zu erkennen, daß sie sich auch diesmal wieder vergebens verschwendet, daß der Mann, dem nun alle ihre Sinne entgegenbrennen, sie gar nicht wirklich liebt. Bothwell hat sie genommen wie viele andere Frauen: sinnlich, rasch und brutal. Doch er ist bereit, sie ebenso gleichgültig zu verlassen, wie er alle die anderen Frauen nach der ersten Abkühlung der Sinne weggeworfen hat. Für ihn ist dieser Gewaltakt ein heißer Augenblick, ein rasches Abenteuer gewesen, und daß dieser geliebte Herr ihrer Sinne keinerlei sonderliche Verehrung für sie empfindet, muß die Unselige sich bald selbst eingestehen:

„Vous m'estimez legiere, que je voy,
Et si n'avez en moy nulle asseurance,
Et soupconnez mon coeur sans apparence,

Vous meffiant a trop grand tort de moy.
Vous ignorez l'amour que je vous porte.
Vous soupconnez qu'autre amour me transporte.
Vous despeignez de cire mon las coeur.
Vous me pensez femme sans jugement;
Et tout cela augmente mon ardeur."

„Ihr meint mich leichten Sinns und seid
– Ich fühl' es – meines Wesens nicht gewiß.
Ihr glaubt – o weh, wie Ihr mir Unrecht tut! –
Mein Herz von Wachs und ohne Stetigkeit.
Ihr ahnt die Liebe nicht, so ich Euch hege,
Meint, daß auch möglich andre mich bewege,
Ihr glaubt mich schwach und schwank. Allein
All Euer Zweifel mehrt nur meine Glut
Und läßt mich heißer nur verschworen sein."

Aber statt sich stolz von dem Undankbaren abzuwenden – statt sich zu beherrschen und zu bezähmen, wirft sich diese von ihrer Leidenschaft trunkene Frau vor dem Gleichgültigen in die Knie, um ihn festzuhalten. Unheimlich ist ihr einstiger Hochmut in eine rasende Selbsterniedrigung verwandelt. Sie fleht, sie bettelt, sie preist sich an, wie eine Ware bietet sie sich dem Geliebten dar, der sie nicht lieben will. So vollkommen, so bis zur letzten Demütigung hat sie das Gefühl für Würde verloren, daß sie, die einst so Königliche, ihm wie ein Marktweib feilschend vorrechnet, was sie für ihn hingeopfert, daß sie immer wieder eindringlich – und man muß sogar sagen: zudringlich – ihn der sklavischesten Unterwürfigkeit versichert:

„*Car c'est le seul desir de vostre chere amie,*
De vous servier, & loyaument aimer,
Et tous malheurs moins que rien estimer,
Et vostre volonte de la mienne suivre
Vous cognoistrez aveques obeissance,
De mon loyal devoir n'obmettant la science,
A quoy J'estudiray pour tousjours vous complaire.
Sans aimer rien que vous, soubs la subjection
De qui je veux san nulle fiction,

Vivre & mourir.“

„Denn Eurer Freundin einzigstes Verlangen
Ist, liebend, dienend treu Euch anzuhangen,
Den eignen Willen völlig Eurem anzugleichen
Und keiner Not um Euretwillen auszuweichen,
Ihr werdet sehn, wie hörig hingegeben,
Mit welchem Eifer, welchem gierigen Streben
Ich lernen will, mich dienend zu erfüllen,
Geliebte und gelöst in Eurem Willen, –
Nur diesem Preis will sterben ich und leben.“

Schauervoll und erschütternd ist diese völlige Vernichtung des Selbstgefühls in dieser aufrechten Frau, die bisher von keinem Herrscher der Welt und keiner irdischen Gefahr Furcht empfunden und nun sich erniedrigt zu den schmählichsten Praktiken einer neidischen und hämischen Eifersucht. An irgendwelchen Anzeichen muß Maria Stuart gemerkt haben, daß Bothwell seiner eigenen jungen Frau, die sie ihm selbst ahnungslos ausgewählt, innerlich mehr zugetan sei als ihr und daß er nicht daran denke, jener um ihretwillen untreu zu werden. Und nun versucht sie – es ist grauenhaft, wie gerade ein großes Gefühl eine Frau kleinlich zu machen vermag – in der unedelsten, kläglichsten, böswilligsten Weise seine Gattin herabzusetzen. Sie trachtet, seine männlich-erotische Eitelkeit aufzureizen, indem sie ihn (offenbar auf Grund intimer Mitteilungen) daran erinnert, daß seine Frau nicht genug Glut in seiner Umarmung bezeige, daß sie sich ihm, statt mit vollster leidenschaftlicher Inbrunst, nur halb zögernd hingebe. Sie vergleicht, sie, die einst ganz Hochmut gewesen, in erbärmlichem Selbstlob, wieviel mehr sie, die Ehebrecherin, für Bothwell opfere und preisgebe als dessen eigene Frau, die doch nur Vorteile und Vergnügen an seiner Größe habe. Nein, bei ihr, bei Maria Stuart, solle er bleiben, bei ihr allein, und sich nicht täuschen lassen von Briefen und Tränen und Beschwörungen dieser „falschen“ Frau.

„Et maintenant elle commence à voir,
Qu'elle estoit bien de mauvais jugement,
De n'estimer l'amour d'un tel amant,
Et voudroit bien mon amy decevoir
Par les ecrits tous fardez de scavoir ...
Et toutes fois ses paroles fardeez,

Ses pleurs, ses plaincts remplis de fictions,
Et ses hautz cris & lamentations,
On tant gaigné, que par vous sont gardeez
Ses lettres, escrites, ausquels vous donnez foy,
Et si l'aimez, & croiez plus que moy.“

„Doch jetzt beginnt sie, ernstlich zu betrachten,
Wie schlecht von sich beraten sie gewesen,
Die Liebe solches Liebsten zu mißachten.
Mit falschen Briefen sucht sie jetzt erschrocken
Den Freund von mir zu sich zurückzulocken,
Und weh, schon sehe ich, gelingt es ihr,
Mit lügnerischen Tränen, Schrei und Klagen
Dich abermals ins alte Netz zu schlagen,
Denn Du bewahrst die falschen Briefe auf bei Dir
Und glaubst geschriebnem Heuchelworte mehr als mir.“

Immer verzweifelter werden ihre Schreie. Er solle doch sie, die einzig Würdige, nicht mit der Unwürdigen verwechseln, er möge jene verstoßen, um sich ihr zu verbinden, denn sie sei bereit, was immer auch geschehe, durch Leben und Tod mit ihm zu gehen. Alles möge er, so fleht sie ihn auf den Knien an, von ihr als Beweis der Treue und ewigen Ergebenheit fordern, alles sei sie bereit zu opfern: Haus, Heim, Habe, Krone, Ehre und ihr Kind. Alles, alles möge er nehmen und nur sie behalten, die ganz an ihn, den Geliebten, verloren ist.

Nun lichtet sich zum erstenmal der Hintergrund dieser tragischen Landschaft. Durch Maria Stuarts überschwengliche Selbstgeständnisse wird die Szene völlig klar. Bothwell hat sie gelegentlich genommen, wie viele andere Frauen, und damit wäre eigentlich für ihn das Abenteuer zu Ende. Aber Maria Stuart, ihm verfallen mit Seele und Sinnen, ganz Feuer und Ekstase, will ihn halten und für ewig halten. Ein bloßes Liebesverhältnis hat aber für den glücklich verheirateten, ehrgeizigen Mann wenig Reiz. Bothwell würde bestenfalls um des Vorteils, um der Bequemlichkeit willen die Beziehung zu einer Frau, die alle Würden und Ehren Schottlands zu vergeben hat, noch einige Zeit fortsetzen, er würde Maria Stuart vielleicht noch neben seiner Frau als Konkubine weiterdulden. Aber dies kann einer Königin mit der Seele einer Königin nicht genug sein und ebensowenig einer Frau, die nicht teilen, die in ihrer Leidenschaft doch diesen Einen für sich allein haben will. Wie aber ihn halten? Wie ihn ewig an sich fesseln, diesen wilden, zügellosen Abenteurer? Versprechungen grenzenloser Treue und Demut können einen Mann solcher Art nur langweilen und wenig locken, er hat sie zu oft von anderen Frauen gehört. Nur ein einziger Preis kann diesen Gierigen reizen, der höchste Preis, um den so viele geworben und gebuhlt: die Krone. So gleichgültig es Bothwell sein mag, weiterhin der Geliebte einer Frau zu bleiben, die er innerlich nicht liebt – mächtige Verführung geht doch aus von dem Gedanken, daß diese Frau Königin ist und er an ihrer Seite König werden könnte von Schottland.

Zwar: dieser Gedanke scheint auf den ersten Blick unsinnig. Denn Maria Stuarts rechtmäßiger Gemahl, Henry Darnley, lebt noch: für einen zweiten König ist kein Raum. Und doch ist dieser unsinnige Gedanke der einzige, der Maria Stuart und Bothwell von diesem Augenblick an verkettet, denn sie hat, die Unselige, keine andere Lockung, um den Unbändigen festzuhalten. Nichts auf Erden gab es, um dessentwillen dieser freie, unabhängige Machtmensch sich sonst von einer ihm völlig hörigen Frau hätte kaufen und lieben lassen, als die Krone. Und es gibt keinen Preis, den die Trunkene, die Ehre, Ansehen, Würde, Gesetz längst vergessen hat, nicht bereit gewesen wäre zu zahlen. Selbst wenn Maria Stuart mit einem Verbrechen Bothwell diese Krone erkaufen müßte, wird sie, verblendet von ihrer Leidenschaft, dieses Verbrechen nicht scheuen.

Denn sowenig Macbeth eine andere Möglichkeit hat, König zu werden, um die teuflische Weissagung der Hexen zu erfüllen, als die blutige der gewaltsamen Wegräumung des ganzen Königsgeschlechts, sowenig kann Bothwell je auf ehrliche, auf rechtliche Weise König von Schottland werden. Nur über die Leiche Darnleys geht dieser Weg. Damit Blut und Blut sich einen können, muß Blut vergossen werden.

Daß er von Maria Stuart keinen ernstlichen Widerstand zu erwarten hat, wenn er nach ihrer Befreiung von Darnley ihre Hand und ihre Krone fordert, weiß Bothwell zweifellos mit äußerster Sicherheit. Selbst wenn jenes ausdrückliche, schriftlich gegebene Versprechen, das angeblich in der berühmten Silberkassette gefunden wurde und in dem sie zusagt, ihn auch „gegen jeden Einspruch von seiten ihrer Verwandten und anderer Personen zu ehelichen“, apokryph wäre oder eine Fälschung – auch ohne Brief und Siegel ist er ihrer Hörigkeit gewiß. Zu oft hat sie ihm – wie allen andern – geklagt, wie sehr sie unter dem drückenden Gedanken leide, daß Darnley ihr Gatte sei, zu glühend in den Sonetten und vielleicht noch glühender in manchen Liebesstunden bekundet, wie sehr sie danach verlange, sich ihm, Bothwell, auf immer und ewig zu verbinden, als daß er nicht das Äußerste wagen, nicht das Unsinnigste für sie versuchen dürfte.

Aber auch der – zumindest schweigenden – Zustimmung der Lords hat sich Bothwell zweifelsohne versichert. Er weiß, daß sie alle einig sind in ihrem Haß gegen den unbequemen, unerträglichen Jungen, der sie alle verraten hat, und daß nichts Lieberes ihnen geschehen könnte, als wenn er baldigst auf irgendeine Weise aus Schottland entfernt würde. Selber hat ja Bothwell jener merkwürdigen Besprechung beigewohnt, die im Monat November im Schlosse Craigmillar in Gegenwart Maria Stuarts stattfand und wo gleichsam mit verdeckten Würfeln um Darnleys Schicksal gespielt wurde. Die höchsten Würdenträger des Reiches, Moray, Maitland, Argyll, Huntly und Bothwell, hatten sich damals geeinigt, der Königin ein sonderbares Geschäft vorzuschlagen: wenn sie sich entschließen könnte, die verbannten Adeligen, die Rizzio-Mörder Morton, Lindsay und Ruthven zurückzurufen, so würden sie ihrerseits sich anheischig machen, sie von Darnley zu befreien. Vor der Königin selbst wird zunächst nur von der legalen Form, „to make her quit of him", gesprochen, von einer Ehescheidung. Aber Maria Stuart stellt die Bedingung, diese Loslösung müsse in einer Form erfolgen, die einerseits gesetzmäßig sei, andrerseits kein Präjudiz für ihren Sohn schaffe. Darauf erwidert nun Maitland in sonderbar dunkler Weise, sie solle die Form und Art nur ihnen überlassen, sie würden die Sache schon so besorgen, daß ihr Sohn keinen Nachteil davon habe, und auch Moray, obwohl als Protestant weniger heikel (scrupulous) in diesen Fragen, würde „durch die Finger sehen". Sonderbare Ankündigung dies, so sonderbar, daß Maria Stuart nochmals betont, es solle nichts unternommen werden, was „ihrer Ehre oder ihrem Gewissen zur Last fallen könne". Hinter diesen dunklen Reden birgt sich – und Bothwell wäre der letzte gewesen, es nicht zu bemerken – ein dunkler Sinn. Klar aber ist nur eines, daß schon damals alle, Maria Stuart, Moray, Maitland, Bothwell, die Hauptakteure der Tragödie, einig waren, Darnley fortzuschaffen, und bloß darüber noch nicht einig, auf welche Weise man sich seiner am besten entledigte, ob durch Güte oder Geschicklichkeit oder mit Gewalt.

Bothwell als der ungeduldigste und verwegenste ist für die Gewalt. Er kann und will nicht warten, denn ihm ist es nicht nur, wie den anderen, darum zu tun, den lästigen Jungen abzudrängen, sondern von ihm Krone und Reich zu erben. Er muß, während die andern nur wünschen und warten, entschlossen handeln; es scheint, daß er in irgendeiner verdeckten Weise schon frühzeitig Mittäter und Helfer unter den Lords gesucht hat. Aber hier brennen die historischen Lichter abermals trübe, immer geschieht ja die Vorbereitung eines Verbrechens im Schatten oder Zwielicht. Nie wird man erfahren, wie viele und welche der Lords in sein Vorhaben eingeweiht waren und welche er wirklich zur Mithilfe oder Duldung gewonnen hat. Moray scheint davon gewußt und sich nicht beteiligt zu haben, Maitland sich unvorsichtiger vorgewagt. Verläßlich ist dagegen die Aussage Mortons, die er auf seinem Sterbebette gemacht hat. Ihm, der eben erst aus der Verbannung zurückgekehrt und gegen Darnley, der ihn verraten hat, tödlichen Haß hegt, reitet Bothwell entgegen und schlägt ihm schlank und offen die gemeinsame Ermordung Darnleys vor. Aber Morton ist nach dem letzten Unternehmen, bei dem ihn seine Spießgesellen im Stich gelassen, vorsichtig geworden. Er zögert mit seiner Zusage und verlangt Sicherung. Er erkundigt sich zuerst, ob die Königin mit dem Morde einverstanden sei. Das bejaht, um ihn scharfzumachen, Bothwell mit voller Unbedenklichkeit. Doch Morton weiß seit dem Rizziomord, wie flink post festum mündliche Vereinbarungen abgeleugnet werden, und darum verlangt er, ehe er sich bindet, die schriftliche Zustimmung der Königin schwarz auf weiß zu sehen. Er will nach guter schottischer Sitte einen regelrechten „bond", den er im Falle unangenehmer Weiterungen zu seiner Entlastung vorzeigen kann. Auch dies verspricht ihm Bothwell. Aber selbstverständlich kann er den „bond" niemals beibringen, denn eine zukünftige Heirat ist nur möglich, wenn Maria Stuart völlig im Hintergrunde bleibt und von den Ereignissen „überrascht" scheinen kann.

So fällt die Tat wieder auf Bothwell, den Ungeduldigsten, den Verwegensten, zurück, und er ist entschlossen genug, sie allein zu vollbringen. Immerhin hat er aber aus der zweideutigen Art, wie Morton, wie Moray, wie Maitland seinen Plan aufnahmen, schon gespürt, daß von den Lords kein offener Widerstand zu erwarten ist. Wenn nicht mit Siegel und Brief, so haben sich doch alle durch verständnisvolles Schweigen und freundliches Beiseitestehen einverstanden erklärt. Und von diesem Tage an, da Maria Stuart und Bothwell und die Lords eines Sinnes sind, trägt Darnley bei lebendigem Leibe sein Totenhemd.

Alles wäre nun bereit. Bothwell hat sich mit einigen seiner verläßlichsten Spießgesellen schon ins Einvernehmen gesetzt, Ort und Art des Mordes sind in geheimen Besprechungen festgelegt. Aber für die Opferung fehlt noch eines: das Opfer. Denn Darnley, so töricht er sein mag, muß irgendwie dumpf geahnt haben, was ihm bevorsteht. Schon Wochen vordem hat er sich geweigert, Holyrood zu betreten, solange die Lords noch gerüstet im Hause waren; auch auf dem Schlosse von Stirling fühlt er sich nicht mehr sicher, seitdem die Mörder Rizzios, die er im Stich gelassen, dank jenes vieldeutigen Gnadenakts Maria Stuarts wieder im Lande sind. Unerschütterlich gegen alle Ladungen und Lockungen bleibt er in Glasgow. Dort ist sein Vater, der Earl of Lennox, dort seine Getreuen, ein festes, verläßliches Haus und im Notfall, wenn seine Feinde mit Gewalt anrücken sollten, ein Schiff im Hafen, auf dem er flüchten kann. Und als ob das Schicksal ihn im gefährlichsten Augenblicke schützen wollte, schickt es ihm noch in den ersten Tagen des Januar die Pocken und damit einen willkommenen Vorwand, Wochen und Wochen in Glasgow zu bleiben, in seinem sicheren Hort und Port.

Diese Krankheit durchkreuzt unerwartet die schon weit gediehenen Pläne Bothwells, der ungeduldig in Edinburgh auf das Opfer wartet. Aus irgendwelchem Grunde, den wir nicht wissen und nur zu ahnen vermögen, muß Bothwell es eilig gehabt haben mit seiner Tat, sei es, daß ihn die Ungeduld nach der Krone drängte, sei es, daß er mit Recht fürchtete, eine Verschwörung mit so viel unverläßlichen Mitwissern könne bei längerer Dauer verraten werden, sei es, daß seine intimen Beziehungen zu Maria Stuart ihre Folgen zu zeigen begannen – jedenfalls, er will nicht mehr warten. Aber wie den Kranken, den Mißtrauischen an den Mordplatz locken? Wie ihn herausholen aus dem Bett und dem vermauerten Haus? Eine öffentliche Berufung würde Darnley stutzig machen, und weder Moray noch Maitland noch irgendein anderer an diesem Hofe stehen dem Verfemten, dem Verhaßten menschlich nahe genug, um ihn bewegen zu können, freiwillig zurückzukehren. Nur eine, eine einzige hat über diesen Schwächling Gewalt. Zweimal ist es ihr gelungen, diesen Unseligen, der ihr mit Leib und Seele hörig ist, ihrem Willen gefügig zu machen; Maria Stuart, sie allein kann, wenn sie Liebe heuchelt zu dem, der nichts als ihre Liebe will, vielleicht den Mißtrauischen in sein Verhängnis ziehen. Nur sie, und nur sie allein unter allen Menschen der Erde, hat die Möglichkeit zu diesem ungeheuerlichen Betrug. Und da sie wiederum selbst nicht mehr Herrin ihres Willens ist, sondern hörig jedem Gebot ihres Zwingherrn, braucht Bothwell nur zu befehlen, und das Unglaubliche oder vielmehr das, was sich das Gefühl zu glauben weigert, geschieht: am 22. Januar reitet Maria Stuart, die seit Wochen jedes Zusammensein mit Darnley ängstlich vermieden, nach Glasgow, angeblich um ihren kranken Gatten zu besuchen, in Wahrheit aber, um ihn auf Befehl Bothwells heimzulocken in die Stadt Edinburgh, wo der Tod mit geschliffenem Dolche schon seiner ungeduldig wartet.

Zwölftes Kapitel
Der Weg zum Mord

22. Januar bis 9. Februar 1567

Nun hebt die dunkelste Strophe in der Ballade Maria Stuarts an. Diese Reise nach Glasgow, von der sie ihren noch kranken Gatten mitten in eine mörderische Verschwörung zurückführte, ist die umstrittenste Handlung ihres ganzen Lebens. Immer wieder drängt sich die Frage auf: War Maria Stuart wirklich eine atridische Gestalt, war sie eine Klytämnestra, die mit heuchlerischer Sorge ihrem heimgekehrten Gatten Agamemnon das warme Bad rüstet, indes schon Ägisth, der Mörder und Geliebte, im Schatten mit dem geschliffenen Beile sich verbirgt? War sie eine andere Lady Macbeth, die mit mildem und schmeichlerischem Wort König Duncan zum Schlaf geleitet, in dem Macbeth ihn ermorden wird, eine jener dämonischen Verbrecherinnen, wie sie die äußerste Leidenschaft oft gerade aus den mutigsten und hingegebensten Frauen formt? Oder war sie bloß willenloses Geschöpf dieses brutalen Zuhältermannes Bothwell, unbewußt handelnd in der Trance eines unwiderstehlich gegebenen Befehls, gutgläubig-gehorsame Marionette, unwissend all der Vorbereitungen zu dem fürchterlichen Geschehen? Unwillkürlich wehrt sich zunächst das Gefühl, dieses Verbrecherische für wahr zu halten, eine bisher menschlich empfindende Frau einer Mitwisserschaft, einer Mithelferschaft zu beschuldigen. Immer und immer wieder sucht man noch statt dessen nach einer anderen, einer menschlichen milderen Auslegung dieser Reise nach Glasgow. Abermals und abermals legt man alle Aussagen und Dokumente, die Maria Stuart belasten, als unzuverlässig zur Seite und durchprüft mit dem ehrlichen Willen, sich überzeugen zu lassen, alle die entschuldigenden Auslegungen, die ihre Verteidiger gefunden oder erfunden haben. Aber vergebens! Sosehr man ihnen glauben wollte, all diese Advokatenargumente haben keine überzeugende Kraft: fugenlos paßt der Ring der vollumschlossenen Tat in die Kette der Geschehnisse, indes jede entschuldigende Deutung, sobald man sie fester anfaßt, hohl in den Händen zerbricht.

Denn wie annehmen, liebende Sorge habe Maria Stuart an das Krankenlager Darnleys getrieben, um ihn aus seinem sicheren Refugium heimzuholen und daheim besser zu pflegen? Seit Monaten lebt das Ehepaar soviel wie völlig getrennt. Darnley ist ständig aus ihrer Gegenwart verbannt, und sosehr er mit aller Demut bittet, wieder ihr Lager als ihr Gemahl teilen zu dürfen, seine ehelichen Rechte werden ihm schroff verweigert. Die spanischen, die englischen, die französischen

Gesandten sprechen längst in ihren Berichten über die Entfremdung als über ein unabänderliches, selbstverständliches Faktum; die Lords haben öffentlich die Scheidung beantragt und heimlich sogar gewaltsamere Form der Lösung erwogen. So gleichgültig leben schon die beiden nebeneinander, daß selbst auf die Nachricht von der lebensgefährlichen Erkrankung Maria Stuarts in Jedburgh der zärtliche Gemahl sich keineswegs beeilt, die schon mit den Sterbesakramenten Versehene zu besuchen. Mit der schärfsten Lupe kann man in dieser Ehe nicht den dünnsten Faden Liebe, kein Atom Zärtlichkeit mehr erkennen: unhaltbar also die Annahme, liebende Besorgnis habe Maria Stuart zu dieser Reise veranlaßt.

Aber – dies das letzte Argument ihrer À-tout-prix-Verteidiger – vielleicht wollte Maria Stuart gerade mit dieser Reise den unglückseligen Zwist aus der Welt schaffen? Am Ende war sie an sein Krankenbett bloß deshalb gereist, um sich mit ihm zu versöhnen? Doch leider, auch diese allerletzte für sie günstige Auslegung macht ein Dokument ihrer eigenen Hand zunichte. Denn noch einen Tag vor der Abreise nach Glasgow äußert sich die Unvorsichtige – nie hat Maria Stuart bedacht, daß ihre Briefe vor der Nachwelt gegen sie zeugen würden – in einem Schreiben an den Erzbischof Beaton in gehässigster, erregtester Weise über Darnley. „Was den König, unseren Gatten, betrifft, so weiß Gott, wie wir uns immer gegen ihn verhalten haben, und nicht minder sind Gott und der Welt seine Treibereien und Ungerechtigkeiten gegen uns bekannt; alle unsere Untertanen haben sie mit angesehen, und ich zweifle nicht, daß sie ihn dafür in ihren Herzen verurteilen." Spricht so die Herzensstimme der Versöhnlichkeit? Ist dies die Gesinnung einer liebenden Frau, die voll Sorge zu ihrem kranken Gatten eilt? Und zweiter unwiderleglich belastender Umstand – Maria Stuart unternimmt diese Reise nicht etwa bloß, um Darnley zu besuchen und dann wieder heimzukehren, sondern mit der entschlossenen Absicht, ihn sofort nach Edinburgh zurückzubringen: auch dies etwas zu viel Sorge, um ehrlich und überzeugend zu wirken! Denn spottet es nicht aller Gesetze der Medizin und der Vernunft, einen Pockenkranken, einen Fieberkranken, dessen Gesicht noch vollkommen verschwollen ist, mitten im schärfsten Winter, im Januar, aus seinem Bette zu reißen und in einem offenen Wagen zwei Tagereisen weit zu transportieren? Maria Stuart aber hat im vorhinein gleich einen Leiterwagen mitgebracht, um Darnley jede Einspruchsmöglichkeit zu nehmen und ihn so schnell als möglich nach Edinburgh zu befördern, wo die Mordverschwörung gegen ihn in vollem Gange ist.

Aber vielleicht weiß Maria Stuart – immer geht man noch ihren Verteidigern einen Schritt entgegen, denn welche Verantwortung, ungerecht einen Menschen eines Mordes zu beschuldigen! –, vielleicht weiß sie gar nichts von dieser Verschwörung? Verhängnisvollerweise schließt auch in dieser Hinsicht ein an sie selbst gerichteter Brief Archibald Douglas' jeden Zweifel aus. Denn Archibald Douglas, einer der Hauptverschwörer, suchte auf jener tragischen Reise nach Glasgow sie sogar persönlich auf, um ihre offene Zustimmung zu dem Mordkomplott zu gewinnen. Und wenn sie ihm damals auch keinerlei Zusage gab und jedes Einverständnis ablehnte, wie darf eine Gattin, wenn sie derartige Umtriebe im Gange weiß, zu einem solchen Antrag schweigen? Wie Darnley nicht warnen? Und wie gar, trotz der nun gewissen Überzeugung, gegen ihn sei etwas im Zuge, ihn doch zur Rückkehr in die Mordatmosphäre bereden? In einem solchen Falle ist Schweigen schon mehr als Mitwissen, es ist passive heimliche Mithilfe, denn wer um ein Verbrechen weiß und es nicht zu verhindern bemüht ist, fällt zum mindesten durch seine Gleichgültigkeit in Schuld. Das Günstigste, was man also von Maria Stuart sagen kann, ist, daß sie von dem geplanten Verbrechen nichts wußte, weil sie davon nichts wissen wollte, daß sie die Augen schloß und wegwendete, um dann sagen und beschwören zu können: Ich habe an dieser Tat nicht teilgehabt.

Das Empfinden einer gewissen Mitschuld Maria Stuarts an der Beseitigung ihres Gatten ist also unleugbar für einen unbefangen Forschenden: wer sie entschuldigen will, kann nur die herabgeminderte Willensfreiheit dieser Frau anführen und nicht ihre Ahnungslosigkeit. Denn nicht freudig handelt die Hörige, nicht frech, nicht bewußt, nicht aus freiem Willen, sondern aus einem andern, einem fremden Willen heraus. Nicht kalt, berechnend, tückisch und zynisch ist Maria Stuart nach Glasgow gegangen, um Darnley heimzulocken, sondern im entscheidenden Augenblick – dies bezeugen die Kassettenbriefe – hat sie Widerwillen und Grauen vor ihrer aufgezwungenen Rolle empfunden. Gewiß, sie hat mit Bothwell den Plan der Zurückholung nach Edinburgh besprochen; aber wunderbar wird aus ihrem Brief offenbar, wie im selben Augenblicke, da sie eine Tagesreise von ihrem Auftraggeber entfernt ist und die Hypnose seiner Gegenwart damit schwächer wird, das eingeschläferte Gewissen in dieser magna peccatrix sich regt.

Immer scheidet sich am Kreuzweg einer Tat der Mensch, der durch eine geheimnisvolle Macht zum Verbrechen getrieben wird, von dem wirklichen, dem innerlichen Verbrecher, das tückische, vorbedachte Unternehmen von dem spontanen

„crime passionnel“, und die Tat Maria Stuarts ist vielleicht eines der vollkommensten Beispiele dieser Art Verbrechen, die nicht von einem Menschen selbst, sondern in seiner Hörigkeit von einem andern, stärkeren Willen getan werden. Denn in dem Augenblicke, da Maria Stuart den besprochenen, den gebilligten Plan wirklich ausführen soll, da sie dem Opfer gegenübersteht, das an die Schlachtbank zu locken ihr befohlen ist, da verlischt in dieser Frau plötzlich aller Haß und jedes Rachegefühl, verzweifelt beginnt das Urmenschliche ihrer Natur einen Kampf mit dem Unmenschlichen ihres Auftrags. Aber zu spät schon und vergebens: Maria Stuart ist in diesem Verbrechen nicht nur die Jägerin, die listig ihr Opfer anschleicht, sie selbst ist eine Gejagte. Hinter sich spürt sie die Peitsche, die sie vorwärts treibt. Sie zittert vor dem Zuhälterzorn ihres Geliebten, falls sie ihm das vereinbarte Opfer nicht heranschleppt, und zittert zugleich, durch Ungehorsam seine Liebe zu verlieren. Nur daß hier eine Willenlose ihre Tat im tiefsten nicht will, daß eine seelisch Wehrlose sich wehrt gegen die aufgenötigte Zwangshandlung, nur dies allein läßt diese Tat, wenn auch im Sinne der Gerechtigkeit nicht vergeben, so doch im Sinne des Menschlichen verstehen.

In diesem milderen Sinn verständlich wird das grauenhafte Geschehen einzig durch jenen berühmten Brief, den sie vom Bett des kranken Darnley an Bothwell richtet und den törichterweise ihre Verteidiger immer ableugnen wollen: nur er gibt dem Widrigen der Tat noch einen versöhnlichen Schimmer von Menschlichkeit. Dank dieses Briefes sieht man wie durch eine aufgerissene Wand in die furchtbaren Stunden von Glasgow hinein. Mitternacht ist längst vorüber, Maria Stuart sitzt in einem fremden Zimmer an ihrem Tische im Nachtgewand. Ein Feuer flackert im Kamin, die Schatten zucken wild an den hohen, kalten Wänden. Aber dies Feuer wärmt nicht den einsamen Raum und nicht die frierende Seele. Immer wieder läuft ein Schauer der nur flüchtig bekleideten Frau über die Schultern: es ist kalt, und sie ist müde, sie möchte schlafen und kann doch nicht schlafen vor Aufgewühltheit und Erregung. Zu viel und zu Erschütterndes hat sie erlebt in diesen letzten Wochen, diesen letzten Stunden, noch beben und brennen die Nerven davon bis in die schmerzhaftesten Spitzen.

Voll Grauen vor der Tat, aber willenlos gehorsam dem Herrn ihres Willens, hat die Seelensklavin Bothwells die schlimme Fahrt unternommen, um den eigenen Gatten aus der Sicherheit in den noch sichereren Tod zu locken, und man hat ihr den Betrug nicht leicht: gemacht. Schon vor dem Tore hält sie ein Bote von Darnleys Vater Lennox auf. Dem alten Manne scheint es verdächtig, daß die Frau, die seinen Sohn seit Monaten haßvoll gemieden, mit einem Male so zärtlich an sein

Krankenbett eilt. Alte Männer haben Ahnung für Unheil; und vielleicht erinnert sich Lennox auch, daß jedesmal, wenn Maria Stuart seinem Sohne scheinbar zu Willen war, sie immer nur einen Vorteil für sich persönlich zu erheucheln suchte. Mit Mühe war es ihr gelungen, alle Fragen des Boten abzuwehren, sie ist glücklich bis an das Bett des Kranken vorgedrungen, welcher sie gleichfalls – zu oft hat sie vor ihm falsches Spiel gespielt – mit mißtrauischer Seele empfängt. Wozu sie den Leiterwagen mitgebracht habe, will er sofort wissen; noch flackert Verdacht unruhig in seinen Blicken. Und ehern mußte sie das Herz in die Faust fassen, um bei solchen Fragen nicht durch ein stockendes Wort, durch ein Erblassen oder Erröten sich zu verraten. Aber die Furcht vor Bothwell hat sie Verstellung gelehrt. Mit streichelnden Händen, mit schmeichelnden Worten hat sie allmählich Darnleys Mißtrauen eingeschläfert, Zug um Zug ihm den Willen aus dem Leibe gewunden und dafür den ihren, den stärkeren, eingetan. Bereits am ersten Nachmittag ist das halbe Werk vollbracht.

Und jetzt sitzt sie nachts allein in ihrem dunklen Zimmer, es ist kalt und leer, gespenstig flackern die Kerzen, und solche Stummheit steht in dem Raum, daß ihre geheimsten Gedanken vernehmlich werden und die Seufzer ihres getretenen Gewissens. Sie kann nicht schlafen, sie kann nicht ruhen, unermeßlich ist in ihr das Bedürfnis, irgendeinem das Schwere anzuvertrauen, das ihr auf der Seele lastet, irgend jemanden anzusprechen in dieser letzten und einsamsten Not. Und da er nicht nahe ist, er, der Einzige auf Erden, zu dem sie sprechen kann über all diese Dinge, die niemand wissen darf als er und er allein, über diese furchtbaren, verbrecherischen Dinge, die sie selber Angst hat, sich einzugestehen, so nimmt sie ein paar Blätter und beginnt zu schreiben. Es wird ein endloser Brief. Nicht in dieser Nacht wird sie ihn beenden und nicht am nächsten Tage, erst in der nächsten Nacht; hier ringt ein Mensch mitten im Verbrechen mit seinem eigenen Gewissen. In tiefster Müdigkeit, in äußerster Verwirrung ist dieser Brief geschrieben, trunken und erschöpft taumelt alles durcheinander, Torheit und tiefster Sinn, Schrei und leeres Geschwätz und verzweifelte Klage, wie Fledermäuse flattern im Zickzack die schwarzen Gedanken durcheinander. Bald berichtet sie bloß von läppischen Einzelheiten, bald bäumt sich die Not ihres Gewissens schreiend empor, Haß blitzt auf, Mitleid zwingt ihn nieder, und immer dazwischen strömt groß und glühend das überquellende Liebesgefühl zu diesem Einen, dessen Wille sie beherrscht und dessen Hand sie vorwärts in diesen Abgrund gestoßen. Dann merkt sie wieder mit einem Male, daß ihr das Papier ausgegangen ist. So schreibt sie weiter, nur weiter, denn sie fühlt, das Grauen würde sie erwürgen, die Stille sie ersticken, wenn sie sich nicht wenigstens mit Worten an ihn klammerte, an den sie gekettet ist, Verbrecherin an den Verbrecher, Blut an Blut. Aber während die Feder in der zitternden Hand wie abgelöst über die Blätter läuft, merkt sie, daß alles, was sie hinschreibt, nicht so gesagt ist, wie sie es sagen möchte, daß sie nicht Kraft hat, die Gedanken zu zügeln, zu ordnen. Das weiß sie gleichzeitig in einer anderen Sphäre des Bewußtseins und beschwört Bothwell deshalb, er möge den Brief zweimal lesen. Aber gerade, daß dieser Brief von dreitausend Worten nicht wach und klar gedacht und geschrieben ist, daß konfus und stammelnd, wie mit verschlossenen Augen, die Gedanken durcheinandertaumeln, gerade dies macht ihn zu einem so einzigartigen Dokument der Seelengeschichte. Denn hier spricht nicht der bewußte Mensch, sondern hier spricht das innere Ich aus einer Trance der Müdigkeit und des Fiebers, hier spricht das sonst nie zu belauschende Unterbewußtsein, das nackte, von keiner Scham mehr umhüllte Gefühl. Obere Stimmen und untere Stimmen, klare Gedanken und solche, die sie in voller Wahrheit gar nicht würde wagen auszusprechen, wechseln ab in diesem unkonzentrierten Zustande. Sie wiederholt sich, sie widerspricht sich im Schreiben, chaotisch wogt alles durcheinander in diesem Dampf und Schwall der Leidenschaft. Nie oder nur ganz selten ist uns ein Bekenntnis überliefert worden, in dem der geistige, der seelische Überreizungszustand inmitten eines Verbrechens so vollkommen enthüllt ist – nein, kein Buchanan und kein Maitland, keiner dieser bloß klugen Köpfe hätte mit seiner Bildung und Gescheitheit so magisch genau den halluzinierten Monolog eines verstörten Herzens ersinnen können, die schaurige Situation der Frau, die mitten in ihrer Tat keine andere Rettung vor ihrem Gewissen weiß, als daß sie an ihren Geliebten schreibt und schreibt, um sich zu verlieren, zu vergessen, zu entschuldigen und zu erklären, die in dies Schreiben flüchtet, um nicht in der Stille ihr Herz so rasend in der Brust hämmern zu hören. Abermals muß man unwillkürlich an Lady Macbeth denken, wie sie gleichfalls im losen Nachtgewande schaudernd im Dunkel des Schlosses umherirrt, belagert und bedrängt von grauenhaften Gedanken, und in erschütterndem Monolog ihre Tat somnambulisch verrät. Nur ein Shakespeare, nur ein Dostojewskij kann so dichten und ihr erhabenster Meister: die Wirklichkeit.

Welch großartiger Ton, das Herz treffend bis in seine letzte Tiefe, schon in diesem ersten Auftakt. „Ich bin müde und bin schläfrig, und doch kann ich mich nicht zurückhalten, solange das Papier noch reicht ... Verzeihe, wenn ich so schlecht schreibe, Du mußt dann die andere Hälfte ahnen ... Und doch bin ich froh, Dir schreiben zu können, während die anderen schlafen, weil ich fühle, ich könnte es nicht infolge meines Verlangens, das in Deine Arme drängt, mein teures

Leben." Mit unwiderstehlicher Eindringlichkeit schildert sie, wie der arme Darnley über ihr unvermutetes Kommen beglückt war; man glaubt ihn zu sehen, den braven Jungen, das Gesicht heiß vom Fieber und noch vom Ausschlag gerötet. Allein ist er gelegen, Nächte und Tage, und hat sich das Herz zerrissen, weil sie, der er mit Leib und Seele verfallen ist, ihn zurückgestoßen und verlassen hat. Und jetzt ist sie plötzlich da, die geliebte, die junge, die schöne Frau, zärtlich sitzt sie mit einmal wieder an seinem Bette. In seinem Glück glaubt der arme Tor „zu träumen" und bekennt, „so glücklich zu sein, sie zu sehen, daß er meine, er müsse vor Freude sterben". Manchmal freilich brennen noch die alten Wunden des Mißtrauens in ihm schmerzhaft auf. Zu unvermutet erscheint ihm dies gekommen, zu unwahrscheinlich, und doch, sein Herz ist zu kümmerlich, einen so ungeheuren Betrug sich auszudenken, sooft sie ihn auch schon betrogen hat. Denn es ist so süß für einen schwachen Menschen, zu glauben, zu vertrauen, es ist so leicht, einem eitlen Menschen einzureden, er sei geliebt. Es dauert nicht lange, und Darnley wird schwach, wird gerührt; vollkommen wieder hörig, wie damals in jener andern Nacht nach Rizzios Ermordung, bittet der gute Junge sie um Vergebung für alles, was er ihr angetan. „So viele Deiner Untertanen haben Fehler begangen und Du hast sie ihnen vergeben, und ich bin so jung. Du wirst sagen, daß Du mir schon oftmals vergeben hast und daß ich immer wieder in meine Fehler zurückgefallen bin. Aber ist es nicht natürlich, daß man in meinem Alter, schlecht beraten, zwei- oder dreimal wieder in seine Fehler zurückfällt und seine Versprechungen nicht einhält und erst schließlich sich selbst durch seine Erfahrungen im Zaume hält? Wenn ich diesmal Deine Verzeihung erlange, schwöre ich, daß ich nie wieder einen Fehler begehen werde. Und ich verlange nichts anderes, als daß wir in Bett und Heim als Mann und Frau zusammen leben mögen, und wenn Du nicht willst, so werde ich von diesem Bett nie aufstehen ... Gott weiß, wie sehr ich bestraft bin, einen Gott aus Dir gemacht zu haben und an nichts anderes als an Dich zu denken."

Wieder blickt man durch diesen Brief in den fernen umschatteten Raum hinein. Maria Stuart sitzt an dem Bette des Kranken und hört diesen Ausbruch seiner Liebe, diesen Aufschwall seiner Demut. Jetzt sollte sie frohlocken, denn ihr Plan ist gelungen, sie hat dem einfältigen Jungen das Herz wieder weich gemacht. Aber sie schämt sich ihres Betruges zu sehr, um sich zu freuen, mitten in der beabsichtigten Tat würgt der Ekel sie vor dem Erbärmlichen ihres Tuns. Düster, mit abweisenden Augen, mit verstörten Sinnen sitzt sie bei dem Kranken, und sogar Darnley fällt es nun auf, daß irgend etwas Dunkles und Unverständliches diese geliebte Frau bedrängt. Der arme, verratene Betrogene sucht noch – geniale Situation! – die Verräterin, die Betrügerin zu trösten, er will ihr helfen, er will sie heiter, will sie fröhlich, will sie glücklich machen. Er fleht sie an, die Nacht bei ihm im Zimmer zu bleiben, er träumt, der unselige Narr, schon wieder von Liebe und Zärtlichkeit. Erschütternd ist es, durch diesen Brief hindurch zu fühlen, wie dieser Schwache sich schon wieder gläubig an sie anklammert, wie er sich ihrer ganz sicher fühlt. Nein, er kann nicht aufhören, sie anzuschauen, unermeßlich genießt er die Lust dieser erneuten und so lange entbehrten Vertraulichkeit. Er bittet sie, ihm das Fleisch vorzuschneiden, er spricht und spricht und plaudert in seiner Torheit alle Geheimnisse aus; er nennt die Namen aller seiner Zubringer und Späher, er bekennt ihr, ohne zu ahnen, daß sie Bothwell mit Leib und Seele verfallen ist, seinen tödlichen Haß gegen Maitland und Bothwell. Und – man versteht es – je vertrauensvoller, je liebender er sich verrät, um so schwerer macht er es damit dieser Frau, den Ahnungslosen, den Hilflosen zu verraten. Wider ihren Willen wird sie gerührt von der Widerstandslosigkeit, von der Leichtgläubigkeit ihres Opfers. Und mit Gewalt muß sie sich zwingen, diese verächtliche Komödie weiter und weiter zu spielen. „Niemals hättest Du ihn besser und demütiger sprechen hören können, und hätte ich nicht gewußt, daß sein Herz so weich ist wie Wachs, und wäre meines nicht wie ein Diamant, kein Gebot als das von Deiner Hand hätte es vermocht, daß ich nicht Mitleid mit ihm gehabt hätte." Man sieht: sie selbst fühlt gegen diesen Armen, der aus seinem fiebrig entzündeten Gesicht sie mit zärtlichen, hungrigen Augen anblickt, längst keinen Haß mehr, sie hat alles vergessen, was dieser kleine dumme Lügner vordem ihr angetan, im innersten Gefühl möchte sie ihn gern retten. In heftiger Ablehnung wirft sie darum die Tat auf Bothwell zurück: „Um meiner eigenen Rache willen würde ich es nicht tun." Nur um ihrer Liebe willen und für keinen andern Preis wird sie das Gräßliche vollbringen, das kindliche Vertrauen dieses Menschen auszubeuten, und herrlich bricht sie aus in den anklagenden Schrei: „Du zwingst mich zu einer solchen Verstellung, daß ich selbst voll Schrecken und Grauen bin, und läßt mich die Rolle des Verräters spielen. Aber erinnere Dich, wäre es nicht, um Dir zu gehorchen, so wollte ich lieber tot sein. Mein Herz blutet dabei."

Jedoch ein Höriger kann sich nicht wehren. Er darf nur aufstöhnen, wenn die Peitsche ihn grimmig vorwärts treibt. Und mit demütiger Klage senkt sie gleich wieder vor dem Herrn ihres Willens das Haupt. „Wehe mir! Ich habe niemals jemanden betrogen, aber ich tue alles in Deinem Willen. Sende mir nur ein Wort, was ich tun soll, und was immer mir geschehen möge, ich will Dir gehorchen. Denke auch daran, ob Du nicht ein geheimeres Verfahren finden kannst durch

Arznei, denn er soll Arznei und Bäder in Craigmillar nehmen." Man sieht, wenigstens einen milderen Tod möchte sie für den Unseligen erfinden und die grobe, gemeine Gewalttat vermeiden; wäre sie nicht so völlig außer sich geraten und so völlig Bothwell anheimgegeben, wäre noch Kraft in ihr, nur ein einziger Funke moralischer Selbständigkeit, sie würde jetzt, man fühlt es, Darnley retten. Aber sie wagt keinen Ungehorsam, weil sie fürchtet, damit Bothwell, dem sie sich verschworen hat, zu verlieren, und zugleich fürchtet sie auch – geniale Psychologie, von keinem Dichter zu ersinnen –, daß Bothwell sie am Ende gerade darum verachten könnte, weil sie sich zu so erbärmlichem Geschäfte hergegeben. Flehend erhebt sie die Hände, er möge sie „nicht minder darum achten, da er ja doch die Ursache sei", und ihre Seele wirft sich in die Knie zum letzten verzweifelten Anruf, er möge doch alle Qual, die sie jetzt um seinetwillen erdulde, durch Liebe belohnen. „Alles opfere ich auf, Ehre, Gewissen, Glück und Größe, erinnere Dich daran und laß Dich nicht bereden von Deinem falschen Schwager gegen die treueste Geliebte, die Du je hattest oder haben wirst. Und achte auch nicht auf sie (Bothwells Frau) mit ihren falschen Tränen, sondern auf mich und die hingebungsvolle Tat, die ich erdulde, um ihren Platz zu verdienen, und um derentwillen ich gegen meine eigene Natur alle betrüge. Gott vergebe mir und schenke Dir; mein teurer Freund, alles Glück und alle Gnade, die Deine untertänigste und getreueste Geliebte Dir wünscht, sie, die bald hofft, Dir noch mehr zu sein als Entgelt für ihre Qual." Wer unbefangen aus diesen Worten das gequälte, gepeinigte Herz dieser unglückseligen Frau sprechen hört, wird sie nicht Mörderin nennen, obwohl alles, was diese Frau in diesen Nächten und Tagen tut, einem Morde dient. Denn man spürt, tausendmal stärker als ihr eigener Wille ist ihr Gegenwille, ihr Widerwille; vielleicht ist in manchen dieser Stunden diese Frau dem Selbstmord näher gewesen als dem Mord. Aber Verhängnis der Unterjochung: wer seinen Willen von sich gegeben, der kann nicht mehr seinen Weg wählen. Nur dienen kann er und gehorchen. Und so taumelt sie vorwärts, Magd ihrer Leidenschaft, unbewußte und doch grausam bewußte Somnambule ihres Gefühls, in den Abgrund ihrer Tat.

Am zweiten Tag hat Maria Stuart alles restlos vollbracht, was ihr zu tun auferlegt war; der feinere, der gefährlichere Teil der Aufgabe ist glücklich bewältigt. Sie hat den Verdacht in Darnleys Seele beschwichtigt, der arme, kranke, dumme Junge, nun ist er mit einmal heiter, sicher, ruhig, froh und sogar glücklich. Schon versucht er, obzwar noch schwach und erschöpft und entstellt durch die Pockennarben, kleine Zärtlichkeiten mit seiner Gattin. Er möchte sie küssen, umarmen, und sie hat alle Mühe, ihren Widerwillen zu verbergen und seine Ungeduld zurückzuhalten. Gehorsam Maria Stuarts Wünschen, genau so gehorsam wie sie selbst den Befehlen Bothwells, erklärt er sich, der Hörige einer selbst Hörigen, bereit, mit ihr nach Edinburgh zurückzukehren. Vertrauensvoll läßt er sich aus seinem sichern Schlosse in den Leiterwagen bringen, das Gesicht mit einem feinen Tuch bedeckt, damit niemand seine Entstellung gewahre: nun ist das Opfer endlich auf dem Wege zum Hause des Schlächters. Die gröbere Arbeit, die blutige, kann nun Bothwell besorgen, und sie wird dem harten und zynischen Manne tausendmal leichter fallen als Maria Stuart der Verrat an ihrem Gewissen.

Langsam rollt der Leiterwagen, von Berittenen begleitet, den winterlich kalten Weg; scheinbar restlos versöhnt nach Monaten ruhelosen Zwistes, kehrt das königliche Paar wieder nach Edinburgh zurück. Nach Edinburgh doch wohin? Selbstverständlich nach Holyrood Castle, möchte man meinen, in die königliche Residenz, in das behagliche und fürstliche Schloß! Aber nein, Bothwell, der Allmächtige, hat es anders angeordnet. Der König soll nicht in seinem eigenen Heim, in Holyrood wohnen, angeblich, weil die Ansteckungsgefahr noch nicht vorüber sei. Dann wohl in Stirling oder in Edinburgh Castle, der stolzen uneinnehmbaren Festung, oder allenfalls als Gast in einem anderen fürstlichen Haus, etwa dem bischöflichen Palast? Abermals nein! Höchst verdächtigerweise wird ein ganz unscheinbares, abgelegenes Haus gewählt, an das bisher niemand gedacht hat, ein gar nicht fürstliches Haus, ein Haus in anrüchiger Gegend, außerhalb der Stadtwälle, mitten in Gärten und Wiesen, halb verfallen und seit Jahren unbewohnt, ein Haus, das schlecht zu bewachen und zu beschützen ist – sonderbare und sehr bedeutsame Wahl. Unwillkürlich fragt man, wer für den König gerade dieses verdächtig abgelegene Haus in Kirk o'Field gewählt haben könne, zu dem nur die Thieves Row, ein nächtlicher Diebsweg, hinausführt. Und sieh, es war Bothwell, der jetzt „all in all“ ist. Immer und immer wieder findet man denselben roten Faden im Labyrinth. Immer und immer wieder in allen Briefen, Dokumenten und Aussagen geht die blutige Spur ausschließlich auf diesen Einen und Einzigen zurück.

Dieses kleine, eines Königs unwürdige Haus inmitten von unbebauten Feldern, benachbart nur dem eines Mannes aus Bothwells vertrautester Gefolgschaft, enthält im ganzen nur einen Vorraum und vier Zimmer. Unten wird ein Schlafraum für die Königin improvisiert, da sie plötzlich das dringende Bedürfnis äußert, den bisher ängstlich gemiedenen Gatten auf das zärtlichste zu pflegen, ein zweiter für ihr Gesinde; das Zimmer im ersten Stock wird als Schlafraum für den König eingerichtet und das anliegende für seine drei Bedienten. Allerdings, sie werden reich ausgestattet, diese niederen Räume in dem anrüchigen Haus, von Holyrood schafft man Teppiche und Tapisserien herüber, eigens wird eines der prachtvollen Betten, die Marie von Guise aus Frankreich mitbrachte, für den König aufgestellt und ein zweites im untern Stockwerk für die Königin. Und nun kann Maria Stuart sich mit einmal gar nicht genug tun, ihre Sorge und Zärtlichkeit für Darnley möglichst sichtbarlich zu bezeigen. Täglich kommt sie mehrmals mit ihrem ganzen Troß herüber, um dem Kranken Gesellschaft zu leisten, sie, die – man muß immer wieder daran erinnern – seit Monaten vor seiner Nähe geflüchtet. Sie schläft sogar die drei Nächte vom 4. bis zum 7. Februar statt in ihrem bequemen Palast in diesem abgelegenen Haus. Jeder in Edinburgh soll also sehen, daß König und Königin wieder liebende Gatten geworden sind, demonstrativ und sogar verdächtig aufdringlich wird das neue Einvernehmen zwischen dem feindlichen Paar vor der ganzen Stadt plakatiert: man denke, wie sonderbar dieser Neigungsumschwung vor allem die Lords angemutet haben muß, die noch knapp vordem mit Maria Stuart alle Mittel erwogen hatten, sich Darnleys zu entledigen. Und nun auf einmal diese stürmische, diese allzu betonte Liebe zwischen Mann und Frau! Der Klügste unter ihnen, Moray, macht sich heimlich seinen Reim, wie sein Verhalten bald dartun wird; er zweifelt nicht einen Augenblick, daß in diesem auffällig abgelegenen Hause schlimmes Spiel im Gange sei, und trifft seinerseits still und diplomatisch seine Vorbereitungen.

Es gibt vielleicht nur einen einzigen in Stadt und Land, der an den Stimmungsumschwung Maria Stuarts ehrlich glaubt: Darnley, der unglückselige Gatte. Seiner Eitelkeit schmeichelt die Sorge, mit der sie ihn umgibt, er sieht stolz, daß mit einmal die Lords, die bisher ihm verächtlich ausgewichen, wieder mit gebeugten Rücken und teilnehmenden Gesichtern seinem Krankenbette nahen. Dankbar rühmt er am 7. Februar in einem Brief an seinen Vater, wie sehr seine Gesundheit sich gebessert habe durch die teilnehmende Sorge der Königin, die sich wie eine wirkliche und liebende Gattin zu ihm verhalte. Schon haben ihm die Ärzte die frohe Zusicherung der Genesung gemacht, schon beginnen die letzten Spuren der entstellenden Krankheit zu schwinden, schon wird ihm die Übersiedlung in sein Schloß gestattet, für Montag morgen sind bereits die Pferde bestellt. Ein Tag noch, und er wird wieder in Holyrood thronen, um dort wieder „bed and board" mit Maria Stuart zu teilen und endlich wieder Herr seines Landes, Herr ihres Herzens zu sein. Aber vor diesem Montag, dem 10. Februar, kommt noch ein Sonntag, der 9. Februar, für den abends ein heiteres Fest in Holyrood angesagt ist. Zwei der getreuesten Diener Maria Stuarts sollen Hochzeit feiern; für diesen Anlaß sind ein großes Bankett und ein Ball gerüstet, bei welchem zu erscheinen die Königin ihrem Gesinde versprochen hat. Aber nicht dies Offenkundige ist das eigentliche Ereignis des Tages, sondern ein anderes, dessen Bedeutung erst später ersichtlich sein wird; an diesem Morgen nimmt nämlich der Earl of Moray plötzlich für einige Tage Abschied von seiner Schwester, angeblich, um seine erkrankte Frau auf einem seiner Schlösser zu besuchen. Und das ist ein schlimmes Zeichen. Denn immer, wenn Moray vom politischen Schauplatz plötzlich abtritt, hat er seine guten Gründe. Immer geschieht dann ein Umsturz oder ein Unglück, immer kann er dann rückkehrend glorreich nachweisen, nicht die Hand im Spiele gehabt zu haben. Wer Witterung für kommenden Sturm hat, müßte unruhig werden, wenn er jetzt abermals diesen berechnenden und weitblickenden Mann sich sacht empfehlen sieht, ehe das Wetter losbricht. Noch ist es nicht ein Jahr, da war er morgens nach der Ermordung Rizzios in Edinburgh scheinbar ebenso ahnungslos eingeritten, wie er jetzt mit gespielter Ahnungslosigkeit am Morgen eines Tages abreist, an dem eine noch fürchterlichere Tat geschehen soll, andern die Gefahr überlassend, sich die Ehre wahrend und den Gewinn.

Auch ein zweites Zeichen könnte zu denken geben. Angeblich hatte Maria Stuart schon Befehl erteilt, ihr kostbares Bett mit den Pelzdecken aus ihrem Schlafraum von Kirk o'Field wiederum nach Holyrood zu schaffen. An sich scheint die Maßnahme ganz naheliegend, denn während dieser Nacht des angesagten Festes wird die Königin nicht in Kirk o'Field, sondern in Holyrood schlafen, und am nächsten Tage ist die Trennung doch ohnehin zu Ende. Aber diese Vorsicht, das kostbare Bett so eilig hinüberzuschaffen, sie wird durch die Ereignisse eine gefährliche Deutung oder Mißdeutung finden. Zur Zeit zwar, nachmittags und abends, ist von düstern Geschehnissen oder wirklicher Gefahr nicht das mindeste wahrzunehmen und das Verhalten Maria Stuarts so unauffällig wie nur möglich. Bei Tag besucht sie mit ihren Freunden den fast schon genesenen Gemahl, abends sitzt sie mit Bothwell, Huntly und Argyll höchst leutselig zwischen dem Gesinde im Kreise der Hochzeitsleute. Aber wie rührend: noch einmal – wie auffallend rührend – noch einmal wandert sie, obwohl Darnley doch schon am nächsten Morgen nach Holyrood zurückkehren wird, in der kalten Winternacht hinüber in das verlassene Haus von Kirk o'Field! Eigens unterbricht sie die muntre Festfreude, um nur noch ein wenig an Darnleys Lager zu sitzen und mit ihm zu plaudern. Bis elf Uhr nachts – man muß die Stunde genau anmerken – verweilt Maria Stuart in Kirk o'Field, dann erst kehrt sie nach Holyrood zurück: weithin sichtbar durch die dunkle Nacht funkelt und lärmt der berittene Zug mit vorausgeschwungenen Fackeln und Lichtern und Lachen. Die Tore werden aufgeschlossen, ganz Edinburgh muß gesehen haben, daß die Königin von dem sorglichen Besuche bei ihrem Gatten nach Holyrood heimgekehrt ist, wo bei Bratschen und Dudelsackpfeifen der Tanz des Gesindes schwingt. Noch einmal mischt sich freundlich und gesprächig die Königin unter die Hochzeitsgäste. Dann erst, es ist schon nach Mitternacht, zieht sie sich zum Schlaf in ihre Gemächer zurück. Um zwei Uhr nachts donnert die Erde. Eine furchtbare Explosion, „als hätte man fünfundzwanzig Kanonen gleichzeitig abgefeuert", erschüttert die Luft. Und sofort sieht man in wilder Eile verdächtige Gestalten aus der Richtung von Kirk o'Field laufen: etwas Gewalttätiges muß im Hause des Königs geschehen sein. Schrecken und Erregung bemächtigen sich der aus dem Schlaf geweckten Stadt. Die Stadttore werden aufgerissen. Boten stürmen nach Holyrood, um das Entsetzliche zu melden, das einsame Haus in Kirk o'Field sei mit dem König und allen seinen Dienern in die Luft gesprengt worden. Bothwell, der bei den Hochzeitsfeierlichkeiten anwesend war – offenkundigerweise, um ein Alibi zu haben, während seine Leute die Tat vorbereiteten –, wird aus dem Schlaf geweckt oder vielmehr aus dem Bette geholt, in dem er scheinbar schlafend liegt. Hastig zieht er sich an und eilt mit Bewaffneten an den Ort des Verbrechens. Man findet die Leichen Darnleys und des Dieners, der in seinem Zimmer geschlafen hat, nur mit einem Hemd bekleidet, im Garten, das Haus selbst durch eine Pulverexplosion vollkommen zerstört. Mit dieser ihn scheinbar sehr überraschenden und erregenden Feststellung begnügt sich Bothwell. Da er den wahren Sachverhalt besser als jeder andere kennt, macht er keine weiteren Anstrengungen, die volle Wahrheit zu entschleiern. Er befiehlt, die Leichen aufzubahren, und kehrt nach einer knappen halben Stunde ins Schloß zurück. Und dort weiß er der gleichfalls aus ahnungslosem Schlaf bös erweckten Königin nichts als die nackte Tatsache zu melden, daß ihr Gatte, der König Heinrich von Schottland, auf unbegreifliche Art von unbekannten Tätern ermordet worden sei.

Dreizehntes Kapitel
Quos deus perdere vult …

Februar bis April 1567

Leidenschaft vermag viel. Sie kann unsagbare, sie kann übermenschliche Energien in einem Menschen erwecken. Sie kann mit ihrem unwiderstehlichen Druck titanische Gewalten auch aus der ruhigsten Seele pressen und sie über alle Normen und Formen der Sitte hinaustreiben bis ins Verbrechen. Aber es gehört zum Wesen der Leidenschaft, daß ihr jähes Aufbäumen nach solchen wilden Ausbrüchen erschöpft in sich zurückfällt. Und dadurch unterscheidet sich grundlegend der Verbrecher aus Leidenschaft von dem wirklichen, von dem geborenen, dem Gewohnheitsverbrecher. Der bloß einmalige Täter, der Verbrecher aus Leidenschaft, ist meist nur der Tat gewachsen, selten ihren Folgen. Bloß unter heißem Impulse handelnd, starr hinblickend auf die vorgesetzte Tat, stellt er seine ganze Spannkraft auf dieses eine und einzige Ziel; sobald es erreicht, sobald die Tat getan ist, reißt seine Energie ab, seine Entschlossenheit bricht nieder, seine Klugheit versagt, indes gerade dann der kalte, der nüchterne, der berechnende Verbrecher geschmeidig den Kampf mit Anklägern und Richtern aufnimmt. Nicht für die Tat, wie der Leidenschaftsverbrecher, sondern für die Verteidigung nach der Tat spart er die höchste Spannkraft seiner Nerven.

Maria Stuart – und dies mindert nicht, sondern erhebt ihre Gestalt – ist der verbrecherischen Situation, in die sie durch ihre Hörigkeit zu Bothwell geraten ist, nicht gewachsen, denn wenn Verbrecherin, so war sie es einzig in der Unzurechnungsfähigkeit ihrer Leidenschaft, nicht aus eigenem, sondern aus fremdem Willen. Sie hat nur nicht die Kraft besessen, rechtzeitig das Unheil zu verhindern, und nun nach der Tat versagt ihr vollkommen der Wille. Zweierlei könnte sie jetzt tun: entweder entschlossen und mit Abscheu sich von Bothwell lösen, der mehr getan, als sie innerlich gewollt; sich distanzieren von der Tat, oder sie müßte sie verschleiern helfen, dann aber müßte sie heucheln und Schmerz vortäuschen, um den Verdacht von ihm und von sich abzulenken. Statt dessen tut Maria Stuart das Unsinnigste, das Törichteste in einer so verdächtigen Situation, nämlich nichts. Sie bleibt starr und stumm und verrät sich eben durch ihre Betroffenheit. Wie eines jener mechanischen Spielzeuge, die, aufgezogen, eine gewisse Anzahl vorgeschriebener Bewegungen automatisch durchführen, hat sie in der Trance ihrer Hörigkeit alles willenlos getan, was Bothwell von ihr forderte; sie ist nach Glasgow gereist, sie hat Darnley beschwichtigt, sie hat ihn zurückgeschmeichelt.

Nun aber ist die Feder abgeschnurrt, die Kraft steht still. Gerade jetzt, da sie Schauspielerin ihres Gefühls sein müßte, um die Welt zu überzeugen, läßt sie müde die Maske fallen; eine Art Versteinerung, eine grausame Seelenstarre, eine unbegreifliche Gleichgültigkeit ist über sie gekommen; willenlos läßt sie den Verdacht auf sich niedersausen wie ein gezücktes Schwert.

Dieses merkwürdige Phänomen der Seelenstarre, daß eben im Augenblicke, da Verstellung, da Verteidigung und geistige Bereitschaft am notwendigsten wäre, das ganze Wesen des bedrohten Menschen einfriert zu absoluter Passivität und Gleichgültigkeit, ist an sich kein ungewöhnliches. Diese Starre der Seele ist ein notwendiger Rückschlag auf ihre übermäßige Anspannung, eine tückische Rache der Natur gegen alle, welche ihr Maß überschreiten. Napoleon schwinden so alle seine dämonischen Willenskräfte am Abend von Waterloo, stumm und stier sitzt er da und gibt keine Dispositionen, obwohl sie doch gerade im Augenblick der Katastrophe am nötigsten wären. Mit einmal ist alle Kraft von ihm ausgeronnen wie Wein aus einem durchlöcherten Faß. Ebenso friert Oscar Wilde in sich ein knapp vor der Verhaftung; Freunde haben ihn gewarnt, er hat noch Zeit, er hat das Geld, er könnte die Bahn nehmen und über den Kanal. Aber auch ihn hat die Starre überfallen, er sitzt in seinem Hotelzimmer und wartet und wartet, man weiß nicht worauf, ob auf das Wunder oder auf die Vernichtung. Nur aus solchen Analogien – und sie sind tausendfach in der Geschichte – kann man sich das Verhalten Maria Stuarts, das absurde, das törichte, das provokatorisch passive Verhalten in jenen Wochen erklären, das sie eigentlich erst verdächtig macht. Denn bis zum erfolgten Morde vermochte noch niemand ein Einverständnis mit Bothwell zu ahnen, der Besuch bei Darnley konnte ja tatsächlich einem Wunsche nach Versöhnung gelten. Aber sofort nach dem Mord steht die Witwe des Ermordeten im scharfen Lichtkegel der Aufmerksamkeit, jetzt müßte entweder Unschuld sich selbstverständlich offenbaren oder Verstellung bis zur Genialität gesteigert werden. Jedoch ein furchtbarer Ekel vor diesem Lügen und Heucheln muß in dieser unseligen Frau übermächtig geworden sein. Denn statt sich gegen den immerhin berechtigten Verdacht zu wehren, macht sie sich durch ihre völlige Gleichgültigkeit vor den Augen der Welt noch schuldiger, als sie vielleicht in Wirklichkeit war. Wie eine Selbstmörderin, die sich in die Tiefe stürzt, schließt sie die Augen, um nichts mehr zu sehen, nichts mehr zu fühlen, nur mehr das Ende wollend, in dem es keine Qual mehr gibt des Denkens und Überlegens, nur das Nichts, nur den Untergang. Kaum irgendwo hat die Kriminologie eine pathologisch vollendeteres Bild eines Verbrechers aus Leidenschaft aufzuweisen, der in der Tat alle Kraft erschöpft und mit ihr zusammenbricht. Quos deus perdere vult ... Wen die Götter verderben wollen, dem verwirren sie die Sinne.

Denn wie würde eine unschuldige, eine ehrliche, eine liebende Frau, wie eine Königin handeln, brächte ihr nachts ein Bote die schaurige Nachricht, ihr Mann sei soeben von unbekannten Tätern ermordet worden? Sie müßte sich aufbäumen wie unter einem Feuerbrand. Sie müßte toben, schreien, müßte verlangen, daß man sofort die Schuldigen fasse. Sie müßte jeden in den Kerker werfen lassen, den nur der leiseste Schimmer eines Verdachtes belastet. Sie müßte das Volk aufrufen zur Anteilnahme, die auswärtigen Fürsten ersuchen, jeden Flüchtigen aus ihrem Reiche an der Grenze anzuhalten. Wie bei dem Hingang Franz' II. müßte sie sich in ihr Gemach Tag und Nacht verschließen, keinen Gedanken an Freude, Spiel und gesellige Lust durch Wochen und Monate aufkommen lassen und vor allem nicht ruhen und rasten, ehe der letzte Missetäter und Mitwisser gefaßt und verurteilt ist.

So ungefähr müßte die seelische Haltung einer ehrlich überraschten, einer wirklich ahnungslosen und liebenden Gattin sein. Und paradoxer-, aber doch logischerweise müßte anderseits eine mitschuldige Frau aus Berechnung dieses Gefühl zumindest vortäuschen, denn was sichert einen Verbrecher mehr vor Verdacht, als wenn er nach der Tat den völlig Unschuldigen und Ahnungslosen spielt? Statt dessen zeigt Maria Stuart nach dem Morde eine so grauenhafte Gleichgültigkeit, daß sie auch dem Gutgläubigsten auffällig erscheinen muß. Nichts von der Erregung, der finsteren Wut, die sie bei Rizzios Ermordung beseelte, nichts von der melancholischen Haltung nach dem Tode Franz' II. ist wahrzunehmen. Nicht schreibt sie zu Darnleys Gedächtnis wie für ihren ersten Gemahl eine rührende Elegie, sondern völlig gefaßt unterzeichnet sie wenige Stunden, nachdem man ihr die Nachricht überbracht, bereits gewundene Schreiben an alle Höfe, in denen eine Erklärung des Mordes in die Welt gesetzt wird, freilich eine, die nur bemüht ist, von ihr allen Verdacht abzulenken. In dieser merkwürdigen Darstellung werden die Tatsachen bewußt so verfälscht, als sei die Mordtat gar nicht gegen den König, sondern in erster Linie gegen sie selbst gerichtet gewesen. Nach dieser offiziellen Version hätten die Verschwörer gemeint, beide Ehegatten nächtigten in Kirk o'Field, und nur der Zufall, daß sie vordem das Haus verlassen habe, um den Hochzeitsfeierlichkeiten beizuwohnen, hätte die Königin davor bewahrt, mit dem König in die Luft gesprengt zu werden. Ohne daß ihr die Hand bei der Lüge bebte, unterschreibt Maria Stuart gehorsam: „Die Königin weiß nicht, wer die Urheber dieses Verbrechens sind, aber sie verläßt sich auf die Mühe und den Eifer ihres Rates, diese auszuforschen, und beabsichtigt, ihnen dann eine Bestrafung zu erteilen, die als Beispiel für alle Zeiten dienen wird."

Diese Verdrehung der Tatsachen ist natürlich zu plump, um die öffentliche Meinung irrezuführen. Denn in Wirklichkeit – ganz Edinburgh war Zeuge – hat bereits um elf Uhr abends die Königin in großem Zuge, mit weithin brennenden Fackeln, das einsame Haus in Kirk o'Field verlassen. Es war offenkundig für die ganze Stadt, daß sie nicht mehr bei Darnley weilte, und die Mörder, die im Dunkel lauerten, konnten es deshalb keineswegs auf ihr Leben angesehen haben, als sie drei Stunden später das Haus in die Luft sprengten. Außerdem war diese Pulversprengung des Hauses selbst nur ein Scheinmanöver und bloß dazu bestimmt, den wirklichen Tatbestand zu verschleiern, nämlich daß Darnley wahrscheinlich schon vorher von den eingedrungenen Mördern erwürgt worden war – die augenscheinliche Ungeschicklichkeit der offiziellen Darstellung verstärkt also nur den Eindruck einer Mitschuld.

Sonderbar aber: Schottland bleibt stumm, und nicht nur Maria Stuarts Gleichgültigkeit in diesen Tagen wird für die Welt zur Befremdung, sondern die des ganzen Landes. Man denke es sich aus: Etwas Ungeheuerliches, etwas in den Annalen selbst dieser mit Blut geschriebenen Geschichte Unerhörtes hat sich ereignet. In seiner eigenen Hauptstadt ist der König von Schottland ermordet und mit seinem Hause in die Luft gesprengt worden. Und was geschieht? Bebt die Stadt vor Erregung und Empörung? Kommen aus ihren Schlössern die Edelleute und Barone, die angeblich gleichfalls bedrohte Königin zu verteidigen? Erheben die Priester Anklage von ihren Kanzeln, trifft das Gericht seine Verfügungen zur Entlarvung der Täter? Werden die Stadttore geschlossen, werden zu Hunderten Verdächtige verhaftet und auf die Folter gelegt? Werden die Grenzen gesperrt, wird in trauerndem Zuge, gefolgt von den Adeligen des Reichs, die Leiche des Ermordeten durch die Straßen geführt? Wird ein Katafalk errichtet auf öffentlicher Stätte, von Lichtern und Kerzen umleuchtet? Wird das Parlament berufen, die Geschichte dieser grauenhaften Tat öffentlich zu hören und zu richten? Versammeln sich die Lords, die Verteidiger des Throns, zu feierlichem Eid, die Mörder zu verfolgen? – Nichts von alledem, nichts geschieht. Ein unverständliches Schweigen folgt dem Donnerschlag. Die Königin versteckt sich in ihren Gemächern, statt öffentlich ein Wort zu sagen. Die Lords schweigen still. Nicht Moray rührt sich und nicht Maitland, nicht ein einziger von allen, die vor ihrem König das Knie gebeugt. Sie tadeln nicht die Tat und sie rühmen sie nicht, still und gefährlich warten sie im Dunkel die weitere Entwicklung der Geschehnisse ab; man spürt, allen ist eine laute Erörterung des Königsmordes vorläufig unbehaglich, denn mehr oder minder haben sie alle davon im voraus gewußt. Die Bürger wiederum verschließen sich vorsichtig in die Häuser und murmeln nur von Mund zu Mund ihre Vermutungen. Sie wissen, es ist allezeit für kleine Leute wenig ratsam, sich in die Sachen der großen Herren einzumengen, man zahlt bei solchen Vorwitzigkeiten leicht eine fremde Zeche. So geschieht im ersten Augenblick genau das, was die Mörder gehofft: alles nimmt diese Ermordung hin wie einen kleinen ärgerlichen Vorfall. Vielleicht nie in der europäischen Geschichte hat ein Hof, eine Adelsschaft, eine Stadt versucht, so still und feig an einem Königsmord vorbeizuschleichen; in auffälligster Weise werden sogar die primitivsten Maßnahmen zur Aufhellung des Verbrechens mit Absicht unterlassen. Keine amtliche, keine gerichtliche Untersuchung an der Mordstelle findet statt, kein Protokoll wird aufgenommen, kein klarer Bericht ausgegeben, keine Proklamation erlassen, aus der die näheren Umstände der Ermordung ersichtlich wären; geflissentlich wird Dunkel über die Tat gehäuft. Der Leichnam wird nicht ärztlich, nicht amtlich begutachtet, so daß es bis zum heutigen Tage nicht bekanntgeworden ist, ob Darnley erwürgt, erdolcht oder (man fand den nackten Leichnam mit schwarzem Gesichte im Garten liegen) vergiftet worden ist, ehe die Mörder nachträglich mit riesigem Aufwand an Pulver das Haus in die Luft sprengten. Und nur damit sich kein Gerede verbreite und nicht zu viele die Leiche betrachten könnten, wird die Bestattung in unziemlich hastiger Weise von Bothwell beschleunigt. Nur rasch unter die Erde mit Henry Darnley! Nur schleunigst die ganze dunkle Angelegenheit verscharren, ehe sie zum Himmel stinkt.

So geschieht das Auffälligste, das aller Welt bestätigt, wie hohe Hände an diesem Mord heimlich mitgewirkt haben müssen: man unterläßt es, Henry Darnley, dem König von Schottland, ein geziemendes Leichenbegängnis zu bereiten. Nicht nach feierlicher Aufbahrung wird in prunkvollem Zuge, gefolgt von der trauernden Witwe, von den Lords und Baronen, der Sarg durch die Stadt getragen. Nicht donnern die Kanonen und läuten die Glocken, sondern heimlich und bei Nacht schafft man den Sarg in die Kapelle. Ohne Pracht und Ehren, mit so scheuer Hast wird dann Henry Darnley, König von Schottland, in die Gruft gesenkt, als ob er selbst ein Mörder wäre und nicht der Ermordete fremden Hasses und unbändiger Gier. Dann noch eine Messe, und genug! Nun soll diese gequälte Seele nicht mehr Schottlands Frieden verstören! Quos deus perdere vult...

Maria Stuart, Bothwell und die Lords wollen, daß mit dem Sargdeckel die dunkle Affäre geschlossen sei. Aber um zu verhindern, daß die Neugierigen zuviel fragen, daß etwa Elisabeth sich beschwere, man habe nichts zur Aufdeckung des Verbrechens getan, beschließt man, so zu tun, als ob man etwas täte. Um eine wirkliche Untersuchung zu vermeiden, ordnet Bothwell eine Scheinuntersuchung an; gerade diese kleine Geste soll dartun, daß man ernstlich nach den „unbekannten Mördern" eifrig fahnde. Zwar weiß die ganze Stadt ihre Namen; zu viele Spießgesellen waren beteiligt, das Haus zu umscharen, in großen Massen Pulver aufzukaufen und mit Säcken in das Haus zu schleppen, als daß man sich einzelne nicht gemerkt hätte; auch erinnern sich die Torwachen unangenehm genau, wem sie in jener Nacht nach der Explosion die Pforte nach Edinburgh aufgetan. Aber da der Kronrat der Königin jetzt eigentlich nur mehr aus Bothwell und Maitland besteht, dem Mittäter und dem Mitwisser, die beide nur in den Spiegel zu blicken brauchten, um die Anstifter zu erkennen, beharrt man krampfhaft auf der Annahme der „unbekannten Täter" und verspricht durch eine Proklamation zweitausend schottische Pfund demjenigen, der die Schuldigen namhaft machen könne. Zweitausendschottische Pfund sind zwar eine stattliche Summe für einen armen Bürger Edinburghs, aber jeder weiß, statt der zweitausend Pfund in der Tasche würde ihm, wenn er zu plaudern begänne, augenblicklich ein Messer in die Rippen fahren. Denn Bothwell hat sofort eine Art Militärdiktatur errichtet, und seine Gefolgsleute, die Borderers, sprengen drohend durch die Straßen. Ihre sichtbar getragenen Waffen bilden eine allzu deutliche Einschüchterung für jeden, der es wagt, offen zu reden.

Aber immer, wenn man die Wahrheit mit Gewalt niederschlagen will, wehrt sie sich durch List. Läßt man sie bei Tage nicht zu Wort kommen, so spricht sie aus der stilleren Nacht. Am Morgen nach der Verkündigung der Proklamation findet man Plakate mit den Namen der Mörder auf dem Marktplatz und sogar am Tor des königlichen Palastes von Holyrood angeschlagen. Offen werden auf diesen fliegenden Blättern Bothwell und James Balfour, sein Spießgeselle, sowie die Diener der Königin, Bastien und Josef Rizzio, als die Mörder bezeichnet, andere Listen nennen noch einzelne andere Täter. Zwei Namen aber kehren auf allen Plakaten immer und immer wieder: Bothwell und Balfour, Balfour und Bothwell.

Hätte sich nicht ein Dämon völlig ihrer Sinne bemächtigt, wäre nicht alle Vernunft und Überlegung durch jene rasende Leidenschaft weggeschwemmt, wäre ihr Wille nicht ganz in Hörigkeit geraten, eines müßte Maria Stuart nun tun, da die Volksstimme so deutlich spricht: sie müßte sich von Bothwell absondern. Sie müßte, wäre nur ein Schimmer Einsicht in ihrer verdunkelten Seele, sich jetzt zu ihm fremd stellen. Sie müßte jeden Verkehr mit ihm meiden, bis durch ein geschicktes Manöver seine Unschuld „amtlich" bescheinigt ist, und ihn unter irgendeinem Vorwand vom Hofe wegschicken. Nur eines dürfte sie jetzt nicht: diesen Mann, der auf offener Straße laut und leise der Mörder des Königs und ihres Gatten genannt wird, weiterhin im Hause des Königs von Schottland regieren lassen, und vor allem, sie dürfte nicht gerade ihn, den die öffentliche Meinung einhellig als den Mordanführer bezeichnet, mit der Führung der Untersuchung gegen die „unbekannten Mörder" betrauen. Aber noch mehr und noch törichter: auf den Proklamationen waren neben Bothwell und Balfour ihre beiden Diener Bastien und Josef Rizzio (der Bruder David Rizzios) als Mithelfer genannt. Was wäre jetzt Maria Stuarts erste Pflicht? Selbstverständlich diese Angeschuldigten dem Gericht zu übergeben. Statt dessen – hier grenzt die Torheit schon an Raserei und Selbstanklage – entläßt sie die beiden heimlich aus ihrem Dienst, Pässe werden ihnen zugesteckt, und man schmuggelt sie eilig über die Grenze. Sie hat also genau das Gegenteil dessen, was sie um ihrer Ehre willen tun müßte, getan, sie entzieht die Verdächtigen dem Gericht, statt sie ihm zu überliefern, und mit diesem Hehlerdienst hat Maria Stuart sich selbst auf die Anklagebank gesetzt. Aber noch mehr und noch mehr an rufmörderischem Wahnsinn! Denn nicht eine einzige Träne sieht irgend jemand Maria Stuart in jenen Tagen vergießen, nicht bleibt sie wie damals vierzig Tage im „deuil blanc" in ihrem Zimmer verschlossen – obwohl sie diesmal siebenfach Trauer heucheln müßte –, sondern nach einer knappen Woche verläßt sie Holyrood und begibt sich auf das Schloß des Lords Seton. Nicht einmal zur bloß gesellschaftlichen Geste der Hoftrauer kann die Witwe sich aufraffen, und als letzte Provokation – es ist wie ein geschleuderter Fehdehandschuh in das Antlitz der Welt läßt sie sich in Seton besuchen, von wem? Von James Bothwell, von dem Manne, dessen Bildnis jetzt in den Straßen von Edinburgh mit der Inschrift verteilt wird: „Dies ist der Mörder des Königs."

Aber Schottland ist nicht die Welt, und wenn die schuldbewußten Lords und die eingeschüchterte Bürgerschaft auch ängstlich schweigen und so tun, als ob mit der Leiche des Königs auch jedes Interesse an seiner Ermordung aus der Welt geschafft wäre, an den Höfen von London, Paris und Madrid nimmt man die furchtbare Tat keineswegs mit solchem Gleichmut auf. Für Schottland war Darnley nichts als ein unbequemer Fremder gewesen, den man, sobald er lästig wurde, auf dem üblichen Wege um die Ecke brachte; für die Höfe Europas jedoch ist er als gekrönter und gesalbter König Mitglied ihrer erlauchten Familie, ihres unantastbaren Ranges, seine Sache darum die eigene Sache. Selbstverständlich hat niemand der verlogenen offiziellen Darstellung den geringsten Glauben geschenkt, und für ganz Europa ist es von der ersten Stunde an ausgemacht, daß Bothwell der Mordanstifter und Maria Stuart seine Vertraute gewesen sein müsse: sogar der Papst und sein Legat äußern sich in erregten Worten über die verblendete Frau. Aber was die auswärtigen Fürsten am meisten beschäftigt und ärgerlich stimmt, ist nicht so sehr der Mord selbst. Denn jenes Jahrhundert ist keineswegs moralisch gesinnt und sonderlich heikel wegen eines einzelnen Menschenlebens. Politischer Mord gilt seit Machiavelli in allen Staaten für entschuldbar, fast jede europäische Königsfamilie hat in ihren eigenen Annalen ähnliche Praktiken zu verzeichnen. Heinrich VIII. war nicht zimperlich, wenn es galt, seine Frauen zu beseitigen. Philipp II. würde ungern befragt werden über den Mord an seinem eigenen Sohn Don Carlos, die päpstlichen Borgias danken ihren Giften einen Teil ihres düstern Ruhms. Doch dies der Unterschied – überall hüten sich diese Fürsten vor dem leisesten Verdacht einer Schuld oder bloß nur Mitschuld; man läßt die Verbrechen von andern besorgen und hält selbst auf saubere Hände. Was man von Maria Stuart erwartet, ist also nur ein sichtbarer Versuch der Selbstrechtfertigung, und was an ihr erbittert, einzig ihre törichte Gleichgültigkeit. Mit erst befremdetem, dann aber verärgertem Blick schauen die ausländischen Fürsten auf ihre unkluge, verblendete Schwester, welche nicht das geringste unternimmt, um den Verdacht von sich abzuwälzen, die, statt, wie man es in einem solchen Falle macht, ein paar kleine Leute hängen und vierteilen zu lassen, ruhig Ball spielt und sich den Hauptschuldigen zum Gefährten ihrer Vergnügungen wählt. Mit ehrlicher Erregung berichtet Maria Stuarts getreuer Botschafter ihr aus Paris über den schlimmen Eindruck solchen passiven Verhaltens. „Sie selbst werden hier verleumdet, die Hauptursache dieses Verbrechens zu sein und es selbst anbefohlen zu haben." Und mit einer Offenheit, die diesem Mann der Kirche für alle Zeiten Ehre macht, sagt dieser Wackere seiner Königin, wenn sie jetzt nicht endlich diesen Mord in der energischesten und rücksichtslosesten Weise sühne, „wäre es besser für Sie, das Leben und alles verloren zu haben".

Das sind klare Worte eines Freundes. Und wäre noch ein Korn Vernunft in dieser in sich selbst verlorenen Frau, noch ein Funke eigenen Willens in ihrer Seele, sie müßte sich aufraffen. Noch eindringlicher aber spricht der Kondolenzbrief Elisabeths. Denn merkwürdiges Zusammentreffen: keine Frau und kein Mensch dieser Erde war so befähigt, Maria Stuart in dieser grauenhaften Krise und grausamsten Tat ihres Lebens zu verstehen, wie gerade jene, die zeitlebens sonst ihre härteste Gegnerin gewesen. Elisabeth muß in diese Tat wie in einen Spiegel blicken; genau in die gleiche Situation, in den gleichen und vielleicht gleich berechtigten Verdacht war sie selbst in jener Epoche glühendster Leidenschaft mit ihrem Dudley-Leicester geraten. Wie hier ein Gemahl, war dort eine unbequeme Gemahlin zur Stelle gewesen, die beseitigt werden mußte, um den Weg frei zu machen zur Heirat; mit oder ohne ihr Wissen – nie wird dies entschleiert werden – war die gleiche gräßliche Tat vollbracht worden, daß man eines Morgens diese Frau Robert Dudleys, daß man Amy Robsart von ebenso „unbekannten Tätern“ wie bei Darnley ermordet fand. Sofort hatten sich wie jetzt auf Maria Stuart damals alle Blicke anklagend auf Elisabeth gerichtet: ja sie selbst, Maria Stuart, damals noch Königin von Frankreich, hatte leichtfertig über ihre Base gespottet, sie wolle „ihren Stallmeister (Master of the Horses) heiraten, der seine eigene Frau umgebracht habe“. Ebenso selbstverständlich wie nun in Bothwell hatte die Welt in Leicester den Mörder gesehen und die Königin als Mithelferin. Die Erinnerung an die einst durchlittene Not muß Elisabeth also zur besten, zur ehrlichsten Beraterin ihrer Schicksalsschwester machen. Denn mit Klugheit und seelischer Kraft hatte damals Elisabeth ihre Ehre gerettet, indem sie, sofort eine – natürlich erfolglose – Untersuchung anordnete, aber immerhin eine Untersuchung. Und endgültig hatte sie alles Gerede zum Schweigen gebracht, indem sie sich ihren innersten Wunsch versagte, den so auffälligerweise verwickelten Leicester zu heiraten. Damit hatte der Mord vor der Welt jede Beziehung zu ihr verloren; das gleiche Verhalten hofft und wünscht Elisabeth jetzt von Maria Stuart.

Dieser Brief Elisabeths vom 24. Februar 1567 ist aber auch darum bemerkenswert, weil er wirklich ein Brief Elisabeths ist, ein Brief der Frau, ein Brief des Menschen. „Madame“, schreibt sie in diesem ehrlich erregten Kondolenzbrief, „ich bin so betäubt und entsetzt und so erschrocken von der schrecklichen Nachricht des abscheulichen Mordes an Ihrem verstorbenen Gatten, meinem getöteten Vetter, daß ich noch jetzt kaum imstande bin, darüber zu schreiben; und so sehr mein Gefühl mich treibt, den Tod eines so nahen Blutsverwandten zu betrauern, so kann ich doch, wenn ich aufrichtig meine Meinung aussprechen soll, Ihnen nicht verheimlichen, daß ich für Sie trauriger bin als für ihn. O Madame! Ich würde nicht als Ihre getreue Base und als wahre Freundin handeln, wenn ich mir mehr Mühe gäbe, Ihnen Angenehmes zu sagen, anstatt bemüht zu sein, Ihre Ehre zu bewahren; und deshalb kann ich Ihnen nicht verschweigen, was die meisten Leute darüber reden: nämlich, daß Sie bei der Sühnung dieser Tat durch die Finger sehen wollen und sich hüten werden, diejenigen zu fassen, die Ihnen diesen Dienst erwiesen haben, so daß es den Anschein hat, als ob die Mörder die Tat mit Ihrer Zustimmung begangen hätten. Ich flehe Sie an, mir zu glauben, daß ich nicht für alles Gold der Welt einen solchen Gedanken in meinem Herzen hegen wollte. Ich würde niemals einen so schlechten Gast in meinem Herzen wohnen lassen, als daß ich eine so schlechte Meinung von irgendeinem Fürsten hätte, und noch viel weniger von derjenigen, der ich so viel Gutes wünsche, wie mein Herz nur ausdenken kann oder wie Sie selbst sich nur wünschen könnten. Deshalb ermahne ich Sie, rate ich Ihnen und flehe Sie an, sich diese Angelegenheit so zu Herzen zu nehmen, daß Sie nicht fürchten, selbst den zu treffen, der Ihnen am nächsten steht, wenn er schuldig ist, und daß keine Überredung Sie davon zurückhalten möge, der Welt einen Beweis zu geben, daß Sie eine ebenso edle Fürstin wie eine rechtschaffene Frau sind."

Einen aufrichtigeren und humaneren Brief hat diese sonst Zweideutige vielleicht niemals geschrieben; wie ein Pistolenschuß müßte er die Betäubte aufschrecken lassen und endlich in die Wirklichkeit erwecken. Wieder ist mit dem Finger auf Bothwell hingewiesen, wieder ihr unwiderleglich bewiesen, daß jede Rücksicht für ihn sie zu seiner Mitschuldigen stempelt. Aber der Zustand Maria Stuarts in jenen Wochen – man muß es immer wiederholen – ist der einer völligen Unfreiheit. Sie ist Bothwell schon so „shamefully enamoured", so schmachvoll verfallen, daß, wie einer der Späher Elisabeths nach London schreibt, „man sie sagen hörte, sie würde alles im Stiche lassen und mit ihm im bloßen Hemde bis ans Ende der Welt gehen". Jeder Zuspruch findet taube Ohren, Vernunft hat keine Gewalt mehr über das Brausen ihres Blutes. Und weil sie sich selbst vergißt, meint sie, auch die Welt werde sie und ihre Tat vergessen.

Einige Zeit, den ganzen Monat März, scheint Maria Stuart mit ihrer Passivität recht zu behalten. Denn ganz Schottland schweigt, die Gerichtsherren sind blind und taub geworden und Bothwell kann – sonderbarer Zufall mit bestem Willen die „unbekannten Täter" nicht ausfindig machen, obwohl sich in allen Straßen, in allen Häusern die Bürger leise die Namen zusprechen. Jeder kennt sie, jeder nennt sie, aber keiner will sein Leben wagen, um den ausgesetzten Preis zu verdienen. Endlich erhebt sich eine Stimme. Dem Vater des Ermordeten, dem Earl of Lennox, einem der angesehensten Adeligen des Landes, kann man schließlich eine Antwort nicht verweigern, wenn er die berechtigte Beschwerde erhebt, weshalb nach Wochen noch nichts Ernstliches gegen die Mörder seines Sohnes unternommen sei. Maria Stuart, die mit dem Mörder das Bett teilt und der Maitland, der Mitwisser, die Hand führt, gibt natürlich ausweichenden Bescheid; sie werde gewiß das Beste tun und das Parlament mit der Angelegenheit befassen. Aber

Lennox weiß genau, was dieser Aufschub bedeutet, und erneuert seine Forderung. Man solle, so verlangt er, zunächst alle diejenigen verhaften, deren Namen auf den in Edinburgh verbreiteten Anschlagzetteln gestanden hätten. Auf eine so präzise Forderung wird die Antwort schon schwieriger. Noch einmal zwar biegt Maria Stuart aus, gerne würde sie dies tun, aber es seien so viele und so verschiedene Namen genannt, die gar nichts miteinander zu tun hätten, er möge darum selbst jene bezeichnen, die er als die Schuldigen betrachte. Zweifellos hofft sie, der Terror, den der allmächtige Militärdiktator ausübt, werde Lennox abschrecken, den lebensgefährlichen Namen eines Bothwell auszusprechen. Aber Lennox hat inzwischen seinerseits Sicherung gesucht und sich die Hand gestrafft. Er hat sich mit Elisabeth in Verbindung gesetzt und damit gleichsam unter deren Schutz gestellt. Höchst peinlicherweise schreibt er klar und deutlich die Namen all derjenigen hin, gegen die er eine Untersuchung fordert. Der erste Name ist Bothwell, dann kommen Balfour, David Charmers und einige kleine Leute aus der Dienerschaft Maria Stuarts und Bothwells, die ihre Herren längst über die Grenze geschafft haben, damit sie nicht auf der Folter gesprächig werden könnten. Nun beginnt, sehr zu ihrer Verstörung, Maria Stuart einzusehen, daß diese Komödie des „Durch-die-Finger-Sehens“ nicht länger aufrechtzuerhalten ist. Hinter Lennox' Hartnäckigkeit erkennt sie Elisabeth mit all ihrer Energie und Autorität. Aber auch Katharina von Medici hat inzwischen mit schneidender Deutlichkeit sie wissen lassen, daß sie Maria Stuart als „dishonoured“ betrachte und Schottland keine Freundschaft von Frankreich zu erwarten hätte, solange dieser Mord nicht durch ein ordentliches und ehrliches Gerichtsverfahren gesühnt sei. Nun heißt es schleunigst umschalten und statt der Komödie jener „vergeblichen“ Nachforschungen eine andere Komödie, die eines öffentlichen Gerichtsverfahrens, einleiten. Maria Stuart muß sich jetzt einverstanden erklären, daß Bothwell – mit den kleinen Leuten wird man sich später befassen – vor einem Adelsgericht sich verteidige. Am 28. März erhält der Earl of Lennox die Aufforderung, nach Edinburgh zu kommen und dort am 12. April seine Anklage gegen Bothwell vorzubringen.

Nun ist Bothwell keineswegs der Mann, im Sünderkleide, scheu und demütig, vor Richtern zu erscheinen. Und wenn er sich überhaupt bereit erklärt, der Ladung Folge zu leisten, so tut er es nur, weil er entschlossen ist, mit allen Mitteln statt eines Richterspruchs einen Freispruch, einen „cleansing“, zu erzwingen. Energisch trifft er seine Vorbereitungen. Zunächst läßt er sich von der Königin das Kommando über alle Festungen übertragen: damit hat er alle verfügbaren Waffen und alle Munition des Landes in der Hand. Er weiß, wer die Macht hat, der hat auch das Recht, außerdem bestellt er sich noch die ganze Rotte seiner Borderers nach Edinburgh und rüstet sie aus wie zu einer Schlacht. Ohne Scheu und Scham, mit der ihm eigenen Verwegenheit in der Unmoral, richtet er eine regelrechte Terrorherrschaft in Edinburgh ein. Er läßt laut wissen, daß, „wenn er erfahren könne, wer die Leute wären, die jene anschuldigenden Plakate angeschlagen hätten, er seine Hände in ihrem Blut waschen würde" – dies eine kräftige Warnung an Lennox. Offen trägt er, offen tragen seine Leute die Hand am Dolch und sparen nicht mit deutlichen Reden, daß sie nicht gesonnen seien, ihren Clansherrn wie einen Verbrecher vernehmen zu lassen. Nun möge Lennox kommen und wagen, ihn anzuklagen! Nun sollen die Richter versuchen, ihn, den Diktator Schottlands, zu verurteilen!

Derartige Vorbereitungen sind zu offenkundig, als daß Lennox sich einem Zweifel hingeben könnte, was ihn erwartet. Er weiß, daß er zwar nach Edinburgh kommen kann, um Bothwell anzuklagen, aber auch, daß ihm Bothwell nicht erlauben würde, die Stadt lebend wieder zu verlassen. Abermals wendet er sich an seine Gönnerin Elisabeth, und ohne zu zögern sendet diese einen dringenden Brief an Maria Stuart, um sie noch in letzter Stunde zu warnen, sich durch einen so offenkundigen Rechtsbruch in den Verdacht der Mitschuld zu setzen.

„Madame, ich wäre nicht so rücksichtslos gewesen", schreibt sie in höchster Erregung, „Sie mit diesem Briefe zu belästigen, wenn nicht das Gebot der Nächstenliebe gegen die Armen und die Bitte der Unglücklichen mich dazu zwingen würde. Ich habe erfahren, daß Sie eine Proklamation erlassen haben, Madame, der zufolge das gerichtliche Verfahren gegen die der Teilnahme an der Ermordung Ihres Gatten und meines verstorbenen Vetters Verdächtigen am 12. dieses Monats stattfinden soll. Es ist außerordentlich wichtig, daß diese Angelegenheit nicht durch Geheimnistuerei oder List verdunkelt werde, was sonst leicht geschehen könnte. Der Vater und die Freunde des Toten haben mich demütig ersucht, Sie zu bitten, den Termin aufzuschieben, weil sie bemerkt haben, daß diese schändlichen Personen sich bemühen, mit Gewalt zu erzwingen, was sie rechtlicherweise nicht erreichen könnten. Deshalb kann ich nicht anders handeln aus Liebe zu Ihnen, die es am meisten angeht, und zur Beruhigung derjenigen, die an einem so unerhörten Verbrechen unschuldig sind. Denn selbst wenn Sie nicht schuldlos wären, so wäre dies Grund genug, Sie Ihrer Würde als Fürstin zu berauben und der Verachtung des Pöbels anheimzugeben. Ehe so etwas Ihnen zustoßen sollte, würde ich lieber Ihnen ein ehrenvolles Grab wünschen als ein ehrloses Leben."

Ein solcher neuerlicher Schuß mitten ins Gewissen müßte auch ein betäubtes und abgestorbenes Gefühl erwecken. Aber es ist gar nicht gewiß, daß dieses Mahnschreiben in zwölfter Stunde Maria Stuart überhaupt noch rechtzeitig übermittelt worden ist. Denn Bothwell ist auf seiner Hut, dieser bis zur Tollheit kühne, dieser unbeugsame Bursche fürchtet weder Tod noch Teufel und am wenigsten die englische Königin. Der englische Sondergesandte, der diesen Brief Maria Stuart zu überbringen hat, wird am Tore des Palastes von seinen Kreaturen festgehalten und nicht vorgelassen. Man erklärt ihm, die Königin schlafe noch und könne ihn nicht empfangen. Verzweifelt irrt der Abgesandte, der den Brief einer Königin an eine Königin zu überbringen hat, in den Straßen umher. Schließlich gelangt er an Bothwell, der das an Maria Stuart gerichtete Schreiben frech erbricht, liest und gleichgültig in die Tasche steckt. Ob er es dann später Maria Stuart übergeben hat, ist nicht bekannt und auch gleichgültig. Denn diese geknechtete Frau wagt längst nichts mehr gegen seinen Willen, und es wird sogar berichtet, daß sie die Torheit begeht, vom Fenster herab ihm zuzuwinken, wie er sich jetzt, begleitet von seinen berittenen Banditen, zum Tolbooth begibt, als wollte sie dem offenkundigen Mörder noch Erfolg bei der Justizkomödie wünschen.

Aber auch wenn Maria Stuart diese letzte Mahnung Elisabeths nicht empfangen haben sollte, keinesfalls ist sie ungewarnt gewesen. Drei Tage vorher ist ihr Stiefbruder Moray erschienen, um von ihr Abschied zu nehmen. Ein plötzliches Verlangen hat ihn überkommen, eine Lustreise nach Frankreich und Italien zu unternehmen, „to see Venice und Milan". Nun könnte Maria Stuart aus mehrmaliger Erfahrung wissen, daß ein solches hastiges Verschwinden Morays vom politischen Schauplatz immer ein Wetterzeichen bedeutet und er mit seinem demonstrativen Fernbleiben diese niederträchtige Gerichtskomödie von vorneweg mißbilligen will. Übrigens macht Moray gar kein Hehl über die wahren Gründe seiner Abreise. Er sagt jedem, der es hören will, daß er versucht habe, James Balfour als einen der Hauptbeteiligten am Morde festzunehmen, und daß ihm dabei Bothwell, der seine Spießgesellen decken wollte, in den Arm gefallen sei. Freimütig wird er acht Tage später in London dem spanischen Gesandten de Silva erklären, „es sei ihm ehrenhafterweise nicht möglich gewesen, weiterhin im Königreich zu bleiben, solange ein so sonderbares und furchtbares Verbrechen dort ungesühnt bleiben dürfe". Wer öffentlich so spricht, der dürfte auch zu seiner Schwester klar gesprochen haben. In der Tat fällt es auf, daß Maria Stuart Tränen in den Augen stehen, als sie ihn entläßt. Aber sie hat keine Kraft, ihn zu halten.

Zu nichts hat sie mehr Kraft, seit sie Bothwell hörig geworden. Sie kann nur geschehen lassen, was dieser stärkere Wille fordert, die Königin in ihr ist wehrlos Untertan geworden der glühenden und gebeugten Frau.

Herausfordernd beginnt am 12. April die Justizkomödie, herausfordernd geht sie zu Ende. Bothwell reitet zum Tolbooth, dem Gerichtshaus, als gälte es, eine Festung zu erstürmen, das Schwert an der Seite, den Dolch im Gürtel, umringt von seinen Gefolgsleuten, deren Zahl – wahrscheinlich übertrieben – mit viertausend angegeben wird. Lennox dagegen hat man unter Berufung auf ein altes Edikt erlaubt, höchstens sechs Gefolgsleute mitzunehmen, wenn er die Stadt betrete; offen ist damit die Parteilichkeit der Königin kundgetan. Auf eine solche Gerichtsverhandlung unter gezückten Dolchen sich einzulassen, ist Lennox nicht gesinnt; er weiß, daß der Brief Elisabeths mit der Forderung, die Gerichtsverhandlung zu vertagen, an Maria Stuart abgegangen ist und eine moralische Macht hinter ihm steht. So schickt er bloß einen seiner Lehensleute in den Tolbooth, damit er seinen Protest verlese. In diesem persönlichen Fernbleiben des Anklägers entdecken nun die Richter, die einerseits eingeschüchtert, andererseits mit kräftigen Belohnungen an Land und Geld und Ehren bestochen sind, glücklich den willkommenen Vorwand, des unbequemen Richtspruchs sich auf bequeme Weise zu entledigen, und eine schwere Last fällt ihnen damit vom Herzen. Nach scheinbar umständlicher Beratung – in Wirklichkeit ist alles längst abgekartet – sprechen sie Bothwell einstimmig frei von „any art and part of the said slauchter of the king", mit der schmählichen Begründung, „weil keine Anklage vorliege". Aber diesen ziemlich windigen Spruch, der einem ehrenhaften Menschen durchaus nicht genügen könnte, verwandelt Bothwell sofort in einen pathetischen Triumph. Klirrend in Waffen reitet er durch die Stadt, zieht sein Schwert, schwingt es in den Lüften und fordert laut und öffentlich jeden zum Zweikampf heraus, der nun noch weiterhin wagen wollte, ihn der Schuld oder Mitschuld am Morde des Königs zu bezichtigen.

Nun rennt in rasendem Lauf das Rad dem Abgrund zu. Betroffen murmeln und murren die Bürger über die beispiellose Verhöhnung des Rechts, verstört blicken die Freunde Maria Stuarts und haben „sore hearts", düstere Herzen. Schmerzlich wird es für sie, die Wahnwitzige nicht warnen zu können. „Es war", schreibt Melville, ihr getreuester Freund, „eine arge Sache, zusehen zu müssen, wie diese gute Fürstin ihrem Untergang entgegenraste, ohne daß jemand sie auf die Gefahr aufmerksam machte". Aber Maria Stuart will nicht hören, will sich nicht warnen lassen, eine finstere Lust, das Widersinnigste zu wagen, treibt sie weiter und weiter, sie will sich nicht umblicken, nicht fragen und nicht lauschen, nur vorwärts und vorwärts rennt sie in ihr Verderben, eine Mänade ihres Gefühls. Einen Tag, nachdem Bothwell die Stadt herausgefordert hat, beleidigt sie das ganze Land, indem sie diesem notorischen Verbrecher die höchste Ehre erweist, die Schottland zu vergeben hat: feierlich läßt sie sich bei der Parlamentseröffnung von Bothwell die Heiligtümer der Nation, die Krone und das Reichszepter, vorantragen. Wer kann jetzt noch zweifeln, daß Bothwell diese Krone, die er heute bereits in Händen tragen darf, sich morgen selber auf das Haupt setzen wird? Und in der Tat, Bothwell – dies fasziniert immer wieder bei dem Unbändigen – ist kein Mann der Heimlichkeiten.

Frech, energisch und offen geht er jetzt darauf aus, seinen Preis zu fordern. Er zeigt keine Scham, sich vom Parlament „für seine ausgezeichneten Dienste", „for his great and manifold gud service", das stärkste Schloß des Landes, Dunbar, schenken zu lassen, und da er die Lords schon beisammen hat und seinem Willen gefügig, setzt er ihnen die Faust hart auf den Nacken, um ihnen das Letzte abzuzwingen: die Zustimmung zur Heirat mit Maria Stuart. Am Abend, da das Parlament schließt, lädt er als großer Herr und Militärdiktator die ganze Bande zu einem Abendessen in Ainslies Taverne ein. Dort wird tapfer gezecht, und als die meisten schon trunken sind man denkt an die berühmte Szene aus Wallenstein – legt er den Lords einen Bond vor, der sie nicht nur verpflichtet, ihn gegen jeden Verleumder zu verteidigen, sondern auch, ihn, den „noble puissant Lord", als würdigen Gatten für die Königin zu empfehlen. Nachdem Bothwell von den Peers für unschuldig erklärt worden und „andererseits Ihre Majestät zur Zeit ohne Gatten sei", heißt es in diesem famosen Schriftstück, und es „das gemeinsame Wohl fordere, möge es ihr gefallen, sich herabzulassen, einen ihrer Untertanen zu heiraten, und zwar den obbesagten Lord". Sie aber würden sich verpflichten, „so wahr sie sich vor Gott zu verantworten hätten", den besagten Earl zu unterstützen und zu verteidigen gegen jeden, der diese Heirat stören oder aufhalten wolle, und dafür Gut und Blut einzusetzen. Ein einziger Lord benützt die Verwirrung, die nach der Verlesung dieses Bonds entsteht, um still aus der Taverne hinauszuschleichen; die andern unterzeichnen gehorsam das Blatt, sei es, weil die bewaffnete Horde Bothwells das Haus umlagert, sei es, weil sie im Herzen entschlossen sind, den aufgezwungenen Eid im gegebenen Augenblick zu brechen. Sie wissen, was mit Tinte geschrieben ist, kann mit Blut ausgelöscht werden. Keiner trägt darum sonderliches Bedenken – was gilt ein rascher Federstrich für diese Gesellen? – es wird unterschrieben und weiter gelärmt, gezecht und geplaudert, und der Fröhlichste darf Bothwell sein, denn nun ist der Preis gezahlt, nun ist er am Ziel. Ein paar Wochen noch – und was bei Shakespeares Hamlet unglaubwürdige und dichterische Übertreibung scheint, wird hier Wirklichkeit werden: daß eine Königin, „noch ehe die Schuhe abgetragen sind, in denen sie hinter der Leiche ihres Gatten gegangen", mit dem Mörder ihres Gemahls zum Traualtar schreitet. Quos deus perdere vult …

Vierzehntes Kapitel
Der Weg ohne Ausweg

April bis Juni 1567

Unwillkürlich, es ist wie ein innerer Zwang, muß man, nun die Bothwell-Tragödie ihrem Höhepunkt entgegenschreitet, immer und immer wieder an Shakespeare denken. Schon die äußere Ähnlichkeit der Situation mit jener der Hamlet-Tragödie ist unverkennbar. Da wie dort ein König, der heimtückisch von dem Liebhaber seiner Frau aus dem Wege geräumt wird, da wie dort die unziemliche Eile, in der die Witwe mit dem Mörder ihres Mannes zum Altar hastet, da wie dort die fortwirkende Kraft eines Mordes, den zu verbergen und zu verleugnen mehr Anstrengung erfordert, als vordem nötig war, ihn zu vollbringen. Schon diese Ähnlichkeit ist eine überraschende. Aber noch stärker, noch bezwingender für das Gefühl wird dann die erstaunliche Analogie mancher Szenen von Shakespeares schottischer Tragödie mit der historischen. Shakespeares Macbeth ist aus der Atmosphäre des Maria-Stuart-Dramas bewußt oder unbewußt geschaffen; was in Schloß Dunsinan dichterisch geschieht, war vordem in Schloß Holyrood in Wahrheit geschehen. Hier wie dort nach vollbrachtem Mord dieselbe Einsamkeit, die gleiche lastende Seelenfinsternis, dieselben grauenvollen Feste, bei denen niemand sich zu freuen wagt und wo einer nach dem andern sich wegschleicht, weil die schwarzen Raben des Unheils schon kreischend das Haus umflügeln. Manchmal kann man es kaum unterscheiden: ist es Maria Stuart, die dort nachts herumirrt in den Gemächern, schlaflos, verstört, todessüchtig gepeinigt von ihrem Gewissen, oder ist es Lady Macbeth, die das unsichtbare Blut abwaschen will von ihren Händen? Ist es Bothwell oder ist es Macbeth, der immer entschlossener, immer härter wird an der vollbrachten Tat, der immer kühner, immer verwegener die Feindschaft des ganzen Landes herausfordert und doch weiß, daß aller Mut vergeblich ist und immer die Gespenster stärker sind als der lebendige

Mann. Hier und dort die Leidenschaft einer Frau als die treibende Kraft und der Mann als der Täter, und furchtbar ähnlich vor allem die Atmosphäre, der wuchtende Druck über den verwirrten, gequälten Seelen, Mann und Weib aneinandergekettet durch das gleiche Verbrechen, einer den andern hinabreißend in dieselbe schaurige Tiefe. Nie in der Weltgeschichte und nie in der Weltliteratur ist die Psychologie eines Verbrechens und die geheimnisvoll wirkende Gewalt des Ermordeten über einen Mörder so großartig dargetan worden wie in diesen beiden schottischen Tragödien, von denen die eine erdichtet ist und die andere erlebt.

Diese Ähnlichkeit, diese merkwürdige Analogie, ist sie wirklich nur ein Zufall? Oder ist nicht vielmehr anzunehmen, daß sich in Shakespeares Werk die Lebenstragödie Maria Stuarts gewissermaßen verdichtet und sublimiert hat? Immer haben Kindheitseindrücke eine unauslöschliche Macht über die dichterische Seele, und geheimnisvoll verwandelt der Genius frühe Anregung in später zeitüberdauernde Wirklichkeiten; unbedingt aber muß Shakespeare Kenntnis gehabt haben von allen Geschehnissen auf dem Schlosse von Holyrood. Seine ganze Kindheit am Lande muß erfüllt gewesen sein von den Erzählungen und Legenden jener romantischen Königin, die Reich und Krone durch eine unsinnige Leidenschaft verloren und die zur Strafe von einem englischen Schlosse zum andern geführt wird. Er war wahrscheinlich gerade in London, ein junger Mensch, schon halb ein Mann und ganz ein Dichter, als die Glocken jubelnd über die Gassen der Stadt schwangen, daß endlich das Haupt der großen Gegnerin Elisabeths gefallen und Darnley seine ungetreue Frau zu sich ins Grab gerissen. Wie er dann später in Holinsheds Chronik die Geschichte des finsteren Königs von Schottland fand, „hat da nicht unbewußt die Erinnerung an Maria Stuarts tragischen Untergang geheimnisvoll, in dichterischer Chemie, Stoff zu Stoff gebunden? Niemand kann es mit Sicherheit behaupten, niemand auch leugnen, daß Shakespeares Tragödie von jener Lebenstragödie Maria Stuarts bestimmt gewesen. Aber nur, wer Macbeth gelesen und durchfühlt hat, wird ganz Maria Stuart in jenen Tagen von Holyrood begreifen können, die abgründige Qual einer starken Seele, die ihrer stärksten Tat nicht gewachsen war.

Erschütternd innerhalb dieser beiden Tragödien, der gedichteten und der gelebten, ist vor allem die Ähnlichkeit in der Verwandlung Maria Stuarts und Lady Macbeths nach der vollbrachten Tat. Lady Macbeth ist vorher eine liebende, eine heiße, energische Frau, voll von Willen und Ehrgeiz. Nur ihres geliebten Mannes

Größe will sie sehen, und von ihrer Hand könnten die Zeilen aus Maria Stuarts Sonetten geschrieben sein: „Pour luy je veux rechercher la grandeur…“

Von ihrem Ehrgeiz geht alle Triebkraft aus zur Tat, listig handelt Lady Macbeth und entschlossen, solange die Tat nur Wille ist, Vorsatz und Plan, solange das heiße rote Blut noch nicht über ihre Hände, nicht über ihre Seele geströmt ist. Mit gleich schmeichlerischen Worten wie Maria Stuart Darnley nach Kirk o'Field lockt sie Duncan in das Schlafzimmer, wo der Dolch seiner wartet. Aber sofort nach der Tat ist sie eine andere, die Kraft gebrochen, der Mut zerstört. Wie ein Feuer brennt das Gewissen im lebendigen Leibe, mit starren Blicken, eine Wahnsinnige, irrt sie durch die Gemächer, ein Schauer für ihre Freunde, ein Grauen für sich selbst. Eine einzige irre Gier vergiftet ihr gequältes Gehirn: die Gier des Vergessens, eine krankhafte Sehnsucht nach dem Nicht-mehr-Wissen, nach dem Nicht-mehr-daran-denken-Müssen, nach dem Untergang. Und genau so Maria Stuart nach Darnleys Ermordung. Mit einmal ist sie verwandelt, verändert, und selbst ihre Züge zeigen eine solche Fremdheit im Vergleich zu ihrem früheren Wesen, daß Drury, der Spion Elisabeths, nach London schreibt: „Nie hat man eine Frau äußerlich in so kurzer Zeit ohne eine schwere Krankheit so verwandelt gesehen wie die Königin.“ In nichts erinnert sie mehr an die heitere, besonnene, gesprächige, selbstsichere Frau, die sie noch vor einigen Wochen gewesen. Sie schließt sich ein, sie verbirgt sich, sie versteckt sich. Vielleicht hofft sie wie Macbeth und Lady Macbeth noch immer, die Welt werde schweigen, wenn sie selber schweige, und die schwarze Welle gnädig über ihr Haupt hinweggehen. Aber wie dann die Stimmen zu fragen, zu drängen beginnen, wie sie nachts von den Straßen Edinburghs die Namen der Mörder zu ihren Fenstern hinaufrufen hört, wie Lennox, der Vater des Ermordeten, und Elisabeth, ihre Feindin, und Beaton, ihr Freund, wie die ganze Welt von ihr Rede und Antwort und Richtspruch fordert, wird sie allmählich wirr. Sie weiß, sie müßte etwas tun, um die Tat zu decken, zu entschuldigen. Aber ihr fehlt die Kraft zur überzeugenden Antwort, das kluge, täuschende Wort. Gleichsam durch einen hypnotischen Schlaf hört sie die Stimmen aus London, aus Paris, aus Madrid, aus Rom reden und mahnen und warnen und kann sich nicht aufraffen aus ihrer Seelenstarre, sie vernimmt all die Rufe nur wie ein lebendig Begrabener die Schritte über der Erde, wehrlos, machtlos und verzweifelt. Sie weiß: jetzt müßte sie die trauernde Witwe spielen, die verzweifelte Gattin, laut schluchzen und klagen, damit man an ihre Unschuld glaube. Aber die Kehle ist ihr trocken, sie kann nicht mehr sprechen, sie vermag nicht noch länger sich zu verstellen. Das geht so Wochen und Wochen, und schließlich erträgt sie es nicht mehr. Wie ein Wild, von allen Seiten umstellt, sich mit dem Mut der äußersten Angst gegen die Verfolger wendet, so wie Macbeth, um sich zu sichern, neuen Mord häuft auf den Rache fordernden Mord, so rafft sich Maria Stuart jetzt endlich auf aus dieser nicht mehr zu ertragenden Starre. Vollkommen gleichgültig ist ihr geworden, was die Welt von ihr denkt, ob es klug ist oder unsinnig, was sie unternimmt. Nur dieses Stillehalten nicht mehr, nur etwas tun, nur weiter jetzt und weiter und immer rascher und immer rascher, um den Stimmen zu entfliehen, den warnenden und den drohenden. Nur vorwärts, nur vorwärts, nur nicht innehalten und nicht nachdenken, denn sonst müßte sie erkennen, daß keine Klugheit sie mehr retten kann. Immer ist es eines der Seelengeheimnisse, daß Geschwindigkeit für kurze Frist die Angst übertäubt, und wie ein Fuhrmann, wenn er die Brücke unter seinem Wagen knistern und splittern fühlt, den Pferden die Peitsche gibt, denn er weiß, nur das Vorwärtsrasen kann ihn retten, so jagt Maria Stuart das schwarze Roß ihres Schicksals verzweifelt vorwärts, um jedes Bedenken zu überrennen, jeden Einspruch zu zerstampfen. Nur nichts mehr denken, nichts mehr wissen, nichts mehr hören, nichts mehr sehen, nur weiter und weiter in den Wahnsinn hinein! Lieber ein Ende mit Schrecken als ein Schrecken ohne Ende! Ewiges Gesetz: ein Stein fällt immer schneller, je mehr er sich dem Abgrund nähert, und so handelt auch eine Seele immer hastiger und unsinniger, wenn sie keinen Ausweg mehr weiß.

Alles, was Maria Stuart in diesen Wochen nach dem Mord unternimmt, ist mit klarer Vernunft nicht zu erklären, sondern einzig aus der Verstörung einer maßlosen Angst. Denn selbst mitten in ihrer Raserei müßte sie sich sagen, daß sie ihre Ehre für immer vernichtet und vertan hat, daß ganz Schottland, ganz Europa eine Heirat wenige Wochen nach der Ermordung und gerade mit dem Mörder ihres Gatten als beispiellose Provokation des Rechts und der Sitte empfinden müssen. Nach einem Jahr, nach zwei Jahren heimlichen Sichverhaltens hätte die Welt vielleicht jene Zusammenhänge vergessen; mit kluger diplomatischer Vorbereitung könnte man dann allerlei Gründe finden, daß sie ihn, gerade Bothwell, zu ihrem Gatten wählt. Nur eines kann und muß Maria Stuart ins Verderben stürzen, wenn sie, ohne die Trauerzeit einzuhalten, mit so provokatorischer Hast dem Mörder die Krone des Ermordeten auf das Haupt setzt. Gerade dies aber, gerade dies Wahnwitzigste sucht Maria Stuart jetzt mit der auffälligsten Eile zu erzwingen.

Für dieses unerklärliche Verhalten einer sonst klugen und leidlich besonnenen Frau gibt es nur eine einzige Erklärung: Maria Stuart steht unter einem Zwang. Offenbar kann sie nicht warten, weil etwas sie nicht warten läßt, weil Warten und

Zögern ein Geheimnis unaufhaltsam verraten muß, das zur Stunde noch niemand weiß. Und man kann gar keine andere Erklärung für ihr wildes Hineinrennen in die Heirat mit Bothwell finden – und die Ereignisse werden diese Vermutung bestätigen –, als daß diese unglückliche Frau sich damals bereits schwanger wußte. Aber es ist kein Postumus, kein nachgeborener Sohn des Königs Heinrich Darnley, den sie im Schoße fühlt, sondern die Frucht verbotener, verbrecherischer Leidenschaft. Eine Königin von Schottland aber darf kein uneheliches Kind zur Welt bringen, und am wenigsten unter Umständen, die den Verdacht ihrer Schuld oder Mitschuld mit Feuerfarben an alle Wände schrieben. Denn unwiderleglich käme dann zu Tag, wie lustvoll sie mit ihrem Geliebten die Trauerzeit verbracht, und auch der schlechteste Rechner könnte an den Monaten nachzählen, ob Maria Stuart – schmählich das eine und schmählich das andere! – entweder schon vor der Ermordung Darnleys oder kurz nachher mit Bothwell bereits Umgang gehabt. Einzig rasche Legitimierung durch Ehe kann die Ehre des Kindes und halbwegs die eigene retten. Denn ist sie zu jener Zeit, da das Kind zur Welt kommt, schon Bothwells Gattin, so kann man die Vorzeitigkeit noch eher entschuldigen, und immerhin ist einer zur Stelle, diesem Kinde seinen Namen zu geben und sein Recht zu verteidigen. Jeder Monat, jede Woche, welche die Heirat mit Bothwell verzögert, ist darum unrettbar verlorene Frist. Und vielleicht erscheint ihr – furchtbare Wahl – das Ungeheuerliche, den Mörder ihres eigenen Gatten zum Gemahl zu nehmen, weniger schmachvoll, als mit einem vaterlosen Kinde ihr Vergehen der Welt einzugestehen. Nur wenn man diesen elementaren Zwang der Natur als wahrscheinlich annimmt, wird das Unnatürliche von Maria Stuarts Verhalten in diesen Wochen verständlich; alle andern Auslegungen sind künstlich und verdunkeln das seelische Bild. Nur wenn man diese Angst – eine Angst, die Millionen Frauen zu allen Zeiten erlebten und welche auch die Reinsten und Kühnsten zu irrwitzigen und verbrecherischen Taten getrieben hat – nur wenn man diese quälende Furcht vor der Aufdeckung ihrer Beziehungen durch eine unwillkommene Schwangerschaft begreift, kann man die Hast ihrer zerrütteten Seele verstehen. Nur dies, und dies allein, erschließt einen gewissen Sinn im Wahnsinn ihrer Überstürzung und gewährt zugleich einen tragischen Blick in die ganze Tiefe ihrer innern Not.

Entsetzliche, erschütternde Situation, kein Teufel könnte eine grausamere ersinnen. Einerseits drängt, weil die Königin sich schwanger fühlt, die Zeit zu äußerster Eile, und zugleich macht diese Eile sie mitschuldig. Als Königin von Schottland, als Witwe, als Frau von Anstand und Ehre, beobachtet von Stadt und Land und der ganzen europäischen Welt, darf Maria Stuart einen so berüchtigten und verdächtigen Mann wie Bothwell nicht zum Gemahl erheben. Und als hilflose Frau hat sie in ihrer ausweglosen Lage keinen anderen Retter als ihn. Sie darf ihn nicht heiraten und muß ihn doch heiraten. Um die Welt aber diesen innern Zwang zur Heirat nicht ahnen zu lassen, muß irgendein anderer äußerer erfunden werden, der ihre irrwitzige Eile etwas erklärlicher macht. Irgendein Vorwand muß ausgeklügelt werden, der dem gesetzlich und moralisch Widersinnigen einen Sinn gibt und Maria Stuart zu dieser Heirat zwingt.

Wie aber kann eine Königin gezwungen werden, einen Mann geringeren Standes zu heiraten? Nur eine Möglichkeit kennt der Ehrenkodex jener Zeit: wenn einer Frau die Ehre gewaltsam geraubt wird, dann hat der Räuber die Pflicht, die Ehre dieser Frau durch Heirat wiederherzustellen. Nur wenn sie als Frau zuvor vergewaltigt wurde, hätte Maria Stuart einen Schimmer von Entschuldigung, Bothwell zu heiraten. Denn nur dann wäre vor dem Volk die Illusion geschaffen, sie hätte nicht aus freiem Willen, sondern unter Zwang dem Unvermeidlichen nachgegeben.

Einzig aus letzter auswegloser Verzweiflung konnte ein solcher phantastischer Plan entstehen. Nur Irrwitz konnte solchen Irrwitz gebären. Selbst Maria Stuart, sonst mutig und entschlossen in entscheidenden Augenblicken, schauert zurück, als Bothwell ihr dieses tragische Possenspiel vorschlägt. „Ich wollte, ich wäre tot, denn ich sehe, alles geht schlimm aus", schreibt die Gepeinigte. Aber wie die Moralisten auch über Bothwell denken mögen, er bleibt immer derselbe in seiner prachtvollen Desperadoverwegenheit. Ihn schreckt gar nicht, daß er vor ganz Europa den schamlosen Schurken zu spielen hat, den Vergewaltiger einer Königin, den Straßenräuber, welcher sich über Recht und Sitte zynisch hinwegsetzt. Und sollte die Hölle vor ihm offenstehen: er ist nicht der Mann, auf halbem Wege innezuhalten, wenn es eine Krone gilt. Keine Gefahr gibt es, vor der er zurückbebte, und an Mozarts Don Juan muß man denken, an seine freche und verwegene Geste, mit der er den steinernen Komtur zur tödlichen Mahlzeit herausfordert. Neben ihm schaudert sein Leporello, sein Schwager Huntly, der eben für ein paar Pfründen in die Scheidung seiner Schwester von Bothwell gewilligt hat. Diesem minder Wagemutigen graut vor dieser tollen Komödie, er eilt zur Königin und versucht, sie abzureden. Aber Bothwell ist es gleichgültig, ob noch einer mehr gegen ihn steht nach so frecher Herausforderung der ganzen Welt, ihn schreckt es auch nicht, daß der Plan des Überfalls wahrscheinlich schon verraten ist – der Spion Elisabeths meldet ihn bereits einen Tag vor der Ausführung nach London – , ihn kümmert es ganz und gar nicht, ob man diese Entführung für echt oder gespielt hält, wenn sie ihn nur seinem Ziele näher bringt, König zu werden. Was er will, das tut er – und sei es gegen Tod und Teufel – und hat dabei noch die Kraft, die Unwillige mit sich zu reißen.

Denn abermals gewahrt man aus den Kassettenbriefen, wie verzweifelt der innere Instinkt Maria Stuarts sich gegen den harten Willen ihres Herrn wehrt. Deutlich sagt ihr eine Ahnung, daß auch mit diesem neuerlichen Betrug sie nicht die Welt, sondern nur sich selber betrügen wird. Aber wie immer gehorcht die Hörige dem Manne, dem sie ihren Willen hingegeben. Gehorsam, wie sie half, Darnley aus Glasgow zu entführen, ist sie schweren Herzens bereit, sich selber „entführen" zu lassen, und Szene um Szene wird gemäß dem entworfenen Plan die Komödie dieser einverständlichen Vergewaltigung durchgeführt.

Am 21. April, nur wenige Tage nach dem erzwungenen Freispruch vor dem Adelsgericht und der „Belohnung" Bothwells im Parlament, am 21. April, knapp zwei Tage, nachdem Bothwell in Ainslies Taverne die Zustimmung der meisten Lords zu seiner Heirat abgepreßt, und genau neun Jahre, seit sie als halbes Kind dem Dauphin von Frankreich vermählt worden, empfindet Maria Stuart, bisher eine wenig besorgte Mutter, das dringende Bedürfnis, ihren kleinen Sohn in Stirling zu besuchen. Mißtrauisch empfängt sie der Graf Mar, dem der Kronprinz zur Hut anvertraut ist, denn wahrscheinlich sind schon allerhand Gerüchte durchgesickert. Nur in Begleitung anderer Frauen darf Maria Stuart ihren Sohn sehen, denn die Lords befürchten, sie könnte sich des Kindes bemächtigen und es Bothwell ausliefern; allen ist schon offenbar, daß diese Frau jedem und auch dem verbrecherischsten Befehl ihres Seelentyrannen hörig gehorcht. Nur von wenigen Reitern begleitet, darunter Huntly und Maitland, die zweifellos in den Plan verstrickt sind, reitet die Königin dann wiederum zurück. Da nähert sich, sechs Meilen vor der Stadt, plötzlich ein starker Trupp von Berittenen, Bothwell an der Spitze, und „überfällt" den Zug der Königin. Selbstverständlich kommt es zu keinem Kampf, denn Maria Stuart verbietet, „um Blutvergießen zu vermeiden", ihren Getreuen, Widerstand zu leisten. Es genügt, daß Bothwell den Zügel ihres Pferdes faßt, und schon gibt sie sich willig „gefangen" und läßt sich zu süßer und sinnlicher Haft auf das Schloß Dunbar führen. Einem allzu eifrigen Kapitän, der Verstärkungen heranführen und die „Gefangene" befreien will, wird schleunigst abgewinkt, und auch die Mitüberfallenen, Huntly und Maitland, werden auf das liebenswürdigste entlassen. Niemandem soll die geringste Unbill geschehen, nur sie selber muß in der „Haft" des geliebten Gewalttäters zurückbleiben. Mehr als eine Woche teilt die „Vergewaltigte" das Bett des Schänders ihrer Ehre, während gleichzeitig in Edinburgh mit fliegender Hast und kräftigen Bestechungen die Scheidung Bothwells von seiner rechtmäßigen Gattin bei den geistlichen Gerichten betrieben wird, und zwar bei den protestantischen unter dem schäbigen Vorwand, er habe sich ehebrecherisch mit einer Dienstmagd vergangen, bei den katholischen wiederum mit der verspäteten Entdeckung, er sei mit seiner Frau Jane Gordon im vierten Grade verwandt. Endlich ist auch dieser dunkle Handel abgeschlossen. Nun kann der Welt gemeldet werden, Bothwell habe als frecher Wegelagerer die ahnungslose Königin überfallen und mit seiner wilden Begierde befleckt: einzig die Heirat mit dem Manne, der sie wider ihren Willen besessen, könne die Ehre der Königin von Schottland wiederherstellen.

Zu plump ist diese „Entführung“ vorgetäuscht, als daß irgend jemand ernstlich glaubte, die Königin von Schottland habe sich wirklich „Gewalt antun lassen“; selbst: der spanische Gesandte, der wohlgesinnteste von allen, meldet nach Madrid, die ganze Sache sei abgekartet gewesen. Aber sonderbarerweise sind es gerade diejenigen, die den Betrug am besten durchschauen, welche jetzt tun, als ob sie an eine wirkliche „Gewalttat“ glaubten: die Lords, die bereits wieder einen „Bond“ zur Beseitigung Bothwells geschlossen haben, begehen die beinahe geistvolle Bosheit, die Komödie der Entführung feierlich ernst zu nehmen. Auf einmal rührend treu, verkünden sie furchtbar entrüstet, „die Königin des Landes werde gegen ihren Willen festgehalten, und damit sei die Ehre Schottlands gefährdet“. Nun sind sie plötzlich wieder einig, um als biedere Untertanen das hilflose Lamm aus den Fängen des bösen Wolfes Bothwell zu befreien. Denn jetzt ist ihnen endlich der lang gesuchte Vorwand geschenkt, unter patriotischer Maske dem Militärdiktator in den Rücken zu fallen. Hastig rotten sie sich zusammen, um Maria Stuart von Bothwell zu „befreien“ und damit die Heirat zu verhindern, die sie vor knapp einer Woche selber gefördert.

Nun kann Maria Stuart nichts Peinlicheres geschehen als diese plötzliche und zudringliche Beflissenheit ihrer Lords, sie vor dem „Entführer“ zu beschützen. Denn damit sind ihr die Karten aus der Hand geschlagen, die sie so betrügerisch gemischt. Da sie in Wahrheit doch nicht „befreit“ sein will von Bothwell, sondern im Gegenteil ihm ewig verbunden, muß sie der Lüge, Bothwell habe sie vergewaltigt, schleunig wieder kurze Beine machen. Hatte sie ihn gestern anschwärzen wollen, so muß sie ihn heute wieder weißwaschen; der ganze Effekt der Farce ist damit vertan. Nur damit man ihren Bothwell nicht verfolge, nicht anklage, macht sie sich eilig zum beredtesten Anwalt ihres Verführers. Sie ist zwar „sonderbar behandelt worden, seitdem aber so gut, daß sie gar keinen Grund zur Klage hätte“.

Da niemand ihr Beistand geleistet hätte, „wäre sie gezwungen, ihren anfänglichen Unwillen zu sänftigen und nachzudenken über seinen Vorschlag". Immer unwürdiger wird die Situation der im Dornbusch ihrer Leidenschaft verstrickten Frau. Die letzte Hülle über ihrer Scham bleibt in diesem Gestrüpp verfangen, und wie sie sich losreißt, steht sie nackt vor dem Hohn der Welt.

Eine tiefe Bestürzung erfaßt Maria Stuarts Freunde, als sie anfangs Mai die bisher von ihnen so verehrte Königin von Edinburgh zurückkehren sehen: Bothwell hält die Zügel ihres Rosses, und um anzudeuten, daß sie ihm freiwillig folge, werfen seine Soldaten ihre Lanzen zu Boden. Vergebens suchen die wenigen, die es wirklich ehrlich mit Maria Stuart und Schottland meinen, die Verblendete zu warnen. Du Croc, der französische Gesandte, erklärt ihr, wenn sie Bothwell heirate, sei die Freundschaft mit Frankreich zu Ende, einer ihrer Getreuen, Lord Herries, wirft sich ihr zu Füßen, und der immer bewährte Melville hat Mühe, sich vor der Rache Bothwells zu retten, weil er noch im letzten Augenblick die unselige Ehe verhindern will. Allen wird das Herz schwer, diese tapfere, freie Frau wehrlos dem Willen eines wilden Abenteurers hingegeben zu wissen, voll Sorge sehen sie voraus, daß Maria Stuart durch die unsinnige Hast, den Mörder ihres Mannes zu heiraten, Krone und Ehre verlieren wird. Gute Zeit hingegen ist für ihre Gegner gekommen. Jetzt sind alle die finstren Prophezeiungen John Knoxens furchtbar wahr geworden. Sein Nachfolger John Craig weigert sich zunächst überhaupt, das sündhafte Aufgebot in der Kirche anschlagen zu lassen, er nennt, ohne sich ein Blatt vor den Mund zu nehmen, diese Ehe „odious and slanderous before the world", und erst als Bothwell ihm mit dem Galgen droht, läßt er sich zu Verhandlungen herbei. Aber tiefer und tiefer muß Maria Stuart sich dafür unter das Joch beugen. Denn jetzt, da sie alle wissen, mit welcher Ungeduld sie die Heirat beschleunigt haben will, fordert jeder als schamloser Erpresser von ihr das Äußerste für seine Einwilligung und Hilfe. Huntly bekommt alle Güter, die an die Krone gefallen waren, dafür zurück, daß er die Scheidung seiner Schwester von Bothwell durchdrückt, der katholische Bischof läßt sich wacker mit Ämtern und Würden bezahlen; den grimmigsten Preis aber verlangt die protestantische Geistlichkeit. Als harter Richter, nicht als Untertan stellt sich der Pastor der Königin und Bothwell gegenüber und fordert öffentliche Demütigung: sie muß sich bereit erklären, sie, die katholische Fürstin, die Nichte der Guisen, die Trauung auch nach reformiertem, also ketzerischem Ritus vornehmen zu lassen. Mit diesem schmählichen Kompromiß hat Maria Stuart den letzten Halt, die letzte Karte aus der Hand gegeben, die sie noch besaß, die Förderung durch das katholische Europa, sie hat die Gunst des Papstes, die Sympathien Spaniens und Frankreichs verloren. Jetzt steht sie ganz allein gegen alle. Furchtbar wahr sind die Worte geworden aus den Sonetten:

„Pour luy depuis j'ay mesprise l'honneur,
Ce qui nous peust seul pourvoir de bonheur.
Pour luy j'ay hazardé grandeur & conscience,
Pour luy tous mes parens J'ay quitte & amis.“

Aber kein Mittel kann den erretten, der sich selber aufgegeben; sinnlose Opfer erhören die Götter nicht.

Kaum je in ihren hunderten Jahren hat die Geschichte eine tragischere Hochzeitsszene überliefert als jene des 15. Mai 1567: die ganze Erniedrigung Maria Stuarts spiegelt sich in diesem düsteren Bild. Die erste Ehe mit dem Dauphin von Frankreich war am hellen Tage geschlossen worden: Tage des Glanzes und der Ehre. Zehntausende hatten der jungen Königin zugejubelt, aus Stadt und Land waren die Edelsten Frankreichs, die Gesandten aller Länder gekommen, um zusehen zu dürfen, wie, umschart von der königlichen Familie und der Auslese der Ritterschaft, die Dauphine sich nach Notre-Dame begab. An brausenden Tribünen, an winkenden Fenstern war sie vorübergeschritten, ein ganzes Volk hatte in Verehrung und Freude zu ihr aufgeblickt. Die zweite Hochzeit war schon stiller gewesen. Nicht mehr am lichten Tage, sondern im Frühdämmer, um sechs Uhr morgens, hatte sie der Priester dem Urenkel Heinrichs VII. verbunden. Aber immerhin, der Adel war zur Stelle gewesen und die auswärtigen Gesandten, tagelang rauschten damals die Feste, lärmte die Freude in Edinburgh. Diese aber, die dritte Heirat mit Bothwell – den sie noch in letzter Stunde hastig zum Herzog von Orkney ernennt – geschieht heimlich wie ein Verbrechen. Um vier Uhr morgens, noch schläft die Stadt, noch liegt die Nacht über den Dächern, schleichen scheu ein paar Gestalten in die Schloßkapelle, in der man – noch sind nicht drei Monate vergangen, noch trägt Maria Stuart das Trauergewand – die Leiche ihres ermordeten Gatten eingesegnet. Leer bleibt diesmal der Raum. Viele Gäste hat man geladen, aber beleidigend wenige sind gekommen, niemand will Zeuge sein, wie die Königin von Schottland den Ring an den Finger der Hand steckt, die Darnley gemeuchelt. Fast alle Lords ihres Königreiches sind ohne Entschuldigung weggeblieben, Moray und Lennox haben das Land verlassen, Maitland und Huntly, selbst sie, die Halbgetreuen, halten sich fern, und der einzige Mann, dem bisher die gläubige Katholikin ihre geheimsten Gedanken anvertrauen konnte, auch ihr Beichtvater hat für immer Abschied genommen; traurig bekennt der geistliche

Hüter ihres Herzens, daß er sie jetzt als verloren betrachtet. Kein Mann, der auf Ehre hält, will zusehen, wie Darnleys Mörder Darnleys Frau ehelicht und dieser Frevelsbund vom Priester Gottes geheiligt wird. Vergebens hat Maria Stuart den französischen Gesandten beschworen, er möge zur Stelle sein, um einen Schein von Repräsentation zu retten. Aber der sonst so gütige Freund weigert sich entschlossen. Seine Gegenwart würde die Zustimmung Frankreichs bedeuten, „man könnte dann glauben", sagt er, „mein König hätte seine Hand in diesen Vorgängen gehabt"; außerdem will er Bothwell nicht als den Gemahl der Königin anerkennen. Keine Messe wird gelesen, keine Orgel braust, rasch wird die Zeremonie abgetan. Nicht werden für abends Räume zum Tanz mit Kerzen erhellt, kein Bankett ist gerüstet. Nicht wie bei Darnleys Hochzeit wird mit dem Rufe „Largesse, largesse!" Geld hinabgeworfen unter das jubelnde Volk, die Kapelle gleicht, kalt, leer und dunkel, einem Sarg, und ernst wie Leidtragende stehen die Zeugen bei diesem sonderbaren Fest. Nicht in stolzer Auffahrt durchschreitet dann der Zug die Stadt, helle Gassen des Jubels entlang: angefröstelt von dem Grauen dieser leeren Kapelle ziehen sich die Vermählten hastig in ihre Gemächer zurück hinter verriegelte Türen.

Denn gerade jetzt, da sie am Ziele ist, auf das sie so verblendet mit losen Zügeln zugejagt, bricht Maria Stuart seelisch zusammen. Ihr wildester Wunsch ist erreicht, Bothwell zu haben, zu halten; mit brennenden Augen hat sie hingefiebert auf diese Stunde der Vermählung in dem Wahn: seine Nähe, seine Liebe würde alle Angst besiegen. Aber jetzt, da sie kein Ziel mehr hat, um fiebernd darauf hinzustarren, werden ihre Augen wach, sie sieht um sich und sieht mit einmal das Leere, das Nichts. Auch zwischen ihm, dem unsinnig Geliebten, und ihr scheinen gleich nach der Vermählung Unstimmigkeiten begonnen zu haben – immer, wenn zwei Menschen einander in das Verderben gestoßen haben, gibt einer dem andern die Schuld. Schon am Nachmittag dieses tragischen Hochzeitstages findet der französische Gesandte eine völlig verstörte und verzweifelte Frau; noch ist der Abend nicht gesunken, und schon steht zwischen den beiden Gatten plötzlich ein kalter Schatten. „Schon hat die Reue begonnen", berichtet Du Croc nach Paris, „als Donnerstag Ihre Majestät nach mir sandte, fiel mir ein sonderbares Benehmen zwischen ihr und ihrem Gatten auf. Sie wollte es entschuldigen, indem sie sagte: wenn ich sie traurig sähe, so wäre es, weil sie nie mehr Freude haben wollte und nur eines wünschte, den Tod. Gestern, wie sie in einem Zimmer mit Graf Bothwell eingeschlossen war, hörte man sie laut schreien, man solle ihr ein Messer geben, um sich zu töten. Die Leute vernahmen es im Nebenzimmer und fürchten, daß, wenn ihr Gott nicht zu Hilfe kommt, sie sich in ihrer Verzweiflung etwas antun wird". Bald melden neuerliche Berichte schwere Unstimmigkeiten zwischen den Ehegatten, angeblich betrachtet Bothwell die Scheidung von seiner jungen hübschen Gemahlin praktisch für ungültig und verbringt die Nächte mit ihr statt mit Maria Stuart. „Vom Tage der Hochzeit an", meldet abermals der Botschafter nach Paris, „waren der Tränen und Klagen Maria Stuarts kein Ende". Nun, da die Verblendete alles gewonnen hat, was sie dem Schicksal so glühend abverlangt, weiß sie, daß alles verloren ist und selbst der Tod noch Erlösung wäre aus dieser selbstgeschaffenen Qual.

Drei Wochen dauert im ganzen dieser bittre Honigmond Maria Stuarts und Bothwells; er ist eine einzige Angst und Agonie. Alles, was die beiden tun, um sich zu halten, sich zu retten, bleibt vergeblich. Bothwell behandelt in der Öffentlichkeit die Königin mit demonstrativer Ehrfurcht und Zärtlichkeit, er heuchelt Liebe und Demut, aber Worte und Gebärden zählen nicht mehr nach so fürchterlicher Tat; stumm und finster sieht die Stadt auf das verbrecherische Paar. Vergeblich wirbt der Diktator um das Volk, da die Adeligen sich fernhalten, er spielt den Liberalen, den Gütigen, den Frommen; er besucht die reformierten Predigten, jedoch die protestantische Geistlichkeit bleibt ebenso feindselig wie die katholische. Er schreibt demütige Briefe an Elisabeth: sie antwortet nicht. Er schreibt nach Paris: man blickt über ihn hinweg. Maria Stuart beruft die Lords: sie bleiben in Stirling. Sie fordert ihr Kind zurück: man liefert es nicht aus. Alles schweigt, alles bleibt grauenhaft stumm zu den beiden. Um eine gewisse Sicherheit und Heiterkeit vorzutäuschen, veranstaltet Bothwell noch hastig ein Maskenspiel und eine Wasserschlacht; selber reitet er zum Turnier, auf der Tribüne lehnt blaß die Königin und lächelt ihm zu; das Volk, immer neugierig, sammelt sich in Scharen, aber es jubelt nicht. Eine Lähmung der Angst, eine grausame Starre, die bei der ersten Bewegung in Zorn und Bitterkeit umschlagen muß, liegt über dem Lande.

Bothwell ist nun kein Mann, der sich sentimentalen Täuschungen hingibt. Als erfahrener Seemann spürt er in dieser lastenden Stille schon den kommenden Sturm. Entschlossen wie immer trifft er seine Vorbereitungen. Er weiß, man will ihm an das Leben, und das letzte Wort werden bald die Waffen sprechen; hastig rafft er darum von überall Reiter und Fußvolk zusammen, um gegen den Angriff gewappnet zu sein. Bereitwillig opfert Maria Stuart alles, was sie noch zu opfern hat, für seine Söldner, sie verkauft Juwelen, sie nimmt auf Borg, schließlich läßt sie sogar – eine Schmach für die schottische, eine Beleidigung für die englische

Königin – das eben erst erhaltene Patengeschenk Elisabeths, das goldene Taufbecken, einschmelzen, einzig um daraus ein paar Goldmünzen zu gewinnen und die Agonie ihrer Herrschaft zu verlängern. Aber in immer drohenderer Stummheit scharen sich die Lords zusammen, wie ein Gewölk zieht es heran gegen das Königsschloß, jeden Augenblick kann der Blitz niederfahren. Bothwell nun kennt die Hinterlist seiner Kameraden zu gut, um dieser Ruhe zu trauen, er weiß, daß die Heimtückischen einen Handstreich aus dem Dunkel gegen ihn planen; er will ihren Angriff nicht in dem unbefestigten Holyrood erwarten und flüchtet am 7. Juni, knappe drei Wochen nach dem Hochzeitstag, in das starke Kastell von Borthwick, wo er seine eigenen Leute näher weiß. Dorthin beruft auch für den 12. Juni Maria Stuart als eine Art letzten Aufgebots ihre „subjects, noblemen, knights, esquires, gentlemen and yeomen“ ein, in vollen Waffen und für sechs Tage mit Proviant versorgt; offenbar plant Bothwell, mit einem blitzschnellen Angriff die ganze Bande seiner Feinde niederzuschmettern, bevor sie sich gesammelt haben.

Aber gerade diese Flucht aus Holyrood macht den Lords Mut. Rasch rücken sie auf Edinburgh los und nehmen die Stadt ohne Widerstand. Der Mordhelfer James Balfour verrät schleunigst seinen Spießgesellen, er übergibt Bothwells Feinden das uneinnehmbare Schloß, und nun können unbesorgt tausend oder zweitausend Reiter nach Borthwick jagen, um sich Bothwells zu bemächtigen, ehe er seine Truppen kampfbereit hat. Doch Bothwell läßt sich nicht wie ein Hase fangen, rasch springt er aus dem Fenster und galoppiert davon, nur die Königin ist noch im Schlosse zurückgeblieben. Gegen ihre Monarchin wollen die Lords zunächst nicht die Waffen erheben, sie versuchen bloß, sie zu bereden, von ihrem Verderber, von Bothwell, abzulassen. Noch aber ist die unselige Frau ihrem Vergewaltiger mit Leib und Seele verfallen; in der Nacht zieht sie hastig Männerkleider an, schwingt sich kühn in den Sattel und reitet ohne Begleitung, alles hinter sich zurücklassend, nach Dunbar, um mit Bothwell zu leben oder zu sterben.

Ein bedeutsamer Wink sollte die Königin belehren, daß ihre Sache rettungslos verloren ist. Am Tage der Flucht nach Borthwick Castle verschwindet plötzlich „without leave-taking“ ihr letzter Berater, Maitland von Lethington, der einzige, der selbst in diesen Wochen der Verblendung ihr durch eine gewisse Wohlmeinung verbunden gewesen. Ein bedenklich langes Stück ihres schlimmen Weges war Maitland mit seiner Herrin gegangen, keiner hat vielleicht so eifrig an dem Mordnetz für Darnley mitgewoben. Aber jetzt spürt er den scharfen Wind gegen die Königin. Und als echter Diplomat, der immer zu den Machthabern und nie zu den Machtlosen sein Segel dreht, will er nicht länger auf seiten einer verlorenen Sache bleiben. Mitten im Getümmel der Übersiedlung nach Borthwick lenkt er leise sein Pferd aus dem Troß und reitet hinüber zu den Lords. Die letzte Ratte hat das sinkende Schiff verlassen.

Aber nichts kann Maria Stuart, die Unbelehrbare, jetzt noch einschüchtern oder warnen. Gefahr steigert in dieser außerordentlichen Frau immer nur jenen wilden Mut, der ihren tollsten Torheiten eine romantische Schönheit schenkt. In Dunbar findet sie, in Männerkleidern einreitend, kein königliches Gewand, keinen Harnisch, keine Rüstung. Aber gleichgültig! Vorbei ist das Hofhalten und Repräsentieren, jetzt gilt es Krieg. So borgt sich Maria Stuart von irgendeinem armen Weib die schlichte landesübliche Tracht, einen kurzen Kilt, einen roten Kittel, einen Samthut; mag sie auch unziemlich, unköniglich darin erscheinen, wenn sie nur mit ihm, nur neben dem Manne reiten kann, der jetzt für sie alles auf Erden ist, seit sie alles verloren. Bothwell schart seine improvisierte Rotte hastig zusammen. Keiner ist gekommen von den einberufenen Rittern und Edelleuten und Lords, längst hört das Land nicht mehr auf seine Königin – nur die zweihundert gemieteten Harkebusiere marschieren als Kerntruppe gegen Edinburgh, und mit ihnen trabt ein schlecht bewaffnetes Pack von Bauern und Borderers, zusammen kaum mehr als zwölfhundert Mann. Einzig Bothwells männlicher Wille treibt sie vorwärts, um den Lords zuvorzukommen. Er weiß, nur unsinnige Kühnheit kann manchmal noch retten, wo die Vernunft keinen Ausweg mehr findet.

Bei Carberry Hill, sechs Meilen von Edinburgh, begegnen einander beide Rotten (Armeen kann man sie kaum nennen). Zahlenmäßig sind die Getreuen Maria Stuarts überlegen. Aber keiner der Lords, keiner der trefflich berittenen Edelleute des Landes stellt sich unter das herausfordernd ausgebreitete Banner des königlichen Löwen; außer den gemieteten Harkebusieren leisten nur die eigenen Clansleute, schlecht gerüstet und wenig kampffroh, Bothwell Gefolgschaft. Ihnen gegenüber aber, nicht weiter als eine halbe Meile entfernt, so nahe, daß Maria Stuart jeden einzelnen ihrer Gegner erkennen kann, reihen sich jetzt auf prachtvollen Pferden die Lords zu schimmernder Schar, kriegsgewohnt und kriegsfreudig. Seltsam ist ihr Banner, das sie trotzig gegenüber der königlichen Standarte aufpflanzen. Auf der weißen Fläche ist ein Mann gemalt, der ermordet unter einem Baume liegt. Neben ihm kniet ein Kind, das weinend die Hände zum Himmel erhebt mit den Worten: „Richte und räche meine Sache, o Gott!“ Damit wollen die Lords, dieselben, die Darnleys Tod mit angestiftet haben, sich mit einmal als Darnleys Rächer ankündigen und dartun, daß sie einzig gegen seinen Mörder in Waffen stehen und nicht in Rebellion gegen die Königin.

Hell und farbig flattern die beiden Standarten im Wind. Aber es ist kein rechter Mut, der die Kriegsleute hüben und drüben beseelt. Keine der beiden Rotten rückt zum Angriff über den kleinen Bach, beide bleiben sie abwartend und beobachten einander. Die hastig zusammengeholten Grenzbauern Bothwells zeigen wenig Neigung, sich für eine Sache erschlagen zu lassen, von der sie nichts wissen und nichts verstehen. Die Lords wiederum empfinden noch immer ein gewisses Unbehagen, offen und klar mit Speer und Schwert gegen die rechtmäßige Königin anzureiten. Einen König durch eine gute Verschwörung um die Ecke zu bringen – man läßt dann ein paar arme Teufel hängen und erklärt feierlich seine Unschuld –, eine solche Praktik im Dunkel hat nie das Gewissen dieser Lords sonderlich belastet. Aber am lichten Tage mit offenem Visier gegen die Monarchin ansprengen, das widerspricht doch zu peinlich der Idee der Feudalität, die noch mit ungebrochener Macht das Jahrhundert beherrscht.

Dem französischen Gesandten Du Croc, der als neutraler Beobachter auf dem Schlachtfeld erschienen ist, entgeht nicht die unkriegerische Verfassung der beiden Parteien; eilig bietet er sich als Vermittler an. Eine Parlamentärflagge wird entfaltet, und den schönen Sommertag nutzend, lagern die beiden Heerhaufen friedlich jeder auf seiner Seite. Die Reiter steigen von den Pferden, das Fußvolk legt die schweren Waffen ab und hält Mahlzeit, indes Du Croc, von einer kleinen Eskorte begleitet, den Bach überquert und zu dem Hügel der Königin reitet.

Es wird eine sonderbare Audienz. Die Königin, die sonst den Gesandten Frankreichs immer in kostbarer Robe unter dem Baldachin empfangen, sitzt auf einem Stein, mit einem bunten Bauernrock bekleidet, der kurze Kilt deckt nicht einmal die Knie. Aber die Würde und der wilde Stolz in ihr ist nicht geringer als im höfischen Gewande. Erregt, blaß und übernächtigt, kann sie ihren Zorn nicht bemeistern. Als ob sie noch Herrin der Lage wäre, Herrin des Landes, verlangt sie, daß die Lords sofort ihr Gehorsam leisten sollten. Erst hätten sie Bothwell feierlich freigesprochen, jetzt klagten sie ihn des Mordes an. Erst hätten sie ihn ihr selbst zur Heirat vorgeschlagen, nun erklären sie diese Ehe als Verbrechen. Mit ihrer Entrüstung ist Maria Stuart zweifellos im Recht; aber die Stunde des Rechts ist immer vorüber, sobald einmal die Waffen erhoben sind. Während Maria Stuart mit Du Croc verhandelt, reitet Bothwell heran. Der Gesandte grüßt ihn, aber reicht ihm nicht die Hand. Nun nimmt Bothwell das Wort. Er spricht klar und ohne Rückhalt, kein Schatten von Angst trübt seinen freien und verwegenen

Blick; Du Croc muß wider seinen Willen die straffe Haltung dieses Desperados anerkennen. „Ich muß gestehen", sagt er in seinem Bericht, „daß ich in ihm einen großen Krieger sah, der mit Selbstbewußtsein sprach und der seine Leute verwegen, kühn und geschickt zu führen wußte. Ich konnte nicht umhin, ihn zu bewundern, denn er sah, daß seine Gegner entschlossen waren und er selbst kaum auf die Hälfte seiner Leute zählen konnte. Dennoch blieb er völlig unerschüttert." Bothwell bietet an, die ganze Angelegenheit durch einen Zweikampf mit jedem Lord gleichen Ranges zu erledigen. Seine Sache sei so gerecht, daß Gott gewiß mit ihm sein werde. Mitten in der verzweifelten Situation bleibt er sogar heiter genug, Du Croc vorzuschlagen, er möchte doch selbst von einem Hügel dem Kampf zuschauen, er werde daran seinen Spaß haben. Aber die Königin will nichts von einem Zweikampf hören. Noch immer hofft sie auf Unterwerfung, wie immer fehlt der rettungslosen Romantikerin der Sinn für die Wirklichkeit. Bald weiß Du Croc, daß sein Gang vergeblich war; der vornehme alte Mann möchte gern der Königin helfen, der die Tränen in den Augen stehen, aber solange sie von Bothwell nicht läßt, gibt es für sie keine Rettung, und von ihm will sie nicht lassen. Also ade! Höflich verbeugt er sich, langsam reitet er zu den Lords zurück.

Die Worte sind vorüber, nun sollte die Schlacht beginnen. Aber die Soldaten sind klüger als ihre Führer. Sie sehen, daß die großen Herren freundlich miteinander verhandeln. Wozu sollen dann sie, arme Schlucker, einander hinschlachten an einem so schönen und heißen Tag? Auffällig trödeln sie herum, und vergebens gebietet Maria Stuart, die ihre letzte Hoffnung sinken sieht, den Angriff. Jedoch die Leute gehorchen nicht mehr. Langsam bröckelt die zusammengetriebene Rotte, die jetzt schon sechs oder sieben Stunden lang müßig herumlungert, auseinander, und kaum bemerken dies die Lords, so lassen sie zweihundert Reiter vorrücken, um Bothwell und der Königin den Rückzug abzuschneiden. Jetzt erst begreift die Herrscherin, was ihnen droht. Und als wahrhaft Liebende denkt sie statt an sich selbst nur an den Geliebten, an Bothwell. Sie weiß, an sie selbst Hand anzulegen, wird keiner ihrer Untertanen wagen; ihn aber werden sie nicht schonen, schon damit er nicht manches ausplaudert, was den verspäteten Rächern Darnleys nicht willkommen sein könnte. So bändigt sie – zum erstenmal in all den Jahren – ihren Stolz. Sie sendet einen Boten mit einer Parlamentärflagge zu den Lords hinüber und ersucht den Führer der Reitertruppe, Kirkcaldy of Grange, allein zu ihr zu kommen.

Noch ist die Ehrfurcht vor dem geheiligten Befehl einer Königin Macht und Magie. Kirkcaldy of Grange läßt sofort seine Reiter anhalten. Er begibt sich allein zu

Maria Stuart, und ehe er das Wort nimmt, beugt er untertänig das Knie. Er stellt eine letzte Bedingung: die Königin möge von Bothwell lassen und mit ihnen nach Edinburgh zurückkehren. Dann ließe man Bothwell reiten, wohin er wolle, ohne ihn zu verfolgen.

Bothwell – prachtvolle Szene, prachtvoller Mann! – steht stumm dabei. Er spricht kein Wort zu Kirkcaldy, kein Wort zur Königin, um nicht ihren Entschluß zu beeinflussen. Er wäre, man fühlt es, bereit, auch als einzelner gegen diese zweihundert anzureiten, die am Fuße des Hügels, die Hände am Zügel, nur auf das erhobene Schwert Kirkcaldys warten, um die feindliche Linie zu überrennen. Erst, da er hört, daß die Königin Kirkcaldys Vorschlag zugestimmt, tritt Bothwell auf sie zu und umarmt sie – zum letztenmal, doch sie wissen es beide nicht. Dann springt er auf sein Pferd und stiebt in scharfem Galopp, nur begleitet von ein paar Dienern, davon. Der dumpfe Traum ist zu Ende. Nun kommt das völlige, das grausame Erwachen.

Das Erwachen kommt, fürchterlich und unerbittlich. Die Lords haben Maria Stuart versprochen, sie in Ehren nach Edinburgh zurückzuführen, und wahrscheinlich war dies auch ihre redliche Absicht. Aber kaum nähert sich die gedemütigte Frau in ihrem armen bestaubten Kleid dem Troß der Söldner, so zischt schlangenzüngig der Hohn empor. Solange die eiserne Faust Bothwells die Königin schirmte, hatte der Haß des Volkes sich geduckt. Jetzt, da niemand sie mehr schützt, schlägt er frech und respektlos empor. Eine Königin, die kapituliert hat, ist für die aufständischen Soldaten keine Herrscherin mehr. Immer dichter drängen sich ihre Rotten, erst neugierig, dann herausfordernd, heran und „Verbrennt die Hure! Verbrennt die Gattenmörderin!“ gellt es von allen Seiten. Vergeblich schlägt Kirkcaldy mit dem flachen Schwert drein, es hilft nichts, immer neu sammeln sich die Erbitterten, und im Triumph wird der Königin die Fahne mit dem Bildnis des ermordeten Gatten und des um Rache flehenden Kindes vorangetragen. Von sechs Uhr nachmittags bis zehn Uhr nachts, von Langside bis Edinburgh dauert dieser Spießrutengang. Aus allen Häusern, aus allen Dörfern strömt das Volk herbei, um das einzigartige Schauspiel einer eingefangenen Königin zu sehen, und manchmal wird der Zudrang der neugierigen Masse so stark, daß die Reihen der Soldaten durchbrochen werden und nur einer hinter dem andern fortmarschieren kann; niemals hat Maria Stuart tiefere Erniedrigung erfahren als an diesem Tag.

Aber man kann diese stolze Frau nur erniedrigen, man kann sie nicht beugen. Wie eine Wunde erst zu brennen beginnt, wenn sie verunreinigt wird, so spürt

Maria Stuart ihre Niederlage erst, seit man sie mit Hohn vergiftet. Ihr hitziges Blut, das Blut der Stuarts, das Blut der Guisen, schäumt auf, und statt sich klug zu verstellen, macht Maria Stuart die Lords für die Schimpfreden des Volkes verantwortlich. Wie eine gereizte Löwin fährt sie auf sie los, sie werde sie hängen und ans Kreuz schlagen lassen, und plötzlich packt sie Lord Lindsays Hand, der neben ihr reitet, und droht ihm: „Ich schwöre bei dieser Hand, daß ich deinen Kopf haben werde.“ Wie in allen gefährlichen Augenblicken wächst ihr überreizter Mut ins Unsinnige. Offen speit sie den Lords, obwohl sie ihr Schicksal in Händen halten, ihren Haß, ihre Verachtung entgegen, statt klug zu schweigen oder sie feige zu umschmeicheln.

Vielleicht macht diese Härte die Lords noch härter, als sie ursprünglich beabsichtigten. Denn nun, da sie merken, daß sie nie von ihr Vergebung zu erwarten haben, setzen sie alles daran, die Ungebärdige ihre Wehrlosigkeit bitter fühlen zu lassen. Statt die Königin nach Holyrood in ihr Schloß zu geleiten, das außerhalb der Stadtmauern liegt, zwingt man sie – der Weg führt an der Mordstätte von Kirk o'Field vorbei –, durch die mit Gaffern überfüllte Hauptstraße in die Stadt einzureiten. Dort, in High Street, wird sie in das Haus des Provosten wie zum Pranger geführt. Streng bleibt der Zugang verschlossen, keine einzige ihrer Edelfrauen und Dienerinnen wird eingelassen. Eine Nacht der Verzweiflung beginnt. Seit Tagen ist sie nicht aus ihren Kleidern gekommen, seit morgens hat sie keinen Bissen gegessen, Unermeßliches hat diese Frau erlebt vom Aufgang bis zum Niedergang der Sonne; ein Reich verloren und ihren Geliebten. Draußen sammelt sich unterhalb ihres Fensters wie vor einem Käfig eine unflätige Menge, die Wehrlose zu verhöhnen, gell prasseln die Schimpfworte des aufgereizten Pöbels zu ihr empor, und jetzt erst, da die Lords sie gedemütigt glauben, versuchen sie, zu verhandeln. Sie verlangen eigentlich nicht viel. Sie fordern nur, Maria Stuart möge sich von Bothwell endgültig lösen. Aber für eine verlorene Sache kämpft diese trotzige Frau mit noch mehr Kühnheit als für eine aussichtsreiche. Verächtlich weist sie den Vorschlag zurück, und selbst einer ihrer Gegner muß später gestehen: „Niemals habe ich eine tapferere und kühnere Frau gesehen als die Königin während dieser Szenen.“

Nachdem die Lords mit Drohungen Maria Stuart nicht zur Preisgabe Bothwells zwingen konnten, versucht es der klügste unter ihnen mit List. Maitland, ihr alter und sonst sogar treuer Berater, wendet feinere Mittel an. Er versucht, ihren Stolz, ihre Eifersucht aufzureizen, er berichtet ihr – vielleicht ist es Lüge, vielleicht ist es wahr, was weiß man bei einem Diplomaten? –, Bothwell habe ihre Liebe betrogen und sogar während der Woche seiner Vermählung den zärtlichen Umgang mit seiner jungen geschiedenen Frau noch weiter aufrechterhalten, ja ihr sogar zugeschworen, er betrachte einzig sie als seine rechtmäßige Frau und die Königin bloß als Konkubine. Aber Maria Stuart hat verlernt, irgendeinem dieser Betrüger zu glauben. Die Mitteilung steigert nur ihre Erbitterung, und so sieht Edinburgh das grauenhafte Schauspiel, daß die Königin von Schottland hinter dem vergitterten Fenster in zerrissenem Kleid, mit bloßer Brust und hängendem Haar wie eine Wahnsinnige plötzlich vorbricht und das inmitten seines Hasses doch erschütterte Volk hysterisch schluchzend anruft, man möge sie befreien, sie werde von ihren eigenen Untertanen im Gefängnis gehalten.

Allmählich wird die Situation unhaltbar. Die Lords möchten gern einlenken. Aber sie fühlen, daß sie schon zu weit gegangen sind, um noch zurückzukönnen. Nach Holyrood Maria Stuart als Königin wieder heimzuführen ist jetzt nicht mehr möglich. Im Hause des Provosten inmitten der aufgereizten Menge kann man sie gleichfalls nicht lassen, ohne ungeheure Verantwortung zu übernehmen und den Zorn Elisabeths und aller auswärtigen Souveräne herauszufordern. Der einzige, der den Mut, der die Autorität hätte, eine Entscheidung zu fällen, Moray, ist nicht im Lande; ohne ihn wagen die Lords keinen Entschluß. So beschließen sie, die Königin zunächst an eine sichere Stelle zu bringen, und als die sicherste wird das Schloß Lochleven gewählt. Denn dieses Schloß liegt inmitten eines Sees, abgeschlossen von jeder Verbindung mit dem Festlande, und seine Herrin ist Marguerite Douglas, die Mutter Morays, von der zu erwarten ist, daß sie der Tochter Maries von Guise, die ihr James V. abtrünnig gemacht, nicht allzu wohlgesinnt sein werde. Vorsichtig wird das gefährliche Wort „Gefangenschaft" in der Proklamation der Lords vermieden; die Abschließung soll nach der Verlautbarung nur dazu dienen, „die Person Ihrer Majestät von jeder Verbindung mit dem genannten Grafen Bothwell abzuhalten und sich nicht mit Leuten zu verständigen, die ihn vor der gerechten Bestrafung seines Verbrechens schützen wollten". Es ist eine halbe, eine provisorische Maßregel, aus Angst gezeugt und mit schlechtem Gewissen geboren: noch wagt sich der Aufstand nicht Rebellion zu nennen, noch schiebt man alle Schuld auf den flüchtigen Bothwell und verbirgt feige die geheime Absicht, Maria Stuart für immer vom Throne hinabzustoßen, unter Floskeln und Phrasen. Um das Volk zu täuschen, das schon Gericht und Hinrichtung der „whore" erwartet, wird Maria Stuart am Abend des 17. Juni mit einer Garde von dreihundert Mann nach Holyrood gebracht. Kaum aber sind die Bürger zu Bett, so formt sich ein kleiner Zug, um die Königin von dort nach Lochleven zu führen, und bis zum Morgengrauen dauert dieser einsame, dieser traurige Ritt. In der frühen Morgendämmerung sieht Maria Stuart vor sich den kleinen schimmernden See und inmitten das starkbefestigte, einsame, unzugängliche Schloß, das sie – wer weiß wie lange? – in Gewahrsam halten soll. In einem Boot rudert man sie hinüber, dann schließen sich hart die eisenbeschlagenen Pforten. Die leidenschaftliche und finstere Ballade von Darnley und Bothwell ist zu Ende; nun beginnt der düster melancholische Abgesang, die Chronik einer ewigen Gefangenschaft.

Fünfzehntes Kapitel
Die Absetzung

Sommer 1567

Von diesem Tage der Schicksalswende, diesem 17. Juni, da die Lords ihre Königin in Lochleven hinter Schloß und Riegel setzten, wird Maria Stuart nie mehr aufhören, ein Gegenstand europäischer Unruhe zu bleiben. Denn in ihrer Person ist ein neuartiges, geradezu revolutionäres Problem von unübersehbaren Weiterungen vor die Zeit gestellt: Was hat mit einem Monarchen zu geschehen, der sich in schroffen Gegensatz zu seinem Volke stellt und der Krone als unwürdig erwiesen hat? Die Schuld liegt hier unbestreitbar auf Seiten der Herrscherin: Maria Stuart hat durch ihren leidenschaftlichen Leichtsinn einen unmöglichen, einen untragbaren Zustand geschaffen. Gegen den Willen des Adels, des Volkes, der Geistlichkeit hat sie einen Mann, und überdies einen schon verheirateten Mann zum Gatten gewählt, den die öffentliche Meinung einhellig als den Mörder des Königs von Schottland bezeichnet. Sie hat Gesetz und Sitte mißachtet, und auch jetzt weigert sie sich noch, diese unsinnige Ehe für ungültig zu erklären. Selbst die wohlmeinendsten Freunde sind sich darüber einig, daß sie mit diesem Mörder an ihrer Seite nicht weiterhin Herrscherin von Schottland bleiben kann.

Aber welche Möglichkeiten bestehen, die Königin zu zwingen, entweder Bothwell zu verlassen oder zugunsten ihres Sohnes auf die Krone zu verzichten? Die Antwort ist niederschmetternd: Keine. Denn die staatsrechtlichen Handhaben gegen einen Monarchen sind zu jener Zeit gleich Null, noch ist dem Volkswillen kein Einspruch oder Tadel gegen seinen Herrscher verstattet, alle Jurisdiktion endet vor den Stufen des Throns. Noch steht der König nicht im Raum des bürgerlichen Rechts, sondern außerhalb und oberhalb dieses Rechts. Gottgeweiht wie der Priester, darf er sein Amt weder weitergeben noch verschenken.

Niemand vermag einen Gesalbten seiner Würde zu entkleiden, und eher kann man im Sinn der absolutistischen Weltanschauung einem Herrscher das Leben nehmen als die Krone. Man kann ihn ermorden, aber nicht absetzen, denn Zwang gegen ihn zu üben hieße das hierarchische Gefüge des Kosmos zerbrechen. Vor diese neuartige Entscheidung hat Maria Stuart mit ihrer verbrecherischen Ehe die Welt gestellt. In ihrem Schicksal entscheidet sich nicht nur ein einzelner Konflikt, sondern ein geistiges, ein weltanschauliches Prinzip.

Darum suchen auch die Lords, obwohl charaktermäßig alles eher denn umgänglich, so fieberhaft nach einer gütlichen Lösung. Aus der Ferne der Jahrhunderte fühlt man noch deutlich ihr Unbehagen vor der eigenen revolutionären Tat, ihre Herrscherin hinter Schloß und Riegel gesetzt zu haben, und anfangs wird tatsächlich Maria Stuart eine Rückkehr noch leicht gemacht. Es genügte, wenn sie die Heirat mit Bothwell als illegal erklärte und damit ihren Irrtum eingestände. Dann könnte sie, zwar stark geschwächt in ihrer Beliebtheit und Autorität, noch leidlich in Ehren zurückkehren, sie könnte wieder in Holyrood wohnen und einen neuen, einen würdigeren Gemahl wählen. Aber noch ist Maria Stuart der Star nicht gestochen. Noch begreift sie nicht in ihrem Unfehlbarkeitsdünkel, daß sie mit den rasch aufeinanderfolgenden Skandalen Chastelard, Rizzio, Darnley, Bothwell sich sträflichen Leichtsinns schuldig gemacht hat. Nicht zur geringsten Konzession läßt sie sich herbei. Gegen ihr eigenes Land, gegen die ganze Welt verteidigt sie den Mörder Bothwell und behauptet, nicht von ihm lassen zu können, weil sonst ihr Kind, das sie von ihm erwarte, als Bastard zur Welt kommen würde. Noch immer lebt sie in einer Wolke, noch will die Romantikerin nicht die Wirklichkeit begreifen. Aber dieser Trotz, den man ganz nach Neigung töricht nennen kann oder großartig, fordert alle Gewalttätigkeiten, die gegen sie begangen werden, gewaltsam heraus und damit eine Entscheidung, die noch über Jahrhunderte reicht: nicht nur sie, sondern auch der Enkel ihres Blutes, Karl I., wird diesen Anspruch auf unbeschränkte Fürstenwillkür mit seinem Blute bezahlen.

Allerdings: zunächst kann sie noch auf eine gewisse Hilfe rechnen. Denn ein solcher weithin sichtbarer Konflikt zwischen einer Fürstin und ihrem Volk kann die Mitbeteiligten, die Standesbrüder, die anderen Monarchen Europas keineswegs gleichgültig lassen; vor allem stellt sich Elisabeth entschlossen auf die Seite ihrer bisherigen Gegnerin. Oft und oft ist es als Zeichen der Wetterwendischkeit und Unaufrichtigkeit Elisabeths betrachtet worden, daß sie nun auf einmal so unbedingt für ihre Rivalin eintritt. Aber in Wirklichkeit ist das Verhalten Elisabeths völlig eindeutig, völlig logisch und klar. Denn wenn sie jetzt energisch zu Maria Stuart steht, so nimmt sie damit keineswegs – dieser Unterschied muß mit aller Schärfe betont werden – Partei für Maria Stuart, Partei für die Frau, Partei für ihr dunkles und mehr als verdächtiges Verhalten. Sondern sie nimmt als Königin Partei für die Königin, für die unsichtbare Idee der Unantastbarkeit des fürstlichen Rechts und damit für die eigene Sache. Elisabeth ist der Treue ihres eigenen Adels viel zuwenig gewiß, als daß sie dulden könnte, daß im Nachbarlande ungestraft das Beispiel gegeben werde, wie aufrührerische Untertanen gegen eine Königin die Waffen ergreifen und sie gefangensetzen; in schroffem Gegensatz zu ihrem Cecil, der viel lieber den protestantischen Lords Schützendienste geleistet hätte, ist sie entschlossen, die Aufrührergegen die Königsmajestät schleunigst wieder zum Gehorsam zu zwingen, denn sie verteidigt in Maria Stuarts Geschick ihre eigene Position, und ausnahmsweise darf man ihr diesmal wirklich glauben, wenn sie sagt, sie fühle sich durch Anteilnahme bis ins Tiefste bewegt. Sofort kündigt sie der gestürzten Königin ihre schwesterliche Unterstützung an, nicht aber, ohne zugleich der Frau mit eindringlicher Schärfe ihre Schuld vorzuhalten. Deutlich scheidet sie ihre private Ansicht von ihrer staatsmännischen Haltung: „Madame“, schreibt sie ihr, „man hat es immer als einen besonderen Grundsatz der Freundschaft betrachtet, daß Glück Freunde schaffe, Unglück dagegen Freunde erprobe; und da wir jetzt eine Gelegenheit sehen, unsere Freundschaft durch die Tat zu beweisen, haben wir es sowohl wegen unserer Stellung als auch Ihretwegen für richtig erachtet, Ihnen in diesen wenigen Worten unsere Freundschaft zu bezeugen ... Madame, ich sage Ihnen ganz offen, unser Kummer ist nicht gering gewesen, daß Sie in Ihrer Heirat so wenig Zurückhaltung walten ließen und wir feststellen mußten, daß Sie keinen einzigen guten Freund in der Welt haben, der Ihr Verhalten billigt; und wir würden lügen, wenn wir Ihnen etwas anderes sagen oder schreiben würden. Denn wie hätten Sie Ihre Ehre schlimmer beflecken können, als indem Sie in solcher Hast einen Menschen heirateten, der, abgesehen von andern allgemein berüchtigten Eigenschaften, von der öffentlichen Meinung des Mordes an Ihrem verstorbenen Gatten beschuldigt wird und Sie dadurch überdies der Mitschuld verdächtigt, obwohl wir zuversichtlich hoffen, daß dies nicht wahr sei. Und unter was für Gefahren haben Sie diesen Mann geheiratet, dessen Gattin noch am Leben ist, so daß Sie weder nach göttlichem noch nach irdischem Gesetz seine rechtmäßige Frau werden können und auch Ihre Kinder nicht legitim sein werden! Sie sehen also klar, was wir von dieser

Heirat denken, und wir bedauern aufrichtig, daß wir keine bessere Meinung fassen können, so stichhaltige Gründe auch Ihr Bote anführte, um uns dazu zu überreden. Wir hätten gewünscht, daß nach dem Tode Ihres Gatten Ihre erste Sorge gewesen wäre, die Mörder zu ergreifen und zu bestrafen. Wenn das tatsächlich geschehen wäre – und es wäre leicht gewesen bei einer so offenkundigen Sache – , so wären vielleicht viele Dinge in Ihrer Heirat tragbarer erschienen. So können wir aus Freundschaft zu Ihnen und wegen der natürlichen Bande des Bluts zwischen uns und Ihrem verstorbenen Gatten nur sagen, daß wir alles tun wollen, was in unserer Macht steht, den Mord gebührend zu sühnen, wer immer von Ihren Untertanen ihn begangen hat und wenn er Ihnen noch so nahe steht."

Das sind klare Worte, scharf und schneidend wie ein Messer, Worte, an denen nichts zu deuten und zu deuteln ist. Sie zeigen, daß Elisabeth, die zweifelsohne die Ereignisse von Kirk o'Field durch ihre Späher und durch Morays private Mitteilungen verläßlicher kannte als Jahrhunderte später die leidenschaftlichen Weißwäscher Maria Stuarts, von der Mitschuld Maria Stuarts völlig überzeugt war. Mit ausgestrecktem Finger weist sie auf Bothwell als den Mörder hin, und es ist bedeutungsvoll, daß sie in diesem diplomatischen Briefe nur das höfliche Wort anwendet, „sie hoffe" – nicht etwa: sie sei überzeugt –, daß Maria Stuart an dem Morde nicht mitschuldig sei. „Ich hoffe" ist ein höchst laues Wort bei einem derart verbrecherischen Akt, und mit feinerem Ohr hört man aus dem Tonfall, daß Elisabeth keineswegs für die Makellosigkeit Maria Stuarts einstehen will, sondern bloß aus Solidarität wünscht, sie möge schleunig dem Skandal ein Ende bereiten. So heftig aber Elisabeth persönlich von Maria Stuarts Verhalten abrückt, um so hartnäckiger schützt sie deren Würde – sua res agitur – als Herrscherin. „Um Sie aber", fährt sie in diesem bedeutsamen Briefe fort, „in Ihrem Unglück zu trösten, von dem wir vernommen haben, versichern wir Ihnen, daß wir alles tun wollen, was in unserer Macht steht und was wir für geeignet halten, Ihre Ehre und Sicherheit zu beschützen."

Und Elisabeth hält tatsächlich Wort. Sie gibt ihrem Botschafter Auftrag, allen Maßnahmen der Aufrührer gegen Maria Stuart mit schroffem Protest entgegenzutreten; klar läßt sie die Lords wissen, daß sie im Falle einer Gewalttat sogar zum Kriege bereit sei. In einem schneidend harten Briefe verweist sie ihnen die Anmaßung, Gericht über eine gesalbte Königin abhalten zu wollen. „Wo findet sich in der Heiligen Schrift eine Stelle, die den Untertanen erlaubt, ihren Fürsten abzusetzen? In welcher christlichen Monarchie gibt es ein geschriebenes Gesetz, dem zufolge Untertanen die Person ihres Fürsten antasten, in Gefangenschaft setzen oder vor Gericht stellen können? ... Wir verurteilen ebensosehr wie die Lords die Ermordung unseres Vetters, des Königs, und die Heirat unserer Schwester mit Bothwell hat uns mehr unwillig gemacht als irgendeinen von ihnen. Aber wir können die spätere Handlungsweise der Lords gegen die Königin von Schottland nicht erlauben und dulden. Da nach dem Gebot Gottes sie die Untertanen sind und jene die Gebieterin, durften sie sie nicht zwingen, auf ihre Anklage zu antworten, denn es entspricht nicht der Natur, daß der Kopf den Füßen Untertan sei."

Aber zum erstenmal stößt Elisabeth bei den Lords, obzwar die meisten seit Jahren heimlich in ihrem Solde stehen, auf offenen Widerstand. Seit dem Rizziomord wissen sie zu genau, was sie erwartet, wenn Maria Stuart wieder zur Herrschaft gelangte, denn keine Drohung und keine Verlockung hat sie bisher bewegen können, von Bothwell abzulassen, und die schrillen Flüche auf dem Ritt nach Edinburgh, mit denen die Gedemütigte Rache auf ihr Haupt geschworen, gellen ihnen noch unheilverkündend im Ohr. Nicht dazu haben sie erst Rizzio, dann Darnley, dann Bothwell aus dem Wege geräumt, um wieder willige und machtlose Untertanen dieser unberechenbaren Frau zu werden: für sie wäre es unermeßlich bequemer, Maria Stuarts Sohn, ein einjähriges Kind, zum König zu krönen, denn ein Kind kann nicht befehlen, und sie wären die zwei Jahrzehnte seiner Unmündigkeit wieder die unbestrittenen Herren des Landes.

Aber trotz allem würden die Lords den Mut nicht aufbringen zu offenem Widerstand gegen ihre Geldgeberin Elisabeth, spielte ihnen nicht der Zufall eine unerwartete, eine wahrhaft mörderische Waffe gegen Maria Stuart in die Hände. Sechs Tage nach der Schlacht von Carberry Hill kommt ihnen dank eines gemeinen Verrats eine höchst willkommene Nachricht zu. James Balfour, der Spießgeselle Bothwells bei Darnleys Ermordung, der jetzt, da der Wind umgeschlagen, sich unbehaglich fühlt, sieht nur eine Möglichkeit, sich zu retten: durch eine neue Schurkerei. Um sich die Freundschaft der Machthaber zu sichern, verrät er seinen geächteten Freund. Heimlich steckt er den Lords die wichtige Nachricht zu, der flüchtige Bothwell habe einen seiner Diener nach Edinburgh mit dem Auftrag entsendet, unauffällig eine zurückgelassene Kassette mit wichtigen Dokumenten aus dem Schlosse herauszuschmuggeln. Sofort wird dieser Diener, namens Dalgleish, gefaßt, scharf mit der Folter gepeinigt, und in seiner Todesangst gibt der Gequälte das Versteck an. Nach seinen Weisungen wird, unter einem Bett verborgen, eine kostbare silberne Kassette entdeckt und hervorgeholt, die seinerzeit Franz II. seiner Gattin Maria Stuart geschenkt hatte und die sie ihrerseits wie alles, was sie besaß, an den unermeßlich Geliebten, an Bothwell, gegeben. In diesem festen, nur mit kunstreichen Schlüsseln zu öffnenden Schrein pflegte Bothwell seitdem seine privaten Dokumente aufzubewahren, vermutlich auch das Heiratsversprechen, die Briefe der Königin, aber auch allerlei Dokumente, welche die Lords kompromittieren. Wahrscheinlich – nichts ist verständlicher – war es ihm zu gefährlich gewesen, Schriftstücke von solcher Wichtigkeit auf der Flucht nach Borthwick und in die Schlacht mitzunehmen. So hatte er sie lieber an sicherer Stelle im Schlosse versteckt, um sie im gegebenen Augenblick von einem verläßlichen Diener nachbringen zu lassen. Denn sowohl der „bond" mit den Lords als auch das Heiratsversprechen der Königin und ihre vertraulichen Briefe können ihm in schwierigen Augenblicken prächtig zu Erpressung oder Rechtfertigung dienen: mit solchen schriftlichen Bekenntnissen hatte er einerseits die Königin in der Hand, falls die Wetterwendische Neigung zeigen sollte, von ihm abzufallen, und andererseits die Lords, falls sie ihn des Mordes anklagen wollten. Kaum halbwegs in Sicherheit, mußte darum für den Geächteten das Wichtigste sein, sich wieder in den Besitz dieser handgreiflichen Belastungsbeweise zu setzen. Ein Glücksfall ohnegleichen ist darum gerade in diesem Augenblick für die Lords ein so unvermuteter Fang: denn jetzt können sie einerseits alles Schriftliche unkontrolliert aus der Welt schaffen, das sie selbst der Mitschuld überführt, und andererseits alles, was die Königin belastet, rücksichtslos gegen sie verwerten.

Eine Nacht behält das Haupt der Bande, der Earl of Morton, die verschlossene Kassette in seiner Hut, am nächsten Tag werden die andern Lords, darunter auch – die Tatsache ist wichtig – Katholiken und Freunde Maria Stuarts, zusammenberufen und in ihrer Gegenwart dann die verschlossene Truhe mit Gewalt aufgebrochen. Sie enthält die berühmten Kassettenbriefe sowie die Sonette von ihrer Hand. Und ohne nochmals die Frage zu erörtern, ob die gedruckten Texte mit jenen Originalen völlig übereinstimmen – eines zeigt sich sogleich, nämlich, daß der Inhalt dieser Briefe ein für Maria Stuart schwer belastender gewesen sein muß. Denn von dieser Stunde an wird das Auftreten der Lords ein anderes: kühner, sicherer, nackensteifer. Im ersten Jubel werfen sie die Nachricht rasch in die Winde, am selben Tage noch, ehe sie Zeit haben konnten, jene Dokumente abzuschreiben – geschweige denn zu fälschen –, senden sie einen Boten zu Moray nach Frankreich, um ihm mündlich den ungefähren Inhalt des hauptsächlich belastenden Briefes mitzuteilen. Sie verständigen den französischen Botschafter, sie verhören hochnotpeinlich die gefangenen Diener Bothwells und nehmen mit ihnen Protokolle auf: eine solche siegesgewisse, zielstrebige Haltung wäre undenkbar, wenn die Papiere nicht die gefährliche Verstrickung Maria Stuarts mit Bothwell prozessual überzeugend dargetan hätten. Mit einem Schlag hat sich die Situation für die Königin bedenklich verdüstert.

Denn die Entdeckung dieser Briefe in diesem kritischen Augenblick bedeutet eine ungeheure Stärkung der Position der Rebellen. Sie gibt ihnen endlich die lang ersehnte moralische Motivierung für ihre Unbotmäßigkeit. Bisher hatten sie bloß Bothwell als den Schuldigen am Königsmord bezeichnet, sich aber gleichzeitig wohl gehütet, dem Flüchtigen ernstlich nachzusetzen, aus Furcht, er könnte ihre eigene Mitschuld anprangern. Gegen die Königin dagegen hatten sie nichts anderes bisher vorbringen können, als daß sie diesen Mörder geheiratet hätte. Jetzt aber, dank dieser Briefe, „entdecken" sie mit einmal, die Unschuldigen und Ahnungslosen, daß die Königin mitschuldig gewesen, und durch ihre unvorsichtig-schriftlichen Geständnisse steht diesen geübten und zynischen Erpressern ein mächtiges Mittel zur Verfügung, um auf den Willen der Königin zu drücken. Jetzt haben sie endlich den Hebel in der Hand, sie zu zwingen, „freiwillig" die Krone auf ihren Sohn zu übertragen, oder, wenn sie sich weigert, sie öffentlich des Ehebruchs und der Mordbeihilfe anklagen zu lassen.

Anklagen zu lassen und nicht anzuklagen. Denn die Lords wissen wohl, daß Elisabeth ihnen selbst eine Jurisdiktion über ihre Königin niemals zubilligen würde. So bleiben sie vorsichtig im Hintergrund und lassen die Forderung eines öffentlichen Prozesses lieber durch Dritte instrumentieren. Dieses Geschäft, die öffentliche Meinung gegen Maria Stuart aufzureizen, übernimmt nun gerne für sie mit seiner ehrlichen harten Haßfreude John Knox. Nach der Ermordung Rizzios war der fanatische Agitator vorsichtig außer Landes gegangen. Jetzt aber, da sich all seine düsteren Prophezeiungen über die „blutige Jezabel" und das Unheil, das sie durch ihre Leichtfertigkeit anstiften werde, in verblüffender Weise erfüllt und übertroffen haben, kehrt er im Mantel des Propheten nach Edinburgh zurück. Von der Kanzel her wird nun laut und deutlich die Forderung nach einem Prozeß gegen die sündige Papistin gestellt, der biblische Priester verlangt das Gericht über die ehebrecherische Königin. Von Sonntag zu Sonntag schlagen die reformierten Prediger immer schärfere Töne an. Es dürfe ebensowenig, rufen sie von den Kanzeln herab in die begeisterte Menge, einer Königin wie der geringsten Frau im Lande Ehebruch und Mord nachgesehen werden. Klar und deutlich begehren sie die Hinrichtung Maria Stuarts, und diese ständige Aufreizung verfehlt ihre Wirkung nicht. Bald ergießt sich der Haß von der Kirche auf die Straße. Erregt von der Aussicht, eine Frau, zu der sie so lange ängstlich emporgeblickt, im Armesünderkleid zum Schafott geführt zu sehen, verlangt der Pöbel, dem bisher in Schottland noch niemals Stimme und Wort gegeben war, öffentlichen Prozeß, und mit besonderem Eifer toben die Frauen gegen die Königin. „The women were most furious and impudent against her, yet the men were bad enough." Denn jede arme Frau in Schottland weiß, daß Pranger und Scheiterhaufen ihr Los gewesen wäre, wenn sie ehebrecherischer Lust ebenso kühn nachgegeben hätte – soll gerade diese eine Frau, weil eine Königin, ungestraft buhlen und morden dürfen und dem Feuerbrand entgehen? Immer wilder braust der Ruf: „Verbrennt die Hure!" – „Burn the whore!" – durch das Land. Und voll redlicher Angst berichtet der englische Botschafter nach London: „Es ist zu fürchten, daß diese Tragödie in der Person der Königin so enden werde, wie sie mit David, dem Italiener, und dem Gatten der Königin begonnen hat."

Mehr haben die Lords nicht gewollt. Nun steht das schwere Geschütz aufgefahren, um jeden weiteren Widerstand Maria Stuarts gegen eine „freiwillige" Abdankung zu zerschmettern. Schon sind die Akten vorbereitet, um die Forderung John Knoxens nach Anklage der Königin zu erfüllen, und zwar soll Maria Stuart angeklagt werden wegen „Verletzung der Gesetze" und – man wählt ein vorsichtiges Wort – „wegen ungebührlichen Verhaltens mit Bothwell und anderen" (incontinence with Bothwell and others). Weigert sich jetzt die Königin noch immer, abzudanken, so können die in der Kassette gefundenen Briefe im offenen Gerichtssaal verlesen und ihre Schmach enthüllt werden. Damit wäre die Rebellion vor der Welt genugsam gerechtfertigt. Für eine durch ihre eigene Handschrift überführte Mordhelferin und Buhlerin würden dann auch Elisabeth und die andern Monarchen nicht mehr als Verteidiger eintreten können.

Bewaffnet mit dieser Androhung öffentlichen Tribunals, reisen Melville und Lindsay am 25. Juli nach Lochleven. Sie tragen drei ausgefertigte Pergamente mit, die Maria Stuart unterzeichnen muß, wenn sie sich vor der Schmach öffentlicher Anklage retten will. In dem ersten hat Maria Stuart zu erklären, sie sei müde des Herrschens und „zufrieden", die Last der Krone abzulegen, die sie weder Kraft noch Neigung habe, länger zu tragen. Der zweite Akt enthält die Zustimmung zur Krönung ihres Sohnes, der dritte die Einwilligung zur Übertragung der Regentschaft auf ihren Stiefbruder Moray oder einen Ersatzregenten.

Das Wort führt Melville, von all den Lords derjenige, der ihr menschlich am nächsten steht. Zweimal war er schon vordem gekommen, um den Konflikt gütlich zu schlichten und sie zur Abkehr von Bothwell zu bereden; beide Male hatte sie abgelehnt, weil sonst das Kind, das sie von Bothwell im Schöße trage, als Bastard zur Welt käme. Jetzt aber, nach der Auffindung der Briefe, geht es hart auf hart. Zuerst leistet die Königin auf leidenschaftlichste Weise Widerstand. Sie bricht in Tränen aus, sie schwört, sie wolle lieber auf das Leben verzichten als auf die Krone, und diesen Eid hat sie durch ihr Schicksal wahr gemacht. Aber rückhaltslos und in den krassesten Farben malt ihr Melville aus, was sie erwartet: die öffentliche Verlesung der Briefe, die Vernehmung der gefangenen Diener Bothwells, das Tribunal mit Verhör und Verurteilung. Mit Schauern wird Maria Stuart ihrer Unvorsichtigkeit gewahr, und in welchen Schmutz, in welche Schande sie sich verstrickt hat. Allmählich bricht die Angst vor öffentlicher Erniedrigung ihre Kraft. Nach langem Zögern, nach wilden Ausbrüchen der Empörung, der Entrüstung, der Verzweiflung, gibt sie endlich nach und unterzeichnet die drei Dokumente. Die Vereinbarung ist geschlossen. Aber wie immer bei schottischen „Bonds", denkt keine der beiden Parteien ernstlich daran, sich an Eid und Wort gebunden zu halten. Die Lords werden nichtsdestoweniger die Briefe Maria Stuarts vor dem Parlament verlesen und ihre Mitschuld in die Welt posaunen, um ihr die Rückkehr unmöglich zu machen. Andererseits betrachtet sich Maria Stuart ebensowenig als entthront, weil sie einen Federstrich Tinte auf ein totes Pergament gesetzt hat. Alles, was dieser Welt Wirklichkeit und Wesen gibt, Ehre, Eid, Schwur, war allezeit für sie nichtig gegenüber der innern Wahrheit ihres Königrechts, das sie so unlösbar von ihrem Leben fühlt wie das warme, strömende Blut in ihren Adern.

Wenige Tage später wird der kleine König gekrönt: das Volk muß sich mit einem mindern Schauspiel begnügen, als es ein munteres Autodafé auf offenem Platze gewesen wäre. Die Zeremonie findet in Stirling statt, Lord Atholl trägt die Krone, Morton das Zepter, Glencairn das Schwert und Mar in seinen Armen den Knaben, der von dieser Stunde an James VI. von Schottland genannt wird. Und daß John Knox die Segnung vornimmt, soll vor der Welt bezeugen, daß dies Kind, dieser neugekrönte König, für alle Zeiten den Fallstricken des römischen Irrglaubens entrissen ist. Vor den Toren jubelt das Volk, festlich läuten die Glocken, Bonfires werden im ganzen Lande entzündet. Für den Augenblick – immer nur für einen Augenblick – herrscht wieder Freude und Friede in Schottland.

Nun, da alle grobe und peinliche Arbeit von den anderen besorgt ist, kann Moray, der Mann des feinen Spiels, als Triumphator heimkehren. Wieder einmal hat sich seine perfide Politik bewährt, bei gefährlichen Entscheidungen lieber im Hintergrund zu bleiben. Er war abwesend gewesen bei der Ermordung Rizzios, bei der Ermordung Darnleys, er hat nicht teilgehabt an dem Aufstand gegen seine Schwester: kein Makel befleckt seine Loyalität, kein Blut seine Hände. Alles hat für den klug Abwesenden die Zeit getan. Weil er berechnend zu warten gewußt, fällt ihm auf die ehrenhafteste Weise und ohne Mühe alles zu, was er tückisch für sich angestrebt. Einhellig bieten ihm als dem Klügsten die Lords die Regentschaft an.

Aber Moray, zum Herrscher geboren, weil er sich selbst zu beherrschen weiß, greift keineswegs gierig zu. Er ist zu klug, sich von Männern, über die er späterhin gebieten will, eine solche Würde wie eine Gnade verleihen zu lassen. Außerdem will er den Anschein vermeiden, als käme er, der liebende und unterwürfige Bruder, ein Recht zu beanspruchen, das seiner Schwester gewaltsam entrissen wurde. Sie selbst soll ihm – psychologischer Meisterstreich – diese Regentschaft aufdrängen: von beiden Parteien will er bestallt und gebeten sein, von den rebellischen Lords und der entthronten Königin. Die Szene seines Besuches in Lochleven ist eines großen Dramatikers würdig. Impulsiv wirft sich, kaum daß sie ihn erblickt, die unglückliche Frau schluchzend in ihres Stiefbruders Arme. Jetzt hofft sie, endlich alles zu finden, Trost, Unterstützung und Freundschaft und vor allem den so lange entbehrten aufrichtigen Rat. Aber Moray blickt mit gespieltem Frost auf ihre Erregung. Er führt sie in ihr Zimmer, hält ihr mit harter Rede vor, was sie begangen, mit keinem Wort verheißt er ihr Hoffnung auf Nachsicht. Vollkommen verstört durch seine schneidende Kälte bricht die Königin in Tränen aus und versucht, sich zu entschuldigen, sich zu erklären. Aber Moray, der Ankläger, schweigt, schweigt und schweigt mit verdüsterter Stirn; er will in der verzweifelten Frau die Angst wach halten, als ob sein Schweigen eine noch bösere Botschaft verberge. Die ganze Nacht läßt Moray seine Schwester im Fegefeuer dieser Angst; das furchtbare Gift der Unsicherheit, das er ihr eingeträufelt, soll bis tief nach innen brennen. Die schwangere Frau, unkund der Vorgänge in der äußern Welt – man hat den ausländischen Botschaftern jeden Besuch verweigert –, weiß nicht, was ihr bevorsteht, Anklage oder Gericht, Schmach oder Tod. Schlaflos verbringt sie die Nacht, und am nächsten Morgen ist ihre Widerstandskraft völlig gebrochen. Nun setzt Moray allmählich mit Milde ein. Er deutet vorsichtig an, für den Fall, daß sie keinen Versuch unternehme, zu fliehen oder sich mit auswärtigen

Mächten zu verständigen, und vor allem, wenn sie nicht länger an Bothwell festhalte, könnte man vielleicht – vielleicht – er sagt es mit ungewissem Ton – noch versuchen, ihre Ehre vor der Welt zu retten. Schon dieser schüchterne Schimmer einer Hoffnung belebt die leidenschaftliche, verzweifelte Frau. Sie wirft sich in ihres Bruders Arme, sie bittet, sie fleht ihn an, er möge die Regentschaft übernehmen. Nur dann sei ihr Sohn gesichert, das Königreich wohl verwaltet und sie selber außer Gefahr. Sie bittet und bittet, und Moray läßt sich lange und vor Zeugen bitten, ehe er endlich großmütig annimmt, was aus ihrer Hand zu erhalten er einzig gekommen war. Nun kann er zufrieden weggehen, getröstet bleibt Maria Stuart zurück, denn nun, da sie die Macht in ihres Bruders Hand weiß, kann sie hoffen, daß jene Briefe Geheimnis bleiben werden und damit ihre Ehre vor der Welt gewahrt.

Aber für Machtlose gibt es kein Mitleid. Sobald Moray die Herrschaft in seinen harten Händen hat, wird es sein erstes sein, eine Rückkehr seiner Schwester für immer zu verhindern: als Regent muß er die unbequeme Prätendentin moralisch erledigen. Von einer Freilassung aus der Gefangenschaft ist keine Rede mehr, im Gegenteil, alles wird getan, Maria Stuart dauernd festzuhalten. Obgleich er sowohl Elisabeth als auch seiner Schwester versprochen hatte, deren Ehre zu schützen, duldet er doch, daß im schottischen Parlament am 15. Dezember die kompromittierenden Briefe und Sonette Marias an Bothwell aus der silbernen Kassette geholt, vorgelesen, verglichen und einhellig für eigenhändig erkannt werden. Vier Bischöfe, vierzehn Äbte, zwölf Earls, fünfzehn Lords und mehr als dreißig Angehörige des Kleinadels, darunter mehrere nahe Freunde der Königin, bekräftigen mit Ehre und Eid die Echtheit dieser Briefe und Sonette, keine einzige Stimme, selbst die ihrer Freunde nicht – wichtiges Faktum –, erhebt den mindesten Zweifel, und damit wird die Szene zum Tribunal; unsichtbar steht die Königin vor ihren Untertanen vor Gericht. Alles, was Widerrechtliches in den letzten Monaten geschehen war, der Aufstand, die Gefangenennahme, wird nach der Verlesung der Briefe nun als rechtlich gutgeheißen, ausdrücklich wird erklärt, daß die Königin ihr Schicksal verdient habe, da sie „art and part", wissend und tätig an der Ermordung ihres rechtmäßigen Gemahls teilgenommen habe, und zwar, „sei dies erwiesen durch die Briefe, die sie mit eigener Hand vor und nach der Ausführung der Tat an Bothwell, den Haupttäter dieses Mordes, geschrieben habe, sowie durch jene unwürdige Heirat sofort nach dem Morde". Damit außerdem noch die ganze Welt Maria Stuarts Schuld erfahre und allen kund sei, daß die biederen, ehrlichen Lords nur aus reiner moralischer Entrüstung zu Rebellen geworden seien, werden Abschriften jener Briefe an alle auswärtigen Höfe geschickt; damit ist Maria Stuart öffentlich das Brandmal der Verfemten aufgedrückt. Und mit diesem roten Zeichen auf der Stirn wird sie, so hoffen Moray und die Lords, nie mehr die Krone für ihr schuldiges Haupt zu fordern wagen.

Aber Maria Stuart ist zu sehr vermauert in ihre königliche Selbstgewißheit, als daß Schimpf oder Schande sie demütigen könnten. Kein Brandmal, so fühlt sie, kann eine Stirn entstellen, die den Kronreif getragen und die gesalbt ist mit dem heiligen Öl der Berufung. Keinem Spruch und keinem Befehl wird sie das Haupt beugen; je gewaltsamer man sie niederzwingen will in ein kleines und rechtloses Schicksal, um so entschlossener bäumt sie sich auf. Ein solcher Wille läßt sich nicht dauernd verschließen; er sprengt alle Mauern, er überflutet alle Dämme. Und legt man ihn in Ketten, so wird er ungestüm daran rütteln, daß die Wände und Herzen erbeben.

Sechzehntes Kapitel
Abschied von der Freiheit

Sommer 1567 bis Sommer 1568

Die dunkeltragischen Szenen der Bothwell-Tragödie hätte nur ein Shakespeare vollendet als Dichtung gestalten können; die mildere, romantisch-rührselige des Nachspiels auf dem Schlosse Lochleven hat ein anderer, ein Geringerer gedichtet, Walter Scott. Und doch, wer sie als Kind, als Knabe gelesen, dem ist sie innerlich wahrer geblieben als die historische Wahrheit, denn in manchen seltenen, begnadeten Fällen siegt die schöne Legende über die Wirklichkeit. Wie haben wir alle als junge und leidenschaftliche Menschen diese Szenen geliebt, wie haben sie sich bildhaft eingeprägt in unser Gemüt, wie unsere Seele mit Mitleid umfangen! Denn alle Elemente des romantischen Rührenden waren hier im Stoff gleichsam schon vorbereitet; da waren die grimmen Wächter, welche die unschuldige Prinzessin bewachen, die Verleumder, die ihre Ehre geschmäht, da war sie selbst, jung, gütig und schön, die Strenge der Feinde magisch in Milde verwandelnd, die Herzen der Männer zu ritterlicher Hilfe berauschend. Und romantisch wie das Motiv auch die Szenerie: eine finstere Burg inmitten eines lieblichen Sees. Vom Söller kann die Prinzessin verschleierten Blicks hinaussehen in ihr schönes schottisches Land mit seinen Wäldern und Bergen, seiner Anmut und seiner Lieblichkeit, und irgendwo wogt ferne das nordische Meer. Alles, was an poetischer Kraft im Herzen des schottischen Volkes verborgen war, konnte sich kristallinisch sammeln um diesen romantischen Schicksalsaugenblick seiner geliebten Königin, und wenn eine solche Legende einmal vollendet geschaffen ist, dann dringt sie tief und unlösbar in das Blut einer Nation. Mit jedem Geschlecht erzählt und beglaubigt sie sich neu, wie ein unverwelklicher Baum treibt sie von Jahr zu Jahr neue Blüte, arm und achtlos liegen neben dieser höheren Wahrheit die papierenen Dokumente der Tatsachen, denn was einmal schön erschaffen wurde, bewahrt durch die Schönheit sein Recht. Und wenn man späterhin, reifer und mißtrauischer geworden, versucht, die Wahrheit hinter dieser rührenden Legende zu finden, so wirkt sie dann frevlerisch nüchtern, als schriebe man den Inhalt eines Gedichtes in kalter, trockener Prosa auf.

Aber es ist die Gefahr jeder Legende, daß sie das wahrhaft Tragische verschweigt zugunsten des bloß Rührseligen. So unterdrückt auch die romantische Ballade von Maria Stuarts Gefangenschaft auf Lochleven ihre wahre, ihre innerste, ihre menschlichste Not. Dies eine hat Walter Scott beharrlich zu erzählen vergessen, daß diese romantische Prinzessin damals von dem Mörder ihres Mannes schwanger war, und gerade dies war in Wahrheit ihre furchtbarste Seelennot in jenen furchtbaren Monaten der Erniedrigung. Denn, wenn das Kind, das sie im Schöße trägt, vorzeitig, wie es zu erwarten ist, zur Welt kommt, dann kann auch mitleidslos nachgezählt werden in dem untrüglichen Kalender der Natur, wann sie sich Bothwell körperlich hingegeben. Den Tag und die Stunde, man kennt sie nicht, aber jedenfalls war es zu einer nach Fug und Sitte unerlaubten Zeit, da Liebe entweder Ehebruch oder Unbeherrschtheit war, vielleicht in der Trauerzeit um den verstorbenen Gatten, in Seton und auf den sonderbaren Fahrten von Schloß zu Schloß, vielleicht und wahrscheinlich schon vordem und noch zu Lebzeiten ihres Gatten – schmählich das eine und schmählich das andere. Und nur dann begreift man die ganze Not dieser verzweifelten Frau, wenn man sich erinnert, daß die Geburt des Bothwell-Kindes der ganzen Welt kalendarisch klar den Anbeginn ihrer verbrecherischen Leidenschaft aufgedeckt hätte.

Aber von diesem Geheimnis ist der Schleier nie gelüftet worden. Wir wissen nicht, wie weit Maria Stuarts Schwangerschaft vorgeschritten war, als man sie nach Lochleven brachte, nicht, wann sie von ihrer Gewissensangst erleichtert wurde, nicht, ob das Kind lebend geboren wurde oder tot, wir wissen nichts eindeutig Aufklärendes, nicht, wie viele Wochen oder wie viele Monate diese Frucht der ehebrecherischen Liebe gezählt, als man sie beiseite schaffte. Alles ist hier Dunkel und Vermutung, denn ein Zeugnis spricht gegen das andere, und nur das eine ist gewiß, daß Maria Stuart guten Grund haben mußte, die Daten jener Mutterschaft zu verdunkeln. In keinem Brief, mit keinem Wort hat sie – verdächtig schon dies – je dieses Bothwell-Kindes mehr Erwähnung getan. Nach dem von Maria Stuarts Sekretär Nau ausgearbeiteten Bericht, dessen Abfassung sie persönlich überwachte, hätte sie vorzeitig lebensunfähige Zwillinge zur Welt gebracht – vorzeitig, und man könnte die Mutmaßung beifügen, nicht ganz zufälligerweise vorzeitig, denn gerade ihren Apotheker nahm sie mit in die Gefangenschaft. Nach einer anderen, ebenfalls nicht verbürgten Version wäre das Kind, ein Mädchen, lebend zur Welt gekommen, heimlich nach Frankreich geschafft worden und dort in einem Nonnenkloster, seiner königlichen Herkunft unkundig, gestorben. Aber kein Raten hilft vor diesem Unerforschlichen und kein Raunen, hier bleiben die Tatsachen für ewige Zeiten verschattet. Versenkt ist der Schlüssel dieses ihres letzten Geheimnisses in den Tiefen des Teichs von Lochleven.

Schon diese eine Tatsache aber, daß ihre Hüter das für Maria Stuarts Ehre so gefährliche Geheimnis der Geburt oder Frühgeburt jenes Bastards im Schlosse Lochleven verdunkeln halfen, beweist, daß sie nicht die böswilligen Kerkermeister waren, wie die romantische Legende sie schwarz in schwarz gezeichnet hat. Lady Douglas of Lochleven, der Maria Stuart anvertraut wurde, war vor mehr als dreißig Jahren die Geliebte ihres Vaters gewesen, sechs Kinder hatte sie James V. geboren, darunter als ältestes den Earl of Moray, ehe sie sich dem Grafen Douglas of Lochleven vermählte, dem sie abermals sieben Kinder schenkte. Eine Frau, die schon dreizehnmal die Qualen der Geburt erlebt, die selbst die Seelennot erlitten, ihre ersten Kinder nicht ehelich anerkannt zu wissen, war befähigt, besser als jede andere Maria Stuarts Sorge zu verstehen. Alle Härte, die man ihr nachsagt, dürfte Fabel und Erfindung sein, und man kann vermuten, daß sie die Gefangene ausschließlich wie einen ehrenvollen Gast behandelte. Maria Stuart bewohnt eine ganze Flucht von Räumen, sie hat ihren Koch mit, ihren Apotheker, vier oder fünf Frauen zu ihrer Bedienung, in keiner Weise war sie in ihrer Freiheit innerhalb des Schlosses gehemmt, und es scheint ihr sogar erlaubt gewesen zu sein, zu jagen. Macht man sich von all der romantischen Rührseligkeit frei und versucht, gerecht zu sehen, so muß man ihre Behandlung eine durchaus nachsichtige nennen. Denn schließlich – die Romantik läßt es vergessen – hat sich diese Frau zumindest grober Fahrlässigkeit schuldig gemacht, indem sie drei Monate nach der Ermordung ihres Gatten den Mörder heiratete, und auch ein neuzeitliches Gericht würde sie bestenfalls, dank des mildernden Umstandes der Geistesverwirrung oder der Hörigkeit, von der Mitschuld freisprechen können. Wenn man also diese Frau, die durch ihr skandalöses Verhalten ihr Land in Unruhe getrieben und ganz Europa entrüstet hat, für einige Zeit gewaltsam zur Ruhe setzte, so war damit nicht nur dem Lande, sondern ihr selbst ein Gefallen getan. Denn in diesen Wochen der Abgeschlossenheit ist der erregten Frau endlich Gelegenheit gegeben, ihre überreizten Nerven zu beruhigen, die innere Festigkeit, den von Bothwell verstörten Willen wiederzugewinnen; eigentlich hat ja diese Haft von Lochleven die allzu Verwegene für ein paar Monate vor dem Gefährlichsten, vor ihrer eigenen Unrast und Ungeduld, geschützt.

Milde Strafe für so viele Torheiten muß man diese romantische Haft vor allem nennen, vergleicht man sie mit der ihres Mitschuldigen und Geliebten. Denn wie anders faßt das Schicksal Bothwell an! Über Land und Meer wird der Geächtete trotz dem gegebenen Versprechen von der Meute gejagt, tausend schottische Kronen werden auf seinen Kopf gesetzt, und Bothwell weiß, auch sein bester Freund in Schottland würde ihn dafür verraten und verkaufen. Aber leicht ist dieser Verwegene nicht zu fassen: erst versucht er, seine Borderers zusammenzuraffen zu einem letzten Widerstand, dann flüchtet er auf die Orkney-Inseln hinüber, um von dort aus Krieg gegen die Lords zu entfesseln. Aber Moray setzt ihm mit vier Schiffen auf die Inseln nach, und nur mit Mühe entkommt der Gejagte auf einer erbärmlichen Nußschale von Schiff in den offenen Ozean. Dort faßt ihn der Sturm. Mit zerfetzten Segeln treibt die nur für Küstenfahrt bestimmte Barke gegen Norwegen zu, wo sie schließlich von einem dänischen Kriegsschiff angehalten wird. Bothwell sucht unerkannt zu bleiben, um seiner Auslieferung zu entgehen. Er borgt sich von der Schiffsmannschaft gewöhnliches Gewand, lieber will er als Pirat gelten denn als der gesuchte König von Schottland. Aber schließlich wird er erkannt, von einem Ort zum andern geschleppt, eine Zeitlang in Dänemark in Freiheit gesetzt, und schon scheint er glücklich gerettet. Aber da erreicht den hitzigen Frauenräuber unvermutete Nemesis; seine Lage verschlimmert sich dadurch, daß eine dänische Frau, die erseinerzeit unter der Zusage der Ehe verführt, gegen ihn Klage einbringt. Inzwischen hat man auch in Kopenhagen Genaueres erfahren, welchen Verbrechens er beschuldigt wird, und von nun an schwebt das Beil ständig über seinem Haupte. Diplomatische Kuriere sausen hin und her, Moray fordert seine Auslieferung und noch stürmischer Elisabeth, um einen Kronzeugen gegen Maria Stuart zu haben. Heimlich aber sorgen die französischen Verwandten Maria Stuarts dafür, daß der König von Dänemark diesen gefährlichen Zeugen nicht ausliefere. Immer schärfer wird jetzt die Haft, und doch ist der Kerker noch sein einziger Schutz vor der Rache. Jeden Tag muß der Mann, der hundert Feinden in der Schlacht kühn und verwegen gegenübergestanden wäre, befürchten, in Ketten heimgeschickt und unter den erdenklichsten Martern als Königsmörder hingerichtet zu werden. Unablässig wechselt er Gefängnis gegen Gefängnis, immer enger wird er eingeschlossen, immer strenger hinter Gittern und Mauern gehalten wie ein gefährliches Tier, bald weiß er, nur der Tod wird ihn erlösen. In furchtbarer Einsamkeit und Tatlosigkeit verbringt der starke, vollsaftige Mann, der Schrecken seiner Feinde, der Liebling der Frauen, Wochen und Wochen, Monate und Monate, Jahre und Jahre, und bei lebendigem Leibe verfault und vergeht dieses riesige Stück Leben. Ärger als Folter, ärger als Tod ist für diesen Unbändigen, der nur im Übermaß der Kraft, nur in grenzenloser Freiheit sich voll empfunden, der über die Felder gestürmt zur Jagd, der zum Kampf geritten mit seinen Getreuen, der Frauen genommen in allen Ländern und an geistigen Dingen seine Lust gehabt, diese gräßliche, tatenlose Einsamkeit zwischen kalten, stummen und dunklen Wänden, diese Leere der Zeit, die seine Lebensfülle zerdrückt. Berichte melden – und man kann sie glaubhaft nennen –, daß er wie ein Rasender getobt habe gegen die eisernen Gitter und im Wahnsinn erbärmlich zugrunde gegangen sei. Von allen den vielen, die für Maria Stuart Tod und Marter erlitten, hat dieser, den sie am meisten liebte, am längsten und fürchterlichsten gebüßt.

Aber denkt Maria Stuart noch an Bothwell? Wirkt der Bann der Hörigkeit noch aus der Ferne, oder löst sich leise und langsam der glühende Ring? Man weiß es nicht. Auch dies ist ein Geheimnis geblieben wie vieles andere in ihrem Leben. Nur eines sieht man überrascht: kaum vom Kindbett genesen, kaum von ihrer mütterlichen Last befreit, übt sie als Frau wieder den alten Zauber, abermals geht Unruhe von ihr aus. Abermals, zum dritten Male, zieht sie einen jungen Menschen in ihren Schicksalskreis. Man muß es immer wiederholen und beklagen: die überlieferten Bilder Maria Stuarts, meist bloß von mittleren Malern geschaffen, geben uns keinen Blick in ihr wahres Wesen. Immer halten sie kühl und flach nur ein anmutiges, ruhiges, freundlich gewinnendes und weiches Gesicht uns entgegen, nichts aber lassen sie von dem sinnlichen Reiz ahnen, der dieser merkwürdigen Frau zu eigen gewesen sein muß. Irgendeine besondere frauliche Macht muß von ihr werbend ausgestrahlt sein, denn überall gewinnt sie sich Freunde, selbst inmitten ihrer Feinde. In Brautzeit und Witwenzeit, auf jedem Thron und in jedem Gefängnis weiß sie um sich eine Aura von Sympathie zu schaffen und die Luft um sich weich und freundlich zu machen. Kaum ist sie in Lochleven, so hat sie schon den jungen Lord Ruthven, einen ihrer Wächter, derart gefügig gemacht, daß sich die Lords genötigt sehen, ihn zu entfernen. Und kaum verläßt er das Schloß, so bezaubert sie schon einen andern, den jungen Lord Georges Douglas of Lochleven. Nach wenigen Wochen ist der Sohn ihrer Wächterin schon bereit, alles für sie zu tun, und tatsächlich wird er für die Flucht ihr getreuester, hingebungsvollster Helfer. War er bloß Helfer? War der junge Douglas ihr nicht mehr in diesen Monaten der Haft? Ist diese Neigung wirklich ganz chevaleresk und platonisch geblieben? Ignorabimus. Aber jedenfalls nützt Maria Stuart die Leidenschaft des jungen Menschen auf das praktischeste aus und spart nicht mit Täuschung und List. Außer ihrem persönlichen Reiz hat eine Königin immer noch eine andere Lockung: die Verführung, mit ihrer Hand auch die Herrschaft zu gewinnen, wirkt magnetisch auf jeden, der ihr begegnet. Es scheint, daß Maria Stuart – hier kann man nur Vermutungen wagen und keine Behauptungen – der geschmeichelten Mutter des jungen Douglas die Möglichkeit einer Ehe vorgetäuscht hat, um sie nachsichtiger zu stimmen, denn nach und nach wird die Überwachung lässiger, und Maria Stuart kann endlich an das Werk gehen, dem alle ihre Gedanken gehören: an ihre Befreiung.

Der erste Versuch (am 25. März) mißlingt, obwohl er geschickt geplant war. Jede Woche wird eine Wäscherin mit andern Mägden in einem Boot über den See hinüber und zurückgerudert. Douglas weiß sie zu überreden, und sie erklärt sich bereit, mit der Königin die Kleider zu tauschen. Im groben Kleide der Magd und durch einen dichten Schleier vor dem Erkanntwerden geschützt, gelangt Maria Stuart glücklich durch das streng bewachte Schloßtor. Schon wird sie über den See gerudert, an dessen anderem Ufer sie Georges Douglas mit Pferden erwarten soll. Da fällt es einem der Bootsleute ein, mit dem schlanken, verschleierten Wäschermädchen zu scharmutzieren. Er versucht, um zu sehen, ob sie hübsch sei, ihr den Schleier zu lüften. Maria Stuart hält ihn aber erregt fest mit ihren schmalen, zarten, weißen, feinen Händen. Jedoch gerade die Zartheit, die Feinheit, die einer Wäscherin unangemessene Gepflegtheit der Finger verrätsie. Sofort schlagen die Schiffsleute Alarm, und obwohl die Königin ihnen zornig befiehlt, sie an das andere Ufer zu rudern, bringt man sie wieder in ihr Gefängnis zurück.

Der Vorfall wird sofort gemeldet und daraufhin die Überwachung verschärft. Georges Douglas darf das Schloß nicht mehr betreten. Das hindert ihn aber nicht, in der Nähe und in Verbindung mit der Königin zu bleiben; als getreuer Bote übermittelt er Nachrichten an ihre Anhänger. Denn siehe, obzwar verfemt und als Mörderin überwiesen, hat nach einem Jahr der Moray-Regierung die Königin wieder Anhänger. Einige der Lords, die Huntlys und Setons vor allem, waren der Königin – nicht zum mindesten aus Haß gegen Moray – unbedingt ergeben geblieben. Aber merkwürdigerweise findet Maria Stuart ihre beste Gefolgschaft gerade bei den Hamiltons, die bisher ihre grimmigsten Gegner gewesen. An sich steht zwar zwischen den Hamiltons und den Stuarts uralter Feud. Immer haben die Hamiltons als das nächstmächtigste Geschlecht den Stuarts die schottische Krone mißgönnt und für ihren Clan angestrebt; nun winkt plötzlich die Möglichkeit, durch eine Heirat mit Maria Stuart einen der Ihren zum Herrn über Schottland zu machen. Und sofort treten sie – Politik hat nichts mit Moral zu schaffen – auf die Seite der Frau, deren Hinrichtung als Mörderin sie erst vor wenigen Monaten gefordert. Es ist kaum anzunehmen, daß es Maria Stuart Ernst war mit dem Gedanken (ist Bothwell schon vergessen?), einen Hamilton zu heiraten. Wahrscheinlich hat sie ihre Zustimmung nur aus Berechnung gegeben, um frei zu werden. Georges Douglas, dem sie sich zur andern Hand versprochen hat – verwegenes Doppelspiel einer Verzweifelten –, dient als Bote in dieser Sache und leitet die entscheidende Aktion. Am 2. Mai ist alles reif; und immer, wo Mut gilt statt der Klugheit, hat Maria Stuart niemals versagt.

Diese Flucht geschieht so romantisch, wie es einer romantischen Königin geziemt: Maria Stuart oder Georges Douglas haben unter den Insassen des Schlosses einen kleinen Jungen, William Douglas, der dort als Page dient, zur Hilfe gewonnen, und der flinke aufgeweckte Bursche macht seine Aufgabe geschickt. Die strenge Hausordnung verlangt, daß bei dem gemeinsamen Abendessen im Schlosse Lochleven alle Schlüssel der Ausgangspforten zur Sicherheit auf den Tisch zur Seite des Schloßverwalters gelegt werden, der sie dann nachts mitnimmt, um sie unter seinem Kopfkissen zu bewahren. Aber selbst bei den Mahlzeiten will er sie sichtbar zur Hand haben: so liegen sie auch diesmal schwer und metallen vor ihm auf dem Tisch. Während des Servierens wirft nun der kleine gewitzte Junge dem Schloßverwalter rasch eine Serviette über die Schlüssel, und indes die Tafelgesellschaft, reichlich mit Wein bewirtet, sorglos weiterplaudert, nimmt er beim Abräumen unbeachtet mit der Serviette auch die Schlüssel mit sich. Dann geschieht alles mit vorbereiteter Eile; Maria Stuart verkleidet sich in die Tracht einer ihrer Dienerinnen, der Knabe läuft nun voran, schließt die Türen von innen auf und versperrt sie sorgfältig von außen, so daß niemand rasch nachfolgen kann; die Schlüssel selbst wirft er in den See. Vordem hat er schon alle vorhandenen Boote zusammengekoppelt und führt sie mit dem seinen in den See hinaus; damit ist ein Nachsetzen unmöglich gemacht. Jetzt braucht er nur mit raschen Ruderschlägen den Kahn in der warmen mailichten Nacht an das andere

Ufer des Sees zu treiben, und dort warten schon Georges Douglas und Lord Seton mit fünfzig Reitern. Die Königin, ohne zu zögern, schwingt sich aufs Pferd und galoppiert die ganze Nacht durch bis zum Schlosse der Hamiltons. Mit der Freiheit ist auch die alte Kühnheit wieder in ihr erwacht.

Das ist die berühmte Ballade von der Flucht Maria Stuarts aus dem flutumwogten Schloß, dank der Hingebung eines glühenden jungen Menschen und der Aufopferung eines Knaben; man lese sie in ihrer Romantik bei Walter Scott gelegentlich nach. Etwas kühler denken darüber die Chronisten. Sie meinen, die strenge Hüterin Lady Douglas sei nicht so ganz ahnungslos gewesen, wie sie sich stellte und dargestellt wird, und habe überhaupt diese schöne Geschichte nur nachträglich ersonnen, um die Lauheit und gewünschte Blindheit der Wächter zu entschuldigen. Aber man soll Legenden, wenn sie schön sind, nicht zerstören. Warum dies letzte romantische Abendlicht im Leben Maria Stuarts verdunkeln? Denn schon steigen am Horizont die Schatten. Zu Ende sind die Abenteuer, und zum letztenmal hat diese junge, kühne Frau Liebe erregt und Liebe erfahren.

Nach einer Woche hat Maria Stuart eine Armee von sechstausend Mann beisammen. Noch einmal scheint sich das Gewölk zerstreuen zu wollen, einen Augenblick lang sieht sie wieder günstige Sterne über ihrem Haupt. Nicht nur die Huntlys, die Setons, die alten Gefährten sind gekommen, nicht nur der Clan der Hamiltons hat sich in ihre Dienste gestellt, sondern erstaunlicherweise auch der Großteil des schottischen Adels, acht Grafen, neun Bischöfe, achtzehn Lords und über hundert Barone. Erstaunlicherweise und doch nicht erstaunlicherweise, denn in Schottland darf nie einer wirklich Herr sein, ohne daß der Adel sich gegen ihn auflehnte. Morays Härte hat die Lords aufsässig gemacht: lieber wollen sie, ob auch hundertfach schuldig, eine demütige Königin als diesen strengen Regenten. Auch das Ausland bekräftigt sofort die befreite Königin in ihrer Stellung. Der französische Gesandte sucht Maria Stuart auf, um ihr, der rechtmäßigen Herrscherin, zu huldigen. Elisabeth sendet auf die „freudige Nachricht ihres Entkommens“ hin einen eigenen Botschafter. Ungleich gefestigter und aussichtsreicher ist ihre Stellung in dem Jahr der Gefangenschaft geworden, wunderbar hat sich das Blatt gewendet. Aber als ob eine düstere Ahnung sie bewegte, sucht Maria Stuart, sonst so mutig und kampffroh, eine Entscheidung durch Waffen zu vermeiden, lieber wäre ihr eine stille Aussöhnung mit dem Bruder; einen kleinen dünnen Glanz von Königtum, wenn er ihn ihr jetzt gönnte, und die schwer Geprüfte würde ihm die Macht belassen. Etwas von der Kraft – die nächsten Tage werden es zeigen –, die in ihr lebte, solange der eherne Wille Bothwells sie stählte, scheint gebrochen, und nach all den Sorgen und Nöten und Qualen, nach all den wilden Feindseligkeiten ersehnt sie nur eines noch: Freiheit, Frieden und Rast. Aber Moray denkt nicht mehr daran, Macht zu teilen. Sein Ehrgeiz und der Ehrgeiz Maria Stuarts sind Kinder desselben Vaters, und gute Helfer schmieden mit an seiner Entschlossenheit. Während Elisabeth ihre Glückwünsche an Maria Stuart sendet, drängt seinerseits Cecil, der englische Staatskanzler, auf ihn energisch ein, doch endgültig mit Maria Stuart und der katholischen Partei in Schottland ein Ende zu machen. Und Moray zögert nicht lange: er weiß, solange diese Unnachgiebige in Freiheit ist, wird nicht Ruhe in Schottland sein. Ihn lüstet es, für immer mit den schottischen aufständischen Lords abzurechnen und ein Exempel zu statuieren. Mit seiner gewohnten Energie rafft er über Nacht eine Armee zusammen, schwächer an Zahl als die Maria Stuarts, aber besser geführt und diszipliniert. Ohne weitere Verstärkungen abzuwarten, marschiert er von Glasgow ab. Und am 13. Mai kommt es bei Langside zur endgültigen Abrechnung zwischen der Königin und dem Regenten, zwischen Bruder und Schwester, zwischen Stuart und Stuart.

Die Schlacht bei Langside ist kurz, aber entscheidend. Sie beginnt nicht wie jene von Carberry Hill mit langem Zögern und Parlieren; in einer Attacke werfen sich die Reiterscharen Maria Stuarts gegen den Feind. Aber Moray hat seine Position gut gewählt, die feindliche Kavallerie wird, ehe sie den Hügel erstürmen kann, durch scharfes Feuer zersprengt und in einem Gegenangriff die ganze Linie geworfen. Nach dreiviertel Stunden ist alles zu Ende. In wilder Flucht stiebt, ihre Kanonen und dreihundert Tote zurücklassend, die letzte Armee der Königin auseinander.

Maria Stuart hat dem Kampf von einer Anhöhe aus zugesehen; sobald sie merkt, daß alles verloren ist, eilt sie den Hügel hinab, schwingt sich auf ein Pferd und jagt, von wenigen Reitern begleitet, in scharfem Galopp davon. An Widerstand denkt sie nicht mehr, eine grauenhafte Panik hat sie überkommen. Ohne zu rasten, es ist ein toller Ritt über Weidland und Moore, durch Wälder und Felder, jagt sie den ersten Tag vorwärts, von dem einzigen Gedanken befeuert: nur sich retten! „Ich habe", schreibt sie später an den Kardinal von Lothringen, „Beschimpfungen, Verleumdungen, Gefangenschaft, Hunger, Kälte, Hitze erlitten, ich bin geflohen, ohne zu wissen, wohin, zweiundneunzig Meilen durch das Land, ohne Mahlzeit und Rast. Ich mußte auf der nackten Erde schlafen, saure Milch trinken und Hafergrütze ohne Brot essen. Drei Nächte habe ich wie eine Eule, ohne eine Frau zu meiner Hilfe, in diesem Lande gelebt." Und so, im Bilde dieser letzten

Tage, als kühne Amazone, als heroisch-romantische Gestalt, ist sie im Gedächtnis ihres Volkes geblieben. Vergessen sind heute in Schottland ihre Schwächen und Torheiten, vergeben und entschuldigt die Vergehen ihrer Leidenschaft. Nur dies eine Bild ist geblieben, das der sanften Gefangenen auf dem einsamen Schloß, und dann das andere der kühnen Reiterin, die, um ihre Freiheit zu retten, auf schäumendem Pferd durch die Nacht stürmt und tausendmal lieber den Tod wagt, als sich ängstlich und feige ihren Feinden zu ergeben. Dreimal schon ist sie so nächtlich geflohen, das erstemal mit Darnley aus Holyrood, das zweitemal in Männertracht aus dem Schloß Borthwick Castle zu Bothwell, das drittemal mit Douglas aus dem Schlosse von Lochleven. Dreimal hat sie mit solchem scharfen, verwegenen Ritt sich die Freiheit und Krone gerettet. Nun rettet sie nichts mehr als das nackte Leben.

Am dritten Tage nach der Schlacht bei Langside erreicht Maria Stuart die Abtei Dundrennan in der Nähe des Meeres. Hier endet ihr Reich. Bis an die äußerste Grenze ihres Gebietes hat man sie gehetzt wie ein flüchtiges Wild. Für die Königin von gestern gibt es jetzt keine sichere Stelle mehr in ganz Schottland, es gibt kein Zurück; in Edinburgh wartet unnachsichtig John Knox und noch einmal der Hohn des Pöbels, noch einmal der Haß der Geistlichkeit und vielleicht Pranger und Feuerbrand. Ihre letzte Armee ist geschlagen, ihre letzte Hoffnung zerstoben. Nun kommt eine schwere Stunde der Wahl. Hinter ihr liegt das verlorene Land, in das kein Weg mehr zurückführt, vor ihr das unendliche Meer, das zu allen Ländern führt. Sie kann hinüber nach Frankreich, sie kann hinüber nach England, sie kann hinüber nach Spanien. In Frankreich ist sie aufgezogen, dort hat sie Freunde und Verwandte, dort wohnen noch viele, die sie lieben, die Dichter, die sie besungen haben, die Edelleute, die sie begleitet; schon einmal hat dieses Land sie gastlich aufgenommen und mit Prunk und Pracht gekrönt. Aber gerade, weil sie dort Königin gewesen, geschmückt mit allem Glanz dieser Erde, erhoben als Höchste über die höchsten des Reichs, will sie dorthin nicht zurückkehren als Bettlerin, als Bittstellerin mit zerrissenen Kleidern und beschmutzter Ehre. Sie will nicht das höhnische Lächeln der haßvollen Italienerin Katharina von Medici sehen, nicht irgendein Almosen annehmen oder sich in ein Kloster einsperren lassen. Auch zu dem frostigen Philipp nach Spanien wäre eine Flucht Erniedrigung: nie wird der bigotte Hof verzeihen, daß sie Bothwell vor einem protestantischen Priester die Hand zum Bunde gereicht, daß sie den Segen eines Ketzers empfangen. So bleibt eigentlich nur eine Wahl, die keine Wahl mehr ist, sondern ein Zwang: hinüber nach England. Hat denn nicht gerade in den aussichtslosesten Tagen der Gefangenschaft Elisabeth ihr ermutigend sagen lassen, „sie könne jederzeit auf die Königin von England als eine sichere Freundin zählen"? Hat sie nicht feierlich versprochen, sie als Königin wieder einzusetzen? Hat Elisabeth ihr nicht einen Ring gesandt als Zeichen, dessen sie sich jederzeit zur Anrufung ihres schwesterlichen Gefühls bedienen solle?

Wessen Hand aber einmal vom Unglück berührt ist, der greift immer nach dem falschen Würfel. Vorschnell wie bei jeder wichtigen Entscheidung entschließt sich Maria Stuart auch bei dieser wichtigsten; ohne sich vorher Sicherungen geben zu lassen, noch aus dem Kloster von Dundrennan schreibt sie an Elisabeth: „Du wirst, teuerste Schwester, wohl in Kenntnis eines großen Teils meiner unglücklichen Umstände sein. Aber die, die mich heute veranlassen, Dir zu schreiben, haben sich zu kürzlich ereignet, als daß sie Dein Ohr schon hätten erreichen können. Ich muß Dich daher so knapp, als ich kann, verständigen, daß einige meiner Untertanen, denen ich am meisten vertraute und die ich zu den höchsten Ehrenstellen erhoben habe, die Waffen gegen mich ergriffen und mich in der unwürdigsten Weise behandelt haben. Auf unerwartete Weise hat der allmächtige Walter aller Dinge mich aus der grausamen Gefangenschaft befreit, der ich unterworfen war. Aber ich habe seitdem eine Schlacht verloren, in der die meisten von denen, die mir Treue bewahrten, vor meinen Augen gefallen sind. Ich bin nun aus meinem Königreich getrieben und in solche Bedrängnis gebracht, daß ich außer auf Gott keine Hoffnung habe als auf Deine Güte. Ich bitte Dich darum, teuerste Schwester, daß ich vor Dich geführt werde, damit ich Dir alle meine Angelegenheiten anvertrauen kann.

Gleichzeitig bitte ich Gott, Dir allen himmlischen Segen und mir Geduld und Trost zu schenken, den ich vor allem durch Dich zu erlangen hoffe und flehe. Um Dich zu erinnern an den Anlaß, den ich habe, auf England zu vertrauen, sende ich an dessen Königin dieses Juwel, dieses Zeichen ihrer verheißenen Freundschaft und Hilfe. Deine liebende Schwester M. R."

Mit rascher Hand, wie um sich selbst zu bereden, schreibt Maria Stuart diese Zeilen, die für immer ihre Zukunft entscheiden. Dann siegelt sie den Ring in den Brief und übergibt beides einem reitenden Boten. Aber in diesem Brief ist nicht nur der Ring, sondern ihr Schicksal verschlossen. Nun sind die Würfel gefallen. Am 16. Mai besteigt Maria Stuart ein kleines Fischerboot, überquert den Golf von Solway und landet auf englischer Erde in der Nähe der kleinen Hafenstadt Carlisle. An diesem schicksalsentscheidenden Tage ist sie noch nicht fünfundzwanzig Jahre und doch schon ihr wirkliches Leben zu Ende. Alles, was die Welt an

Überschwang zu geben vermochte, hat sie erlebt und erlitten, alle Höhen des Irdischen hat sie erstiegen, alle Tiefen durchmessen. In winzigstem Zeitraum, in ungeheuerlichster Seelenspannung hat sie alle Gegensätze durchfühlt, zwei Männer hat sie begraben, zwei Königreiche vertan, durch ein Gefängnis ist sie geschritten, und den schwarzen Weg des Verbrechens, und immer wieder neu die Stufen des Thrones, des Altars mit neuem Stolze empor. In Flammen hat sie gelebt diese Wochen, diese Jahre, in so hoher und fanatischer Flamme, daß der Widerschein noch durch Jahrhunderte leuchtet. Aber jetzt stürzt und löscht dieser Brand, und ihr Bestes ist darin aufgezehrt: was übrigbleibt, ist Schlacke und Asche, ein armer Rest dieser großartigen Glut. Ein Schatten ihrer selbst geht Maria Stuart in die Dämmerung ihres Schicksals.

Siebzehntes Kapitel
Ein Netz wird gewoben

16. Mai bis 28. Juni 1568

Daß Elisabeth die Nachricht vom Eintreffen Maria Stuarts in England mit ehrlicher Bestürzung empfing, ist nicht zu bezweifeln. Denn dieser unerbetene Besuch bringt sie in bittere Verlegenheit. Gewiß, sie hatte während des letzten Jahres aus monarchischer Solidarität Maria Stuart gegen ihre rebellischen Untertanen zu beschirmen gesucht. Sie hatte pathetisch – Papier ist billig und geschriebene Höflichkeit fließt leicht aus diplomatischer Feder – sie ihrer Anteilnahme, ihrer Freundschaft, ihrer Liebe versichert. Überschwenglich, ach, allzu überschwenglich, hatte sie ihr versprochen, daß sie unter allen Umständen auf sie als getreue Schwester zählen könne. Aber niemals hatte Elisabeth Maria Stuart aufgefordert, nach England zu kommen, im Gegenteil, seit Jahren und Jahren hatte sie die Möglichkeit einer persönlichen Begegnung immer wieder durchkreuzt. Und nun ist die Lästige plötzlich in England gelandet, in ebendemselben England, dessen wahrhaftige Königin zu sein sie noch vor kurzem sich hochmütig gerühmt hatte. Sie ist gekommen ohne vorherige Anfrage, Einladung oder Bitte, ihr erstes Wort ist schon ein Pochen auf jenes frühere, bloß metaphorisch gemeinte Freundschaftsversprechen. Maria Stuart stellt in ihrem zweiten Brief gar nicht zur Erörterung, ob Elisabeth sie zu empfangen wünsche oder nicht, sondern sie fordert es als ihr selbstverständliches Recht: „Ich bitte Sie, mich so rasch als möglich holen zu lassen. Denn ich bin in einem Zustande, der nicht nur für eine

Königin, sondern auch für eine bloße Edelfrau jämmerlich wäre. Ich habe nichts als mein Leben, das ich mir nur retten konnte, indem ich am ersten Tage sechzig Meilen über die Felder ritt. Sie werden das selbst sehen, wenn, wie ich hoffe, Sie Mitleid mit meinem unermeßlichen Mißgeschick haben werden."

Mitleid, das ist in der Tat das erste Gefühl Elisabeths. Es muß für ihren Stolz eine großartige Genugtuung gewesen sein, daß diese Frau, die sie vom Throne stürzen wollte, sich selbst gestürzt hat, ohne daß sie ihrerseits eine Hand rühren mußte. Welch ein Schauspiel für die Welt, daß sie nun die einstmals so Stolze von den Knien aufheben und von oben herab als Protektorin in ihre Arme schließen darf! Darum ist auch ihr erster, ihr richtiger Instinkt, die Gestürzte großmütig zu sich einzuladen. „Ich habe erfahren", schreibt der französische Botschafter, „daß die Königin im Kronrat mit aller Macht die Partei der Königin von Schottland nahm und jedem zu verstehen gab, daß sie beabsichtige, sie derart zu empfangen und zu ehren, wie es ihrer früheren Würde und Größe und nicht ihrem jetzigen Zustande entspräche." Mit ihrem starken Empfinden für weltgeschichtliche Verantwortung will Elisabeth zu ihrem Wort stehen. Und hätte sie ihrem spontanen Impuls gefolgt, sie hätte Maria Stuart das Leben und sich die Ehre gerettet.

Aber Elisabeth ist nicht allein. Neben ihr steht Cecil, der Mann mit den stahlblauen kalten Augen, der völlig leidenschaftslos Zug um Zug auf dem politischen Schachbrett tut. Vorsorglich hat sich die temperamentvolle, von jedem Druck der Luft beeinflußbare Frau diesen nüchternen, zähen Rechner an die Seite gestellt, der, völlig amusisch, völlig unromantisch, aus dem innern Puritanismus seiner Natur das Leidenschaftliche, das Zügellose in Maria Stuart haßt, der als strenger Protestant die Katholikin verabscheut und überdies – seine privaten Notizen beweisen es – von ihrer Mitschuld und Mithelferschaft am Darnley-Morde restlos überzeugt ist. Er fällt sofort Elisabeth in den hilfreich dargebotenen Arm. Denn als Politiker übersieht er klar die weitgehenden Verpflichtungen, die sich für die englische Regierung aus der Bindung mit dieser anspruchsvollen Querulantin ergeben würden, die seit Jahren und Jahren überall, wo sie erscheint, Verwirrung stiftet. Maria Stuart mit königlichen Ehren in London zu empfangen, bedeutete implicite eine Anerkennung ihres Anspruchs auf Schottland und legte England die Pflicht auf, mit Waffen und Geld gegen Moray und die Lords aufzutreten. Dazu hat Cecil nicht die geringste Neigung, denn er selbst hat ja die Lords zu der Revolte aufgestachelt. Für ihn ist und bleibt Maria Stuart die Erbfeindin des Protestantismus, die Erzgefahr für England, und es gelingt ihm, Elisabeth von ihrer

Gefährlichkeit zu überzeugen; ungern vernimmt die englische Königin, mit welchen Ehren ihre eigenen Adeligen die schottische auf ihrem Boden empfangen haben. Der mächtigste der katholischen Lords, Northumberland, hat sie auf sein Schloß geladen, der einflußreichste ihrer protestantischen Lords, Norfolk, stattet ihr einen Besuch ab. Alle scheinen von der Gefangenen bezaubert, und da Elisabeth von Natur aus mißtrauisch und als Frau eitel ist bis zur Narrheit, läßt sie bald den generösen Gedanken fallen, eine Fürstin an ihren Hof zu ziehen, die sie in Schatten stellen und den Unzufriedenen ihres Reiches als willkommene Prätendentin dienen könnte.

Es hat also nur ein paar Tage gedauert, und Elisabeth ist bereits von ihren humanen Gefühlen abgekommen und fest entschlossen, Maria Stuart weder bei Hofe vorzulassen noch anderseits aus dem Lande zu entlassen. Aber Elisabeth wäre nicht Elisabeth, wenn sie sich in irgendeinem Falle klar äußern und deutlich handeln würde. Immer ist Zweideutigkeit im Menschlichen wie im Politischen die unglücklichste Form, denn sie verwirrt die Seelen, sie beunruhigt die Welt. Und hier beginnt die große, die unleugbare Schuld Elisabeths gegenüber Maria Stuart. Auf der flachen Hand hat ihr das Schicksal den Sieg entgegengebracht, den sie seit Jahren erträumte: ihre Rivalin, die als Ehrenspiegel aller ritterlichen Tugenden gegolten, ist ohne ihr Zutun in Schmach und Schande gestürzt, die Königin, die nach ihrer Krone gegriffen, hat die eigene verloren, die Frau, die im Gefühl ihrer Legitimität ihr hochmütig entgegengetreten war, nun steht sie als Hilfesuchende vor ihr. Zweierlei dürfte Elisabeth nun tun. Sie könnte das Asyl, das England immer großherzig jedem Flüchtling gewährte, ihr als einer Bittstellerin anbieten und sie damit moralisch in die Knie drücken. Oder sie könnte ihr den Aufenthalt in ihrem Lande aus politischen Gründen verweigern. Das eine Verhalten wie das andere trüge die heilige Krone des Rechts. Man kann einen Hilfesuchenden empfangen, man kann ihn zurückweisen. Aber eines geht wider alles Recht des Himmels und der Erde: einen Hilfesuchenden heranzulocken und ihn dann gegen seinen eigenen Willen gewaltsam festzuhalten. Kein Vorwand und keine Entschuldigung läßt sich für die unentschuldbare Tücke geltend machen, daß Elisabeth Maria Stuart trotz ihrem klaren Verlangen nicht mehr gestattete, England wieder zu verlassen, sondern sie mit List und Lüge, mit perfiden Versprechungen und geheimer Gewalttätigkeit festhielt und durch dieses hinterhältige Gefangensetzen eine schon gedemütigte und besiegte Frau weiter trieb, als sie eigentlich wollte, in den finsteren Weg der Verzweiflung und Schuld.

Diese offenbare Verletzung des Rechts, und zwar in der häßlichsten, weil hinterhältigsten Weise, bleibt für immer ein dunkler Punkt in Elisabeths Charaktergeschichte und noch weniger entschuldbar als später das Todesurteil und das Schafott. Denn zur gewaltsamen Gefangenhaltung fehlt auch nur der leiseste Vorwand einer Berechtigung. Wenn Napoleon – man hat manchmal das Gegenbeispiel gewählt – auf den Bellerophon flüchtet und dort das englische Gastrecht beansprucht, durfte England dieses Verlangen als pathetische Farce ablehnen. Denn beide Nationen, Frankreich und England, standen damals im erklärten Krieg, Napoleon war der Kommandant der feindlichen Armeen und hatte durch ein Vierteljahrhundert unablässig Großbritannien nach der Schlagader gezielt. Zwischen Schottland und England dagegen besteht kein Krieg, sondern voller Friede, Elisabeth und Maria Stuart nennen einander seit Jahren Freundin und Schwester, und wenn Maria Stuart zu Elisabeth flüchtet, so kann sie den Ring ihr entgegenhalten, das „token", das Wahrzeichen ihrer Freundschaft, sie kann sich berufen auf ihre Worte, „kein Mensch auf Erden werde ihr so herzlich Gehör schenken". Sie kann auch darauf pochen, daß Elisabeth bisher allen ihren Untertanen, die nach England flüchteten, daß sie Moray und Morton, den Mördern Rizzios, den Mördern Darnleys, trotz ihren Verbrechen Asyl gegeben. Und schließlich: Maria Stuart kommt nicht mit dem Anspruch auf Englands Thron, sondern mit der bescheidenen Bitte, ruhig im Lande verbleiben oder, falls dies Elisabeth nicht genehm sei, nach Frankreich weiterreisen zu dürfen. Selbstverständlich weiß Elisabeth, daß sie keine Handhabe besitzt, Maria Stuart gefangenzuhalten, und sogar Cecil weiß es, wie ein Notizblatt aus seiner Hand („Pro Regina Scotorum") beweist. „Man muß ihr helfen", schreibt er, „weil sie freiwillig und im Vertrauen auf die Königin in das Land kam." Beiden ist es also in der Tiefe ihres Gewissens wohl bewußt, daß kein Faden Recht gefunden werden kann, um daraus einen so dicken Strick Unrecht zu drehen. Aber was wäre die Aufgabe des Politikers, wenn nicht die, in heiklen Situationen Vorwände und Ausflüchte zu konstruieren, aus einem Etwas ein Nichts und aus einem Nichts ein Etwas zu machen? Da kein wirklicher Anlaß zur Festhaltung der Flüchtigen vorliegt, muß einer erfunden werden; da Maria Stuart keinerlei Schuld gegen Elisabeth hat, muß sie zur Schuldigen gemacht werden. Das kann nur vorsichtig geschehen, denn außen wacht und beobachtet die Welt. Ganz leise und hinterhältig muß man das Netz über die Wehrlose ziehen, enger und enger, ehe sie die Absicht merkt. Und wenn sie dann – zu spät – versucht, sich zu befreien, wird sie sich selbst mit jeder leidenschaftlichen Bewegung noch enger verstricken.

Dieses Umgarnen und Verstricken beginnt mit Höfischkeiten und Höflichkeiten. Zwei der vornehmsten Adeligen Elisabeths, Lord Scrope und Lord Knollys, werden schleunigst – welche zarte Aufmerksamkeit! – als Ehrenkavaliere zu Maria Stuart nach Carlisle geschickt. Aber ihre wirkliche Mission ist ebenso dunkel wie vielseitig. Sie haben im Namen Elisabeths den vornehmen Gast zu begrüßen, sie haben der gestürzten Königin das Bedauern über ihr Mißgeschick auszusprechen, zugleich sollen sie die aufgeregte Frau hinhalten und kalmieren, daß sie nicht zu früh kopfscheu werde und die auswärtigen Höfe zur Hilfe anrufe. Aber der wichtigste und eigentliche Auftrag ist den beiden geheim gegeben, er befiehlt ihnen, die eigentlich schon Gefangene sorgfältig zu bewachen, alle Besuche abzustellen, die Briefsendungen zu beschlagnahmen, und nicht zufällig werden an demselben Tage fünfzig Hellebardiere nach Carlisle beordert. Außerdem haben Scrope und Knollys alles, was Maria Stuart sagt, sofort nach London zu übermitteln. Denn auf nichts wartet man dort so sehr und so ungeduldig, als daß Maria Stuart sich endlich eine Blöße gebe und man dann nachträglich einen Vorwand für die schon faktische Gefangenschaft konstruieren könne.

Die Mission des Auskundschaftens besorgt Lord Knollys auf das beste – seiner geschickten Feder danken wir eine der anschaulichsten und plastischsten Charakterzeichnungen Maria Stuarts. Immer wieder wird man gewahr, daß diese Frau in den seltenen Augenblicken, da sie ihre große Energie zusammenfaßt, auch die klügsten Männer zu Respekt und Bewunderung zwingt. Sir Francis Knollys schreibt an Cecil: „Zweifellos ist sie eine hervorragende Frau, denn keine Schmeichelei kann sie tatsächlich täuschen, und ebenso scheint keine offene Aussprache sie zu kränken, wenn sie denjenigen, der sie sagt, für einen anständigen Menschen hält.“ Er findet, daß sie in ihren Antworten eine beredte Zunge und einen klugen Kopf erweise, er rühmt den „aufrechten Mut“ und ihr „liberal heart“, ihre umgängliche Art. Aber er merkt auch, welcher rasende Stolz diese Seele verzehrt, daß „die Sache, nach der sie am meisten dürstet, der Sieg ist und im Vergleich damit Reichtum und alle anderen Dinge der Erde ihr verächtlich und gering scheinen“ – man kann sich ausdenken, mit welchen Gefühlen die mißtrauische Elisabeth diese Charakterisierung ihrer Rivalin liest und wie rasch sich ihr Herz und Hand verhärten.

Aber auch Maria Stuart hat ein feines Ohr. Sie merkt bald, daß die freundlichen Kondolenzreden und Ehrfurchtsbezeugungen dieser Gesandten nach Wind und Wasser schmecken und daß die beiden nur deshalb so eifrig und freundlich mit ihr konversieren, um etwas zu verschweigen. Erst allmählich, wie eine bittere Medizin, Tropfen um Tropfen und stark mit Komplimenten durchsüßt, teilt man ihr mit, daß Elisabeth nicht gewillt sei, sie zu empfangen, bevor sie sich nicht von allen Anschuldigungen gereinigt habe. Diese öde Ausflucht hat man glücklich inzwischen in London herausspekuliert, um der nackten, eiskalten Absicht, Maria Stuart abseits und in Gefangenschaft zu halten, ein moralisches Mäntelchen umzuhängen. Aber entweder sieht Maria Stuart wirklich nicht die Falle oder sie stellt sich so, als ob sie das Perfide dieses Aufschubs nicht verstünde. Mit einer hitzigen Begeisterung erklärt sie sich zur Rechtfertigung bereit, „aber selbstverständlich nur vor einem einzigen Menschen, den ich als ebenbürtig anerkenne, vor der Königin von England." Je eher, je lieber, nein, sofort wolle sie kommen und „vertrauensvoll sich in ihre Arme werfen." Dringlich bittet sie, „in aller Eile und ohne weitere Umstände in London vorgelassen zu werden, um ihre Klagen vorzubringen und die Verleumdung zu entkräften, die man gegen ihre Ehre gewagt habe." Denn mit Freuden akzeptiere sie Elisabeth, freilich nur sie allein, als Richterin.

Mehr hat Elisabeth nicht hören wollen. Mit der prinzipiellen Zustimmung zu einer Rechtfertigung hat sie nun den ersten Haken in der Hand, diese Frau, die als Gast in ihr Land gekommen war, langsam in einen Prozeß hineinzuzerren. Selbstverständlich darf das nicht mit einem auffälligen Ruck geschehen, sondern nur ganz behutsam, damit die schon Beunruhigte nicht zu früh die Welt alarmiere; vor der entscheidenden Operation, die Maria Stuart endgültig die Ehre abtrennt, muß sie erst durch Versprechungen chloroformiert werden, damit sie sich still und ohne Widerstand unter das Messer lege. So schreibt Elisabeth einen Brief, dessen Ton ergreifend wirkte, wüßte man nicht, daß gleichzeitig der Ministerrat die Festhaltung längst beschlossen hat. In Watte wird die Ablehnung eingewickelt, Maria Stuart persönlich zu empfangen. „Madame", schreibt die Verschlagene, „ich habe von meinem Lord Herries Ihren Wunsch vernommen, sich in meiner Gegenwart zu verteidigen gegen alle Anwürfe, die auf Ihnen lasten. Oh, Madame, es gibt keinen Menschen auf Erden, der mehr Ihre Rechtfertigung zu hören verlangte als ich selbst. Niemand würde williger sein Ohr jeder Antwort leihen, die Ihre Ehre wiederherstellen soll. Aber ich kann nicht mein eigenes Ansehen für Ihre Sache aufs Spiel setzen. Um Ihnen offen die Wahrheit zu sagen, glaubt man schon von mir, ich sei eher bereit, Ihre Sache zu verteidigen, als meine Augen zu öffnen für jene Dinge, deren Ihre Untertanen Sie anklagen." Auf diese geschickte Ablehnung folgt aber noch raffinierter die Anlockung. Feierlich verspricht Elisabeth – man muß diese Zeile unterstreichen – „auf mein prinzliches

Wort, daß weder Ihre Untertanen noch irgendein Rat, den ich von meinen Ratgebern erhalten sollte, mich veranlassen wird, irgend etwas von Ihnen zu verlangen, was Sie schädigen könnte oder Ihre Ehre berühren." Immer dringlicher, immer beredter wird der Brief. „Scheint es Ihnen seltsam, daß ich Ihnen nicht erlaube, mich zu sehen? Ich bitte Sie, versetzen Sie sich selbst in meine Lage. Wenn Sie von diesem Verdacht freigesprochen sein werden, will ich Sie mit allen Ehren empfangen, bis dahin kann ich es nicht. Aber später, das schwöre ich bei Gott, soll es nie einen Menschen mit besserem Willen geben, und von allen irdischen Freuden soll dies die erste für mich sein."

Das sind tröstende, warme, weiche, seelenlösende Worte. Aber sie decken eine dürre, harte Sache zu. Denn der Gesandte, der diese Botschaft bringt, hat auch den Auftrag, Maria Stuart endlich eindeutig klarzumachen, daß keineswegs eine persönliche Rechtfertigung vor Elisabeth in Aussicht genommen sei, sondern eine regelrechte Untersuchung der Vorgänge in Schottland, freilich vorläufig noch feierlich hinter dem ehrenvolleren Namen einer „Konferenz" versteckt.

Bei den Worten Prozeß, Untersuchung, Schiedsspruch zuckt der Stolz Maria Stuarts empor wie von feurigem Eisen berührt. „Ich habe keinen andern Richter als Gott", schluchzt sie auf in zornigen Tränen, „niemand kann es unternehmen, mich zu richten. Ich weiß, wer ich bin, und kenne die Rechte meines Ranges. Es ist richtig, daß ich auseigenem Willen und aus dem vollen Vertrauen, das ich in die Königin, meine Schwester, setze, vorgeschlagen habe, sie zur Richterin in meiner Sache zu machen. Aber wie kann dies geschehen, wenn sie nicht erlauben will, daß ich zu ihr gehe?" Drohend verkündet sie (wie wahr ist dies Wort geworden!), Elisabeth würde keinen Gewinn haben, wenn sie sie in ihrem Lande zurückhalte. Und dann nimmt sie die Feder: „Hélas, Madame", antwortet sie erregt, „wo haben Sie je gehört, daß jemals ein Prinz getadelt werden könnte, wenn er persönlich die Klagen derer angehört hat, die Beschwerde führen, ungerechterweise angeklagt worden zu sein ... Lassen Sie, Madame, den Gedanken fallen, ich sei hierhergekommen, um mein Leben zu retten. – Weder die Welt noch ganz Schottland haben mich verleugnet – sondern ich kam, um meine Ehre wiederzugewinnen und Unterstützung zu finden, meine falschen Ankläger zu züchtigen, aber nicht, um ihnen wie als Gleichgestellten zu antworten. Ich habe Sie unter allen Fürsten als meine nächste Verwandte und „perfaicte Amye" gewählt, um jene vor Ihnen anklagen zu können, weil ich glaubte, Sie würden es als Ehre empfinden, zur Wiederherstellung der Ehre einer Königin angerufen zu werden."

Nicht dazu sei sie einem Gefängnis entronnen, um hier „quasi en un autre" zurückgehalten zu werden. Schließlich verlangt sie ungestüm gerade das, was alle Menschen von Elisabeth immer vergeblich fordern werden, nämlich Eindeutigkeit des Verhaltens, entweder Hilfe oder Freiheit. Gegen Elisabeth wolle sie sich „de bonne voglia" gerne rechtfertigen, aber nicht in der Form eines Prozesses gegen ihre Untertanen, außer wenn diese mit gebundenen Händen vorgeführt würden. In vollem Bewußtsein ihres Gottesgnadentums verweigert sie, sich mit ihren Untertanen auf eine Stufe stellen zu lassen: lieber sei sie bereit, zu sterben.

Dieser Standpunkt Maria Stuarts ist rechtlich unanfechtbar. Die Königin von England besitzt keinerlei Oberhoheit über die Königin von Schottland, sie hat keine Untersuchungen anzustellen über einen Mordfall, welcher in fremdem Lande geschehen ist, sie hat sich nicht einzumengen in einen Konflikt einer ausländischen Fürstin mit ihren Untertanen. Das weiß Elisabeth im tiefsten völlig genau, und darum verdoppelt sie ihre schmeichlerischen Bemühungen, um Maria Stuart aus ihrer festen und uneinnehmbaren Position herauszulocken und auf den glitschigen Grund eines Prozesses zu führen. Nein, nicht als Richterin, sondern als Freundin und Schwester wünsche sie diese Klarstellung, ach, sie sei doch nötig für ihren Herzenswunsch, endlich ihre geliebte Base von Angesicht zu sehen und sie wieder als Königin einzusetzen. Um Maria Stuart von ihrer sicheren Stellung abzudrängen, gibt Elisabeth eine wichtige Zusage nach der andern, sie tut so, als ob sie nie nur eine Minute an der Unschuld der Verleumdeten gezweifelt hätte, als ob der Prozeß gar nichts mit Maria Stuart zu tun hätte, sondern einzig gegen Moray und die andern Rebellen eingeleitet werden solle. Eine Lüge folgt der andern. Sie verpflichtet sich bindend, daß nichts bei dieser Untersuchung erörtert werden dürfe, was gegen Maria Stuarts Ehre, „against her honour" sei – man wird später sehen, wie dieses Versprechen eingehalten wurde. Und ausdrücklich täuscht Elisabeth den Unterhändlern vor, wie immer die Untersuchung ausgehe, die königliche Stellung bleibe Maria Stuart gesichert. Aber während sich Elisabeth so mit Eid und Ehre Maria Stuart verpflichtet, fährt gleichzeitig der Kanzler Cecil munter auf dem andern Geleise. Er seinerseits beruhigt unter der Hand wieder Moray, um ihn zur Untersuchung gefügig zu machen, keinesfalls sei eine Wiedereinsetzung seiner Schwester in Aussicht genommen – man sieht: die Taschenspielertechnik des doppelten Bodens ist nicht erst eine politische Erfindung unseres Jahrhunderts.

Maria Stuart merkt bald dies heimliche Zerren und Ziehen; sowenig sich Elisabeth von ihr täuschen läßt, sowenig ist sie über die Absichten ihrer lieben Base im unklaren. Sie wehrt sich und leistet Widerstand, sie schreibt bald süße, bald bittere Briefe, aber von London aus lockert man nicht mehr die Schlinge, ganz im Gegenteil, man zieht sie langsam schärfer und schneidender an. Allmählich werden, um den seelischen Druck zu verstärken, allerhand Vorkehrungen getroffen, um ihr zu zeigen, daß man entschlossen sei, im Notfall, im Streitfall, im Weigerungsfall auch Gewalt zu üben. Ihre Bequemlichkeiten werden eingeschränkt, sie darf keine Besuche aus Schottland mehr empfangen, bei jedem Ausritt begleiten sie nicht weniger als hundert Reiter, und eines Tages überrascht sie der Befehl, von Carlisle, vom offenen Meer – wo der Blick wenigstens frei in die Ferne schweifen kann und vielleicht ein hilfreiches Boot sie entführen – nach dem festen Schlosse Bolton nach Yorkshire zu übersiedeln in ein „very strong, very fair and very stately house." Selbstverständlich ist auch dieser harte Auftrag mit Honig kandiert, noch verbirgt sich die scharfe Kralle feige hinter Samtpfoten: man versichert Maria Stuart, nur aus zärtlicher Sorge, sie näher zu wissen, und um den Austausch der Briefe zu beschleunigen, habe Elisabeth diese Übersiedlung angeordnet. Hier in Bolton würde sie „mehr Freude und Freiheit haben und gänzlich vor jeder Gefährdung von Seiten ihrer Feinde geborgen sein." Maria Stuart ist nicht so naiv, an so viel Liebe zu glauben, sie wehrt und weigert sich noch immer, obzwar sie weiß, daß sie verspielt hat. Aber was bleibt ihr übrig? Nach Schottland kann sie nicht mehr zurück, nach Frankreich darf sie nicht hinüber, und ihre äußere Lage wird immer unwürdiger: sie lebt von fremdem Brot, und die Kleider, die sie trägt, sind geborgt von Elisabeth. Völlig allein, von allen wirklichen Freunden abgeschlossen, nur von Untertanen ihrer Gegnerin umgeben, wird Maria Stuart allmählich unsicher in ihrem Widerstand.

Endlich, und darauf hat Cecil gerechnet, begeht sie den großen Fehler, auf den Elisabeth so ungeduldig wartet; in einem Augenblick der Lässigkeit erklärt sich Maria Stuart mit einer Untersuchung einverstanden. Es ist der größte, der unverzeihlichste Fehler, den sie je begangen hat, sich von ihrem unantastbaren Standpunkt abdrängen zu lassen, daß Elisabeth sie nicht richten und nicht ihrer Freiheit berauben dürfe, daß sie als Königin und als Gast keinem fremden Schiedsspruch sich zu unterwerfen habe. Aber Maria Stuart hat immer nur kurzatmige feurige Ausbrüche von Mut und nie die einer Fürstin so nötige Kraft des zähen Durchhaltens. Vergebens sucht sie, im Gefühl, daß sie den Boden unter den Füßen verloren hat, nachträglich noch Bedingungen zu stellen und, nachdem sie die Zusage sich entlocken ließ, sich wenigstens an den Arm anzuklammern, der sie in die Tiefe stößt. „Es gibt nichts", schreibt sie am 28. Juni, „was ich nicht auf

Ihr Wort hin unternehmen würde, denn ich habe niemals an Ihrer Ehre und königlichen Treue gezweifelt."

Aber wer sich einmal auf Gnade und Ungnade ergeben, dem hilft nachträglich kein Wort, keine Bitte mehr. Der Sieg will sein Recht, und immer wandelt es sich zu Unrecht für den Besiegten. Vae victis!

Achtzehntes Kapitel
Das Netz zieht sich zusammen

Juli 1568 bis Januar 1569

Kaum hat Maria Stuart sich leichtfertigerweise die Zustimmung zu dem „unparteiischen Schiedsgericht" abringen lassen, so setzt die englische Regierung schon alle Machtmittel ein, um das Verfahren zu einem parteiischen zu machen. Während die Lords in Person erscheinen dürfen, mit allen Beweisen bewaffnet, wird es Maria Stuart nur erlaubt, sich durch zwei Vertrauensleute vertreten zu lassen; bloß aus der Ferne und durch Mittelspersonen kann sie ihre Anschuldigungen gegen die rebellischen Lords erheben, die ihrerseits laut und frei sprechen und heimlich paktieren dürfen – durch diese Perfidie ist sie von Anfang an aus der Angriffsstellung in die Verteidigungsstellung gedrängt. Lautlos fallen alle schönen Versprechungen eine nach der andern unter den Verhandlungstisch. Dieselbe Elisabeth, die es eben noch nicht vereinbar mit ihrer Ehre erklärt hatte, vor Beendigung des Verfahrens Maria Stuart in ihrer Gegenwart zuzulassen, empfängt unbedenklich den Rebellen Moray. Und von der Rücksicht auf ihre „Ehre" ist plötzlich keine Rede mehr. Zwar wird die Absicht, Maria Stuart auf die Anklagebank zu drücken, noch in tückischer Weise bemäntelt – man hat Rücksicht nötig vor dem Ausland –, und die Formel lautet, die Lords hätten sich wegen ihrer Rebellion zu „rechtfertigen". Aber dies Rechtfertigen, das Elisabeth scheinheilig von den Lords verlangt, bedeutet natürlich, sie sollten die Gründe darlegen, weshalb sie sich in Waffen gegen ihre Königin erhoben. Implicite sind sie damit aufgefordert, die ganze Angelegenheit des Königsmordes aufzurollen, und von selbst dreht sich damit die Spitze gegen Maria Stuart. Bringen die Lords nur genug Anschuldigungen gegen sie vor, so kann in London der Grund juristisch unterkellert werden, Maria Stuart weiterhin festzuhalten, und das Unentschuldbare ihrer Gefangensetzung ist glücklich vor der Welt entschuldigt.

Aber als Trugspiel gedacht, artet diese Konferenz – die man nicht Rechtsverfahren nennen darf, ohne die Justiz zu beleidigen – unerwartet zur Komödie in ganz anderem Sinne aus, als sie Cecil und Elisabeth gewünscht. Denn kaum daß man die Parteien vor den runden Tisch gebracht, damit sie einander anklagen sollten, zeigen beide wenig Lust, mit ihren Akten und Fakten herauszurücken, und beide wissen genau, warum. Denn – einmaliges Kuriosum dieses Prozesses – Ankläger und Angeklagte sind hier im Grunde Komplicen desselben Verbrechens, beide möchten lieber an der heiklen Angelegenheit des Darnley-Mordes vorbeischweigen, an dem sie beide „art and part" gewesen sind. Würden Morton, Maitland und Moray jene Briefkassette öffnen und behaupten, Maria Stuart sei Mithelferin oder wenigstens Mitwisserin gewesen, so wären damit die ehrenwerten Lords vollkommen im Recht. Aber ebenso wäre Maria Stuart im Recht, wenn sie die Lords beschuldigte, genau so die Tat vorausgewußt und zumindest durch ihr Schweigen gebilligt zu haben. Legen die Lords jene peinlichen Briefe auf den Tisch, so kann Maria Stuart, die durch Bothwell die Unterzeichner des Mörderbonds kennt und das Blatt vielleicht sogar in Händen hat, diesen nachträglichen Königspatrioten die Maske vom Antlitz reißen. Nichts natürlicher darum als die beiderseitige Unlust, gegeneinander scharf vorzugehen, nichts begreiflicher als ihr gemeinsames Interesse, die peinliche Angelegenheit à l'amiable zu behandeln und den armen Henry Darnley still im Grabe ruhen zu lassen. „Requiescat in pace!" ist beider Teile frommes Gebet.

So ergibt sich das Sonderbare und für Elisabeth höchst Unerwartete: bei der Eröffnung des Verfahrens klagt Moray nur Bothwell an – er weiß, der gefährliche Mann ist tausend Meilen weit und wird seine Spießgesellen nicht nennen –, mit merkwürdiger Diskretion aber vermeidet er, seine Schwester irgendwie zu beschuldigen. Völlig vergessen scheint, daß man sie vor einem Jahre im offenen Parlament der Mordhilfe schuldig gesprochen. Keineswegs so stürmisch, wie Cecil erhofft hatte, reiten diese sonderbaren Ritter in die Schranken, sie schleudern nicht die anklägerischen Briefe auf den Tisch, und – zweite Merkwürdigkeit und nicht die letzte dieser erfindungsreichen Komödie – auch die englischen Kommissare bleiben rücksichtsvoll stumm und fragen nicht viel. Lord Northumberland steht als Katholik Maria Stuart vielleicht näher als Elisabeth, seiner Königin, Lord Norfolk wieder arbeitet aus privaten Gründen, die sich erst allmählich enthüllen werden, an einem stillen Ausgleich mit; schon sind die Grundlinien der Verständigung gezogen: Maria Stuart soll der Titel und die Freiheit wiedergegeben werden, Moray dafür behalten, was ihm einzig wichtig ist: die faktische Herrschaft. Wo Elisabeth Blitz und Donner gewünscht, der ihre Gegnerin moralisch zermalmen sollte, säuselt ein sanftes Lüftchen. Man plaudert herzlich hinter verschlossenen Türen, statt die Akten und Fakten laut zu erörtern, die Stimmung wird immer wärmer und freundschaftlicher. Und nach einigen Tagen arbeiten schon – merkwürdiger Prozeß! –, statt strengen Gerichtstag zu halten, Ankläger und Angeklagte, Kommissare und Richter einig zusammen, um der Konferenz, die Elisabeth als politische Haupt- und Staatsaktion gegen Maria Stuart aufgezogen wissen wollte, ein ehrenvolles Begräbnis erster Klasse zu bereiten.

Der gegebene Mittelsmann, der berufene Zwischenträger für dies Hin und Her zwischen beiden Parteien ist der schottische Staatssekretär Maitland of Lethington. Denn er hat in dieser dunklen Angelegenheit des Darnley-Mords die allerdunkelste Rolle gespielt und als geborener Diplomat selbstverständlich eine Doppelrolle. Als in Craigmillar die Lords zu Maria Stuart kamen und ihr vorschlugen, sich durch Scheidung oder auf sonst eine Weise Darnleys zu entledigen, war Maitland der Wortführer gewesen und hatte das dunkle Versprechen abgegeben, Moray werde „durch die Finger sehen". Andererseits hatte er die Heirat mit Bothwell gefördert, war „zufällig" bei der Entführung Zeuge gewesen und erst vierundzwanzig Stunden vor dem Ende wieder zu den Lords übergegangen. Bei einem scharfen Kugelwechsel zwischen der Königin und den Lords winkt ihm die trübe Aussicht, mitten ins Schußfeld zu kommen; darum wendet er eiligst alle erlaubten und unerlaubten Mittel an, um einen Ausgleich zu erzielen. Zunächst schüchtert er Maria Stuart ein, die Lords seien entschlossen, im Falle ihrer Unnachgiebigkeit skrupellos alles, was ihnen zur Verteidigung diene, anzuwenden, auch wenn es ihr Schande brächte. Und um ihr zu zeigen, welche rufmörderischen Waffen die Lords bereit hielten, läßt er heimlich das Hauptbelastungsstück der Anklage, die Liebesbriefe und Sonette aus der Schatulle, von seiner Frau, Mary Fleming, abschreiben und die Kopien Maria Stuart zukommen.

Diese heimliche Auslieferung des ihr noch unbekannten Belastungsmaterials an Maria Stuart ist selbstverständlich ein Schachzug Maitlands gegen seine Kameraden und außerdem eine grobe Verletzung jeder normalen Prozeßordnung. Aber sie wird schleunigst aufgewogen durch die gleiche Ungehörigkeit von Seiten der Lords, die ihrerseits gleichfalls die „Kassettenbriefe" Norfolk und den anderen englischen Kommissaren gewissermaßen unter dem Verhandlungstisch zustecken. Damit ist ein schwerer Schlag gegen Maria Stuarts Sache geführt, denn im vorhinein sind die Richter, die eben noch vermitteln wollten, persönlich gegen sie beeinflußt. Besonders Norfolk ist ganz bestürzt über den üblen Dunst, der aus dieser geöffneten Pandorabüchse aufsteigt. Sofort meldet er – was er gleichfalls nicht dürfte, aber in diesem sonderbaren Prozeß gilt alles, nur nicht das Recht – nach London, die „zügellose und schmutzige Liebe zwischen Bothwell und der Königin, ihr Abscheu vor dem ermordeten Mann und die Verschwörung gegen sein Leben seien derart offenbar, daß jeder gute und wohlgesinnte Mann erschauern und zurückschrecken müsse."

Schlimme Botschaft für Maria Stuart, hochwillkommene für Elisabeth. Denn nun, da sie weiß, welch ehrenrühriges Belastungsmaterial auf den Tisch gelegt werden kann, wird sie nicht eher ruhen und rasten, bis es bekanntgegeben ist. Je mehr jetzt Maria Stuart auf stillen Ausgleich drängt, um so mehr wird sie auf der öffentlichen Anprangerung bestehen. Durch die feindselige Einstellung Norfolks, durch seine ehrliche Erbitterung, seit er die Briefe aus der berüchtigten Kassette gesehen, scheint das Spiel für Maria Stuart verloren. Aber am Spieltisch und in der Politik soll man eine Partie nie verloren geben, solange man noch eine Karte in Händen hält. Gerade in diesem Augenblick schlägt Maitland eine verblüffende Volte. Er besucht Norfolk, er hat mit ihm ein längeres, vertrauliches Gespräch. Und siehe, man staunt, man glaubt erst den Berichten nicht, über Nacht ist ein Wunder geschehen, aus Saulus ein Paulus geworden, aus dem entrüsteten, empörten, scharf gegen sie voreingenommenen Richter Norfolk nun Maria Stuarts eifrigster Helfer und Partisan. Statt in den Intentionen seiner eigenen Königin, die öffentliche Verhandlung will, müht er sich mit einmal mehr im Interesse der schottischen; er redet Maria Stuart plötzlich zu, ja nicht auf die schottische Krone und den englischen Thronanspruch zu verzichten, er steift ihr den Nacken, er stählt ihr die Hand. Dringend mahnt er gleichzeitig Moray ab, die Briefe vorzulegen, und siehe, auch Moray schaltet scharf um, nachdem er mit Norfolk eine geheime Unterredung gehabt. Er wird mild und versöhnlich, er stimmt völlig Norfolk bei, nur Bothwell solle für die Tat verantwortlich gemacht werden und nicht auch Maria Stuart; ein süßer Tauwind scheint nachts über die Dächer gefahren zu sein, das Eis ist gebrochen; ein paar Tage noch, und Frühling und Freundschaft strahlen über diesem sonderbaren Haus.

Was kann, muß man sich fragen, Norfolk bewogen haben, über Nacht um hundertachtzig Grad umzuschwenken, aus dem Richter Elisabeths ein Verräter an ihrem Willen, aus einem Gegner Maria Stuarts ihr eifrigster Freund zu werden? Erster Gedanke: Maitland muß Norfolk bestochen haben. Dies scheint unwahrscheinlich auf den zweiten Blick. Denn Norfolk ist der reichste Edelmann Englands, seine Familie steht nur knapp hinter den Tudors zurück; soviel Geld kann ein Maitland, kann das ganze arme Schottland nicht herbeischaffen. Aber doch, wie meist, war das erste Gefühl das richtige – Maitland ist es tatsächlich gelungen, Norfolk zu bestechen. Er hat dem jungen Witwer das einzige geboten, was auch einen so Mächtigen verlocken kann, nämlich noch mehr Macht. Er hat dem Herzog die Hand der Königin und damit zugleich das Erbrecht auf die englische Königskrone angeboten. Und noch immer geht von einer Königskrone Magie aus, die selbst die Feigsten mutig, die Gleichgültigsten ehrgeizig und die Besonnensten töricht macht. Und nun versteht man, warum Norfolk, der gestern noch Maria Stuart so dringend nahegelegt, auf ihre Königsrechte freiwillig zu verzichten, mit einmal ihr so auffällig zuredet, sie zu verteidigen. Denn er will Maria Stuart doch nur heiraten um dieses Anspruchs willen, der ihn mit einem Ruck an die Stelle der Tudors erhebt, derselben, die seinen Vater und Großvater als Verräter hinrichten ließen. Und man kann es dem Sohn, dem Enkel nicht verdenken, wenn er an einer Königsfamilie Verrat begeht, die seine eigene mit dem Henkerbeil vernichtete.

Gewiß, unser Gefühl von heute zögert im ersten Augenblick, die Ungeheuerlichkeit zu begreifen, daß ebenderselbe Mann, der sich noch gestern über die Mörderin, über die Ehebrecherin, über Maria Stuart entsetzte, der sich über ihre „schmutzigen" Liebesaffären entrüstete, sich so rasch entschließt, diese Frau zur Gattin zu nehmen. Und selbstverständlich haben die Verteidiger Maria Stuarts hier die Hypothese eingeschoben, Maitland müsse in jenem geheimen Gespräch Norfolk von der Unschuld Maria Stuarts überzeugt haben und ihm nachgewiesen, jene „Kassettenbriefe" seien Fälschungen gewesen. Darüber enthalten die überlieferten Dokumente aber kein Wort, und in Wirklichkeit hat Norfolk noch Wochen später Maria Stuart vor Elisabeth weiterhin als Mörderin bezeichnet. Aber nichts wäre verfehlter, als moralische Anschauungen um vier Jahrhunderte zurücktransformieren zu wollen, denn der Wert eines Menschenlebens ist innerhalb verschiedener Zeiten und Zonen durchaus kein absoluter, jede Zeit bemißt es anders, Moral bleibt immer nur relativ. Unser Heute ist gegen politischen Mord viel nachsichtiger, als es das neunzehnte Jahrhundert gewesen, und ebenso war das sechzehnte keines der großen Bedenken. Gewissensskrupel waren einer Zeit vollkommen fremd, die ihre Moral nicht aus der Heiligen Schrift, sondern aus Macchiavelli bezog: wer damals einen Thron besteigen wollte, pflegte sich nicht viel mit sentimentalen Erwägungen zu belasten und dringlich darauf zu sehen, ob die Stufen nicht noch naß seien von vergossenem Blut. Schließlich stammt die Szene in Richard III., wo die Königin dem Manne die Hand reicht, den sie als Mörder kennt, von einem Zeitgenossen, und sie ist den Zuschauern keineswegs unglaubhaft erschienen. Um König zu werden, ermordete, vergiftete man seinen

Vater, seinen Bruder, man warf Tausende unschuldiger Menschen in den Krieg, man räumte fort, man beseitigte, ohne nach Recht zu fragen, und kaum ein einziges Herrscherhaus kann man im damaligen Europa entdecken, in dem nicht solche Verbrechen offen begangen worden wären. Wenn es eine Krone galt, heirateten vierzehnjährige Knaben fünfzigjährige Matronen und unreife Mädchen großväterliche Greise, man fragte nicht viel nach Tugend und Schönheit und Würde und Moral, man heiratete Schwachsinnige, Krumme und Lahme, Syphilitiker, Krüppel und Verbrecher; warum gerade von diesem eitlen Ehrgeizling Norfolk besondere Bedenklichkeit erwarten, wenn diese junge, schöne, heißblütige Fürstin sich bereit erklärt, ihn zu ihrem Gemahl zu erheben? Norfolk blickt, von seinem Ehrgeiz verblendet, nicht lange darauf zurück, was Maria Stuart getan hat, sondern einzig auf das, was sie für ihn tun kann; in seinen Gedanken sieht sich dieser schwächliche und nicht sehr kluge Mann schon in Westminster an Elisabeths Statt. Über Nacht hat sich das Blatt gewendet. Maitlands geschickte Hand hat das Netz, das für Maria Stuart gewoben war, gelockert, und wo sie einen strengen Richter erwarten mußte, hatte sie plötzlich einen Freier und einen Helfer gefunden. Aber Elisabeth hat gute Zubringer und einen wachen, höchst mißtrauischen Verstand. „Les princes ont des oreilles grandes qui oyent loin et près", sagt sie einmal triumphierend zu dem französischen Gesandten. An hundert kleinen Zeichen wittert sie, daß in York allerhand dunkle Tränke gebraut werden, die ihr nicht wohl bekommen dürften. Zunächst läßt sie sich Norfolk rufen und sagt ihm spöttisch auf den Kopf zu, sie habe gehört, daß er auf Freiersfüßen ginge. Nun ist Norfolk kein Charakterheld. Laut und vernehmlich kräht Petri Hahn; sofort verleugnet er Maria Stuart, um die er gestern noch geworben hat, in der erbärmlichsten Weise. Lüge sei all das und Verleumdung, niemals würde er eine solche Ehebrecherin und Mörderin heiraten, und mit einer großartigen Verlogenheit erklärt er: „Mein Kopfkissen muß, wenn ich einschlafen soll, sicher sein."

Aber Elisabeth weiß, was sie weiß, und stolz kann sie später sagen: „Ils m'ont cru si sotte, que je n'en sentirais rien." Wenn diese Frau in ihrer unbändigen Kraft einen der Leisetreter bei Hofe grimmig anfaßt, fallen ihm sofort alle seine Geheimnisse aus dem Ärmel. Sofort packt sie energisch zu. Auf ihren Befehl werden am 25. November die Verhandlungen von York nach Westminster in die Camera Depicta verlegt. Hier, ein paar Schritte von ihrer Tür und unmittelbar unter ihren mißtrauischen Augen, hat Maitland nicht mehr so leichtes Spiel wie in Yorkshire, zwei Tagesreisen weit und abseits von Wächtern und Spionen. Außerdem gesellt Elisabeth ihren Kommissaren, seit sie deren Unverläßlichkeit erkannt hat, noch einige dazu, auf die sie unbedingt zählen kann, vor allem ihren Liebling Leicester.

Und jetzt, da ihre harte Hand den Zügel gefaßt hat, läuft der Prozeß in scharfem Tempo den befohlenen Gang. Moray, ihr alter Kostgänger, bekommt klipp und klar den Befehl, „sich zu verteidigen“, und dazu die gefährliche Ermunterung, auch die „extremity of odious accusations“ nicht zu scheuen, also die Beweise des Ehebruchs mit Bothwell, die Kassettenbriefe; vorzulegen. Das feierliche Versprechen an Maria Stuart, daß nichts „against her honour“ vorgebracht werden sollte, ist völlig in der Versenkung verschwunden. Aber noch immer fühlen sich die Lords nicht recht behaglich. Noch immer zögern und zögern sie, mit den Briefen herauszurücken, und beschränken sich auf allgemeine Verdächtigungen. Und da Elisabeth ihnen nicht offen befehlen kann, die Briefe vorzulegen, weil sonst ihre Parteilichkeit zu sehr erwiesen wäre, ersinnt sie eine noch größere Heuchelei. Sie tut so, als ob sie selbst von Maria Stuarts Unschuld überzeugt wäre und nur einen Weg wüßte, um ihre Ehre zu retten, indem sie mit einer schwesterlichen Ungeduld auf volle Klarstellung und auf das Beweismaterial für alle die „Verleumdungen“ dringt. Sie will die Briefe, sie will die Liebessonette an Bothwell auf dem Verhandlungstisch. Maria Stuart muß endgültig erledigt werden.

Unter diesem Druck geben die Lords schließlich nach. Eine kleine Komödie von Widerstand wird noch in letzter Minute gespielt, indem Moray die Briefe nicht selbst auf den Tisch legt, sondern sie nur vorzeigt und sich dann von einem Sekretär „gewaltsam“ entreißen läßt. Aber jetzt, Triumph für Elisabeth, liegen sie auf dem Tisch, jetzt werden sie vorgelesen, einmal und am nächsten Tag vor einer verstärkten Kommission zum zweitenmal. Die Lords haben zwar längst ihre Echtheit beschworen mit einem „eik“, aber noch nicht genug und noch nicht genug. Als hätte sie um Jahrhunderte alle Einwände der Ehrenretter Maria Stuarts vorausgeahnt, welche diese Briefe als gefälscht erklären werden, befiehlt Elisabeth, genaue Vergleichung der Handschrift dieser Briefe mit der Handschrift jener, die sie selbst von Maria Stuart empfangen, im Angesicht der ganzen Kommission vorzunehmen. Während dieser Untersuchung verlassen (abermals ein gewichtiges Argument für die Echtheit der Briefe) die Vertreter Maria Stuarts die Verhandlung und erklären – sehr mit Recht –, Elisabeth habe ihr Wort nicht gehalten, daß nichts „against the honour“ Maria Stuarts vorgebracht werden dürfe. Aber wo gilt noch Recht in diesem rechtswidrigsten aller Prozesse, in dem die Hauptangeklagte nicht erscheinen darf, während ihre Feinde, wie Lennox, frei ihre Anschuldigung äußern können? Kaum haben sich die Vertreter Maria Stuarts entfernt, so fassen die versammelten Kommissare schon einstimmig den „vorläufigen Beschluß“, Elisabeth könne Maria Stuart nicht empfangen, ehe sie sich von all diesen Anklagen gereinigt habe. Elisabeth ist am Ziel. Endlich hat man den Vorwand fabriziert, den sie so notwendig brauchte, die Geflüchtete von sich wegzustoßen; nun wird es nicht schwer sein, auch die Ausflucht zu finden, sie weiterhin „in honourable custody“ – eine schöne Umschreibung für „Gefangenschaft“ – festzuhalten. Und triumphierend kann einer ihrer Getreuen, der Erzbischof Parker, ausrufen: „Jetzt hält unsere gute Königin den Wolf bei den Ohren!“

Mit dieser „vorläufigen Feststellung“ ist in dem öffentlichen Rufmord Maria Stuarts Haupt gebeugt, ihr Nacken entblößt. Jetzt kann wie eine Axt das Urteil niederfahren. Sie kann zur Mörderin erklärt und nach Schottland ausgeliefert werden, und dort kennt John Knox keine Gnade. Aber in diesem Augenblick hebt Elisabeth die Hand, und der mörderische Schlag saust nicht nieder. Immer wenn es eine letzte Entschlossenheit im Guten wie im Bösen gilt, findet diese rätselhafte Frau nicht den rechten Mut. Ist es großmütige Regung der Menschlichkeit, wie sie oft warm in ihr aufflutet, ist es Scham über das gebrochene Königswort, Maria Stuarts Ehre zu wahren? Ist es diplomatische Berechnung oder – wie meist bei dieser unergründlichen Natur – ein Durcheinander widerstreitender Gefühle: jedenfalls, Elisabeth scheut wiederum vor der Gelegenheit zurück, ihre Gegnerin völlig zu erledigen. Statt schnell ein hartes Urteil aussprechen zu lassen, vertagt sie den endgültigen Spruch, um mit Maria Stuart zu verhandeln. Im Grunde möchte Elisabeth nur Ruhe von dieser trotzigen, unnachgiebigen und nicht einzuschüchternden Frau haben, sie will sie nur still bekommen und klein; so legt sie ihr nahe, ehe der letzte Spruch gefaßt wird, Einspruch zu erheben gegen die Dokumente, und unterderhand wird Maria Stuart mitgeteilt, wenn sie gutwillig resigniere, werde man sie freisprechen, und sie könne frei und mit einer Pension in England bleiben. Gleichzeitig schreckt man sie – Zuckerbrot und Peitsche – mit der Nachricht einer öffentlichen Verurteilung, und Knollys, der Vertrauensmann des englischen Hofes, berichtet, er habe sie so sehr mit Drohungen verschreckt, wie es in seinen Kräften stand. Mit ihren beiden Lieblingsmitteln arbeitet Elisabeth wieder zugleich: mit Einschüchterung und mit Verlockung.

Aber Maria Stuart läßt sich nicht einschüchtern und läßt sich nicht mehr locken. Immer muß ihr Gefahr wirklich auf die Haut brennen, damit sie sich zusammenrafft, dann aber wächst mit ihrem Mut ihre Haltung. Sie weigert sich, die Dokumente zu überprüfen. Zu spät erkennt sie die Falle, in die sie geraten, und zieht sich auf ihren alten Standpunkt zurück, daß sie sich nicht gleich zu gleich ihren Untertanen gegenüberstellen lasse. Ihr bloßes Königswort, daß alle diese Anschuldigungen und Dokumente falsch seien, müsse mehr gelten als alle Beweise und Behauptungen. Schroff weist sie den angebotenen Schacher zurück, sich einen Freispruch von einem Gericht, das sie nicht anerkennt, mit ihrer Abdankung zu erkaufen. Und entschlossen wirft sie den Unterhändlern die Worte entgegen, die sie durch ihr Leben und Sterben wahr gemacht: „Kein Wort mehr über die Möglichkeit eines Verzichts auf meine Krone! Ehe ich dem zustimme, bin ich lieber bereit, zu sterben, und die letzten Worte meines Lebens sollen die einer Königin von Schottland sein."

Die Einschüchterung ist mißglückt, dem halben Mut Elisabeths hat Maria Stuart ihren geschlossenen entgegengesetzt. Wieder beginnt Elisabeth zu zaudern, und trotz Maria Stuarts Unbeugsamkeit wagt man keine offene Verurteilung. Vor den letzten Konsequenzen ihres eigenen Willens schreckt Elisabeth (man wird es immer und immer sehen) jedesmal zurück. Nicht so vernichtend, wie sie es geplant, aber perfid wie der ganze Prozeß fällt das Urteil aus. Am 10. Januar wird feierlich der krumme und lahme Richtspruch verkündet, gegen Moray und seine Anhänger sei nichts vorgebracht worden, was gegen Ehre und Pflicht verstoße. Damit ist die Rebellion der Lords eindeutig gebilligt. Unermeßlich zweideutiger lautet die Ehrenerklärung für Maria Stuart: die Lords hätten ihrerseits die Beschuldigungen gegen die Königin nicht hinreichend belegen können, um der Königin von England irgendeine schlechte Meinung von ihrer Schwester beizubringen. Oberflächlich gelesen, könnte man dies für eine Ehrenrettung halten und den Beweis als nicht geliefert, als nicht gelungen erklärt. Aber der vergiftete Widerhaken steckt in den Worten „been sufficiently". Damit ist unterlegt, es sei wohl allerhand vorgebracht worden, was höchst verdächtig und belastend sei, nur nichts so „vollständig" Hinreichendes, um eine so gute Königin wie Elisabeth zu überzeugen. Und mehr braucht Cecil nicht für seine Zwecke: jetzt schwebt die Verdächtigung weiter über Maria Stuart, und ein zureichender Grund ist gefunden, die wehrlose Frau weiterhin gefangenzuhalten. Für den Augenblick hat Elisabeth gesiegt.

Aber dieser Sieg ist ein Pyrrhussieg. Denn solange sie Maria Stuart gefangenhält, leben zwei Königinnen innerhalb von England, und solange die eine lebt und die andere, wird das Land keine Ruhe finden. Immer wächst aus Unrecht Unruhe, immer ist, was listig ersonnen war, schlecht getan. Mit dem Tage, da sie Maria Stuart ihrer Freiheit beraubt, nimmt sich Elisabeth ihre eigene Freiheit. Indem sie Maria Stuart wie eine Feindin behandelt, gibt sie ihr das Recht zu jeder Feindseligkeit, ihr Wortbruch berechtigt sie zu jedem Wortbruch, ihre Lüge zu jeder Lüge. Jahre und Jahre wird Elisabeth den Irrtum büßen müssen, nicht ihrem ersten und natürlichsten Instinkt nachgegeben zu haben. Zu spät wird sie erkennen, daß Großmut in diesem Falle auch Klugheit gewesen wäre. Denn wie armselig klein wäre das Leben Maria Stuarts versandet, hätte Elisabeth nach der billigen Zeremonie eines kühlen Empfangs die Bittstellerin aus ihrem Lande entlassen! Denn wohin hätte die verächtlich Entlassene sich noch wenden können? Kein Richter und kein Dichter hätte sich ihrer je mehr angenommen; verfemt durch jene Skandale, gedemütigt durch die Großmut Elisabeths, wäre sie ziellos herumgeirrt von Hof zu Hof; in Schottland hätte ihr Moray den Weg gesperrt, weder Frankreich noch Spanien hätten mit besonderem Respekt die unangenehme Querulantin empfangen. Vielleicht hätte sie sich ihrem Temperament gemäß in neue Liebesaffären verstrickt, vielleicht wäre sie ihrem Bothwell hinüber nach Dänemark gefolgt. Aber ihr Name wäre entweder verschollen geblieben in der Geschichte oder bestenfalls wenig ehrenvoll genannt als der einer Königin, die den Mörder ihres Mannes geheiratet. Von all diesem dunklen und niederen Los hat einzig die Ungerechtigkeit Elisabeths welthistorisch Maria Stuart erlöst. Nur sie hat ihrer Feindin das Schicksal wieder groß gestaltet und, indem sie Maria Stuart zu erniedrigen suchte, in Wahrheit sie erhöht und der schon Gestürzten das Haupt mit dem Nimbus des Märtyrertums umgeben. Keine ihrer eigenen Taten hat Maria Stuart zu solcher legendarischen Figur erhoben wie das unnötig erlittene Unrecht, und keine so sehr Elisabeths moralisches Maß gemindert, als daß sie verabsäumte, in großem Augenblicke wahrhaft großmütig zu sein.

Neunzehntes Kapitel
Die Jahre im Schatten

1569–1584

Nichts ist aussichtsloser zu schildern als Leere, nichts schwerer zu veranschaulichen als Monotonie. Die Gefangenschaft Maria Stuarts ist ein solches Nichtgeschehen, eine solche öde, sternenlose Nacht. Mit dem Urteilsspruch ist der große, der heiße Rhythmus in ihrem Leben endgültig gebrochen. Jahre und Jahre gehen dahin wie im Meere Welle an Welle, bald erregter, bald wieder lässiger und stiller; nie jedoch wird mehr die innerste Tiefe aufgewühlt, kein ganzes Glück fällt der Vereinsamten zu und keine Qual. Ereignislos und darum doppelt unbefriedigend dämmert ihr einst so leidenschaftliches Schicksal dahin, in totem, trägem Trott geht und vergehen das achtundzwanzigste, das neunundzwanzigste, das dreißigste Jahr dieser lebensgierigen jungen Frau. Dann hebt ein neues Jahrzehnt an, gleich leer und lau: das einunddreißigste, das zweiunddreißigste, das dreiunddreißigste, das vierunddreißigste, das fünfunddreißigste, das sechsunddreißigste, das siebenunddreißigste, das achtunddreißigste, das neununddreißigste Jahr – schon die Zahlen nebeneinanderzuschreiben ermüdet. Aber man muß sie nennen, Zahl an Zahl, um die Dauer, die zermürbende und auslaugende Dauer dieser Seelenagonie ahnen zu lassen, denn jedes dieser Jahre hat hunderte Tage und jeder Tag zu viele Stunden, und keine einzige davon ist wirklich beseelt und froh. Dann kommt das vierzigste Jahr, und es ist schon keine junge Frau mehr, welche diese Wende erlebt, sondern eine matte und kranke; langsam schleichen das einundvierzigste, zweiundvierzigste und dreiundvierzigste heran, dann endlich hat der Tod Mitleid statt der Menschen und führt die müde Seele aus der Gefangenschaft. Manches ändert sich in diesen Jahren, aber immer nur Kleinliches und Gleichgültiges. Manchmal ist Maria Stuart gesund, manchmal krank, einmal kommen Hoffnungen und hundertmal Enttäuschungen, bald behandelt man sie etwas härter, bald etwas höflicher, einmal schreibt sie Elisabeth zornige Briefe, dann wieder zärtliche, aber im Grunde bleibt es doch immer nur ein aufreizend korrektes Einerlei, derselbe abgegriffene Rosenkranz von farblosen Stunden, der ihr leer durch die Finger gleitet. Äußerlich wechseln die Kerker, bald hält man die Königin im Schloß von Bolton, bald in jenem von Chatsworth und Sheffield und Tutbury und Wingfield und Fotheringhay gefangen, jedoch nur die Namen sind andere und die Steine und die Wände, eigentlich aber sind alle diese Schlösser ein und dasselbe, denn sie alle verschließen die Freiheit. Boshaft beharrlich kreisen um diesen engen Zirkel in weiten, wandernden Zügen Sterne und Sonne und Mond, es wird Nacht und Tag und Monat und Jahr; Reiche vergehen und erneuern sich, Könige kommen und sinken, Frauen reifen und gebären und welken, hinter der Küste und den Bergen ändert sich unaufhörlich die Welt. Nur dieses eine Leben liegt endlos im Schatten; abgeschnitten von Wurzel und Stamm, trägt es nicht Blüte mehr noch Frucht. Langsam und vom Gift ohnmächtiger Sehnsucht verfressen, verwelkt Maria Stuart die Jugend, vergeht ihr das Leben.

Das Grausamste dieser endlosen Gefangenschaft war paradoxerweise, daß sie äußerlich niemals eine grausame gewesen. Denn gegen grobe Gewalttat kann ein stolzer Sinn sich wehren, an Erniedrigung Erbitterung entzünden, immer wächst eine Seele an wilderem Widerstand. Nur der Leere erliegt sie machtlos und wird matt an ihr; immer ist die Gummizelle, gegen deren Wände man nicht mit den Fäusten schlagen kann, noch schwerer erträglich als das härteste Verlies. Keine

Peitsche, keine Beschimpfung brennt so tief in ein hohes Herz wie Vergewaltigung der Freiheit unter Bücklingen und mit devoten Hoheitsbekräftigungen, kein Hohn höhnt fürchterlicher als jener der formellen Höflichkeit. Gerade aber diese falsche Rücksicht, die nicht dem leidenden Menschen gilt, sondern seinem Rang, wird Maria Stuart beharrlich angetan, immer nur dies respektvolle Umhütetsein, dies verdeckte Umlauertsein, die Ehrengarde der „honourable custody", die, den Hut in der Hand und mit servil gesenktem Blick, sich ihm an die Fersen heftet. In all diesen Jahren wird nie eine Minute vergessen, daß Maria Stuart Königin ist, man billigt ihr alle und alle wertlosen Bequemlichkeiten, alle kleinen Freiheiten zu, nur nicht die eine, die heiligste, die wichtigste Sache des Lebens: die Freiheit. Elisabeth, ängstlich um ihr Prestige als humane Herrscherin besorgt, ist klug genug, ihre Gegnerin nicht rachsüchtig zu behandeln. Oh, sie sorgt für ihre gute Schwester! Wenn Maria Stuart krank ist, kommen sofort aus London ängstliche Erkundigungen, Elisabeth bietet ihren eigenen Arzt an, ausdrücklich wünscht sie, daß die Mahlzeiten von dem eigenen Gesinde Maria Stuarts bereitet werden. Nein, man soll nicht niederträchtig munkeln dürfen, sie versuche, ihre unbequeme Rivalin durch Gift beiseite zu schaffen, man soll nicht klagen können, sie sperre eine gesalbte Königin in ein Gefängnis: nur dringlich, mit unwiderstehlicher Dringlichkeit hat sie ihre schottische Schwester gebeten, schöne englische Landsitze dauernd zu bewohnen!

Gewiß, es wäre bequemer und sicherer für Elisabeth, diese Unnachgiebige im Tower zu verschließen, statt sie so kostspielig auf Schlössern hofhalten zu lassen. Aber welterfahrener als ihre Minister, die immer wieder auf diese grobe Sicherungsmaßnahme drängen, vermeidet Elisabeth das Odium der Gehässigkeit. Sie besteht darauf: wie eine Königin soll Maria Stuart gehalten werden, aber an einer Schleppe von Ehrfurcht festgehalten und angebunden mit goldenen Ketten. Schweren Herzens bezwingt die fanatisch Sparsame in diesem einen Falle sogar ihren haushälterischen Geiz, sie läßt sich unter Flüchen und Stöhnen ihre unerbetene Gastfreundlichkeit zweiundfünfzig Pfund in der Woche all diese zwanzig Jahre kosten. Und da Maria Stuart außerdem noch die stattliche Pension von zwölf hundert Pfund alljährlich von Frankreich bezieht, braucht sie wahrhaftig nicht zu darben. Wie eine Fürstin kann sie auf diesen Schlössern residieren. Es wird ihr nicht verweigert, den Kronbaldachin in ihrem Empfangsraum aufzustellen, jedem Besucher kann sie sichtbar zeigen: Hier wohnt, wenn auch gefangen, eine Königin. Sie speist ausschließlich auf silbernem Geschirr, die Zimmer werden mit teuren Wachskerzen in silbernen Kandelabern erhellt, türkische Teppiche, damals eine außerordentliche Kostbarkeit, bedeckten die Dielen: so üppig ist der Hausrat, daß jedesmal Dutzende vierspänniger Wagen vonnöten sind, wenn ihr Haushalt aus einem Schloß in das andere übersiedelt wird. Zu ihrer eigenen Bedienung hat Maria Stuart eine ganze Schar von Ehrendamen, Zofen und Kammerfrauen um sich; in der besten Zeit sind es nicht weniger als fünfzig Personen, die sie begleiten, ein ganzer Miniaturhofstaat mit Haushofmeistern, Priestern, Ärzten, Sekretären, Zahlmeistern, Kammerdienern, Garderobevorständen, Schneidern, Tapezierern, Küchenmeistern, den die knickerige Landesherrin verzweifelt zu verringern sucht und den Maria Stuart mit erbitterter Zähigkeit verteidigt.

Daß kein grausam-romantisches Kerkergelaß für die gestürzte Herrscherin vorgesehen war, beweist schon von Anfang an die Wahl des Mannes, dem sie zur ständigen Bewachung anvertraut wird. George Talbot, Earl of Shrewsbury, ist ein wahrhafter Edelmann und Gentleman. Und bis zu diesem Juni 1569, da ihn Elisabeth erwählt, konnte man ihn außerdem einen glücklichen Mann nennen. Große Besitzungen in den nördlichen und mittleren Provinzen, neun Schlösser sind sein eigen, wie ein kleiner Fürst lebt er still auf seinen Gütern im Schatten der Geschichte, abseits von Amt und Würden. Ehrgeiz politischer Art hat diesen reichen Mann nie bedrängt, ernst und zufrieden hat er sein Leben gelebt. Schon ist sein Bart leicht ergraut, schon meint er, ruhen zu dürfen, da lastet ihm plötzlich Elisabeth das widrige Amt auf, ihre ehrgeizige und durch Unrecht verbitterte Rivalin zu überwachen. Sein Vorgänger Knollys atmet hell und frei auf, kaum daß Shrewsbury bestallt und ihm selbst dies gefährliche Geschäft abgenommen wird: „So wahr Gott im Himmel ist, möchte ich lieber jede Strafe erleiden, als diese Beschäftigung weiterführen." Denn es ist ein undankbares Amt, diese „honourable custody", deren Rechte und Grenzen höchst ungenau umschrieben sind, und das Zwiefarbene solcher Bestallung erfordert unermeßlichen Takt. Einerseits ist Maria Stuart Königin und dann wieder nicht Königin, sie ist dem Worte nach Gast und dem Wesen nach doch Gefangene. So muß Shrewsbury ihr als Gentleman alle Hausherrnhöflichkeiten erweisen und als Vertrauensmann Elisabeths gleichzeitig behutsam wieder jede Freiheit einschränken. Er ist ihr Vorgesetzter und darf doch nur gebeugten Knies vor die Königin treten, er muß streng sein, aber unter der Maske der Unterwürfigkeit, er soll seinen Gast bewirten und doch ständig bewachen. Diese an sich schon wirre Lage verschärft überdies noch seine Frau, die bereits drei Männer begraben hat und nun den vierten durch ihre unablässigen Zuträgereien zur Verzweiflung bringt, weil sie bald für, bald gegen Elisabeth, bald für, bald gegen Maria Stuart intrigiert. Kein leichtes Leben hat der biedere Mann zwischen den drei aufgeregten Frauen, einer Untertan, der zweiten verbunden, an die dritte mit zwingenden unsichtbaren Strängen gekettet: eigentlich ist der arme Shrewsbury all diese fünfzehn Jahre nicht der Hüter, sondern der Mitgefangene Maria Stuarts gewesen, und auch an ihm erfüllt sich der heimliche Fluch, daß diese Frau jedem Unglück bereitet, dem sie auf ihrem tragischen Wege begegnet.

Wie verbringt Maria Stuart all diese leeren, sinnlosen Jahre? Anscheinend ganz still und gemächlich. Von außen gesehen, unterscheidet sich ihr Tagwerk in nichts von dem anderer vornehmer Edelfrauen, die jahraus, jahrein auf ihrem feudalen Landsitz leben. Wenn sie sich gesund fühlt, reitet sie aus zur geliebten Jagd, freilich umgeben von jenem ominösen „Ehrengeleite", oder sie sucht mit Ballspiel und anderem Sport dem schon etwas ermüdeten Körper die Frische zu bewahren. An Geselligkeit fehlt es nicht, oft kommen Gäste von den nachbarlichen Schlössern, der interessanten Gefangenen ihre Reverenz zu erweisen, denn – nie darf man diese Tatsache außer acht lassen – diese Frau ist, wenn auch machtlos zur Zeit, doch immerhin nach Fug und Recht die nächste Thronanwärterin, und wenn Elisabeth etwas Menschliches zustößt, kann sie morgen Herrscherin an ihrer Stelle sein. Darum halten die Klugen und Weitdenkenden, vor allem der ständige Hüter Shrewsbury, sehr darauf, mit ihr in bestem Einvernehmen zu bleiben. Selbst die Günstlinge, die intimsten Freunde Elisabeths, Hatton und Leicester, senden, nur um einen Stein im Brett zu behalten, hinter dem Rücken ihrer Gönnerin Briefe und Grüße an deren erbittertste Gegnerin und Rivalin: wer weiß, ob man nicht schon morgen vor ihr das Knie zu beugen und Pfründen zu erbetteln hat. So erfährt, obwohl in ihrem ländlichen Kreis eingeschlossen, Maria Stuart in allen Einzelheiten immer alles, was bei Hofe und in der großen Weltgeschieht. Lady Shrewsbury erzählt ihr sogar mancherlei Intimes von Elisabeth, was sie klüger täte zu verschweigen, und auf vielen unterirdischen Wegen kommt der Gefangenen ständig Ermutigung zu. Nicht als enge, dunkle Kerkerzelle darf man sich also Maria Stuarts Exil vorstellen, nicht als völlige Verlassenheit. An winterlichen Abenden wird Musik gemacht: freilich nicht mehr wie zu Zeiten Chastelards dichten junge Poeten zärtliche Madrigale, und endgültig vorbei sind die galanten Maskenspiele von Holyrood, für Liebe und Leidenschaft hat dies ungeduldige Herz keinen Raum mehr – die Zeit der Abenteuer ebbt mit der Jugend still dahin. Von den schwärmerischen Freunden ist nur der kleine Page William Douglas, der Retter von Lochleven, noch geblieben, und von allen Männern ihres Hofstaates – ach, es sind nicht Bothwells und Rizzios mehr – beschäftigt sie am meisten den Arzt. Denn Maria Stuart ist oft krank, sie leidet an Rheumatismus und an einem merkwürdigen Schmerz in der Seite. Oft sind ihre Beine so geschwollen, daß sie sich kaum bewegen kann, sie muß in heißen Quellen Linderung suchen, und durch den Mangel an erfrischender Bewegung wird ihr einst so zarter, schlanker Körper allmählich schlaff und korpulent. Nur ganz selten noch spannt sich der Wille zum alten kraftvollen Schwung, vorüber sind für immer die zwölfstündigen heißen Galoppaden durch das schottische Land, vorbei die heiteren Lustfahrten von Schloß zu Schloß. Je länger die Abschließung dauert, desto mehr sucht die Gefangene Freude an häuslichen Beschäftigungen. Stundenlang sitzt sie, in Schwarz wie eine Nonne gekleidet, am Stickrahmen und fertigt mit ihrer feinen, noch immer schönen weißen Hand jene wunderbaren golddurchwirkten Gewebe an, von denen man Proben noch heute bewundern kann, oder sie liest still in ihren geliebten Büchern. Kein einziges Abenteuer wird aus den fast zwanzig Jahren berichtet; seit die starke Zärtlichkeit ihres Wesens sich nicht mehr an einen Bothwell, an einen geliebten Mann verschwenden kann, geht sie milder und gedämpfter nun jenen Wesen entgegen, die niemals enttäuschen, den Tieren. Maria Stuart läßt sich aus Frankreich die sanftesten und klügsten aller Hunde, Spaniels und Wachtelhunde, schicken, ständig hält sie sich Singvögel und einen Taubenschlag, sie betreut selber die Blumen im Garten und sorgt für die Frauen ihres Gesindes. Wer sie nur flüchtig beobachtete, nur zu Gast käme und nicht in die Tiefe blickte, könnte meinen, jener wilde Ehrgeiz, der einst die Welt erschütterte, sei völlig in ihr erstorben, alles irdische Begehren erschlafft. Denn oft und öfter geht im wallenden Witwenschleier die langsam hinalternde Frau zur Messe, oft kniet sie vor dem Gebetstuhl in ihrer Kapelle, und nur manchmal, sehr selten, schreibt sie noch Verse in ihr Gebetbuch oder auf ein leeres Blatt. Aber nun sind es nicht mehr heiße Sonette, sondern Verse frommer Ergebenheit oder melancholischer Resignation, wie etwa:

„Que suisie helas et quoy sert ma vie
Ien suis fors qun corps priue de cueur
Un ombre vayn un obiect de malheur
Qui na plus rien que de mourir en uie ...“

Immer mehr hat es den Anschein, als habe die Vielgeprüfte alle Gedanken an irdische Macht überwunden, als warte sie, fromm und ausgeglichen, nur mehr auf den Friedensbringer, den Tod.

Aber man täusche sich nicht: all dies ist nur Schein und Maskenspiel. In Wirklichkeit lebt diese stolze Frau, diese feurige Fürstin, nur von einem und für einen Gedanken, ihre Freiheit, ihre Herrschaft wiederzuerlangen. Maria Stuart denkt nicht eine Sekunde lang ernstlich daran, sich feige mit ihrem Lose abzufinden. All dies Am-Stickrahmen-Sitzen und Lesen und Plaudern und lässige Träumen verdeckt nur ihre wahre, ihre tägliche Tätigkeit: das Konspirieren. Unablässig vom ersten bis zum letzten Tage ihrer Gefangenschaft komplottiert und diplomatisiert Maria Stuart, überall verwandelt sich ihr Zimmer in eine politische Geheimkanzlei. Fieberhaft wird dort Tag und Nacht gearbeitet. Hinter verschlossenen Türen entwirft Maria Stuart mit ihren beiden Sekretären eigenhändig geheime Weisungen an die französischen, spanischen und päpstlichen Gesandten, an ihre schottischen Anhänger und nach den Niederlanden, zur Vorsicht freilich sendet sie gleichzeitig beschwörende oder beruhigende, demütige oder aufbegehrende Schreiben an Elisabeth, die jene längst nicht mehr beantwortet. Unablässig gehen die Boten in hundert Verkleidungen herüber und hinüber nach Paris und Madrid, Erkennungsworte werden vereinbart, ganze Chiffrensysteme ausgearbeitet und allmonatlich gewechselt, ein regelrechter überseeischer Postverkehr mit allen Feinden Elisabeths ist Tag für Tag im Gange.

Der ganze Hausstand – und dies weiß Cecil und sucht daher ständig die Zahl ihrer Getreuen zu verringern – arbeitet wie ein Generalstab an dem ewigen Befreiungsmanöver, ununterbrochen empfängt oder macht die fünfzigköpfige Dienerschaft Besuche in den nächsten Dörfern, um Nachrichten zu holen oder weiterzubringen, die ganze Bevölkerung empfängt unter dem Vorwand von Almosen regelmäßige Bestechungen, und dank dieser raffinierten Organisation reicht der diplomatische Stafettendienst bis Madrid und Rom. Die Briefe werden bald in die Wäsche geschmuggelt, bald in Büchern, in ausgehöhlten Stöcken oder unter dem Deckel von Schmuckkassetten verborgen, manchmal auch hinter dem Quecksilber von Spiegeln. Immer andere Listen werden ersonnen, Shrewsbury zu hintergehen, bald Sohlen von Schuhen auseinandergeschnitten, um darin mit unsichtbarer Tinte geschriebene Botschaften einzupressen, dann wieder besondere Perücken angefertigt, in die man Papierröllchen eindreht. In den Büchern, die sich Maria Stuart aus Paris oder London schicken läßt, sind nach einem bestimmten Code einzelne Buchstaben unterstrichen, die zusammengesetzt einen Sinn ergeben, die allerwichtigsten Dokumente aber näht sich ihr Beichtvater in seine Stola ein. Maria Stuart, die schon in ihrer Jugend gelernt hat, Chiffren zu schreiben und zu entziffern, leitet selbst alle Haupt- und Staatsaktionen, und dieses aufreizende Spiel, Elisabeths Befehle zuschanden zu machen, spannt ihre geistigen Kräfte herrlich an, es ersetzt ihr Sport und jede andere Erregung. Mit ihrer ganzen Feurigkeit und Unbesonnenheit wirft sie sich in dies Diplomatisieren und Konspirieren, und in manchen Stunden, da von Paris, von Rom, von Madrid Botschaften und Versprechungen auf immer neuen Wegen in ihr verschlossenes Zimmer kommen, kann sich die Erniedrigte wieder als wirkliche Macht, sogar als Mittelpunkt des europäischen Interesses empfinden. Und gerade daß Elisabeth von ihrer Gefährlichkeit weiß und sie doch nicht beugen kann, daß sie trotz aller Hüter und Wächter von ihrem Zimmer aus Feldzüge leitet und am Schicksal der Welt mitformt, ist vielleicht die einzige Lust gewesen, die in jenen langen, leeren Jahren Maria Stuarts Seele so großartig aufrecht erhalten hat.

Wunderbar ist diese unerschütterliche Energie, diese Kraft in den Ketten, aber tragisch doch zugleich durch ihre Vergeblichkeit. Denn was immer Maria Stuart sinnt und unternimmt, ist glücklos getan. Alle die vielen Verschwörungen und Komplotte, die sie ohne Unterlaß anstiftet, sind von vornherein zum Scheitern bestimmt. Die Partie ist zu ungleich. Immer bleibt gegen eine geschlossene Organisation der einzelne der Schwächere; Maria Stuart arbeitet allein, hinter Elisabeth aber ein ganzer Staat mit Kanzlern, Ratgebern, Polizeimeistern, Soldaten und Spionen, und aus einer Staatskanzlei kann man besser kämpfen als aus einem Gefängnis. Unbeschränkt stehen Cecil Geld und Abwehrmittel zur Verfügung, er kann mit freien und vollen Händen seine Maßnahmen treffen und mit tausend Späheraugen diese einzelne, unerfahrene Frau überwachen. Beinahe über jeden der drei Millionen, die damals England bewohnten, weiß die Polizei jede Einzelheit, und jeder Fremde, der an der englischen Küste landet, wird untersucht und beobachtet: in die Gasthäuser, in die Gefängnisse, auf die Schiffe werden Auskundschafter geschickt, Spione jedem Verdächtigen an die Fersen geheftet, und wo diese Mittel niederen Ranges versagen, setzt sofort das schärfste ein: die Folter. Bald offenbart sich die Überlegenheit der kollektiven Gewalt. Einer nach dem andern von Maria Stuarts aufopferungsvollen Freunden wird im Laufe der Jahre in die finsteren Kerkerzellen des Tower geschleppt, und mit dem Streckseil werden ihm das Geständnis und die Namen der übrigen Teilnehmer abgezwungen, ein Komplott nach dem andern wird mit der Marterzange grob zermalmt. Selbst wenn es ab und zu Maria Stuart gelingt, über die Gesandtschaften ihre Briefe und Vorschläge ins Ausland zu schmuggeln, wie viele Wochen dauert es dann immer, ehe ein solcher Brief bis nach Rom gelangt oder nach Madrid, wie viele Wochen, bis man sich dort in den Staatskanzleien entschließt, ihn zu beantworten, und wie viele Wochen wieder, bis diese Antwort zurückgelangt! Und wie lässig ist dann die Hilfe, wie unerträglich lau für das heiße, ungeduldige Herz, das schon Armeen und Armadas zu seiner Befreiung erwartet! Immer ist der Gefangene, immer der Einsame, der sich Tag und Nacht mit dem eigenen Schicksal beschäftigt, geneigt zu meinen, auch die andern in der freien und tätigen Welt beschäftigen sich ausschließlich nur mit ihm. Vergebens darum, daß Maria Stuart immer wieder ihre Befreiung als die notwendigste Tat der Gegenreformation, als die erste und wichtigste Rettungsaktion der katholischen Kirche hinstellt: die andern rechnen und knausern und werden untereinander nicht einig. Die Armada wird nicht gerüstet, ihr Haupthelfer, Philipp II. von Spanien, betet viel, aber wagt wenig. Er denkt nicht daran, einen ungewissen Krieg für die Gefangene zu erklären, ab und zu senden er oder der Papst etwas Geld herüber, um ein paar Abenteurer zu kaufen, die Aufstände und Attentate inszenieren sollen. Aber was für klägliche Komplotte werden das immer, wie schlecht gewoben und wie bald an die wachsamen Spione Walsinghams verraten! Und nur ein paar verstümmelte, gemarterte Körper auf der Richtstatt von Tower Hill erinnern von Zeit zu Zeit immer wieder das Volk, daß irgendwo auf einem Schlosse noch eine gefangene Frau lebt, die hartnäckig den Anspruch erhebt, die eigentlich rechtmäßige Königin von England zu sein, und für deren Recht immer wieder Narren und Helden ihr Leben wagen.

Daß all dieses unablässige Komplottieren und Konspirieren Maria Stuart schließlich ins Verderben reißen müsse, daß sie, die ewig Verwegene, verlorenes Spiel beginnt, wenn sie allein aus einem Kerker der mächtigsten Königin der Erde Kampf ansagt, war längst jedem ihrer Zeitgenossen klar. Schon 1572, nach der Ridolfi-Verschwörung, äußert ihr Schwager Karl IX. ärgerlich: „Die arme Närrin wird nicht früher Ruhe geben, bis sie ihren Kopf verliert. Sie werden sie wirklich hinrichten. Aber ich sehe, es ist ihre eigene Schuld und Narrheit, ich weiß kein Hilfsmittel dagegen." Das ist ein hartes Wort eines Mannes, der selber nur vom sicheren Fenster in der Bartholomäusnacht auf wehrlos Flüchtende loszuknallen wagte und von wirklich heldischer Gesinnung sehr wenig wußte. Aber zweifellos hat im Sinne rechnerischer Vernunft Maria Stuart töricht gehandelt, wenn sie nicht den bequemeren, aber feigeren Weg des Kapitulierens wählte, sondern lieber das Aussichtslose entschlossen wagte. Vielleicht hätte wirklich ein rechtzeitiger Verzicht auf ihre Kronrechte sie aus ihrer Gefangenschaft befreit, und wahrscheinlich hatte sie alle diese Jahre den Riegel ihres Kerkers selbst in der Hand. Sie brauchte sich nur zu demütigen, nur feierlich und freiwillig all ihren Ansprüchen auf den schottischen, auf den englischen Thron zu entsagen, und England hätte sie erleichtert freigegeben. Mehrmals versucht Elisabeth – keineswegs aus Großmut, sondern aus Angst, weil die anklagende Gegenwart dieser gefährlichen Gefangenen wie ein Alp auf ihrem Gewissen lastet – ihr goldene Brücken zu bauen, immer und immer wieder verhandelt man und bietet ihr billige Vergleiche. Aber Maria Stuart bleibt lieber eine gekrönte Gefangene als Königin ohne

Krone, und Knollys hat ihr bis in die Seele gesehen, als er gleich in den ersten Tagen ihrer Gefangenschaft von ihr sagte, sie habe Mut genug, um auszuharren, solange ihr noch ein Fußbreit Hoffnung gelassen würde. Denn das eine hat ihr hoher Sinn begriffen, welch kleine und erbärmliche Freiheit als abgedankte Herrscherin sie in irgendeinem schmählichen Winkel erwartete, und daß ihr einzig die Erniedrigung eine neue Größe in der Geschichte schaffen kann. Tausendmal stärker als an ihren Kerker fühlte sie sich an ihr eigenes Wort gebunden, sie würde nie abdanken, und noch ihre letzten Worte würden die einer Königin von Schottland sein.

Hart ist hier die Grenze, die Tollheit von Tollkühnheit scheidet, denn immer ist das Heldische das Törichte zugleich. Sancho Pansa ist immer im Sachlichen klüger als Don Quixote, ein Thersites im Sinne der Ratio besonnener als Achill; aber Hamlets Wort, auch für einen Strohhalm zu kämpfen, wenn es die Ehre gilt, ist allezeit die Goldprobe einer heldischen Natur. Gewiß war Maria Stuarts Widerstand ein beinahe aussichtsloser gegen eine so ungeheure Überlegenheit, und doch täte man unrecht, ihn einen sinnlosen zu nennen, weil er ein erfolgloser blieb. Denn in all diesen Jahren, und sogar stärker von Jahr zu Jahr, verkörpert diese scheinbar machtlose, einsame Frau eben durch ihren Trotz eine ungeheure Gewalt, und gerade weil sie an ihren Ketten rüttelte, hat in manchen Stunden ganz England gebebt und Elisabeths Herz gezittert. Immer sieht man historische Geschehnisse aus falschem Winkel, sobald man sie vom bequemen Standpunkt der Nachwelt beurteilt, die zugleich die Ergebnisse mit übersieht; späterhin ist es allzu leicht, einen Besiegten töricht zu nennen, weil er gefährlichen Kampf gewagt. In Wahrheit stand aber durch fast zwanzig Jahre die Entscheidung zwischen diesen beiden Frauen ständig auf der Schneide. Manche der Verschwörungen, die angestiftet wurden, um Maria Stuart zur Krone zu bringen, hätten mit etwas mehr Glück und Geschick für Elisabeth tatsächlich zur Lebensgefahr werden können, zwei- oder dreimal ist der Stoß wirklich nur um Haaresbreite an ihr vorübergegangen. Erst schlägt Northumberland mit den katholischen Adeligen los, der ganze Norden steht in Aufruhr, und nur mit Mühe wird Elisabeth Herrin der Lage. Dann beginnt, noch bedeutend gefährlicher, die Intrige Norfolks. Die besten Edelleute Englands, darunter sogar Elisabeths nächste Freunde, wie Leicester, unterstützen seinen Plan, die schottische Königin zu heiraten, die ihm bereits, um ihn anzuspornen – was täte sie nicht für ihren Triumph? – die zärtlichsten Liebesbriefe schreibt. Schon sind durch Vermittlung des Florentiners Ridolfi spanische und französische Truppen zur Landung bereit, und wäre dieser Norfolk – er hatte es schon vordem durch sein feiges Ableugnen bewiesen – nicht ein

Schwächling,spielte nicht auch sonst feindselig Zufall, Wind, Wetter, Meer und Verrat dem Vorhaben entgegen, das Blatt hätte sich gewendet, die Rollen wären getauscht und Maria Stuart residierte in Westminster und Elisabeth läge im Tower oder in ihrem Sarg. Aber auch das Blut Norfolks, das Schicksal Northumberlands und all der anderen, die in diesen Jahren ihr Haupt für Maria Stuart auf den Block legten, schrecken einen letzten Freier nicht ab. Noch einmal ersteht ein Werber um ihre Hand, Don Juan d'Austria, der uneheliche Sohn Karls V., der Stiefbruder Philipps II., der Sieger von Lepanto, das Vorbild freien Rittertums, der erste Krieger der Christenheit: Von der spanischen Krone ausgeschlossen durch seine uneheliche Geburt, sucht er zuerst ein eigenes Königreich in Tunis zu gründen, da winkt ihm die andere Krone von Schottland herüber mit der dargebotenen Hand der Gefangenen. Schon rüstet er in den Niederlanden eine Armee, schon sind alle Pläne bereit, sie zu befreien, sie zu retten, da – ewiges Mißgeschick Maria Stuarts mit all ihren Helfern – wirft ihn eine tückische Krankheit nieder, und er stirbt einen frühen Tod. Keinem, der um Maria Stuart warb oder ihr diente, hat Glück über dem Wege geleuchtet.

Denn dies war im letzten, wenn wir klar und wahr sehen wollen, die wirkliche Entscheidung zwischen Elisabeth und Maria Stuart: Elisabeth blieb in all diesen Jahren das Glück treu und Maria Stuart das Unglück. Kraft an Kraft gemessen, Gestalt an Gestalt, sind die beiden einander beinahe gleich. Aber anders stehen für sie die Sterne. Was Maria Stuart als Gestürzte, als einmal von ihrem Glück Verlassene, aus ihrem Gefängnis unternimmt, mißlingt. Die Flotten, die gegen England gesandt werden, zerschellen im Sturm, ihre Boten verlieren den Weg, ihre Freier sterben dahin, ihre Freunde zeigen in entscheidender Minute keine Seelenkraft, und wer ihr helfen will, arbeitet eigentlich mit dem Untergang. Erschütternd wahr ist darum Norfolks Wort auf dem Schafott: „Nichts, was von ihr oder für sie begonnen wird, geht jemals günstig aus." Denn ein finsterer Mond blickt seit dem Tage, da sie Bothwell begegnet, auf jeden ihrer Schritte. Wer sie liebt, der geht zugrunde, wen sie liebt, der erntet Bitternis. Wer ihr wohlwill, der bringt ihr Schaden, wer ihr dient, dient seinem eigenen Tod. Wie der schwarze Magnetberg des Märchens die Schiffe an sich zieht, so zwingt sie verderblich Schicksale in ihr Schicksal; allmählich umhüllt ihren Namen schon die finstere Legende der Todesmagie. Aber je aussichtsloser ihre Sache, um so leidenschaftlicher ihre Kraft. Statt sie zu beugen, strafft die lange und trübe Gefangenschaft ihre Seele nur zu stärkerem Trotz. Und aus eigenem Willen, und obwohl des Vergeblichen bewußt, fordert sie die letzte, die endgültige Entscheidung selber heraus.

Zwanzigstes Kapitel
Die letzte Runde

1584–1585

Die Jahre fließen und fließen, Wochen, Monate, Jahre gehen wie Wolken über dies einsame Leben hinweg, scheinbar ohne es zu berühren. Aber unmerklich verwandelt die Zeit den Menschen und um ihn die Welt. Das vierzigste Jahr ist gekommen, Jahr der Wende im Leben einer Frau, und immer noch ist Maria Stuart gefangen, noch immer nicht frei. Leise schon streift sie das Alter an, der Scheitel wird grau, der Körper voller, korpulenter, die Züge ruhiger und matronenhafter, eine gewisse Schwermut beginnt sich ihrem Wesen aufzuprägen, die sich am liebsten ins Religiöse löst. Bald wird, die Frau muß es tiefinnen fühlen, die Zeit der Liebe, die Zeit des Lebens unwiederbringlich vorbei sein: was sich jetzt nicht erfüllt, wird sich nie erfüllen, der Abend ist gekommen, bereits dunkelt die nahe Nacht. Schon lange hat sich kein Werber genaht, vielleicht kommt nie mehr einer: noch kurze Zeit, und das Leben ist endgültig versäumt. Hat es da wirklich noch Sinn, zu warten und zu warten auf das Wunder der Befreiung, auf die Hilfe der nachlässig zögernden Welt? Stärker und stärker hat man in diesen späteren Jahren das Gefühl, als sei die Vielgeprüfte innerlich schon des Kampfes satt und langsam bereit zu Vergleich und Verzicht. Häufiger und häufiger kommen Stunden, da sie sich fragt, ob es nicht töricht sei, so nutzlos, so ungeliebt hinzusiechen wie eine Blume im Schatten, ob sie nicht lieber die Freiheit erkaufen solle, indem sie die Krone freiwillig ablegte von dem langsam ergrauenden Haar. Im vierzigsten Jahr beginnt Maria Stuart dieses schweren, dieses leeren Lebens immer müder zu werden, allmählich lockert sich der wilde Machtwille in eine milde, mystische Todessehnsucht; in solcher Stunde wohl schreibt sie, halb Klage, halb Gebet, die erschütternden lateinischen Zeilen auf ein Blatt:

„O Domine Deus! speravi in Te
O care mi Jesu! nunc libera me.
In dura catena, in misera poena, desidero Te;
Languendo, gemendo et genu flectendo
Adoro, imploro, ut liberes me.“

Da die Befreier zagen und zögern, wendet sie den Blick dem Erlöser zu. Lieber sterben, nur nicht weiter diese Leere, diese Ungewißheit, dies Warten und Warten und Hoffen und Sehnen und Immer-wieder-enttäuscht-Sein. Nur endlich ein Ende im Guten oder im Bösen, durch Triumph oder durch Verzicht! Unaufhaltsam nähert sich der Kampf seinem Ende, weil Maria Stuart mit aller Kraft ihrer Seele dieses Ende will. Je länger dieses furchtbare, dieses tückische und grauenhafte, dieses großartige und zähe Ringen dauert, um so schroffer stehen sich nun die beiden alten Gegnerinnen gegenüber, Maria Stuart und Elisabeth. Elisabeth hat Erfolg über Erfolg in ihrer Politik. Mit Frankreich ist sie versöhnt, Spanien wagt noch immer nicht den Krieg, gegen alle Unzufriedenen hat sie die Oberhand behalten. Nur ein Feind, ein tödlich gefährlicher, lebt noch aufrecht in diesem Lande, diese eine besiegte und doch unbesiegbare Frau. Erst wenn sie diese eine, diese letzte beseitigt hat, ist sie wahrhaft Siegerin. Aber auch Maria Stuart ist niemand anderer verblieben für ihren Haß als Elisabeth. Noch einmal, in einer wilden Stunde der Verzweiflung, hat sie sich an ihre Verwandte, an ihre Schicksalsschwester gewandt und mit hinreißender Leidenschaft ihre Menschlichkeit angerufen. „Ich kann es nicht länger ertragen, Madame", hatte sie aufgeschrien in diesem großartigen Schreiben, „und sterbend muß ich die Schuldigen an meinem Hinsiechen namhaft machen. Den niedrigsten Verbrechern in Ihren Gefängnissen ist es verstattet, zu ihrer Rechtfertigung gehört zu werden, und man nennt ihnen ihre Anschuldiger und Ankläger. Warum wird dieses Recht gerade mir verweigert, einer Königin, Ihrer nächsten Verwandten und rechtmäßigen Erbin? Ich glaube, ebendieser letzte Anspruch ist bisher die wahre Ursache von Seiten meiner Feinde gewesen ... Aber sie haben, ach, wenig Grund und gar keine Nötigung mehr, mich weiterhin aus diesem Grunde zu quälen. Denn ich schwöre bei meiner Ehre, daß ich kein anderes Königreich mehr erhoffe als das Königreich Gottes, für das ich innerlich bereit bin, weil es das beste Ende all meiner Nöte und Qualen ist." Zum letztenmal, in aller Inbrunst der innersten Wahrhaftigkeit, hatte sie Elisabeth beschworen, sie doch aus ihrer Haft zu entlassen: „Bei der Ehre und dem schmerzlichen Leiden unseres Heilands und Erlösers rufe ich Sie noch einmal an, mir zu erlauben, aus diesem Königreich mich an irgendeine ruhige Stätte zurückzuziehen, ein wenig Rast für meinen abgemüdeten Leib zu suchen, der ganz erschöpft ist von dem unaufhörlichen Kummer, und mir zu ermöglichen, meine Seele für Gott bereitzumachen, der mich schon täglich zu sich ruft ... Gewähren Sie mir diese Gunst, bevor ich sterbe, damit meine Seele, sobald aller Zwist zwischen uns beschwichtigt ist, nicht, gelöst vom Leibe, gezwungen sei, ihre Klagen vor Gott zu tragen und Sie anzuschuldigen für das Böse, das ich hier auf Erden durch Sie erlitten habe." Aber auf diesen erschütternden Anruf war Elisabeth stumm geblieben, sie hat sich nicht zu einem einzigen ermutigenden Wort bereit gefunden.

Nun krampft auch Maria Stuart die Lippen zusammen und die Fäuste. Nur ein Gefühl kennt sie jetzt mehr, Haß, kalten und heißen, zähen und brennenden Haß gegen diese eine Frau, und dieser Haß zielt um so schärfer und tödlicher von nun ab dieser einen und einzigen entgegen, weil alle ihre anderen Feinde und Gegner dahingegangen sind; alle haben sie einander selber gefällt. Als ob die geheimnisvolle Todesdämonie, die von Maria Stuart ausgeht, jeden erreichend, der sie haßt oder der sie liebt, sich sichtbar dartun wollte, sind alle, die ihr anhingen oder die sie befeindeten, die für sie kämpften oder gegen sie kämpften, ihr vorangegangen. Alle, die sie angeklagt in York, Moray und Maitland, sind gewaltsamen Todes gestorben, alle, die sie richten sollten in York, Northumberland und Norfolk, haben ihr Haupt auf den Block gelegt, alle, die erst gegen Darnley sich verschworen und dann gegen Bothwell, haben sich gegenseitig aus dem Weg geräumt, alle die Verräter von Kirk o'Field und Carberry und Langside haben sich selbst verraten. Alle diese trotzigen Lords und Earls von Schottland, die ganze wilde, gefährliche, machtgierige Rotte, haben einer den andern erschlagen. Die Walstatt ist leer. Niemand ist mehr auf Erden, den sie noch zu hassen hat, als diese eine, Elisabeth. Das riesige Völkerringen von zwei Jahrzehnten ist zum Zweikampf geworden. Und in diesem Kampf von Frau gegen Frau gibt es kein Verhandeln mehr, nun geht es um Leben oder Tod.

Für diesen letzten Kampf, den Kampf bis aufs Messer, braucht Maria Stuart noch eine letzte Energie. Noch eine, die letzte Hoffnung muß ihr entrissen werden. Noch einmal und im tiefsten muß sie gekränkt werden, um sich zusammenzufassen zu äußerster Kraft. Denn immer findet Maria Stuart ihren großartigen Mut, ihre unbändige Entschlossenheit erst, wenn alles verloren ist oder verloren scheint. Immer wird sie erst heldisch mit dem Aussichtslosen.

Diese letzte Hoffnung, die Maria Stuart noch aus der Seele gerissen werden muß, ist die Hoffnung auf eine Verständigung mit ihrem Sohne. Denn in all den leeren, den gräßlich ereignislosen Jahren, da sie nur wartet und die Stunden dumpf um sich rieseln fühlt wie Sand von bröckelndem Gemäuer, in dieser endlosen Zeit, von der sie müde wird und alt, wächst ein Kind heran, das Kind ihres Bluts. Als einen Säugling hat sie James VI. verlassen, da sie von Stirling wegritt, da Bothwell vor den Toren Edinburghs sie mit seinen Reitern umringte und mitführte in ihr Verhängnis; in diesen zehn, in diesen fünfzehn, in diesen siebzehn

Jahren ist seitdem das dumpfe Wesen ein Kind geworden, ein Knabe, ein Jüngling und beinahe ein Mann. In seinem Blut trägt James VI. manche Eigenschaften seiner Eltern, aber sehr vermengt und verschattet, ein Kind von sonderbarem Wesen, mit plumper, stammelnder Zunge, einem schweren, wuchtigen Leib und einer scheuen, ängstlichen Seele. Auf den ersten Eindruck scheint der Knabe abnorm. Er zieht sich zurück von jeder Geselligkeit, er erschrickt vor jedem offenen Messer, er fürchtet sich vor Hunden, seine Manieren sind linkisch und roh. Nichts von der Feinheit, der natürlichen Anmut seiner Mutter ist vorerst an ihm wahrzunehmen, er hat keinerlei musische Anlagen, er liebt nicht Musik, nicht Tanz, er hat auch nicht Eignung zu gefälliger und leichter Konversation. Aber er lernt ausgezeichnet Sprachen, hat ein gutes Gedächtnis und sogar eine gewisse Klugheit und Zähigkeit, sobald es seinen persönlichen Vorteil gilt. Verhängnisvoller dagegen belastet seinen Charakter die unedle Natur seines Vaters. Von Darnley erbt er die Seelenschwächlichkeit, die Unehrlichkeit und Unverläßlichkeit. „Was soll man von einem solchen doppelzüngigen Burschen erwarten", tobt einmal Elisabeth; wie Darnley unterliegt er vollkommen jedem überlegenen Willen. Jede Generosität des Herzens ist diesem unfrohen Egoisten völlig fremd, ein kalter äußerlicher Ehrgeiz bestimmt allein seine Entschlüsse, und seine frostige Stellung zu seiner Mutter kann man nur begreifen, wenn man sie völlig jenseits aller Sentimentalität und Pietät betrachtet. Aufgezogen von den erbittertsten Feinden Maria Stuarts, in Latein unterrichtet von George Buchanan, dem Manne, der die „Detectio", das berüchtigte Mordpamphlet, gegen seine Mutter verfaßte, hat er von dieser im Nachbarland gefangenen Frau wohl kaum etwas anderes gehört, als daß sie geholfen, seinen Vater beiseite zu schaffen, und daß sie ihm, dem gekrönten König, sein Kronrecht bestreitet. Von Anfang an war ihm eingehämmert worden, seine Mutter als eine Fremde anzusehen, als ein Hemmnis, das seiner Machtlust ärgerlich im Wege stehe. Und selbst wenn ein kindliches Gefühl sich in James VI. gesehnt hätte, endlich einmal die Frau zu sehen, die ihm das Leben geschenkt, die Wachsamkeit der englischen und schottischen Wächter hätte jede Annäherung zwischen den beiden Gefangenen verhindert – Maria Stuart, die Gefangene Elisabeths, James VI., der Gefangene der Lords und des jeweiligen Regenten. Hie und da, aber sehr selten in den vielen Jahren, geht ein Brief herüber und hinüber. Maria Stuart sendet Geschenke, Spielzeug und einmal einen kleinen Affen, aber die meisten ihrer Briefschaften und Botschaften werden nicht angenommen, weil sie in ihrem Trotz sich nicht entschließen kann, ihrem eigenen Sohn den Titel des Königs zu geben, und die Lords alle Briefe, die James VI. bloß als

Prinzen ansprechen, als beleidigend zurückweisen. Über eine laue, über eine formale Beziehung kommen Mutter und Kind nicht hinaus, solange bei ihm und bei ihr die Machtlust gebieterischer spricht als die Stimme des Blutes, solange sie darauf besteht, als die alleinige Königin von Schottland zu gelten, und er wiederum, als der alleinige König.

Eine Annäherung vermag erst zu beginnen, sobald Maria Stuart nicht mehr darauf besteht, die Krönung ihres Sohnes durch die Lords als eine ungültige zu betrachten, und bereit ist, ihm ein gewisses Recht auf die Krone einzuräumen. Selbstverständlich wird sie auch jetzt noch nicht daran denken, ihren Titel als Königin preiszugeben und völlig zu verzichten. Die Krone auf dem gesalbten Haupte, will sie leben und sterben; aber um den Preis der Freiheit wäre sie jetzt bereit, den Titel mit ihrem Sohne wenigstens zu teilen. Zum erstenmal denkt sie an einen Kompromiß. Möge er herrschen und sich König nennen, wenn man ihr nur erlaubt, weiter Königin zu heißen, wenn man ihr nur eine Form findet, um mit einem leisen Glanz von Ehre ihren Verzicht zu vergolden! Allmählich kommen geheime Verhandlungen in Gang. Aber James VI., den die Barone fortwährend in seiner Freiheit bedrohen, führt sie als kalter Rechner. Vollkommen skrupellos verhandelt er gleichzeitig nach allen Seiten, er spielt Maria Stuart gegen Elisabeth, Elisabeth gegen Maria Stuart aus und eine Religion gegen die andere, er verschachert seine Gunst gleichmütig an den Meistbietenden, denn ihm ist es nicht um Ehre zu tun, sondern einzig darum, König von Schottland zu bleiben und sich gleichzeitig die Thronanwartschaft Englands zu sichern; er will nicht bloß eine dieser beiden Frauen beerben, sondern alle beide. Er ist bereit, Protestant zu bleiben, wenn es ihm Vorteil bringt, aber anderseits auch geneigt, katholisch zu werden, sofern ihm dafür ein besserer Preis gezahlt wird, ja, der Siebzehnjährige schrickt sogar, nur um rascher König von England zu werden, vor dem widerwärtigen Plan nicht zurück, Elisabeth zu heiraten, diese abgetakelte Frau, die um neun Jahre älter ist als seine Mutter und ihre erbittertste Feindin und Gegnerin. Für James VI., den Darnley-Sohn, sind alle diese Verhandlungen kalte Rechenexempel, während Maria Stuart, ewig eine Illusionistin, abgeschlossen von der wirklichen Welt, bereits glüht undaufflammt in dieser letzten Hoffnung, durch Verständigung mit ihrem Sohn frei zu werden und doch Königin zu bleiben.

Aber Elisabeth sieht eine Gefahr für sich darin, wenn Mutter und Sohn sich einigen. Das darf nicht geschehen. Rasch greift sie in das noch dünne Gespinst der Verhandlungen. Mit ihrem scharfen und zynischen Menschenblick weiß sie bald, wo sie diesen unbeständigen Burschen fassen kann: bei seinen menschlichen Schwächen. Sie schickt dem jungen König, der in die Jagd vernarrt ist, die schönsten Pferde und Hunde. Sie besticht seine Ratgeber und bietet ihm schließlich, was bei der ewigen Geldnot des schottischen Hofes ein entscheidendes Argument ist, eine jährliche Pension von fünftausend Pfund an, außerdem hält sie den bewährten Köder der englischen Thronfolge hin. Wie meistens bringt das Geld die Entscheidung. Während Maria Stuart ahnungslos weiter ins Leere diplomatisiert und mit dem Papst und den Spaniern schon Pläne für ein katholisches Schottland entwirft, unterzeichnet James VI. in aller Stille mit Elisabeth einen Bündnisvertrag, der ausführlich festlegt, was ihm dieser trübe Handel an Geld und Vorteil einbringt, keineswegs aber die zu erwartende Klausel der Freigabe seiner Mutter enthält. Nicht mit einer Zeile wird der Gefangenen gedacht, die ihm völlig gleichgültig wird, seit sie ihm nichts mehr zu bieten hat: über sie hinweg, als ob sie nicht auf der Welt wäre, verständigt sich der Sohn mit der erbittertsten Feindin seiner Mutter. Möge die Frau, die ihm das Leben geschenkt hat, jetzt, da sie ihm nichts mehr zu geben hat, weit wegbleiben von seinem Leben! Im Augenblick, da der Vertrag unterschrieben ist und der wackere Sohn sein Geld und seine Hunde im Hause hat, werden mit einem Ruck die Verhandlungen mit Maria Stuart abgebrochen. Wozu jetzt noch Höflichkeiten gegen eine Machtlose? In königlichem Auftrag wird ein harter Absagebrief verfaßt, der in grobem Kanzleiton Maria Stuart ein für allemal sowohl den Titel als auch die Rechte einer Königin von Schottland abspricht. Nun hat nach dem Reich, nach der Krone, nach der Macht, nach der Freiheit die Kinderlose ihrer Gegnerin noch das letzte entrissen: den eigenen Sohn. Nun ist sie endlich und endgültig gerächt.

Dieser Triumph Elisabeths ist der Genickfang für die letzten Träume Maria Stuarts. Nach ihrem Gatten, nach ihrem Bruder, nach ihren Untertanen ist nun der letzte, ist das eigene Kind ihres Blutes von ihr abgefallen, jetzt steht sie völlig allein. Grenzenlos wie ihre Enttäuschung ist ihre Empörung. Nun keine Rücksicht mehr! Gegen niemanden mehr Rücksicht! Da ihr Kind sie verleugnet, verleugnet sie nun ihr Kind. Da er ihr Recht auf die Krone verkauft hat, verkauft sie nun das seine. Sie nennt James VI. entartet, undankbar, ungehorsam und schlecht erzogen, sie verflucht ihn und kündigt an, daß sie ihm in ihrem Testament nicht nur die schottische Krone, sondern auch das Anrecht auf die englische Thronfolge absprechen werde. Lieber als an diesen ketzerischen, an diesen verräterischen Sohn möge die Stuartskrone an einen fremden Fürsten fallen. Entschlossen bietet sie Philipp II. das Erbrecht auf Schottland und England an, wenn er sich bereit erklären wolle, für ihre Freiheit zu kämpfen und Elisabeth, diese Mörderin all ihrer Hoffnungen, endgültig zu demütigen. Was gilt ihr noch ihr Land, was ihr Sohn! Nur mehr leben, nur mehr frei sein und siegen! Nun scheut sie nichts mehr, auch das Verwegenste ist ihr nicht mehr verwegen genug. Wer alles verloren hat, hat nichts mehr zu verlieren.

Jahre und Jahre lang hat sich Zorn und Erbitterung in dieser gequälten und erniedrigten Frau gehäuft, Jahre und Jahre lang hat sie gehofft und verhandelt und paktiert und konspiriert und Wege der Vermittlung gesucht. Jetzt ist das Maß voll. Wie eine Flamme fährt endlich der niedergedrückte Haß gegen die Peinigerin, gegen die Usurpatorin, die Kerkermeisterin. Nicht nur mehr Königin gegen Königin, sondern Frau gegen Frau wirft sich Maria Stuart jetzt in letzter Wut gleichsam mit gekrallten Fingernägeln Elisabeth entgegen. Ein kleinlicher Zwischenfall gibt den Anlaß: Shrewsburys Gattin, eine ränkevolle, bösartige Zwischenträgerin, hat in einem Anfall von Hysterie Maria Stuart beschuldigt, mit ihrem Gatten in zärtlichem Einvernehmen zu stehen. Das war selbstverständlich nur erbärmlicher Hinterstubenklatsch, nicht einmal von Shrewsburys Gattin ernst gemeint, aber Elisabeth, immer bemüht, das moralische Ansehen ihrer Rivalin vor der Welt herabzusetzen, hatte eilig dafür gesorgt, daß diese neue Skandalgeschichte reichlich an den fremden Höfen verbreitet werde, genau wie sie schon vordem die Schmähschrift Buchanans mit den „Kassettenbriefen" an alle Fürsten sandte. Nun schäumt Maria Stuart auf. Nicht genug also, daß man ihr die Macht, die Freiheit, die letzte Hoffnung auf ihr Kind genommen, auch noch die Ehre will man ihr heimtückisch beflecken; man versucht, sie, die ohne Lust und ohne Liebe wie eine Nonne abgeschlossen lebt, vor der Welt als Ehebrecherin anzuprangern! Rasend bäumt sich ihr verwundeter Stolz auf. Sie fordert ihr Recht, und tatsächlich muß Gräfin Shrewsbury auf den Knien die infame Lüge widerrufen. Aber Maria Stuart weiß genau, wer diese Lüge benutzt hat, um sie zu verleumden, sie hat die hämische Hand ihrer Feindin gefühlt, und gegen den Schlag, der aus dem Dunkel gegen ihre Ehre geführt wurde, schlägt sie jetzt offen zurück. Zu lange schon brennt ihr die Seele voll böser Ungeduld, dieser angeblich jungfräulichen Königin, die sich als Tugendspiegel feiern läßt, einmal Frau zu Frau ein Wort der Wahrheit zu sagen.

So schreibt sie Elisabeth einen Brief, scheinbar um ihr „freundschaftlich" mitzuteilen, welche Verleumdungen die Gräfin Shrewsbury über das Privatleben Elisabeths ausstreue, in Wirklichkeit aber, um ihrer „lieben Schwester" ins Gesicht zu schreien, wie wenig gerade sie berechtigt wäre, die Sittliche und Sittenrichterin zu spielen. Hieb um Hieb hagelt nieder in diesem Brief verzweifelten Hasses. Alles, was eine Frau an grausamer Aufrichtigkeit gegen die andere sagen kann, wird hier gesagt, alle schlechten Eigenschaften Elisabeths werden ihr ins Gesicht gehöhnt, ihre letzten weiblichen Geheimnisse mitleidslos enthüllt. Maria Stuart schreibt an Elisabeth – angeblich aus liebender Freundschaft, in Wahrheit, um sie tödlich zu verletzen –, die Gräfin Shrewsbury habe von ihr gesagt, sie sei so eitel und habe von ihrer Schönheit eine so hohe Meinung, als ob sie eine Königin des Himmels wäre. Sie werde nicht satt von Schmeicheleien und zwinge ihr Hofgesinde unablässig zu den übertriebensten Bewunderungen, dabei mißhandle sie in ihren Zornanfällen ihre Hofdamen und Mägde. Einer habe sie den Finger gebrochen, einer andern, als sie schlecht bei Tisch bediente, mit dem Messer über die Hand geschlagen. Aber all dies sind noch bescheidene Anwürfe gegen die fürchterlichen Aufdeckungen aus dem intimsten, dem körperlichen Leben Elisabeths. Die Gräfin Shrewsbury, schreibt Maria Stuart, behaupte, Elisabeth habe ein eiterndes Geschwür an ihrem Bein – eine Anspielung auf das syphilitische Erbe ihres Vaters –, mit ihrer Jugend sei es vorbei, sie verliere ihre Wochen, aber dennoch lasse sie nicht nach in ihrer Lust mit Männern. Nicht nur, daß sie mit einem (Graf von Leicester) „infinies foys“ geschlafen habe, sie suche auch sonst lüsterne Befriedigung an allen Ecken und Enden und wolle „jamais perdre la liberté de vous fayre l'amour et avoir vostre plésir tousjour aveques nouveaulx amoureulx“. Sie schleiche nachts zu Männern in die Kammer, nur im Hemd und Überwurf, und lasse sich diese Vergnügungen viel kosten. Maria Stuart nennt Namen um Namen und Einzelheit um Einzelheit. Aber auch den furchtbarsten Schlag in ihr geheimstes Geheimnis erspart sie der Verhaßten nicht: höhnisch hält sie ihr vor (was auch Ben Jonson am Wirtstisch offen erzählte), daß „undubitablement vous n'estiez pas comme les autres femmes, et pour ce respect c'estoit follie à tous ceulx qu'affectoient vostre mariage avec le duc d'Anjou, d'aultant qu'il ne se pourroit accomplir“. Ja, Elisabeth soll es wissen, daß ihr ängstlich gehütetes Geheimnis, daß ihre weibliche Unvollkommenheit bekannt ist, die ihr nur Lüsternheit gestattet und keine richtige Lust, nur unzulängliches Spiel und kein volles Gewähren und sie ausschließt für alle Zeiten von fürstlicher Heirat und Mutterschaft. Nie hat eine Frau auf Erden dieser mächtigsten Frau auf Erden so fürchterlich die letzte Wahrheit gesagt wie die Gefangene aus ihrem Kerker: zwanzig Jahre gefrornen Hasses, erstickten Zornes und gefesselter Kraft bäumen sich plötzlich auf zu einem fürchterlichen Prankenschlag gegen das Herz ihrer Peinigerin.

Nach diesem Brief rasender Wut gibt es keine Versöhnung mehr. Die Frau, die diesen Brief geschrieben, die Frau, die diesen Brief empfangen, können nicht mehr eine Luft atmen und in einem Lande weiterleben. Hasta al cuchillo, wie die Spanier sagen, Kampf bis aufs Messer, Kampf auf Leben und Tod bleibt jetzt die einzige, die letzte Möglichkeit. Nach einem Vierteljahrhundert zähen, hartnäckigen Belauerns und Befeindens ist nun endlich der welthistorische Kampf zwischen Maria Stuart und Elisabeth auf die Spitze getrieben, und wahrhaftig, man kann sagen: auf die Spitze eines Dolches. Die Gegenreformation hat alle diplomatischen Mittel erschöpft und die militärischen sind noch nicht gerüstet. Noch baut man in Spanien mühsam und langsam an der Armada, aber es fehlt trotz den indischen Schätzen an dem unseligen Hofe ewig an Geld, ewig an Entschlossenheit. Warum, denkt Philipp der Fromme, der, wie John Knox, im Wegschaffen eines ungläubigen Gegners nur eine dem Himmel wohlgefällige Tat erblickt, nicht den billigeren Weg wählen und lieber ein paar Mörder kaufen, die Elisabeth, die Schirmherrin der Ketzerei, rasch aus dem Wege räumen? Das Zeitalter Macchiavellis und seiner Schüler ist durch moralische Bedenklichkeiten, wenn es Macht gilt, wenig belastet, und hier steht eine unübersehbare Entscheidung auf dem Spiele, Glaube gegen Glauben, Süden gegen Norden, und ein einziger Dolchstoß in Elisabeths Herz kann die Welt von der Ketzerei befreien.

Hat Politik einmal den höchsten Hitzegrad der Leidenschaft erreicht, dann verdampfen alle moralischen und rechtlichen Bedenken, dann schwindet die letzte Rücksicht auf Anstand und Ehre, dann gilt selbst der Meuchelmord als herrliche Opfertat. Durch die Exkommunikation sind 1570 Elisabeth und 1580 der Prinz von Oranien, die beiden Hauptfeinde des Katholizismus, zum Freiwild erklärt, und seit der Papst die Hinschlachtung von sechstausend Menschen, die Bartholomäusnacht, als eine löbliche Sache gefeiert, weiß jeder Katholik, daß er nur eine Gott wohlgefällige Tat vollbringt, wenn er einen dieser Erbfeinde des Glaubens meuchlerisch aus dem Wege räumt. Ein mutiger und fester Stoß, ein rascher Pistolenschuß, und aus ihrer Gefangenschaft tritt Maria Stuart die Stufen des Throns empor, England und Schottland sind im rechten Glauben geeint. Bei solchem hohen Einsatz gibt es kein Zögern und Zagen: mit voller Schamlosigkeit erhebt die spanische Regierung die heimtückische Ermordung Elisabeths zu ihrer politischen Haupt- und Staatsaktion.

Mendoza, der spanische Gesandte, nennt wiederholt in seinen vielen Depeschen das „killing the Queen“ ein wünschenswertes Unternehmen, der Oberkommandant der Niederlande, der Herzog von Alba, erklärt ebenfalls ausdrücklich sein Einverständnis und Philipp II., Herr beider Welten, schreibt mit eigener Hand über den Mordplan, „er hoffe, daß Gott ihn begünstigen werde". Nicht mehr mit den Künsten der Diplomatie, nicht in freiem, offenem Krieg wird jetzt die Entscheidung gesucht, sondern mit dem nackten Messer, mit dem Mörderdolch. Hüben und drüben ist man über die Methode einig: in Madrid wird die Ermordung Elisabeths im Geheimkabinett beschlossen und vom König gebilligt, in London sind Cecil, Walsingham und Leicester einig, daß man gewaltsam Schluß machen müsse mit Maria Stuart. Nun gibt es keine Umwege mehr und keine Auswege: nur mit Blut läßt sich der Strich unter die längst fällige Rechnung ziehen. Nur noch um eines handelt es sich jetzt: wer rascher handelt, die Reformation oder Gegenreformation, London oder Madrid. Ob Maria Stuart vor Elisabeth beseitigt wird oder Elisabeth vor Maria Stuart.

Einundzwanzigstes Kapitel
Es wird Schluß gemacht

September 1585 bis August 1586

„Es muß einmal Schluß gemacht werden" – „The matter must come to an end" – , in diese stahlharte Formel faßt ein Minister Elisabeths das Gefühl des ganzen Landes ungeduldig zusammen. Nichts erträgt ein Volk, ein Mensch schwerer als dauernde Unsicherheit. Die Ermordung des andern Vorkämpfers der Reformation, des Prinzen von Oranien (Juni 1584), durch einen katholischen Fanatiker hat England deutlich gezeigt, wem der nächste Dolchstoß zugedacht ist, und immer schneller folgt jetzt eine Verschwörung der andern – also endlich heran an die Gefangene, von der all diese gefährliche Unruhe ausgeht! Endlich „das Übel an der Wurzel fassen"! Beinahe vollzählig treten im September 1584 die protestantischen Lords und Beamten zu einer „association" zusammen und verpflichten sich nicht nur „in der Gegenwart des ewigen Gottes mit Ehre und Eid, jede Person dem Tode zuzuführen", die sich an einer Verschwörung gegen Elisabeth beteiligte, sondern auch „jeden Prätendenten, zu dessen Gunsten diese Leute konspirierten", persönlich dafür haftbar zu machen. Das Parlament faßt dann in einem „act for the security of the Queen's Royal Person" diese Beschlüsse in gesetzliche Form. Jeder, der an einem Attentat gegen die Königin teilgenommen oder – dieser Passus ist wichtig – ihm bloß im Prinzip zugestimmt hat, steht von nun ab unter dem Beil. Außerdem wird festgesetzt, daß „jedwede Person, die einer Verschwörung gegen die Königin beschuldigt sei, durch ein aus vierundzwanzig von der Krone ernannten Beisitzern bestehendes Gericht verurteilt werden solle".

Damit ist Maria Stuart zweierlei deutlich kundgetan. Erstens, daß in Hinkunft ihr königlicher Rang sie nicht länger vor einer öffentlichen Anklage schützt, zweitens, daß ein gelungenes Attentat auf Elisabeth ihr keineswegs Vorteil, sondern sie nur unbarmherzig auf das Schafott bringt. Es ist wie der letzte Fanfarenstoß, der eine widerspenstige Festung zur Ergebung auffordert. Ein weiteres Zögern noch, und der Pardon ist versäumt. Das Zwielicht und die Zweideutigkeiten zwischen Elisabeth und Maria Stuart sind vorüber, jetzt weht scharfe, schneidende Luft. Jetzt herrscht endlich Klarheit. Daß die Zeit der höfischen Briefe und des höfischen Heuchelns vorbei ist und in dem jahrzehntelangen Kampf die letzte Runde gekommen, die keine Schonung mehr duldet – hasta al cuchillo –, kann Maria Stuart bald auch an anderen Maßnahmen erkennen. Denn der englische Hof hat beschlossen, nach all den Attentaten Maria Stuart schärfer anzufassen und ihr jedwede Möglichkeit weiteren Konspirierens und Intrigierens endgültig zu nehmen. Shrewsbury, der als Gentleman und Grandseigneur ein zu nachsichtiger Kerkermeister gewesen, wird von seinem Amt „released" – das Wort „befreit" trifft hier den wahren Sinn –, und tatsächlich dankt er auf den Knien Elisabeth, daß sie ihn endlich nach fünfzehn Jahren Ärgernis wieder zum freien Menschen macht. Statt seiner wird ein fanatischer Protestant Amyas Poulet bestellt. Und jetzt kann zum erstenmal mit Recht Maria Stuart von einer „servitude", von einer Knechtschaft sprechen, in die sie gefallen ist, denn statt eines freundlichen Hüters ist ihr nun ein unerbittlicher Kerkermeister ins Haus gesetzt.

Amyas Poulet, ein Puritaner aus härtestem Holz, einer jener Gerechten und Übergerechten, wie sie die Bibel fordert, Gott aber nicht liebt, macht kein Hehl aus seiner Absicht, Maria Stuart das Leben schwer und unerfreulich zu gestalten. Mit vollem Bewußtsein, ja sogar freudig stolz, nimmt er die Pflicht auf sich, sie rücksichtslos jeder Vergünstigung zu berauben. „Ich werde niemals um Nachsicht bitten", schreibt er an Elisabeth, „wenn sie durch irgendeine verräterische oder schlaue Maßnahme meinen Händen entkommen sollte, denn dies könnte nur dank einer groben Nachlässigkeit meinerseits gelingen." Mit der kalten und klaren Systematik eines Pflichtmenschen übernimmt er die Bewachung und Unschädlichmachung Maria Stuarts als seine ihm von Gott zugewiesene Lebensaufgabe. Kein anderer Ehrgeiz, als seine Kerkermeisterpflicht musterhaft zu erfüllen, lebt von nun ab mehr in diesem strengen Manne, keine Verführung kann diesen Cato zu Fall bringen, aber auch keine Regung der Güte, keine Welle von Wärme je seine starre kalte Haltung einen Augenblick auflockern. Für ihn ist diese kranke müde Frau nicht eine Fürstin, deren Unglück Ehrfurcht fordert, sondern einzig eine Feindin seiner Königin, die unschädlich gemacht werden muß als der Antichrist des wahren Glaubens. Daß sie hinfällig ist und infolge ihrer rheumatischen Beine sich nur schwer bewegen kann, bezeichnet er zynisch als einen „Vorteil für ihren Wärter, der keine besondere Sorge haben muß, sie könnte ihm davonlaufen." Punkt um Punkt, mit einer hämischen Freude an seiner eigenen Tüchtigkeit, erledigt er seine Kerkermeisterpflicht, wie ein Beamter trägt er sauber jeden Abend in ein Buch alle seine Beobachtungen ein. Und wenn die Weltgeschichte auch grausamere, gewalttätigere, bösartigere, ungerechtere Gefängniswärter gekannt hat als diesen Erzgerechten, so kaum je einen, der so sehr seine Pflicht in beamtische Lust zu verwandeln wußte. Zunächst werden die unterirdischen Kanäle, die Maria Stuart bisher noch immer ab und zu mit der Außenwelt verbunden hatten, unbarmherzig abgegraben. Fünfzig Soldaten bewachen jetzt Tag und Nacht alle Zugänge zum Schloß; der Dienerschaft, die bisher ungehemmt in den Nachbardörfern Spazierengehen und mündliche und schriftliche Botschaften weitergeben konnte, wird gleichfalls jede Bewegungsfreiheit entzogen. Nur nach eingeholter Erlaubnis, begleitet von Soldaten, darf eine Person ihrer Hofhaltung das Schloß verlassen, die Almosenverteilung an die Armen der Umgebung, die Maria Stuart regelmäßig persönlich vornahm, wird eingestellt; mit Recht hat der scharfsichtige Poulet darin ein Mittel erkannt, die armen Leute durch diese frommen Spenden dem Schmuggel willfährig zu machen. Und nun folgt eine scharfe Maßnahme der andern. Die Wäsche, die Bücher, jede Art von Sendungen werden wie auf einem Zollamt von heute durchwühlt, durch immer genauere Kontrolle wird jedwede Korrespondenz abgedrosselt. Untätig sitzen jetzt Nau und Curle, die beiden Sekretäre Maria Stuarts, in ihren Zimmern. Sie haben keine Briefe mehr zu dechiffrieren und keine zu schreiben; nicht aus London, nicht aus Schottland, nicht aus Rom und Madrid sickert mehr irgendeine Nachricht, irgendein Tropfen Hoffnung in Maria Stuarts Verlassenheit. Und bald nimmt Poulet ihr auch die letzte persönliche Freude: ihre sechzehn Pferde müssen in Sheffield bleiben, es ist vorbei mit der geliebten Jagd und den Spazierritten. Ganz eng ist der Lebensraum geworden in diesem einen letzten Jahr, immer ähnlicher wird unter Amyas Poulet – dunkles Vorgefühl – die Gefangenschaft Maria Stuarts einem Kerker, einem Sarg.

Um ihrer Ehre willen hätte man Elisabeth einen milderen Kerkermeister für ihre Schwesterkönigin gewünscht. Aber für ihre Sicherheit konnte sie, man muß es ärgerlich anerkennen, keinen verläßlicheren finden als diesen kalten Calviner. Musterhaft erledigt Poulet die ihm auferlegte Pflicht, Maria Stuart von der Welt zu isolieren. Nach einigen Monaten ist sie hermetisch wie unter einer Glasglocke von der Welt abgesperrt, kein Brief, kein Wort dringt mehr in ihr Kerkergelaß. Elisabeth hat allen Grund, beruhigt und mit ihrem Untergebenen zufrieden zu sein, und tatsächlich, in begeisterten Worten wird sie Amyas Poulet für seine trefflichen Dienste danken. „Wenn Sie wüßten, mein lieber Amyas, wie dankbar ich Ihre tadellosen Bemühungen und fehlerlosen Handlungen begrüße und anerkenne, Ihre klugen Befehle und sicheren Maßnahmen bei einer so gefährlichen und schwierigen Aufgabe, es würde Ihre Sorgen erleichtern und Ihr Herz erfreuen."

Aber merkwürdigerweise wissen Elisabeths Minister Cecil und Walsingham dem „precise fellow", dem allzu peinlichen Amyas Poulet, zunächst für seine große Mühe wenig Dank. Denn diese völlige Abschließung der Gefangenen widerspricht paradoxerweise doch ihren heimlichsten Wünschen. Ihnen ist gar nicht daran gelegen, daß Maria Stuart jede Gelegenheit zum Konspirieren genommen werde, daß sie Poulet durch seine strenge Klausur von ihrer eigenen Unvorsichtigkeit bewahre, im Gegenteil, Cecil und Walsingham wollen gar keine unschuldige Maria Stuart, sondern eine schuldige. Sie wollen im Gegenteil, daß sie, in der sie die ewige Ursache aller Unruhen und Verschwörungen in England erblicken, weiterkonspiriere und sich endlich in das tödliche Netz verstricke. Sie wollen, daß „the matter to an end" kommt, sie wollen Maria Stuarts Prozeß, ihre Verurteilung, ihre Hinrichtung. Eine bloße Einkerkerung genügt ihnen nicht mehr. Für sie gibt es keine andere Sicherung als die endgültige Erledigung der Schottenkönigin, und um diese zu erzwingen, müssen sie ihrerseits ebensoviel tun, um sie künstlich in ein Komplott hineinzulocken, wie Amyas Poulet durch seine scharfen Maßnahmen getan hat, um sie von jeder Teilnahme abzuschließen. Was sie für diesen Zweck benötigen, ist eine Verschwörung gegen Elisabeth und die klare, bewiesene Mitwirkung Maria Stuarts an diesem Komplott.

Diese Verschwörung gegen das Leben Elisabeths ist nun an und für sich schon vorhanden. Denn sie arbeitet, möchte man sagen, in Permanenz. Philipp II. hat auf dem Festland eine regelrechte antienglische Verschwörerzentrale eingerichtet, in Paris sitzt Morgan, der Vertrauensmann und Geheimagent Maria Stuarts, und organisiert, mit spanischem Gelde bezahlt, ununterbrochen gefährliche Zettelungen gegen England und Elisabeth. Ständig werden dort junge Menschen geworben, über den spanischen und französischen Gesandten knüpfen sich geheime Verständigungen zwischen den unzufriedenen katholischen Edelleuten in England und den Staatskanzleien der Gegenreformation. Nur eines weiß Morgan nicht, nämlich daß Walsingham, einer der fähigsten und skrupellosesten Polizeiminister aller Zeiten, ihm unter der Maske leidenschaftlicher Katholiken einige seiner Spione in die Kanzlei geschickt hat und daß er gerade jene Botengänger, die Morgan für seine verläßlichsten hält, in Wahrheit von Walsingham gekauft und besoldet sind. Was für Maria Stuart geschieht, ist immer schon an England verraten, noch ehe der Plan zur Ausführung gelangt, und auch zu Ende des Jahres 1585 weiß das englische Staatskabinett – noch ist das Blut der letzten Verschwörer auf dem Schafott nicht getrocknet –, daß schon wieder eine neue Aktion gegen das Leben Elisabeths im Gange ist. Walsingham kennt Namen um Namen, alle die katholischen Edelleute in England, die von Morgan für eine Throneinsetzung Maria Stuarts geworben und gewonnen sind. Er brauchte nur zuzufassen, und mit dem Streckseil, mit dem Folterband könnte er die Verschwörung rechtzeitig aufdecken.

Doch die Technik dieses raffinierten Polizeiministers ist bedeutend weitblickender und perfider. Gewiß, er könnte jetzt schon mit einem Griff die Verschwörer abwürgen. Aber ein paar Edelleute oder Abenteurer vierteilen zu lassen, hat für ihn politisch keinen Wert. Wozu der Hydra dieser ewigen Verschwörungen fünf oder sechs Köpfe abschlagen, wenn über Nacht ihr immer neue wachsen? Carthaginem esse delendam, ist Cecils und Walsinghams Devise, es muß mit Maria Stuart selbst Schluß gemacht werden, und dazu brauchen sie als Vorwand nicht eine harmlose, sondern eine weitverzweigte, eine nachweisbar verbrecherische Aktion zugunsten der Gefangenen. Statt also die sogenannte Babington-Verschwörung voreilig im Keime zu ersticken, tut Walsingham alles, sie künstlich sich ausbreiten zu lassen: er düngt sie mit Wohlwollen, er füttert sie mit Geld, er fördert sie durch scheinbare Nachlässigkeit. Einzig dank seiner provokatorischen Kunst wird allmählich aus einer dilettantischen Verschwörung einiger Provinzedelleute gegen Elisabeth das berühmte Walsingham-Komplott zur Erledigung Maria Stuarts.

Drei Etappen sind für diese legale Ermordung Maria Stuarts mittels des Parlamentsparagraphen notwendig. Zuerst müssen die Verschwörer dazu gebracht werden, nachweisbar ein Attentat gegen Elisabeth zu planen. Zweitens müssen sie bewogen werden, Maria Stuart ausdrücklich von ihrer Absicht zu verständigen. Drittens aber – dies das Schwierigste – muß Maria Stuart dazu verlockt werden, ausdrücklich und schriftlich den Mordplan zu billigen. Wozu eine Unschuldige ohne klaren Anlaß töten? Das wäre um der Ehre Elisabeths willen vor der Welt zu peinlich. Lieber sie künstlich schuldig machen, lieber ihr hinterlistig den Dolch in die Hand drücken, mit dem sie sich selber ermordet.

Dieses Komplott der englischen Staatspolizei gegen Maria Stuart beginnt mit der Infamie, daß man mit einmal der Gefangenen Erleichterungen gewährt. Es hat Walsingham anscheinend nicht viel Mühe gekostet, den frommen Puritaner Amyas Poulet zu überzeugen, daß es besser sei, Maria Stuart in eine Verschwörung hineinzulocken, statt sie von allen Versuchungen abzuschließen. Denn Poulet ändert plötzlich seine Taktik im Sinne des Generalstabsplanes der englischen Staatspolizei: eines Tages erscheint der bisher Unerbittliche bei Maria Stuart und verständigt sie liebenswürdigst, man habe eine Übersiedlung aus Tutbury nach Chartley für sie in Aussicht genommen. Maria Stuart, völlig unfähig, die Machenschaften ihrer Gegner zu durchschauen, kann ihre redliche Freude nicht verhehlen. Tutbury ist eine finstere Burg, einem Gefängnisse ähnlicher als einem Schloß, Chartley dagegen liegt nicht nur schöner und freier, sondern in der Nähe – heller schlägt Maria Stuart bei dem Gedanken das Herz – wohnen katholische Familien, die ihr befreundet sind und von denen sie Hilfe erhoffen kann. Dort kann sie endlich wieder reiten und jagen, dort vielleicht sogar Nachricht empfangen von ihren Verwandten und Freunden jenseits des Meeres und durch Mut und List das eine erobern, das ihr nun alles gilt: die Freiheit.

Und siehe: eines Morgens staunt Maria Stuart auf. Sie wagt ihren Augen kaum zu trauen. Wie durch Magie ist der schreckliche Bann Amyas Poulets gebrochen. Ein Brief, ein geheimer chiffrierter Brief ist an sie gelangt, seit Wochen, seit Monaten der Absperrung wieder der erste. Oh, wie geschickt von den Freunden, den Umsichtigen und Klugen, daß sie endlich wieder einen Weg gefunden haben, um den unerbittlichen Wächter Amyas Poulet zu betrügen. Welche unverhoffte Gnade: sie ist nicht mehr abgeschlossen von der Welt, sie kann Freundschaft fühlen, Interesse, Teilnahme, sie darf wieder von all den Plänen und Vorbereitungen erfahren, die zu ihrer Befreiung im Gange sind! Ein geheimnisvoller Instinkt allerdings läßt Maria Stuart noch vorsichtig sein, sie beantwortet den Brief ihres Agenten Morgan mit der dringlichen Warnung: „Hüten Sie sich wohl, sich in Sachen einzumengen, die Sie belasten könnten und den Verdacht vermehren, den man hier gegen Sie schöpft." Aber bald zerstreut sich ihr Mißtrauen, sobald sie erfährt, welches geniale Auskunftsmittel ihre Freunde – in Wahrheit ihre Mörder – gefunden haben, um Briefe ungehindert zu übermitteln. Jede Woche wird von der nahe gelegenen Brauerei ein Faß Bier für die Diener der Königin geliefert, und anscheinend ist es ihren Freunden gelungen, den Fuhrmann zu bewegen, daß er immer in dem vollen Fasse eine verkorkte Holzflasche mitschwimmen läßt; in diesem ausgehöhlten Holz sind die geheimen Briefschaften für die Königin verborgen. Regelmäßig wie ein regulärer Postdienst wickelt sich nun der Verkehr klaglos ab. Jede Woche schafft dieser wackere Mann – „the honest man" heißt er in den Berichten – sein Bier mit dem kostbaren Inhalt hinüber in das Schloß, der Kellermeister Maria Stuarts fischt im Keller den Behälter heraus und gibt ihn, mit neuer Post gefüllt, wieder ins leere Faß. Der brave Fuhrwerker hat nicht zu klagen, denn ihm bringt der Schmuggel doppelten Verdienst. Einerseits wird er von den ausländischen Freunden Maria Stuarts hoch bezahlt, anderseits rechnet er dem Haushälter das Bier zum doppelten Preise.

Aber eines ahnt Maria Stuart nicht, nämlich daß jener biedere Fuhrwerker noch ein drittes Mal an seinem dunklen Geschäft verdient. Denn er ist außerdem noch von der englischen Staatspolizei bezahlt, und selbstverständlich weiß Amyas Poulet von dem ganzen Handel. Nicht die Freunde Maria Stuarts haben diese Bierpost ausgeklügelt, sondern Gifford, ein Spion Walsinghams, der vor Morgan und dem französischen Gesandten sich als Vertrauensmann der Gefangenen ausgegeben hat; dadurch steht – ein unermeßlicher Vorteil für den Polizeiminister – die ständige Geheimkorrespondenz Maria Stuarts unter der Kontrolle ihrer politischen Feinde. Jeder Brief an Maria Stuart und von Maria Stuart wird durch den Spion Gifford, den Morgan für seinen verläßlichsten Mann hält, ehe er in das Bierfaß und aus dem Bierfaß kommt, abgefangen, von Thomas Phelippes, dem Sekretär Walsinghams, sofort dechiffriert, kopiert, und diese Kopien wandern noch tintenfeucht nach London. Dann erst werden sie tadellos prompt Maria Stuart oder der französischen Gesandtschaft zugestellt, daß die Betrogenen nicht einen Augenblick Verdacht schöpfen können und sorglos die Korrespondenz fortsetzen.

Gespenstische Situation. Beide Parteien freuen sich, einander zu betrügen. Maria Stuart atmet auf. Endlich ist dieser kalte unzugängliche Puritaner Poulet überspielt, der jedes Wäschestück untersucht, jede Schuhsohle aufschneidet, der sie bevormundet und wie eine Verbrecherin gefangenhält. Wenn er ahnen könnte, lächelt sie still vor sich hin, daß sie trotz allen Soldaten und Absperrungen und Klügeleien allwöchentlich von Paris und Madrid und Rom wichtige Botschaft empfängt, daß ihre Agenten wacker arbeiten und schon Heere und Flotten und Dolche für sie gerüstet sind! Manchmal spricht die Freude vielleicht zu unvorsichtig, zu hell aus ihren Blicken, denn höhnisch verzeichnet Amyas Poulet ihr steigendes Wohlbehagen und Wohlbefinden, seit sie die Seele mit diesem Gift der Hoffnung nährt. Aber um wieviel berechtigter ist das scharfe Lächeln um seine kalten Lippen, wenn er allwöchentlich die frische Provision Bier mit dem wackern Fuhrwerker anrollen sieht, wenn er boshaft beobachtet, wie eilig jedesmal der geschäftige Haushälter Maria Stuarts das Fäßchen in den dunklen Keller hinabrollt, um dort unbeachtet den kostbaren Briefinhalt herauszufischen. Denn was Maria Stuart jetzt lesen wird, ist längst vorausgelesen von der englischen Polizei, in London sitzen Walsingham und Cecil in ihren Staatsfauteuils und haben die Geheimkorrespondenz Maria Stuarts wortgetreu vor sich liegen. Sie ersehen daraus, daß Maria Stuart die Krone Schottlands und ihr Kronrecht auf England Philipp II. von Spanien anbietet, falls er ihr zur Freiheit helfen wolle – ein solcher Brief, schmunzeln sie, kann einmal nützlich werden, um James VI. zu kalmieren, wenn man seine Mutter zu hart anfaßt. Sie lesen, daß Maria Stuart in ihren eigenhändigen, ungeduldigen Schreiben nach Paris unablässig eine Invasion spanischer Truppen zu ihren Gunsten fordert. Auch das kann allenfalls einem Prozeß dienlich sein. Aber das Wichtigste, das Wesentliche, das sie erhoffen und für eine Anklage benötigen, ist bislang leider in diesen Briefen noch nicht zu entdecken, nämlich, daß Maria Stuart irgendeinen Mordplan gegen Elisabeth gebilligt habe. Noch hat sie sich im Sinne des Gesetzes nicht schuldig gemacht, noch immer fehlt, um die Mordmaschine eines Prozesses in Bewegung setzen zu können, eine einzige winzige Schraube, der „consent", die ausdrückliche Zustimmung Maria Stuarts zur Ermordung Elisabeths. Diese letzte notwendige Schraube einzufügen, geht nun Walsingham, dieser gefährliche Meister seines Handwerks, entschlossen an die Arbeit. Und damit beginnt eine der unglaubwürdigsten und doch dokumentarisch bezeugten Perfidien der Weltgeschichte: der Lockspitzeltrick Walsinghams, um Maria Stuart zur Mitwisserin an einem von ihm selbst fabrizierten Verbrechen zu machen, die sogenannte Babington-Verschwörung, die in Wahrheit eine Walsingham-Verschwörung gewesen ist.

Der Plan Walsinghams muß – denn der Erfolg hat ihn bezeugt – ein meisterlicher genannt werden. Aber was ihn so widerwärtig macht, daß noch heute nach Hunderten Jahren Abscheu die Seele überschauert, ist, daß Walsingham sich für seine Schurkerei gerade der reinsten Kraft der Menschheit bedient: der Gläubigkeit junger romantischer Naturen. Antony Babington, den man in London zum Werkzeug ausersehen hat, um Maria Stuart zu Fall zu bringen, hat Anspruch, mit

Mitleid und Bewunderung betrachtet zu werden, denn aus edelstem Drange opfert er sein Leben und seine Ehre. Ein Kleinedelmann aus guter Familie, vermögend und verheiratet, wohnt dieser junge schwärmerische Mann glücklich mit seiner Frau und einem Kinde auf seinem Gut von Litchfield ganz nahe bei Chartley – und nun begreift man plötzlich auch, warum Walsingham gerade Chartley zum Aufenthaltsort Maria Stuarts ausersehen hat. Seit langem haben Spione ihm gemeldet, daß Babington ein überzeugter Katholik, ein opferbereiter Anhänger Maria Stuarts ist und ihr schon mehrmals bei der heimlichen Übermittlung ihrer Briefe behilflich war: immer bleibt es ja das Vorrecht der edlen Jugend, vom tragischen Schicksal rein erschüttert zu sein. Ein solcher argloser Idealist mit seiner reinen Torheit kann einem Walsingham tausendmal besser dienlich sein als irgendein gemieteter Spion, denn ihm wird sich die Königin leichter anvertrauen. Sie weiß: keine Gewinnsucht lockt diesen ehrlichen, vielleicht etwas verworrenen Edelmann zu seinem ritterlichen Dienst und noch weniger eine persönliche Neigung. Daß er schon früher als Page im Hause Shrewsburys Maria Stuart persönlich kennen und lieben gelernt habe, dürfte eine romantisch aufgezäumte Erfindung sein; wahrscheinlich ist er ihr niemals begegnet und dient nur aus Lust am Dienen, aus Gläubigkeit an die katholische Kirche, aus einer schwärmerischen Freude an gefährlichem Abenteuer der Frau, in der er die rechtmäßige Königin Englands erblickt. Unbefangen, unvorsichtig und gesprächig wie alle jungen leidenschaftlichen Menschen, wirbt er unter seinen Freunden für die Gefangene, ein paar junge katholische Edelleute schließen sich ihm an. Sonderbare Figuren vereinen sich in seinem Kreise zu eifrigen Gesprächen, ein fanatischer Priester namens Ballard, ein gewisser Savage, ein tollkühner Desperado, und dann wieder ganz arglose und törichte junge Edelleute, die zuviel im Plutarch gelesen haben und von Heldentaten verworren träumen. Bald aber tauchen in dem Bunde der Ehrlichen einige Männer auf, die viel entschlossener sind oder sich gebärden als Babington und seine Freunde, vor allem jener Gifford, den Elisabeth später mit einer Jahrespension von hundert Pfund für seine Dienste belohnen wird. Ihnen scheint es nicht genug, die eingeschlossene Königin zu retten. Mit einem merkwürdigen Ungestüm drängen sie auf eine ungleich gefährlichere Tat, auf die Ermordung Elisabeths, auf die Beseitigung der „Usurpatorin".

Diese mutigen und überentschlossenen Freunde sind selbstverständlich nichts anderes als gemietete Polizeispione Walsinghams, die der skrupellose Minister in den Geheimbund der jungen idealistischen Menschen hineingeschoben hat, nicht nur, um in alle ihre Pläne rechtzeitig eingeweiht zu werden, sondern vor allem, um den Phantasten Babington weiter zu treiben, als er eigentlich will.

Denn dieser Babington (die Dokumente lassen daran keinen Zweifel) hat ursprünglich nichts anderes mit seinen Freunden geplant, als von Litchfield aus mit einem entschlossenen Handstreich bei einer Jagd oder sonstigen Gelegenheit Maria Stuart aus der Gefangenschaft zu befreien; ein so unmoralischer Akt wie ein Mord lag keinesfalls im Sinne dieser politisch exaltierten, aber durchaus humanen Natur.

Jedoch eine bloße Entführung Maria Stuarts ist nicht das, was Walsingham für seine Zwecke braucht, denn sie bietet ihm ja noch nicht die erwünschte Handhabe für eine Anklage im Sinne des Gesetzes. Er braucht mehr, er braucht für seine dunklen Ziele ein regelrechtes Mordkomplott. Er läßt seine schuftigen agents provocateurs drängen und drängen, bis endlich Babington und seine Freunde wirklich auch das von Walsingham benötigte Attentat gegen Elisabeth ins Auge fassen. Am 12. Mai meldet der spanische Gesandte, der in ständiger Verbindung mit den Verschworenen steht, König Philipp II. die erfreuliche Tatsache, daß vier katholische Edelleute von Rang, die Zutritt zum Palast Elisabeths haben, vor dem Altar einen Eid geleistet hätten, sie mit Gift oder Dolch aus dem Wege zu räumen. Man sieht: die agents provocateurs haben gut gearbeitet. Endlich ist das von Walsingham inszenierte Mordkomplott in Gang.

Damit ist aber bloß der erste Teil der Aufgabe, die sich Walsingham gestellt hat, erledigt. Nur an einem Ende ist der Fallstrick befestigt, nun gilt es, auch das andere Ende zu verankern. Das Komplott zur Ermordung Elisabeths ist glücklich konstruiert, nun beginnt die schwierigere Arbeit, Maria Stuart darin einzubauen und der ahnungslosen Gefangenen den „consent“ abzunötigen. Abermals also pfeift Walsingham seine Lockspitzel heran. Er schickt seine Leute in die Zentrale der katholischen Konspiration, nach Paris zu Morgan, dem Generalagenten Philipps II. und Maria Stuarts, damit sie dort Klage führten, Babington und die Seinen faßten die Sache zu lau an. Sie wollten nicht recht heran an den Mord, sie seien Zögerer und Zauderer. Es täte dringend not, diese Lauen und Flauen im Interesse der heiligen Sache zu ermutigen; dies aber könne wirksam nur durch ein anspornendes Wort Maria Stuarts geschehen. Würde Babington einmal gewiß sein, daß seine verehrte Königin die Ermordung billige, so werde er zweifellos sofort zur Tat schreiten. Es sei also unumgänglich für das Gelingen des großen Werkes, reden die Spitzel auf Morgan ein, daß er Maria Stuart veranlasse, an Babington einige anfeuernde Worte zu schreiben.

Morgan zögert. Es ist, als ob er in einem lichten Augenblicke das Spiel Walsinghams durchschaut hätte. Jedoch die Lockspitzel drängen und drängen, es handle sich doch nur um einige formelle Zeilen. Schließlich gibt Morgan nach; aber um sie vor irgendeiner Unvorsichtigkeit zu bewahren, schreibt er Maria Stuart den Textentwurf jenes Briefes an Babington vor. Und die Königin, die ihrem Agenten unbedingt vertraut, kopiert wortgetreu dieses Schreiben an Babington.

Jetzt ist glücklich die von Walsingham erstrebte Verbindung zwischen Maria Stuart und der Verschwörung hergestellt. Zunächst bewährt sich noch Morgans Vorsicht, denn jener erste Brief Maria Stuarts an ihren Helfer ist trotz aller Wärme unverbindlich und unverfänglich gehalten. Walsingham aber braucht Unvorsichtigkeiten, klare Geständnisse und den unverhohlenen „consent" zu dem geplanten Attentat. In seinem Auftrag schwenken jetzt seine Agenten wieder auf den andern Flügel um. Gifford drängt den unseligen Babington, jetzt, da die Königin ihm so großherzig ihr Vertrauen offenbart habe, sei es eine unbedingte Pflicht, sie ebenso vertrauensvoll in seine Absichten einzuweihen.

Ein derart gefährliches Unterfangen wie ein Attentat auf Elisabeth dürfe nicht unternommen werden ohne das Einverständnis Maria Stuarts; wozu habe man durch den braven Fuhrwerker einen sicheren Weg, wenn nicht, um mit ihr ungehindert alle Einzelheiten zu vereinbaren und ihre Weisungen entgegenzunehmen? Babington, ein reiner Tor, mehr verwegen als besonnen, geht plump in die Falle. Er sendet ein langes Schreiben an seine très chère souveraine, in dem er ihr bis in jede Einzelheit die vorbereiteten Pläne enthüllt. Warum soll die Unglückselige sich nicht freuen? Warum soll sie nicht schon im voraus wissen, daß die Stunde ihrer Befreiung nahe ist. So arglos, als ob Engelsboten auf unsichtbaren Wegen Maria Stuart seine Worte zutragen würden, und völlig ahnungslos, daß Spione und Agenten auf jedes seiner Worte mörderisch lauern, erläutert der arme Narr in einem langen Brief den Kriegsplan der Verschwörung. Er berichtet, daß er selbst mit zehn Edelleuten und hundert Helfern sie durch einen kühnen Überfall aus Chartley herausholen wolle, während gleichzeitig sechs Edelleute in London, alle seine guten und verläßlichen Freunde und ergeben der katholischen Sache, die „Usurpatorin" beiseite schaffen würden. Eine feurige Entschlossenheit, ein volles Bewußtsein der eigenen Gefahr lodert aus diesem unsinnig freimütigen Briefe, den man wirklich nur mit Ergriffenheit lesen kann. Und es würde ein kaltes Herz, eine arme nüchterne Seele erfordern, ein solches Bekenntnis ritterlicher Bereitschaft aus feiger Vorsicht ohne Antwort und Ermutigung zu lassen.

Auf diese Feurigkeit des Herzens, auf diese oft erprobte Unvorsichtigkeit Maria Stuarts rechnet Walsingham. Wenn sie diese Mordankündigung Babingtons zustimmend zur Kenntnis nimmt, dann ist er am Ziele. Dann hat Maria Stuart die

Mühe überflüssig gemacht, sie heimlich ermorden zu lassen. Dann hat sie sich selbst die Schlinge um den Hals gelegt.

Der verhängnisvolle Brief ist abgegangen. Gifford, der Spion, hat ihn sofort der Staatskanzlei übergeben, dort hat man ihn sorgfältig dechiffriert und kopiert. Äußerlich unversehrt wird er an die Ahnungslose auf dem Wege über das Bierfaß gesandt. Am 10. Juli hält ihn Maria Stuart in Händen, und ebenso erregt warten zwei Menschen in London, ob und wie sie ihn beantworten wird, Cecil und Walsingham, die Erfinder, die Leiter dieses meuchelmörderischen Komplotts. Der Augenblick der höchsten Spannung ist gekommen, die zitternde Sekunde, da der Fisch schon an dem Köder knabbert: Wird er ihn fassen? Wird er ihn lassen? Es ist ein grauenhafter Moment, aber trotz allem: man kann Cecils und Walsinghams politische Methode je nach Belieben bewundern oder verwerfen. Denn so widrig die Mittel sind, die er zur Vernichtung Maria Stuarts anwenden läßt, Cecil, der Staatsmann, dient immerhin einer Idee; für ihn ist die Beiseiteschaffung der Erbfeindin des Protestantismus eine unaufschiebbare staatspolitische Notwendigkeit. Und von Walsingham, von einem Polizeiminister, kann man schwer verlangen, er solle auf Spionage verzichten und sich ausschließlich moralischer Methoden bedienen.

Aber Elisabeth? Weiß sie, die sonst bei jeder Handlung ihres Lebens ängstlich auf die Nachwelt blickt, daß hier hinter den Kulissen eine Mordmaschine aufgebaut wird, die heimtückischer ist und gefährlicher als jedes Schafott? Geschehen diese widrigen Praktiken ihrer Staatsräte mit ihrem Wissen und Willen? Welche Rolle – die Frage muß gestellt werden – hat die Königin von England bei diesem erbärmlichen Komplott gegen ihre Rivalin gespielt?

Die Antwort fällt nicht schwer: eine Doppelrolle. Zwar haben wir klares Zeugnis, daß Elisabeth von den ganzen Machenschaften Walsinghams gewußt, daß sie vom Anfang bis zum Ende Zug um Zug und Einzelheit um Einzelheit die Lockspitzelpraktiken Cecils und Walsinghams geduldet, gebilligt und vielleicht sogar freudig gefördert hat; nie wird sie die Geschichte von der Schuld freisprechen können, daß sie zugesehen oder sogar mitgeholfen hat, wie die ihr anvertraute Gefangene tückisch in das Verderben gelockt wurde. Aber doch – man muß es immer wiederholen –, Elisabeth wäre nicht Elisabeth, wenn sie eindeutig handelte. Fähig jeder Lüge, jeder Verstellung, jedes Betruges, war diese merkwürdigste aller Frauen keineswegs gewissenlos und niemals eindeutig unmoralisch und ungroßmütig. Immer gewinnt in entscheidenden Augenblicken eine gewisse

Generosität des Herzens über sie Gewalt. Auch diesmal spürt man ein Unbehagen, von so niedriger Praktik Vorteil zu ziehen. Denn plötzlich macht sie, während ihre eigenen Diener das Opfer umgarnen, eine überraschende Wendung zugunsten der Gefährdeten. Sie läßt den französischen Gesandten rufen, der die ganze Korrespondenz Maria Stuarts von und nach Chartley vermittelt, ohne zu ahnen, daß er sich dabei Walsinghams gekaufter Kreaturen als Boten bedient. „Herr Gesandter", sagt sie ihm klipp und klar, „Sie verständigen sich sehr häufig mit der Königin von Schottland. Aber glauben Sie mir, ich weiß alles, was in meinem Königreiche vorgeht. Ich war selbst eine Gefangene zur Zeit, da meine Schwester als Königin regierte, und ich weiß genau, welche künstlichen Wege Gefangene finden, um Diener zu gewinnen und geheime Verständigungen zu erlangen." Mit diesen Worten hat Elisabeth ihr Gewissen beschwichtigt. Sie hat den französischen Gesandten und damit Maria Stuart klar und deutlich gewarnt. Sie hat soviel gesagt, wie sie sagen durfte, ohne ihre eigenen Leute zu verraten. Wenn Maria Stuart nun nicht abläßt, so kann sie immerhin ihre Hände in Unschuld waschen und stolz sagen: Ich habe sie noch im letzten Augenblicke gewarnt.

Aber auch Maria Stuart wäre nicht Maria Stuart, wenn sie sich warnen und abmahnen ließe, wenn sie jemals vorsichtig handelte und besonnen. Zwar bestätigt sie Babingtons Brief zunächst nur mit einer Zeile, die, wie Cecils Abgesandter schwer enttäuscht meldet, noch nicht „her very heart", ihre innere Einstellung zu dem Mordplan ausspricht. Sie zögert, sie schwankt, ob sie sich anvertrauen solle, und auch ihr Sekretär Nau rät ihr dringend ab, in so kompromittierender Sache ein Wort schriftlich zu geben. Aber der Plan ist zu verlockend, der Ruf zu verheißungsvoll, als daß Maria Stuart ihrer verhängnisvollen Lust am Diplomatisieren und Intrigieren widerstehen könnte. „Elle s'est laissée aller à l'accepter", vermerkt Nau mit sichtlichem Unbehagen. Drei Tage schließt sie sich mit ihren Geheimsekretären Nau und Curle in ihrem Zimmer ein und beantwortet ausführlich und Punkt für Punkt die einzelnen Vorschläge. Am 17. Juli, wenige Tage nachdem sie Babingtons Brief erhalten, wird ihre Antwort auf dem gewohnten Wege über das Bierfaß abgesandt.

Aber diesmal muß der Unglücksbrief nicht weit reisen. Er wandert gar nicht bis London, wo sonst immer die Geheimkorrespondenz Maria Stuarts in der Staatskanzlei entziffert wird. Denn in ihrer Ungeduld, die Entscheidung schon früher zu erfahren, haben Cecil und Walsingham den mit der Dechiffrierung beauftragten Sekretär Phelippes gleich nach Chartley gesandt, damit er die Antwort gewissermaßen noch vom feuchten Briefblatt übertrage. Ein merkwürdiger Zufall will, daß bei einer Wagenausfahrt Maria Stuart dieses Todesboten ansichtig wird. Der fremde Besucher fällt ihr auf. Aber da der pockennarbige, häßliche Bursche (sie beschreibt sein Gesicht in einem Brief) sie mit einem leisen Lächeln begrüßt – er kann seine Schadenfreude nicht verhalten –, glaubt Maria Stuart, von Hoffnung umnebelt, er sei ein Abgesandter ihrer Freunde, der sich hergeschlichen habe, um das Terrain auszukundschaften für die beabsichtigte Befreiung. Doch dieser Phelippes hat viel Gefährlicheres auszukundschaften. Kaum ist ihr Brief aus dem Bierfaß geholt, so macht er sich gierig an die Arbeit des Dechiffrierens. Die Beute ist gefaßt, nun gilt es, sie schleunigst auszuweiden. Satz um Satz ist rasch entziffert. Erst kommen nur allgemeine Worte. Maria Stuart dankt Babington und macht drei verschiedene Vorschläge für den Handstreich, der sie aus Chartley gewaltsam herausholen soll. Das ist interessant für den Spion, aber noch nicht das Wichtigste, das Entscheidende. Dann aber stockt Phelippes Herz vor böser Freude: endlich ist er auf die Stelle gestoßen, die schwarz auf weiß den seit Monaten von Walsingham gewünschten und herausgelockten „consent" Maria Stuarts zur Ermordung Elisabeths enthält. Denn kühl und sachlich beantwortet Maria Stuart Babingtons Mitteilung, daß die sechs Edelleute Elisabeth in ihrem Palaste niederstoßen würden, mit der Anweisung: „Dann muß man also die sechs Edelleute ans Werk schicken und Auftrag geben, daß nach Erledigung ihres Unternehmens ich sofort von hier weggeschafft werde ... ehe mein Wächter davon verständigt ist." Mehr war nicht vonnöten. Damit hat Maria Stuart „her very heart" verraten, sie hat den Mordplan gebilligt, jetzt ist endlich die Polizeiverschwörung Walsinghams gelungen. Beglückwünschend schütteln sich Auftraggeber und Helfershelfer, Herren und Diener, die schmutzigen und bald mit Blut befleckten Hände. „Jetzt besitzen Sie genug von ihren Papieren", schreibt triumphierend Phelippes, die Kreatur Walsinghams, an seinen Herrn. Auch Amyas Poulet, der ahnt, daß er bald durch die Hinrichtung des Opfers seines Kerkermeisteramtes ledig sein wird, gerät in geradezu fromme Erregung. „Gott hat meine Anstrengungen gesegnet", schreibt er, „und ich freue mich, daß er meine treuen Dienste so belohnt."

Jetzt, da der Paradiesvogel ins Netz gegangen ist, brauchte eigentlich Walsingham nicht länger zu zögern. Sein Plan ist gelungen, sein schäbiges Geschäft verrichtet; aber so sicher ist er jetzt seiner Sache, daß er sich die finstere Lust leisten kann, noch einige Tage mit seinen Opfern zu spielen. Er läßt noch Babington ungehindert den (längst kopierten) Brief Maria Stuarts zustellen; es kann nicht schaden, denkt Walsingham, wenn er ihn abermals beantwortet und damit den

Anklagedossier um ein Stück vermehrt. Doch an irgendeinem Zeichen muß inzwischen Babington erkannt haben, daß ein böses Auge in sein Geheimnis blicke. Eine sinnlose Angst überfällt plötzlich den verwegenen Menschen, denn auch der Tapferste fühlt die Nerven beben, wenn er von einer unsichtbaren, einer unfaßbaren Gewalt gepackt wird. Wie eine gehetzte Ratte jagt er hin und her. Er nimmt ein Pferd und reitet ins Land hinein, um zu flüchten. Dann kehrt er plötzlich nach London zurück und erscheint – ein Dostojewskij-Augenblick – gerade bei dem Menschen, der mit seinem Schicksal spielt, bei Walsingham, unbegreifliche und doch begreifliche Flucht eines Verstörten zu seinem gefährlichsten Feind. Offenbar will er aus Walsingham herausbekommen, ob man schon irgendeinen Verdacht gegen ihn hege. Der Polizeimeister aber, kühl und gelassen, verrät sich nicht, er läßt ihn ruhig gehen: besser, dieser Narr schafft durch Unvorsichtigkeit noch neuen Beweis. Jedoch Babington spürt schon die Hand im Dunkeln. Hastig schreibt er ein Billett an einen Freund, in dem er, um sich selber Mut zu machen, wirklich heroische, wirklich römische Worte findet. „Der feurige Ofen ist vorbereitet, in dem unser Glaube seine Probe ablegen muß." Gleichzeitig beruhigt er mit einem letzten Wort Maria Stuart, sie möge vertrauen.

Aber Walsingham hat jetzt genug an Beweismaterial, mit einem Hiebe schlägt er zu. Einer der Verschwörer wird festgesetzt, und kaum erhält Babington davon Nachricht, so weiß er, daß alles verloren ist. Noch eine letzte verzweifelte Tat schlägt er seinem Kameraden Savage vor, geradeaus in den Palast zu eilen und Elisabeth niederzustoßen. Aber schon ist es zu spät, schon sind die Schergen Walsinghams hinter ihnen her, und nur durch eine verwegene Entschlossenheit gelingt es beiden, im Augenblick, da man sie festnehmen will, zu flüchten. Aber wohin? Alle Straßen sind gesperrt, alle Häfen gewarnt, und sie haben nicht Zehrung noch Geld. Zehn Tage verstecken sie sich in St. John's Wood, das damals nahe bei London und heute mitten im Herzen Londons liegt, zehn Tage des Grauens, der ausweglosen Angst. Jedoch der Hunger würgt sie unbarmherzig; schließlich treibt sie die Not in ein Freundeshaus, wo sie Brot und letzte Kommunion empfangen; dort werden sie verhaftet und in Ketten durch die Stadt geführt. In einem Gefängnis des Tower haben diese kühnen, jungen, gläubigen Menschen Folter und Richtspruch zu erwarten, über ihren Häuptern aber donnern die Glocken von London Triumph. Mit Freudenfeuern und festlichen Umzügen feiert die Bevölkerung die Rettung Elisabeths, die Vernichtung der Verschwörung und Maria Stuarts Untergang.

Inzwischen erlebt die ahnungslose Gefangene in ihrem Schloß von Chartley seit Jahren und Jahren wieder Stunden freudiger Erregung. Alle ihre Nerven sind gespannt. Jede Stunde muß ja der Reiter heransprengen mit der Mitteilung, daß jenes „desseing effectué" sei, heute, morgen, übermorgen kann sie, die Gefangene, eingeholt werden nach London in das Herrscherschloß, schon träumt sie, wie Adel und Bürgerschaft festlich geschmückt sie an den Stadttoren erwarten, wie jubelnd die Glocken dröhnen. (Sie weiß ja nicht, die Unselige, daß in Wahrheit schon die Glocken schwingen und von den Türmen klingen, um Elisabeths Errettung zu feiern.) Ein Tag noch, zwei Tage, und alles ist vollendet, England und Schottland werden vereint sein unter ihrer Königskrone, der katholische Glaube der ganzen Welt wiedergegeben.

Kein Arzt kennt ein so heilkräftiges Mittel für einen ermüdeten Leib, für eine ermattete Seele wie Hoffnung. Seit Maria Stuart, immer wieder leichtgläubig und vertrauensvoll, sich ihrem Triumphe so nahe wähnt, geht eine völlige Wandlung in ihr vor. Eine neue Frische, eine andere Art Jugend hat sie plötzlich überkommen, und die in den letzten Jahren ständig unter Erschöpfungen litt, die kaum eine halbe Stunde gehen konnte, ohne über Schmerzen in der Seite, über Müdigkeit und Rheumatismus zu klagen, jetzt schwingt sie sich wieder auf das Pferd. Selbst erstaunt über die überraschende Erneuerung, schreibt sie (während schon die Sense über die Verschwörung geschwungen ist), an ihren „good Morgan": „Ich danke Gott, daß er mich noch nicht so tief heruntergebracht hat und daß ich noch meine Armbrust handhaben kann, um einen Hirsch zu töten und zu Roß hinter den Hunden herzujagen."

Deshalb nimmt sie auch als willkommene Überraschung die Einladung des sonst so unfreundlichen Amyas Poulet an – ach, der dumme Puritaner ahnt nicht, denkt sie, wie bald seine Kerkermeistern zu Ende sein wird –, am 8. August eine Jagdpartie in das benachbarte Schloß von Tixall zu unternehmen. Eine stattliche Kavalkade wird gerüstet, der Hofmarschall, ihre beiden Sekretäre, ihr Arzt schwingen sich aufs Pferd, sogar Amyas Poulet, an diesem Tage besonders zugänglich und freundlich, begleitet mit einigen seiner Offiziere den munteren Zug. Herrlich ist der Morgen, strahlend und warm, die Felder saftig und grün. Scharf gibt Maria Stuart ihrem Pferde die Sporen, um das Gefühl des Lebens, des Freiseins in diesem Schwunge und Sausen stärker, beglückter zu spüren. Seit Wochen, seit Monaten war sie nicht so jung, nie in all diesen düsteren Jahren so heiter und frisch wie an diesem prachtvollen Morgen. Alles scheint ihr schön, alles leicht; wem Hoffnung das Herz beschwingt, der fühlt sich gesegnet.

Vor den Toren von Tixall Park lockert sich der scharfe Ritt, die Pferde gehen über in sanften Trab. Plötzlich schlägt Maria Stuart das Herz. Vor der Pforte des Schlosses wartet eine ganze Anzahl berittener Männer. Sind das – o glückseliger Morgen! – nicht schon am Ende die Freunde, Babington und seine Gefährten? Wird so vorzeitig die heimliche Verheißung des Briefes erfüllt? Aber sonderbar: nur einer von den wartenden Reitern löst sich von der Gruppe, langsam und merkwürdig feierlich trabt er heran, dann lüftet er den Hut und verbeugt sich, Sir Thomas George. Und im nächsten Augenblick fühlt Maria Stuart den Herzschlag aussetzen, der soeben noch so heiterheftig pochte. Denn Sir Thomas George teilt ihr in knappen Worten mit, daß Babingtons Komplott aufgedeckt sei und er Auftrag habe, ihre beiden Sekretäre festzunehmen.

Maria Stuart versagt das Wort. Jedes Ja, jedes Nein, jede Frage, jede Klage könnte sie verraten. Noch ahnt sie vielleicht nicht den ganzen Umfang der Gefahr, aber bald muß grausamer Verdacht sie überkommen, da sie bemerkt, daß Amyas Poulet keinerlei Anstalten trifft, mit ihr nach Chartley zurückzureiten. Nun erst erfaßt sie den Sinn dieser Jagdeinladung: man wollte sie vom Hause weglocken, um ungehindert ihre Gemächer zu durchsuchen. Gewiß werden jetzt alle ihre Papiere durchwühlt und geprüft, die ganze diplomatische Kanzlei ausgehoben, die sie mit ihrem souveränen Sicherheitsgefühl so offen geführt, als wäre sie noch Herrscherin und nicht Gefangene in fremdem Land. Aber es wird ihr reichlich und überreichlich Zeit gegeben, über alle diese Fehler und Versäumnisse nachzudenken, denn siebzehn Tage hält man sie in Tixall zurück, ohne ihr die Möglichkeit zu lassen, eine Zeile zu schreiben oder eine Zeile zu empfangen. Alle ihre Geheimnisse, sie weiß es, sind jetzt verraten, jede Hoffnung zernichtet. Wieder ist sie eine Stufe tiefer gesunken, sie ist nicht Gefangene mehr, sondern schon Angeklagte.

Maria Stuart ist eine andere, wie sie, siebzehn Tage später, nach Chartley zurückkehrt. Nicht mehr in frohem Galopp, den Wurfspieß in der Hand, umschart von ihren verläßlichen Freunden, reitet sie durch den Torweg, sondern langsam, wortlos, zwischen strengen Wächtern und Feinden, eine müde, enttäuschte, gealterte Frau, die weiß, daß sie nichts mehr zu erhoffen hat. Ist sie wirklich erstaunt, alle Koffer und Schränke aufgebrochen, alle Schriftstücke und Briefe, die sie zurückgelassen, weggeräumt zu finden? Ist sie verwundert, daß mit Tränen und verzweifelten Blicken die wenigen Getreuen ihrer Hofhaltung sie begrüßen? Nein, sie weiß, jetzt ist alles vorüber, alles zu Ende. Aber ein unvermutetes kleines Begebnis hilft ihr über die erste dumpfe Verzweiflung. Unten in der Gesindestube stöhnt eine Frau in den Wehen, die Gattin Curles, ihres getreuen Sekretärs, den man nach London geschleppt, damit er Zeugnis gegen sie leiste und sie verderben helfe. Allein liegt die Frau, kein hilfreicher Arzt ist zu finden und kein Priester. So geht die Königin in der ewigen Schwesternschaft der Frauen und des Unglücks hinab, um der Kreißenden zu helfen, und da kein Priester zur Stelle ist, gibt sie selber dem Kinde mit der Taufe den christlichen Willkomm in diese Welt. Noch ein paar Tage bleibt Maria Stuart in diesem verhaßten Schlosse, dann kommt Befehl, sie in ein anderes zu überführen, wo sie noch sicherer, noch abgeschlossener von der Welt sein soll. Fotheringhay hat man für sie gewählt, von den vielen Schlössern, durch die Maria Stuart als Gast und als Gefangene, als Königin und als Gedemütigte gegangen, das letzte. Die Wanderung ist zu Ende, bald wird der Unruhigen Ruhe gegönnt sein.

Aber all dies, was schon letzte Tragik scheint, ist doch nur lindes Leiden, verglichen mit den grauenhaften Qualen, welche man in diesen Tagen den unseligen jungen Menschen bereitet, die opfervoll für Maria Stuart ihr Leben gewagt. Immer wird die Weltgeschichte ungerecht und unsozial geschrieben, denn fast immer schildert sie nur die Not der Mächtigen, Triumph und Tragik der Fürsten dieser Erde. Gleichgültig aber schweigt sie vorbei an den andern, den Kleinen im Dunkel, als ob nicht Qual und Marter in dem einen irdischen Leibe die gleiche wäre wie in dem andern. Babington und neun seiner Gefährten – wer kennt, wer nennt noch heute ihre Namen, indes das Schicksal der Königin an unzähligen Bühnen, in Büchern und Bildern sich verewigt! – erleiden in drei Stunden entsetzlicher Tortur mehr körperliche Qual als Maria Stuart in all den zwanzig Jahren ihres Unglücks. Dem Gesetz nach wäre ihnen zwar nur Tod durch den Galgen zubestimmt, aber das scheint den Anstiftern des Komplotts zuwenig für diejenigen, die sich von ihnen anstiften ließen. Gemeinsam mit Cecil und Walsingham bestimmt Elisabeth selbst – neuerdings ein dunkler Fleck auf ihrer Ehre –, daß die Hinrichtung Babingtons und seiner Gefährten durch besonders raffinierte Torturen zu tausendmaligem Tod verlängert werden solle. Sechs dieser jungen gläubigen Menschen, darunter zwei halbe Knaben, die nichts anderes begingen, als ihrem Freunde Babington, als er auf der Flucht vor ihrem Haus bettelte, ein paar Stücke Brot zu gewähren, werden, um dem Gesetz Genüge zu tun, zuerst für einen Augenblick gehenkt, dann aber noch lebend abgeschnitten, damit die ganze Teuflischkeit eines barbarischen Jahrhunderts sich an ihren fühlenden, an ihren unsagbar leidenden Körpern austoben könne. Mit gräßlicher Beharrlichkeit setzt die scheußliche Metzgerarbeit des Henkers ein. So langsam und so schmerzhaft werden die Opfer bei lebendigem Leibe zerstückelt, daß selbst der Abhub des Londoner Pöbels von Grauen erfaßt wird und man genötigt ist, den andern am nächsten Tage die Martern zu verkürzen. Noch einmal ist eine Richtstatt mit Blut und Grauen überschwemmt worden für diese Frau, der magische Schicksalsmacht gegeben war, immer wieder eine neue Jugend in ihren Untergang zu ziehen. Noch einmal, aber zum letzten Male! Denn nun ist der große Totentanz zu Ende, der mit Chastelard begonnen. Nun wird niemand mehr kommen, sich für ihren Traum von Macht und Größe aufzuopfern. Nun wird sie selber das Opfer sein.

Zweiundzwanzigstes Kapitel
Elisabeth gegen Elisabeth

August 1586 bis Februar 1587

Endlich ist das Ziel erreicht. Maria Stuart ist in die Falle gegangen, sie hat den „consent" gegeben, sie hat sich schuldig gemacht. Jetzt brauchte Elisabeth eigentlich sich um nichts mehr zu bekümmern, für sie entscheidet und handelt die Justiz. Der Kampf eines Vierteljahrhunderts ist zu Ende, Elisabeth hat gesiegt, sie dürfte frohlocken wie das Volk, das lärmend und begeistert in den Straßen Londons die Errettung seiner Herrscherin aus Mordgefahr und den Triumph der protestantischen Sache feiert. Aber aller Erfüllung ist immer Bitternis geheimnisvoll beigemengt. Gerade jetzt, da Elisabeth zuschlagen könnte, bebt ihr die Hand. Tausendmal leichter war es gewesen, die Unvorsichtige in die Falle zu locken, als nun die wehrlos Verstrickte zu töten. Hätte Elisabeth gewaltsam die unbequeme Gefangene aus dem Wege schaffen wollen, so waren ihr längst hundert unauffällige Möglichkeiten geboten. Schon vor fünfzehn Jahren hatte das Parlament verlangt, man solle Maria Stuart mit der Axt die letzte Warnung geben, und von seinem Totenbette hatte John Knox noch Elisabeth beschworen: „Wenn sie nicht die Wurzel treffen, werden die Zweige wieder Knospen treiben, und das schneller, als man sich vorstellen kann." Aber immer hatte sie geantwortet, „sie könne den Vogel nicht töten, der vor dem Habicht hilfesuchend zu ihr geflohen sei". Jedoch jetzt gibt es keine Wahl mehr als Gnade oder Tod, jetzt steht sie drängend vor ihr, die immer weggeschobene und doch unaufschiebbare Entscheidung. Elisabeth erschauert vor ihr, sie weiß, welche ungeheuren und kaum übersehbaren Weiterungen ihr Richtspruch enthält. Wir von heute vermögen das Gewichtige, Revolutionäre jener Entscheidung kaum mehr nachzuempfinden, die damals noch die ganze gültige Hierarchie der Welt erschütterte. Denn eine gesalbte Königin unter das Beil zu drücken bedeutet nicht weniger, als den bislang hörigen Völkern Europas darzutun, daß auch der Monarch eine richtbare, eine hinrichtbare Person darstelle und keine unantastbare – darum steht bei Elisabeths Entschließung nicht ein sterblicher Mensch in Frage, sondern eine Idee. Auf Hunderte Jahre muß das Präjudiz sich als Warnung für alle Könige dieser Erde auswirken, daß schon einmal ein gekröntes Haupt auf dem Schafott gefallen ist; keine Hinrichtung Karls I., des Stuartenkels, ohne die Berufung auf dieses Beispiel; kein Ludwig XVI. und keine Marie Antoinette wiederum ohne Karls I. Geschick. Mit ihrem weiten Blick, mit ihrem starken menschlichen Verantwortungsgefühl ahnt Elisabeth etwas von der Unwiderruflichkeit ihres Entschlusses, sie zögert, sie zagt, sie schwankt, sie verschiebt und vertagt. Noch einmal, und noch leidenschaftlicher als jemals zuvor, beginnt in ihr der Widerstreit der Vernunft gegen das Gefühl, der Kampf Elisabeths gegen Elisabeth. Und immer ist es ein erschütterndes Schauspiel, einen Menschen im Kampf mit seinem Gewissen zu sehen.

Bedrängt von diesem Zwiespalt ihres Wollens und Nichtwollens, will Elisabeth zum letztenmal dem Unvermeidlichen ausweichen. Immer hat sie die Entscheidung von sich weggestoßen, immer wieder war sie in ihre Hand zurückgefallen. So versucht sie noch einmal in letzter Stunde, sich zu entlasten und die Verantwortung Maria Stuart zuzuschieben. Sie schreibt an sie einen (nicht erhaltenen) Brief, in dem sie ihr nahelegt, sie möge ihr in einem privaten Schreiben ein klares Geständnis über ihre Teilnahme an der Verschwörung übermitteln, Königin zu Königin, und damit sich lieber ihrem persönlichen Urteil anheimgeben als dem eines öffentlichen Gerichts.

Dieser Vorschlag Elisabeths stellte in der Tat die einzig mögliche Lösung dar, die jetzt noch zu finden wäre. Nur sie könnte Maria Stuart die Erniedrigung des öffentlichen Verhörs ersparen, die Verurteilung und die Hinrichtung. Für Elisabeth wiederum bedeutete es unermeßliche Sicherung, durch ein eigenhändig geschriebenes kompromittierendes Geständnis die unbequeme Prätendentin gleichsam in moralischem Gewahrsam zu halten. Maria Stuart könnte wahrscheinlich dann ruhig irgendwo im Dunkel weiterleben, wehrlos durch ihr Bekenntnis, und Elisabeth ruhig im Licht und auf der Höhe ihrer Herrschaft. Dauernd wären die Rollen verteilt, nicht mehr nebeneinander und gegeneinander würden sie in der Geschichte stehen, Elisabeth und Maria Stuart, sondern die

Schuldige läge auf den Knien vor der Verzeihenden, die Begnadigte vor der Retterin ihres Lebens.

Aber Maria Stuart will gar nicht mehr gerettet sein. Immer war ihre stärkste Kraft der Stolz, und eher wird sie das Knie beugen vor dem Schafott als vor einer Protektorin, lieber unsinnig leugnen als klar bekennen, lieber zugrunde gehen als sich demütigen. So schweigt Maria Stuart stolz zu diesem Angebot, das sie zugleich erretten und erniedrigen soll. Sie weiß, als Herrscherin hat sie verspielt; nur eine Macht ist ihr noch auf Erden geblieben: Elisabeth, ihre Gegnerin, ins Unrecht zu setzen. Und da sie als Lebende ihre Feindin nicht mehr zu schädigen vermag, faßt sie entschlossen diese letzte Waffe: Elisabeth als Mitleidslose vor der Welt schuldig zu machen und sie zu beschämen durch einen glorreichen Tod.

Maria Stuart hat die dargereichte Hand zurückgestoßen; nun muß Elisabeth, gedrängt von Cecil und Walsingham, den Weg gehen, der ihr eigentlich verhaßt ist. Um dem beabsichtigten Prozeßverfahren eine rechtliche Grundlage zu verleihen, werden zunächst die Kronjuristen berufen, und Kronjuristen fällen fast immer gehorsam jene Entscheidung, welche der jeweilige Kronträger verlangt. Eifrig durchstöbern sie die Geschichte nach Präzedenzfällen, ob schon vordem Könige einem ordentlichen Gericht unterworfen worden seien, damit die Anklage keinen zu sichtbaren Bruch mit der Tradition, kein Novum darstelle. Aber die Beispiele, die sie herauskratzen, sind recht kümmerlich: Cajetanus, ein kleiner Tetrarch zur Zeit Cäsars, der ebenso unbekannte Licinius, ein Schwager Konstantins, schließlich Konradin von Hohenstaufen und Johanna von Neapel – das sind die einzigen Fürsten, die nachweisbar durch einen Rechtsspruch vom Leben zum Tode gebracht wurden. In ihrer servilen Willensbeflissenheit gehen die Juristen aber sogar so weit, das von Elisabeth vorgeschlagene Adelsgericht für überflüssig zu erklären; nach ihrem Gutachten genügte es, Maria Stuart, da ihr „Verbrechen" in Staffordshire begangen worden sei, vor die gewöhnliche Bürgerjury dieses Distriktes zu stellen. Aber ein so demokratisches Rechtsverfahren paßt Elisabeth ganz und gar nicht. Sie hält auf Formen, sie will, daß eine Tudorsenkelin und Stuartstochter wirklich königlich, daß sie in Würden und Ehren, mit Pomp und Pracht, mit allem Respekt und aller Reverenz, die einer Fürstin gebühren, beiseite geschafft werde und nicht durch das Verdikt von ein paar Bauern und Krämern. Zornig fährt sie auf die Übereifrigen los: „Das wäre fürwahr ein schönes Verfahren gegen eine Prinzessin. Ich halte es für richtig, um solche Absurditäten (wie die Verurteilung durch zwölf Bürger) zu vermeiden, die Überprüfung einer so gewichtigen Sache einer reichlichen Zahl der edelsten Personen und Richter dieses

Landes zu übertragen. Denn wir Fürstinnen sind auf die Bühne der Welt in volle Sicht der Welt gestellt.“ Einen königlichen Prozeß, eine königliche Hinrichtung, ein königliches Begräbnis will sie für Maria Stuart und beruft darum einen Adelsgerichtshof, ausgewählt aus den besten und vornehmsten Männern der Nation.

Jedoch Maria Stuart zeigt keine Neigung, auch von den blaublütigsten Untertanen ihrer Schwesterkönigin sich verhören oder aburteilen zu lassen. „Wie“, fährt sie die Abgesandten an, die sie in ihrem Zimmer empfängt, ohne ihnen einen Schritt entgegenzugehen, „weiß Ihre Herrin nicht, daß ich als Königin geboren bin? Glaubt sie, daß ich meine Stellung, meinen Staat, das Geschlecht, von dem ich stamme, den Sohn, der mir nachfolgen wird, die Könige und fremden Prinzen, deren Rechte in meiner Person erniedrigt werden, herabwürdigen werde, indem ich einer solchen Ladung Folge leiste? Nein! Niemals! So gebeugt ich auch scheinen mag, mein Herz ist aufrecht und wird sich keiner Erniedrigung unterwerfen.“

Aber ewiges Gesetz: weder Glück noch Unglück können einen Charakter vollkommen verändern. Immer bleiben die Vorzüge, immer die Fehler Maria Stuarts dieselben. Immer wird sie in gefährlichen Augenblicken große Haltung zeigen, aber immer dann zu lässig sein, ihre anfängliche Festigkeit gegen längeren Druck durchzuhalten. Wie in dem Prozeß von York läßt sie sich abermals von ihrem Standpunkt der unantastbaren Souveränität schließlich abdrängen und gibt damit die einzige Waffe aus der Hand, die Elisabeth fürchtet. Nach langem schwerem Kampf erklärt sie sich bereit, den Abgesandten Elisabeths Rede zu stehen.

Am 14. August bietet die Halle des Schlosses von Fotheringhay ein feierliches Bild. An der Endwand des Saales ist ein Thronhimmel aufgerichtet über einem Prunkfauteuil, der alle diese tragischen Stunden leer bleiben wird; nur als Symbol soll durch dieses Armsessels stumme Gegenwart dargetan sein, daß unsichtbar die Königin von England, Elisabeth, diesem Gericht vorsitzt und in ihrem Sinn und Namen der endgültige Spruch gefällt wird. Rechts und links neben der Estrade sind in der Ordnung ihres Ranges die verschiedenen Mitglieder des Gerichts aufgestellt, in der Mitte des Raumes steht ein Tisch für die Generalankläger, Untersuchungsrichter, die Rechtspersonen und Protokollschreiber.

In diesen Raum wird Maria Stuart, wie immer in diesen Jahren in strenges Schwarz gekleidet, am Arme ihres Haushofmeisters geführt. Beim Eintreten wirft sie einen Blick auf die Versammlung und sagt verächtlich: „Wie viele Rechtskundige hier sind, und doch kein einziger für mich.“ Dann schreitet sie zu einem Fauteuil, den man ihr wenige Schritte vor dem Thronhimmel, aber einige Stufen unterhalb des leeren Thronsessels angewiesen hat. Die „overlordship“, dies immer wieder umkämpfte Oberrecht Englands über Schottland, nun wird es sinnlich sichtbar durch diese kleine taktische Anordnung, daß Elisabeths Sessel oberhalb des ihren steht. Aber auch eine Spanne vor ihrem Tod wird Maria Stuart diese Überordnung nicht anerkennen. „Ich bin Königin", sagt sie laut genug, um gehört und verstanden zu werden, „ich war mit einem König von Frankreich vermählt, und mein Platz sollte dort oben sein."

Nun beginnt die Verhandlung. Ebenso wie in York und Westminster wird der Prozeß unter Mißachtung auch der primitivsten Rechtsbegriffe inszeniert. Abermals hat man die Hauptzeugen – damals die Diener Bothwells, diesmal Babington und seine Gefährten – schon vor dem Prozeß mit verdächtiger Eile hingerichtet: nur ihre schriftlichen, in Todesnot abgepreßten Aussagen liegen auf dem Verhandlungstisch. Und weiterer Rechtsbruch: selbst die Belastungsdokumente, auf die hin Maria Stuart abgeurteilt werden soll, ihre Briefe an Babington und jene Babingtons an sie, werden unerklärlicherweise nicht aus den Originalen vorgelesen, sondern aus Abschriften. Mit Recht kann Maria Stuart Walsingham anfahren: „Wie kann ich sicher sein, daß man nicht meine Chiffrenzeichen gefälscht hat, um mich zum Tode verurteilen zu lassen?" Juridisch könnte eine Verteidigung hier kraftvoll einsetzen, und hätte man Maria Stuart einen Anwalt bewilligt, ihm würde es ein leichtes sein, auf solche offenkundige Rechtswidrigkeiten hinzuweisen. Aber Maria Stuart steht allein vor den Richtern, unkund der englischen Gesetze, ohne Kenntnis des Belastungsmaterials, und verhängnisvollerweise begeht sie den gleichen Fehler wie seinerzeit in York und Westminster. Sie beschränkt sich nicht darauf, einzelne wirklich verdächtige Tatsachen zu bestreiten, sondern sie leugnet alles en bloc, sie bestreitet auch das Unbestreitbare. Sie leugnet zunächst überhaupt, Babington jemals gekannt zu haben, und muß doch am zweiten Tage unter der Last der Beweise zugeben, was sie vorher abgestritten hatte. Damit verschlechtert sie ihre moralische Position, und es ist schon zu spät, wenn sie in letzter Minute wieder auf den alten Standpunkt zurückflüchtet, sie verlange „als Königin das Recht, daß man mir auf mein Königswort hin Glauben schenke". Nichts hilft es mehr, daß sie ausruft: „Ich bin in dieses Land gekommen im Vertrauen auf die Freundschaft und die Versprechungen der Königin von England, und hier, Mylords" – bei diesen Worten zieht sie einen Ring vom Finger und zeigt ihn den Richtern –, „ist das Zeichen der Neigung und des Schutzes, das ich von Ihrer Königin empfangen habe." Denn diese Richter wollen gar nicht das Recht verteidigen, das ewige und unbestreitbare, sondern einzig ihre eigene Königin, sie wollen ihrem Lande Ruhe schaffen. Das Urteil ist längst abgekartet, und als sich am 28. Oktober in der Starchamber von Westminster die Richterversammeln, bringt nur ein einziger, Lord Zouche, den Mut auf, zu erklären, er sei nicht völlig überzeugt, daß Maria Stuart der Königin von England nach dem Leben getrachtet habe. Damit beraubt er zwar den Schuldspruch seines schönsten Schmuckes, der Einstimmigkeit, aber die anderen erkennen gehorsam Maria Stuart schuldig. Und so setzt sich ein Schreiber hin und malt mit schönen Lettern den Spruch auf ein Pergament, daß „die genannte Maria Stuart, welche den Anspruch auf die Krone dieses Königreiches von England erhebe, verschiedene Pläne gebilligt und ausgedacht habe zu dem Zwecke, die königliche Person unserer Herrscherin, die Königin von England, zu verletzen, zu vernichten oder zu töten." Und die Buße für ein solches Vergehen ist, das Parlament hat es im voraus beschlossen, der Tod.

Recht zu sprechen und das Urteil zu fällen war die Pflicht des versammelten Adelsgerichtes. Es hat auf Schuld und Tod erkannt. Aber Elisabeth, der Königin, ihr steht noch ein anderes Recht zu über dem irdischen, das hohe und heilige, das menschliche und großmütige, Gnade zu gewähren für erkannte Schuld. Einzig in ihrem Willen liegt es, den gesprochenen Tod wieder in lebendiges Leben zu verwandeln, abermals ist die verhaßte Entscheidung auf sie, und sie allein, zurückgefallen. Wie sich ihrer erwehren? Abermals steht Elisabeth gegen Elisabeth. Und wie in der antiken Tragödie die Chöre in Strophe und Gegenstrophe sich zur Rechten und Linken des von seinem Gewissen bedrängten Menschen, so erheben sich nun Stimmen von außen und innen, die einen zur Härte mahnend, die andern zur Nachsicht. Über ihnen allen aber steht im Unsichtbaren der Richter unseres irdischen Tuns, die Geschichte, die immer den Lebenden gegenüber schweigt und erst, wenn sie ihr Dasein vollendet, vor der Nachwelt ihre Taten wägt.

Die Stimmen zur Rechten sagen immer wieder unerbittlich und vernehmlich: Tod, Tod, Tod. Der Staatskanzler, der Kronrat, die nächsten Freunde, die Lords und die Bürger, das Volk, alle sehen sie nur die einzige Möglichkeit, Frieden für das Land und Ruhe für ihre Königin zu erlangen: wenn das Haupt Maria Stuarts fällt. Feierlich petitioniert das Parlament: „Wir bitten auf das untertänigste im Hinblick auf die Fortdauer der von uns bekannten Religion und im Hinblick auf die Sicherheit der königlichen Person und das Gemeinwohl des Reichs, daß Ihre Majestät schleunigen Befehl erteile, das Urteil gegen die schottische Königin öffentlich kundzugeben, und verlangen, da wir kein anderes Mittel kennen, die Sicherheit Ihrer Majestät zu gewährleisten, die gerechte und schleunige Hinrichtung der genannten Königin."

Elisabeth ist dieses Drängen willkommen. Sie wünscht ja nichts sehnlicher, als der Welt zu erweisen, nicht sie verfolge Maria Stuart, sondern das englische Volk bestehe auf der Vollstreckung des richterlichen Spruchs. Und je lauter, je weiterhin hörbar, je sichtbarer dieses Lärmen wird, um so besser. Denn damit wird ihr Gelegenheit zu einer großen Arie der Güte und Menschlichkeit auf der „Bühne der Welt" gegeben, und als gelernte gute Schauspielerin nützt sie den gebotenen Anlaß bis zum Rande aus. Mit Ergriffenheit lauscht sie der beredten Mahnung des Parlaments, demütig dankt sie Gott, daß sein Wille sie aus dieser Lebensgefahr gerettet habe; dann aber erhebt sie die Stimme und spricht gleichsam über den Raum hinweg zur ganzen Welt und zur Geschichte, um sich freizusprechen von jeder Schuld an Maria Stuarts Geschick. „Obwohl mein Leben gefährlich bedroht wurde, bekenne ich hier, daß nichts mich mehr geschmerzt hat, als daß jemand meines Geschlechts, von gleichem Rang und Ursprung und mir so nahe blutsverwandt, eine so große Schuld auf sich geladen hat. So weit bin ich von jeder Böswilligkeit entfernt gewesen, daß ich sofort nach der Entdeckung der gegen mich gerichteten verbrecherischen Handlungen ihr geheim schrieb, daß, wenn sie mir in einem vertraulichen Briefe ein Geständnis mache, alles im stillen erledigt werden sollte. Ich schrieb ihr das keineswegs, um sie in eine Falle zu locken, denn ich wußte damals schon alles, was sie mir überhaupt eingestehen konnte. Aber auch jetzt, da die Sache schon so weit gekommen ist, würde ich, wenn sie offene Reue bezeugen wollte und niemand mehr in ihrem Namen Ansprüche gegen mich geltend machte, ihr noch willig verzeihen, wenn nur mein Leben davon abhängen würde und nicht auch die Sicherheit und das Wohlergehen meines Staates. Denn nur für Euch und mein Volk wünsche ich noch zu leben." Offen gesteht sie ein, wie sehr ihr Zögern beeinflußt sei von der Furcht vor dem Urteil der Geschichte. „Denn wir Prinzen stehen wie auf einer Bühne vor dem Blick und der Neugierde der ganzen Welt. Der kleinste Schmutzfleck auf unserem Gewande wird beobachtet, jede Schwäche in unseren Taten rasch bemerkt, und wir müssen daher besonders vorsichtig sein, daß unsere Handlungsweise immer gerecht und ehrenvoll sei." Aus diesem Grunde ersuche sie auch das Parlament, zu entschuldigen, wenn sie sich nicht sofort entscheide, denn „es ist meine Art, auch in Angelegenheiten weit geringeren Ranges, lange das zu überlegen, was schließlich beschlossen werden soll".

Ist diese Rede aufrichtig, ist sie es nicht? Beides zugleich, denn in Elisabeth lebt ein doppelter Wille: sie möchte befreit sein von ihrer Gegnerin und doch vor der Welt als die Großmütige und Verzeihende erscheinen. Nach zwölf Tagen richtet sie an den Lordkanzler neuerdings die Anfrage, ob nicht doch eine Möglichkeit bestünde, einerseits das Leben Maria Stuarts zu sparen und zugleich das eigene zu sichern. Aber nochmals erneuert der Kronrat, erneuert das Parlament sein Drängen, es gäbe keinen anderen Ausweg. Und abermals nimmt Elisabeth das Wort. Ein starker und fast überzeugter Ton von Wahrhaftigkeit – nie hat sie schöner gesprochen – schwingt diesmal in ihren Worten mit. Ihr innerstes Empfinden spricht sich aus, wenn sie sagt: „Ich bin heute in einem größeren Zwiespalt mit mir selbst als jemals in meinem Leben, ob ich sprechen soll oder schweigen. Würde ich sprechen und klagen, so würde ich heucheln, wäre ich wiederum still, so wäre alle Eure Mühe vergebens. Es mag Euch sonderbar dünken, daß ich Klage führe, aber ich gestehe ein, daß es mein innerster Wunsch war irgendein anderer Ausweg möge gefunden werden, um Eure Sicherheit und meine Wohlfahrt zu schützen, als der vorgeschlagene ... Aber da nun festgestellt ist, daß meine Sicherheit nicht gewährleistet bleiben kann, außer durch ihren Tod, so habe ich ein tiefinnerliches Gefühl von Trauer, daß gerade ich, die ich so viele Aufständische begnadigte und an so vielen Verrätereien mit Schweigen vorübergegangen bin, Grausamkeit gegen eine so hohe Fürstin zeigen soll ...“ Schon läßt sie durchfühlen, daß sie geneigt sei, falls man nur gründlich weiterdränge, sich überreden zu lassen. Aber klug und zweideutig wie immer, bindet sie sich an kein klares Ja oder Nein, sondern schließt ihre Rede mit den Worten: „Ich bitte Euch, begnügt Euch für den Augenblick mit einer Antwort ohne Antwort. Ich stehe nicht gegen Eure Meinung, ich begreife Eure Gründe, aber ich bitte Euch, nehmt meine Dankbarkeit entgegen, entschuldigt meine inneren Zweifel und nehmt es freundlich auf, daß ich Euch ohne Antwort antworte.“

Die Stimmen zur Rechten haben gesprochen. Laut und vernehmlich haben sie Tod, Tod, Tod gesagt. Aber auch die Stimmen zur Linken, die Stimmen auf der Seite des Herzens, werden immer beredter. Eine eigene Gesandtschaft sendet der französische König über das Meer und mahnt an das gemeinsame Interesse aller Könige. Er erinnert Elisabeth, daß sie in der Unverletzlichkeit Maria Stuarts auch die eigene verteidige, er mahnt, der oberste Grundsatz, gut und glücklich zu regieren, sei, kein Blut zu vergießen. Er erinnert an das bei allen Völkern geheiligte Gastrecht, Elisabeth möge sich also nicht gegen Gott vergehen, indem sie an das Haupt einer gesalbten Königin rühre. Und da Elisabeth ihrer hinterhältigen Art gemäß nur halbe Zusicherungen macht und sich in undurchsichtigen Redensarten ergeht, wird der Ton der ausländischen Gesandten immer schärfer. Was zuerst eine Bitte war, steigert sich zur gebieterischen Warnung, zur offenen Drohung. Aber Elisabeth, weltkundig und seit einem Vierteljahrhundert mit allen Winkelzügen der Politik vertraut, hat ein feines Ohr. Sie horcht bei allen diesen pathetischen Reden nur auf eines: ob die Gesandten in den Falten ihrer Toga auch den Auftrag haben, die diplomatischen Beziehungen abzubrechen und den Krieg zu erklären. Und bald hört sie heraus, daß hinter den lauten, polternden Worten kein Eisen klirrt, daß weder Heinrich III. noch Philipp II. ernstlich entschlossen sind, das Schwert zu ziehen, sofern das Henkerbeil in den Nacken Maria Stuarts fährt.

So antwortet sie schließlich nur mehr mit gleichgültigem Achselzucken auf den diplomatischen Theaterdonner Frankreichs und Spaniens. Geschickter freilich muß ein anderer Einspruch zur Seite geschoben werden, derjenige Schottlands. Denn wenn irgend jemand auf Erden, so hätte James VI. die heilige Pflicht, die Hinrichtung einer Königin von Schottland in fremdem Lande zu verhindern, denn das Blut, das vergossen würde, ist sein eigenes Blut, die Frau, der das Leben genommen werden soll, dieselbe, die ihm das seine gegeben: seine Mutter. Kindliche Sohnesliebe allerdings hat bei James VI. nicht viel Raum. Seit er Pensionär und Verbündeter Elisabeths geworden ist, steht ihm seine Mutter, die ihm den Königtitel verweigert, die ihm feierlich abgeschworen und versucht hat, sein Erbrecht fremden Königen zu übertragen, eigentlich nur im Wege. Kaum hört er von der Aufdeckung der Babington-Verschwörung, so beeilt er sich, Elisabeth seine Glückwünsche zu übermitteln, und sagt zum französischen Gesandten, der ihn bei seiner Lieblingsbeschäftigung, der Jagd, mit dem Verlangen stört, er solle seinen Einfluß zugunsten seiner Mutter geltend machen, recht ärgerlich, „sie solle die Suppe nur auslöffeln, die sie sich eingebrockt habe“ (qu'il fallait qu'elle but la boisson qu'elle avait brassé). Ausdrücklich erklärt er, es sei ihm gleichgültig, „wie eng sie gehalten werde und wenn man alle ihre niederträchtigen Diener aufhänge“. Aber das beste wäre, „sie möge sich überhaupt mit nichts anderem mehr befassen, als zu Gott zu beten“. Nein, die ganze Sache gehe ihn nichts an, und anfänglich weigert sich dieser wenig sentimentale Sohn überhaupt, eine Gesandtschaft nach London zu schicken. Erst als schon die Verurteilung Maria Stuarts erfolgt ist und in ganz Schottland nationale Erbitterung sich erhebt, daß eine fremde Königin sich an dem Leben der gesalbten Königin von Schottland vergreifen wolle, muß er schließlich doch merken, welch traurige Figur er spielen würde, wenn er weiterhin stumm bliebe und nicht wenigstens pro forma etwas täte. Zwar geht er nicht so weit, wie das schottische Parlament es verlangt, das im Falle einer Hinrichtung sofortige Aufkündigung des Bündnisses und sogar Krieg fordert. Aber er setzt sich immerhin an das Pult und schreibt energische, erregte und drohende Briefe an Walsingham und sendet eine Gesandtschaft nach London.

Elisabeth hat mit diesem Protest selbstverständlich gerechnet. Aber auch hier horcht sie einzig auf den Unterton. Die Abgeordneten James' VI. teilen sich in zwei Gruppen. Die eine, die offizielle, fordert laut und vernehmlich, das Todesurteil dürfe keinesfalls vollstreckt werden. Sie droht mit der Lösung der Allianz, sie klirrt mit dem Schwert, und die schottischen Adeligen, welche die harten Reden übermitteln, haben das Pathos ehrlicher Überzeugung. Aber sie ahnen gar nicht, daß, während sie im Empfangssaal donnern und drohen, sich unterdes durch die Hintertür ein anderer Agent, ein persönlicher Vertreter James' VI., in die Privatgemächer Elisabeths geschlichen hat und dort leise über eine andere Forderung verhandelt, die dem schottischen König weitaus wichtiger ist als das Leben seiner Mutter, nämlich über seine Anerkennung als Erbe des englischen Thrones. Dieser heimliche Unterhändler James' VI. hat den Auftrag – so berichtet der gutinformierte französische Botschafter –, sie zu verständigen, daß, wenn James ihr so laut und heftig drohte, dies nur um seiner Ehre und des äußern Anscheins willen geschehe („for his honour and reputation") und er sie bitte, diese Heftigkeit nicht „in ill parte" zu nehmen, nicht als Unfreundlichkeit zu betrachten. So bekommt Elisabeth gültig bestätigt, was sie wahrscheinlich längst wußte, nämlich, daß James VI. bereit sei, die Hinrichtung seiner Mutter schweigend hinunterzuschlucken („to digest it"), sofern ihm nur der Köder einer halben oder ganzen Zusicherung für die Thronfolge hingehalten wird. Und bald beginnt hinter den Kulissen ein Schacher niederträchtigster Natur. Die Feindin und der Sohn Maria Stuarts rücken näher zusammen, von gleicher dunkler Absicht zum erstenmal verbunden, denn beide wollen sie im geheimen dasselbe und beide wollen es nicht vor der Welt offenbar haben. Beiden steht Maria Stuart im Wege, beide müssen sie aber so tun, als ob es ihre heiligste, ihre wichtigste, ihre eigenste Sache wäre, sie zu beschirmen und zu beschützen. Doch in Wahrheit kämpft nicht Elisabeth um das Leben ihrer Schicksalsschwester und nicht James VI. um das Leben seiner Mutter, sondern beide nur um eine schöne Geste „auf der Bühne der Welt". De facto hat James VI. längst durchblicken lassen, daß er auch im äußersten Falle Elisabeth keine Schwierigkeiten machen werde, und damit eigentlich ihr schon den Freibrief zur Hinrichtung seiner Mutter gegeben. Noch ehe die Fremde, die Feindin sie in den Tod schickt, hat der eigene Sohn sie geopfert.

Frankreich und Spanien und Schottland, niemand wird, das weiß Elisabeth nun, ihr wirklich in den Arm fallen, wenn sie ein Ende machen will. Und nur ein Mensch könnte jetzt vielleicht noch Maria Stuart retten: Maria Stuart selbst. Sie brauchte nur um Gnade zu bitten, und wahrscheinlich wäre Elisabeth mit diesem innerlichen Triumph zufrieden. Im tiefsten wartet sie sogar heimlich nur auf diesen Ruf, der sie von ihren Gewissensqualen erlöste. Alles wird in diesen Wochen getan, um den Stolz Maria Stuarts zu brechen. Elisabeth sendet ihr, sobald das Todesurteil ausgesprochen ist, das Dokument der Verurteilung zu, und Amyas Poulet, dieser trockene, nüchterne und in seiner penetranten Anständigkeit nur noch widerlichere Beamte, nützt sofort den Anlaß, um die Verurteilte, die für ihn nur mehr „une femme morte sans nulle dignité" ist, zu beleidigen. Zum erstenmal behält er in ihrer Gegenwart den Hut auf dem Kopf – kleine dumme Frechheit einer subalternen Seele, welche fremdes Unglück hochmütig statt demütig macht –, er befiehlt ihren Dienstleuten, den Thronbaldachin mit dem Wappen Schottlands sofort zu entfernen. Aber die Dienerschaft weigert sich, dem Kerkermeister zu gehorchen, und wie dann Poulet durch seine eigenen Untergebenen den Baldachin abreißen läßt, hängt Maria Stuart an die Stelle, wo bisher das Wappen Schottlands befestigt war, ein Kruzifix, um darzutun, daß eine höhere Macht hinter ihr stünde als Schottland; bei jeder kleinen und vexatorischen Beleidigung seitens ihrer Gegner fließt ihr jetzt eine starke Geste in die Hand. „Man bedroht mich, wenn ich nicht Gnade verlange", schreibt sie an ihre Freunde, „aber ich sage, wenn sie mich schon bestimmt hat zu sterben, so möge sie in ihrer Ungerechtigkeit diesen Weg gehen." Möge Elisabeth sie ermorden, um so schlimmer für Elisabeth! Besser ein Tod, der ihre Gegnerin vor der Geschichte demütigt, als eine erheuchelte Milde, die ihre Feindin mit der Aura der Großmut krönt! Statt gegen das überreichte Todesurteil zu protestieren oder um Gnade zu bitten, dankt sie demütig als Christin Gott für die Entscheidung, Elisabeth aber antwortet sie hochmütig als Königin: „Madame, ich danke Gott von ganzem Herzen, daß es ihm gefallen hat, durch Ihre Maßnahmen der langwierigen Pilgerschaft meines Lebens ein Ende zu machen. Ich bitte nicht darum, daß sie verlängert werde, ich habe zu viel Zeit gehabt, um die Bitterkeit des Lebens zu erfahren. Ich erbitte nur, da ich von den Ministern, welche die ersten Stellungen in England bekleiden, keine Gunst zu erwarten habe, von Ihnen (und niemandem andern) die folgenden Vergünstigungen:

Erstens ersuche ich, daß mein Körper, sobald meine Gegner sich an meinem unschuldigen Blute gesättigt haben, von meiner Dienerschaft nach irgendeiner geweihten Erde gebracht werde, um dort begraben zu werden, am besten nach

Frankreich, wo die Gebeine der Königin, meiner verehrten Mutter, ruhen, damit dieser arme Leib, der niemals Ruhe kannte, solange er mit seiner Seele verbunden war, diese Ruhe finde, sobald er sich von seiner Seele gelöst hat. Zum zweiten bitte ich Eure Majestät um der Besorgnis willen, die ich vor der Tyrannei derjenigen hege, deren Gewalt Sie mich preisgegeben haben, daß ich nicht an irgendeinem verborgenen Ort hingerichtet werde, sondern angesichts meiner Dienerschaft und anderer Personen, die dann Zeugenschaft leisten können für meine Glaubenstreue gegen die wahre Kirche und die das Ende meines Lebens und meine letzten Seufzer gegen alle falschen Gerüchte zu verteidigen vermögen, welche meine Gegner ausstreuen könnten. Zum dritten ersuche ich, daß meine Diener, die mir inmitten so vieler Widerwärtigkeiten mit so viel Treue gedient haben, sich ungehindert dorthin begeben dürfen, wohin sie wollen, und sich des kleinen Besitzes erfreuen, den meine Armut ihnen in meinem Testament hinterlassen hat.

Ich beschwöre Sie, Madame, bei dem Gedächtnis Heinrichs VII., unseres gemeinsamen Ahnen, und bei dem Titel einer Königin, den ich noch bis zu meinem Tode tragen werde, mir nicht derart gerechte Wünsche unerfüllt zu lassen und mir dies durch ein Wort Ihrer Hand zuzusichern. Dann werde ich sterben, wie ich gelebt habe. Ihre wohlgeneigte Schwester und Gefangene, Maria, Königin."

Man sieht: wunderbar und wider alles Erwarten sind in den letzten Tagen dieses jahrzehntelangen Kampfes die Rollen getauscht: seit Maria das Todesurteil empfangen, fühlt sie sich sicher und selbstbewußt. Ihr Herz zittert weniger, da sie das tödliche Dokument entgegennimmt, als Elisabeths Hand, da sie es unterzeichnen soll. Maria Stuart hat weniger Angst, zu sterben, als Elisabeth, sie zu töten.

Vielleicht glaubt sie in tiefster Seele nicht daran, daß Elisabeth die Kühnheit haben werde, einen Henker gegen sie, die gesalbte Königin, die Hand erheben zu lassen, vielleicht trägt sie die äußere Sicherheit bloß trügerisch zur Schau; aber jedenfalls, auch ein so argwöhnischer Beobachter wie Amyas Poulet vermag nicht das geringste Anzeichen von Unruhe an ihr wahrzunehmen. Sie fragt nicht, sie klagt nicht, keinen ihrer Wächter bittet sie um eine Vergünstigung. Sie versucht keine heimliche Verständigung mehr mit ihren auswärtigen Freunden, all ihr Widerstreben und Sichweigern und Sichwehren ist zu Ende, bewußt gibt sie ihren Willen an das Schicksal, an Gott zurück: er möge entscheiden.

In ernster Vorbereitung verbringt sie ihre Stunden. Sie macht ihr Testament, sie verteilt ihre irdische Habe im voraus an ihr Gesinde, sie schreibt an die Fürsten und Könige der Welt Briefe, aber nun nicht mehr, um sie anzueifern, Armeen zu senden und Krieg zu rüsten, sondern um ihnen zu versichern, daß sie bereit sei, mit aufrechter Seele im katholischen Glauben und für den katholischen Glauben zu sterben. Eine große Ruhe ist endlich über dieses unruhige Herz gekommen, Furcht und Hoffnung, „die schlimmsten Menschenfeinde", wie Goethe sie nennt, vermögen nichts mehr über ihre gefestigte Seele. Genau wie ihre Schicksalsschwester Marie Antoinette begreift sie erst im Angesicht des Todes ihre eigentliche Aufgabe. Der Sinn historischer Verantwortung überhöht großartig ihre bisherige Lässigkeit, nicht auf Gnade bereitet sie sich mehr vor, sondern auf ein wirksames, ein demonstratives Sterben, auf einen Triumph durch den letzten Augenblick. Sie weiß, daß nur ein heldenhaft dramatischer Tod den tragischen Irrtum ihres Lebens vor der Welt entsühnen kann und nur ein Sieg mehr in diesem Dasein ihr gegönnt ist: ein würdiger Untergang.

Und großartiges Widerspiel gegen diese gefaßte, hoheitsvolle Ruhe der Verurteilten in Fotheringhay: die Unsicherheit, die rasende Nervosität, die wilde und zornige Ratlosigkeit Elisabeths in London. Maria Stuart ist entschlossen und Elisabeth ringt erst um ihren Entschluß. Nie hat sie so sehr unter ihrer Gegnerin gelitten wie jetzt, da sie völlig sie in ihren Händen hält. Elisabeth verliert in diesen Wochen den Schlaf, tagelang verharrt sie in düsterem Schweigen; unablässig spürt man sie mit diesem einzigen und unerträglichen Gedanken beschäftigt, ob sie das Todesurteil unterzeichnen, ob sie es vollstrecken lassen solle. Sie wälzt den Gedanken wie Sisyphus den Stein, aber immer wieder rollt er mit voller Wucht auf ihre Brust zurück und bedrückt ihr die Seele. Vergebens sprechen die Minister auf sie ein, noch immer spricht stärker ihr Gewissen. Jeden Vorschlag weist sie zurück und fordert immer neue. Cecil findet sie „veränderlich wie das Wetter", einmal will sie Tod, einmal Gnade, immer wieder fragt sie und drängt sie ihre Freunde, ob es nicht „einen anderen Weg" gäbe, während sie im tiefsten doch weiß, daß es keinen andern gibt. Aber könnte es doch nur geschehen, würde es doch getan werden ohne ihr Wissen, ohne ihren ausdrücklichen Befehl, für sie getan, statt von ihr getan! Immer wilder schüttelt und rüttelt sie die Angst vor der Verantwortung, unablässig mißt sie die Vorteile und Nachteile einer solchen auffälligen Tat gegeneinander ab, und zur Verzweiflung ihrer Minister schiebt sie die Entscheidung mit zweideutigen, verärgerten, nervösen und unklaren Reden von Tag zu Tag von sich weg ins Unbestimmte. „With weariness to talk, her Majesty left off all till a time I know not when", klagt Cecil, der als kalter und kluger Rechner die Not dieser erschütterten Seele nicht begreift. Denn wenn sie auch einen harten Kerkermeister über Maria Stuart gesetzt hat, ein noch viel härterer, der grausamste, den es auf Erden gibt, hält jetzt Elisabeth selbst Tag und Nacht gefangen: ihr Gewissen.

Drei Monate, vier Monate, fünf Monate, beinahe ein halbes Jahr dauert schon dieser innere Kampf Elisabeths gegen Elisabeth, ob sie der Stimme der Vernunft gehorchen solle oder jener der Menschlichkeit. Und bei einer solch unerträglichen Überspannung der Nerven ist es eigentlich nur natürlich, wenn der Entschluß eines Tages plötzlich wie eine Explosion erfolgt.

Am Mittwoch, dem 1. Februar 1587, wird der Staatsschreiber Davison – Walsingham hat das Glück oder die Klugheit, in diesen Tagen krank zu sein – im Garten von Greenwich plötzlich von Admiral Howard aufgefordert, er möge sofort zur Königin kommen und ihr das Todesurteil Maria Stuarts zur Unterzeichnung bringen. Davison holt das von Cecils eigener Hand ausgefertigte Dokument und überreicht es zugleich mit einer Reihe anderer Papiere der Königin. Aber sonderbar, Elisabeth, die große Schauspielerin, scheint es plötzlich gar nicht eilig zu haben mit der Unterschrift. Sie stellt sich gleichgültig, sie plaudert mit Davison über ganz abliegende Dinge, sie blickt zum Fenster hinaus, um die Helligkeit des winterlichen Morgens zu bewundern. Dann erst fragt sie Davison ganz gelegentlich – hat sie wirklich vergessen, daß sie ihn ausdrücklich mit dem Todesurteil herbefohlen? –, was er eigentlich bringe. Davison antwortet: Dokumente zur Unterschrift, darunter auch jenes, das Lord Howard ihm besonders befohlen hätte, ihr zu unterbreiten. Elisabeth nimmt die Blätter, hütet sich aber, sie zu überlesen. Rasch unterschreibt sie eines nach dem andern, darunter selbstverständlich auch das Todesurteil Maria Stuarts; anscheinend hatte sie ursprünglich beabsichtigt, so zu tun, als ob sie durch Nachlässigkeit ganz ahnungslos mitten unter anderen Papieren auch das tödliche Dokument unterzeichnet hätte. Aber bei dieser wetterwendischen Frau schlägt der Wind immer unerwartet rasch um. Der nächste Augenblick verrät schon, wie sehr sie ihrer Handlung bewußt gewesen, denn ausdrücklich erklärt sie Davison, sie hätte nur darum so lange gezögert, damit es allen offenbar sei, wie ungern sie ihre Zustimmung gegeben habe. Jetzt aber möge er das unterzeichnete Todesurteil dem Kanzler überbringen, es mit dem großen Staatssiegel siegeln lassen, ohne daß jemand anderer davon erfahre, und dann den „warrant“ den zu seiner Ausführung bestimmten Personen übermitteln. Dieser Auftrag ist klar, er läßt Davison keine Möglichkeit, an Elisabeths entschlossenem Willen zu zweifeln. Und bis zu welchem Grade sie sich längst mit dem Gedanken vertraut gemacht hatte, bezeugt noch zwingender der Umstand, daß sie jetzt ganz kühl und klar mit Davison alle Einzelheiten bespricht. Die Hinrichtung solle in der großen Halle des Schlosses erfolgen, der offene Hof oder der Innenhof scheine ihr nicht recht geeignet dafür. Außerdem ermahnt sie ihn dringend, die Tatsache der Unterzeichnung des Todesurteils vor allen geheimzuhalten. Nach langer Qual eine Entscheidung gefunden zu haben entlastet immer das Herz. Auch ihr scheint die endlich gewonnene Sicherheit gute Laune zu verleihen; Elisabeth wird geradezu vergnügt, denn sie sagt zu Davison im Spaße, der Schmerz über diese Nachricht werde Walsingham gewiß töten.

Davison glaubt nun – und man kann es verstehen – die Angelegenheit erledigt. Er verbeugt sich und geht zur Tür. Aber in Wirklichkeit ist Elisabeth nie zu etwas eindeutig entschlossen, und niemals ist eine Angelegenheit bei ihr wahrhaft beendet. An der Tür ruft sie Davison noch einmal zurück, die heitere Laune, die echte oder gespielte Entschlossenheit der Wankelmütigen ist schon wieder völlig verschwunden. Unruhig geht Elisabeth auf und ab. Ob es nicht doch noch einen andern Weg gäbe? Schließlich hätten die „Members of the Association" doch geschworen, jede Person, die sich an einem Attentat gegen sie beteiligt hätte, zu töten. Und da Amyas Poulet und sein Gefährte in Fotheringhay beide Mitglieder dieser „Association" seien – wäre es da nicht deren verdammte Pflicht, diese Tat durchzuführen und ihr, der Königin, das Odium einer öffentlichen Hinrichtung abzunehmen? Walsingham möge jedenfalls, so ersucht sie Davison, an die beiden in diesem Sinne schreiben.

Dem guten Davison wird es allmählich unbehaglich. Er spürt genau, daß die Königin die Tat getan und doch nichts damit zu tun haben will; wahrscheinlich bedauert er schon, für dieses wichtige Gespräch keinen Zeugen zu besitzen. Aber was bleibt ihm übrig? Sein Auftrag ist deutlich. So geht er vorerst in die Staatskanzlei und läßt das Siegel auf dem Todesurteil anbringen, dann begibt er sich zu Walsingham, der im Sinne Elisabeths sofort den gewünschten Brief an Amyas Poulet verfaßt. Die Königin habe, so schreibt er, mit Bedauern einen gewissen Mangel an Eifer bei ihm bemerkt, daß er im Hinblick auf die Gefahr, die Maria Stuart für Ihre Majestät bedeute, nicht „von selbst und ohne jeden weiteren Auftrag" ein Mittel gefunden habe, Maria Stuart zu beseitigen. Er könne diese Beiseiteschaffung guten Gewissens übernehmen, da er ja den Eid der Association geschworen habe, und er würde damit die Königin entlasten, deren Abneigung, Blut zu vergießen, doch allbekannt sei.

Noch kann dieser Brief Amyas Poulet kaum erreicht haben und keinesfalls die Antwort aus Fotheringhay zurück sein, und schon ist der Wind in Greenwich wieder umgesprungen. Am nächsten Morgen, Donnerstag, klopft ein Bote an Davisons Tür mit einem Zettel der Königin; wenn er das Todesurteil dem Kanzler noch nicht zur Siegelung übergeben habe, solle er es insolange unterlassen, bis sie wieder mit ihm gesprochen habe. Hastig eilt Davison zur Königin und erklärt ihr, er habe sofort ihren Befehl ausgeführt, das Todesurteil sei bereits gesiegelt. Elisabeth scheint damit unzufrieden. Sie schweigt, aber sie tadelt Davison nicht. Und vor allem gibt die Zweideutige mit keinem Wort den Gegenauftrag, das gesiegelte Dokument ihr wieder zurückzubringen. Sie klagt nur von neuem, immer wieder werde jene Bürde auf ihre Schultern geworfen. Unruhig wandert sie im Zimmer auf und ab. Davison wartet, wartet auf eine Entscheidung, auf einen Auftrag, auf eine klare und deutliche Äußerung. Aber plötzlich verläßt Elisabeth den Raum, ohne ihm etwas befohlen zu haben.

Wieder ist es eine Szene shakespearischen Formats, die Elisabeth vor den Augen dieses einen Zuschauers spielt, wieder denkt man an Richard III., wie er Buckingham klagt, sein Gegner lebe, und doch nicht deutlich den Befehl gibt, ihn zu ermorden. Derselbe beleidigte Blick Richards III., da sein Vasall ihn versteht und doch nicht verstehen will, hat dem unglücklichen Davison entgegengeblitzt. Der arme Schreiber spürt, daß er auf glitschigen Grund geraten ist, und macht verzweifelte Anstrengungen, sich an anderen festzuhalten: nur nicht allein eine so ungeheure welthistorische Verantwortung übernehmen! Er sucht zunächst Hatton, den Freund der Königin, auf und schildert ihm seine entsetzliche Lage: Elisabeth habe ihm Auftrag gegeben, das Todesurteil der Vollstreckung zuzuführen, aber aus ihrem ganzen Benehmen werde er jetzt schon gewahr, daß sie hinterher den zweideutig formulierten Befehl ableugnen werde. Hatton kennt zu genau Elisabeth, um ihr Doppelspiel nicht zu durchschauen, aber er hat gleichfalls keine Lust, Davison ein klares Ja oder Nein zu sagen. Und nun wirft, wie beim Schlagball, einer die Verantwortung dem andern zu. Elisabeth hat sie Davison zugeworfen, Davison sucht sie Hatton weiterzugeben. Hatton seinerseits wieder verständigt schleunigst den Staatskanzler Cecil. Auch der will die Sache nicht zu der seinen machen, aber er beruft für den kommenden Tag eine Art geheimen Staatsrat. Nur die nächsten Freunde und Vertrauten Elisabeths sind geladen, Leicester, Hatton und sieben andere Adelige, die über Elisabeths Unverläßlichkeit aus vertrautem Umgang reichlich Bescheid wissen. Hier wird zum erstenmal deutlich gesprochen; Elisabeth, stellen sie gemeinsam fest, suche wegen ihres moralischen Prestiges den Schein zu vermeiden, als ob die Hinrichtung Maria Stuarts durch sie veranlaßt worden wäre. Sie wolle, um sich ein Alibi zu verschaffen, vor den Augen der Welt von der vollzogenen Tatsache „überrascht“ werden. Es sei also die

Pflicht ihrer Getreuen, bei dieser Komödie mitzuspielen und scheinbar gegen den Willen der Königin durchzuführen, was sie in Wahrheit verlange. Selbstverständlich sei die Verantwortung für diesen scheinbaren, aber gewollten Übergriff groß, und deshalb dürfe die Wucht ihres echten oder gespielten Zornes nicht auf einen einzelnen fallen. Cecil schlägt also vor, daß sie alle gemeinsam die Hinrichtung anordnen, aber auch gemeinsam dafür die Verantwortung übernehmen sollen. Lord Kent und Lord Shrewsbury werden ausersehen, die Vollstreckung des Todesurteils zu überwachen, und der Sekretär Beale wird mit den entsprechenden Instruktionen nach Fotheringhay vorausgesandt. Gemeinsam lastet die angebliche Schuld jetzt auf den zehn Teilnehmern des Staatsrats, die mit ihrer – von Elisabeth heimlich geforderten – Kompetenzüberschreitung endlich die „Bürde" von den Schultern der Königin genommen haben.

Eine der wesentlichsten Eigenschaften Elisabeths ist ansonsten ihre Neugierde. Immer will sie alles wissen und sofort wissen, was im Umkreis ihres Schlosses und im ganzen Reiche geschieht. Aber wie sonderbar: diesmal erkundigt sie sich weder bei Davison noch bei Cecile, noch sonst bei jemandem, was eigentlich mit dem von ihr unterzeichneten Todesurteil Maria Stuarts unterdessen geschehen sei. Völlig scheint sie in diesen drei Tagen dies eine und einzige vergessen zu haben, das sie sonst stündlich seit Monaten beschäftigt. Als hätte sie Lethe getrunken, so spurlos scheint diese wichtige Angelegenheit ihren Gedanken entschwunden. Und auch als am nächsten Morgen, Sonntag, die Antwort Amyas Poulets auf jenen Vorschlag ihr übermittelt wird, schweigt sie völlig an dem Verbleib des unterschriebenen Todesurteils vorbei.

Die Antwort Amyas Poulets macht der Königin wenig Freude. Er hat auf den ersten Blick verstanden, welche undankbare Rolle ihm da zugeschoben werden soll. Und er begreift sofort, welch übler Lohn ihn erwarte, wenn er tatsächlich Maria Stuart beiseite schaffte: öffentlich wird ihn die Königin dann als Mörder beschimpfen und dem Gericht überstellen. Nein, Amyas Poulet hofft auf keinen Dank vom Hause Tudor, er hat keine Neigung, sich zum Sündenbock auswählen zu lassen. Um aber nicht ungehorsam gegen seine Königin zu scheinen, versteckt sich der kluge Puritaner hinter eine höhere Instanz, hinter seinen Gott. Er hängt seiner Weigerung schleunigst den Mantel der Moralität um. „Mit Bitterkeit erfüllt es mein Herz", antwortet er pathetisch, „daß ich so unglücklich bin, den Tag gesehen zu haben, an dem ich auf den Wunsch meiner gütigen Herrscherin aufgefordert werde, eine Tat zu tun, die Gott und das Recht verbieten. Mein Hab und Gut, meine Stellung und mein Leben sind zur Verfügung Ihrer Majestät, und ich bin bereit, sie schon morgen hinzugeben, wenn sie es wünscht, da ich sie nur einzig Ihrer gütigen Gunst danke. Aber Gott bewahre mich, einen so kläglichen Schiffbruch meines Gewissens zu erleiden und einen so großen Schandfleck meiner Nachkommenschaft zu hinterlassen, daß ich Blut ohne die Zustimmung des Gesetzes und ohne einen öffentlichen Befehl vergossen hätte. Ich hoffe, daß Ihre Majestät mit Ihrer gewohnten Güte meine ergebene Antwort freundlich aufnehmen wird."

Aber Elisabeth denkt nicht daran, diesen Brief ihres Poulet, den sie noch vor kurzem wegen seiner „spotless actions, wise orders and safe regards" begeistert gelobt hatte, mit Güte aufzunehmen; zornig geht sie im Zimmer auf und ab und schmäht die „feinfühligen und übergenauen Burschen" („dainty and precise fellows"), die alles versprechen und nichts durchführen. Poulet sei, tobt sie, ein Eidbrüchiger, er habe jenen „Act of Association" unterschrieben, auch unter Gefahr seines Lebens seiner Königin zu dienen. Es wären genug andere dagewesen, die gerne um ihretwillen die Tat unternommen hätten, ein gewisser Wingfield zum Beispiel. Mit echtem oder gespieltem Zorn fällt sie über den unglücklichen Davison her – Walsingham, der Kluge, hat das bessere Teil gewählt und sich krank gemeldet –, der ihr, bedauernswert naiv, vorschlägt, doch den offenen Weg des Rechtes zu beschreiten. Klügere Leute als er, fährt sie ihn an, seien anderer Meinung. Es sei höchste Zeit, daß die Angelegenheit endlich einmal erledigt werde, und eine Schande für sie alle, daß sie noch nicht ausgeführt sei.

Davison schweigt. Er könnte sich rühmen, die Ausführung sei schon im besten Gange. Aber er fühlt, daß er der Königin nichts Unliebsameres antun könnte, als wenn er sie ehrlich etwas wissen ließe, was sie unehrlicherweise wahrscheinlich längst schon weiß: nämlich, daß der Bote mit dem gesiegelten Todesurteil bereits unterwegs nach Fotheringhay ist und mit ihm ein vierschrötiger, kräftiger Mann, der Wort in Blut, Befehl in Vollstreckung verwandeln soll: der Scharfrichter von London.

Dreiundzwanzigstes Kapitel
„In meinem Ende ist mein Anbeginn"

8. Februar 1587

En ma fin est mon commencement, diesen damals noch nicht ganz verständlichen Spruch hatte Maria Stuart vor Jahren in eine brokatene Arbeit eingestickt.

Nun wird ihre Ahnung wahr. Erst ihr tragischer Tod ist der wahre Anbeginn ihres Ruhms, nur er wird vor den Augen der Nachwelt ihre jugendliche Schuld tilgen, ihre Fehler verklären. Mit Umsicht und Entschlossenheit bereitet sich die Verurteilte seit Wochen auf diese äußerste Prüfung vor. Zweimal hatte sie selbst als junge Königin zusehen müssen, wie ein Edelmann unter dem Beil stirbt, also früh schon erfahren, daß das Grauen eines solchen unrettbaren unmenschlichen Aktes nur überwunden werden kann durch heroische Haltung. Die ganze Welt und die Nachwelt, Maria Stuart weiß es, werden ihre Haltung prüfen, wenn sie als die erste gesalbte Königin den Nacken über den Block beugt, jedes Zucken, jedes Zaudern, jedes feige Erblassen in dieser entscheidenden Minute wäre Verrat an ihrem königlichen Ruhm. So sammelt sie still in diesen Wochen des Wartens all ihre innere Kraft. Auf nichts im Leben hat sich die sonst impulsive Frau so ruhig und zielbewußt vorbereitet wie auf diese ihre letzte Stunde.

Kein Zeichen des Erschreckens oder nur des Erstaunens ist darum bei ihr wahrzunehmen, als Dienstag, den 7. Februar, ihre Diener melden, die Lords Shrewsbury und Kent seien mit einigen Magistratspersonen eingetroffen. Vorsorglich befiehlt sie ihre Frauen und die meisten ihres Gesindes heran. Erst dann empfängt sie die Abgesandten.Denn für jeden einzelnen Augenblick wünscht sie von nun ab die Gegenwart ihrer Getreuen, damit sie dereinst bezeugen können, daß die Tochter James' V., die Tochter Marias von Lothringen, daß sie, in deren Adern das Blut der Tudors und der Stuarts fließt, auch das Schwerste aufrecht und glorreich zu bestehen vermochte. Shrewsbury, der Mann, in dessen Hause sie nahezu zwanzig Jahre gewohnt, beugt das Knie und das graue Haupt. Ein wenig schwankt ihm die Stimme, da er ankündigt, Elisabeth habe nicht umhin können, den dringlichen Bitten ihrer Untertanen nachzugeben und den Vollzug des Urteils anzuordnen. Maria Stuart scheint nicht erstaunt über die schlimme Nachricht; ohne das geringste Zeichen von Bewegung – sie weiß, jede Geste zeichnet sich in das Buch des Geschichte ein – läßt sie sich das Todesurteil vorlesen, dann bekreuzigt sie sich gelassen und sagt: „Gelobt sei Gott für die Nachricht, die Sie mir überbringen. Ich könnte keine bessere empfangen, da sie mir das Ende meiner Leiden ankündigt und die Gnade, die Gott mir erweist, für die Ehre seines Namens und seiner Kirche, der römisch-katholischen, zu sterben." Mit keinem Wort bestreitet sie mehr das Urteil. Nicht mehr als Königin will sie sich gegen das von einer andern Königin verhängte Unrecht wehren, sondern als Christin das Leiden auf sich nehmen, und vielleicht liebt sie ihr Märtyrertum schon als den letzten Triumph, der ihr in diesem Leben noch geblieben ist. Nur zwei Bitten hat sie: daß ihr Beichtiger mit geistlichem Troste ihr beistehen dürfe und daß die Urteilsvollstreckung nicht schon am nächsten Morgen stattfinde, damit ihr Gelegenheit bleibe, ihre letzten Verfügungen mit Sorgfalt zu treffen. Beide Bitten werden abgeschlagen. Sie brauche keinen Priester der Irrlehre, antwortet der Graf von Kent, ein fanatischer Protestant, aber gerne wolle er einen reformierten Geistlichen senden, damit er sie in der wahren Religion unterweise. Selbstverständlich lehnt Maria Stuart ab, in der Stunde, da sie durch ihren Tod vor der ganzen katholischen Welt für ihr Bekenntnis zeugen will, sich noch Lektionen über den wahren Glauben von einem Ketzerpriester erteilen zu lassen. Weniger grausam als diese törichte Zumutung an eine Todgeweihte ist die Ablehnung der Bitte um Aufschub der Hinrichtung. Denn da nur eine Nacht zur Vorbereitung ihr gewährt wird, sind die wenigen ihr noch verstatteten Stunden dermaßen überfüllt, daß für Angst oder Unruhe kein Raum bleibt. Immer, und das ist ein Geschenk Gottes an den Menschen, wird einem Sterbenden die Zeit zu eng.

Mit einer Besonnenheit und Umsicht, wie sie ihr früher verhängnisvollerweise fremd waren, teilt Maria Stuart ihre letzten Stunden ein. Als große Fürstin will sie einen großartigen Tod, und mit dem makellosen Stilgefühl, das sie immer auszeichnete, mit dem ererbten künstlerischen Sinn und der eingeborenen hohen Haltung in gefährlichen Augenblicken, bereitet Maria Stuart ihren Hingang wie ein Fest, wie einen Triumph, wie eine große Zeremonie vor. Nichts soll improvisiert, nichts dem Zufall, der Stimmung überlassen bleiben, alles in seiner Wirkung errechnet, alles königlich prächtig und imposant gestaltet sein. Jede Einzelheit ist genau und sinnvoll eingesetzt als eine rührende oder mächtig erschütternde Strophe in das Heldengedicht eines vorbildlichen Märtyrertodes. Etwas früher als sonst hat Maria Stuart, damit ihr Zeit bliebe, die notwendigen Briefe in Ruhe zu schreiben und ihre Gedanken zu sammeln, die Mahlzeit bestellt, und symbolisch gibt sie ihr die feierliche Form eines letzten Abendmahls. Nachdem sie selbst gegessen hat, versammelt sie das Hausgesinde um sich im Kreise und läßt sich einen Becher Wein reichen. Ernst und doch klaren Antlitzes hebt sie den gefüllten Kelch über ihre Getreuen, die alle in die Knie gesunken sind. Sie trinkt auf ihr Wohlergehen und hältdann eine Ansprache, in der sie alle dringlich ermahnt, der katholischen Religion treu zu bleiben und untereinander in Frieden zu leben. Sie bittet – es ist wie eine Szene aus der vita sanctorum – jeden einzelnen von ihnen um Vergebung für alles und jedes Unrecht, das sie ihm jemals bewußt oder unbewußt zugefügt haben sollte. Dann erst übergibt sie jedem ein besonders ausgewähltes Geschenk, Ringe und Steine und Ketten und Spitzen, alle die kleinen Köstlichkeiten, die ihr vergehendes Leben erheitert und geschmückt haben. Auf den Knien, schweigend und schluchzend, nehmen die Beschenkten die

Gaben entgegen, und wider ihren Willen wird die Königin selbst erschüttert von der schmerzlichen Liebe ihrer Getreuen.

Endlich erhebt sie sich und geht hinüber in ihr Zimmer, wo bereits die Wachskerzen vor dem Schreibtisch brennen. Es ist noch viel zu tun zwischen Nacht und Morgen: das Testament zu überlesen, die Anordnungen für den schweren Gang zu treffen und die letzten Briefe zu schreiben. Der erste, der dringlichste bittet ihren Beichtiger, die Nacht über wach zu bleiben und für sie zu beten; zwar weilt er nur zwei oder drei Zimmer weit im selben Schlosse, aber Graf Kent – Fanatismus ist immer mitleidlos – hat dem Tröster verboten, seinen Wohnraum zu verlassen, damit er nicht Maria Stuart die „papistische" Letzte Ölung erteilen könne. Dann schreibt die Königin an ihre Verwandten, an Heinrich III. und den Herzog von Guise; eine besondere Sorge, aber eine, die ihr auch besondere Ehre macht, bedrückt sie in dieser letzten Stunde: daß nach dem Erlöschen ihrer französischen Witwenpension ihr Hausgesinde unversorgt zurückbleiben sollte. So bittet sie den König von Frankreich, die Pflicht zu übernehmen, ihre Vermächtnisse einzulösen und Seelenmessen lesen zu lassen „für eine allerchristliche Königin, die als Katholikin und aller Habe entblößt" in den Tod geht. An Philipp II., an den Papst hat sie schon vordem Briefe gesandt. Nur an eine Herrin dieser Welt wäre noch zu schreiben, an Elisabeth. Aber an sie richtet Maria Stuart kein Wort mehr. Sie will um nichts mehr bitten und für nichts mehr danken; nur durch stolzes Schweigen kann sie die alte Gegnerin noch beschämen und durch einen großartigen Tod.

Es ist sehr lange nach Mitternacht, da sich Maria Stuart auf das Bett legt. Alles, was im Leben zu tun war, hat sie getan. Nur ein paar Stunden noch hat die Seele jetzt Gastrecht in dem abgemüdeten Leib. In der Ecke des Zimmers knien die Mägde und beten mit stummer Lippe; sie wollen die Schlafende nicht stören. Maria Stuart aber schläft nicht. Offenen Auges blickt sie in die große Nacht; nur die Glieder läßt sie ein wenig ruhen, damit sie morgen aufrechter und starker Seele hinzutreten vermöge vor den noch stärkeren Tod. Zu vielen Festen hat sich Maria Stuart gekleidet, zu Krönung und Taufe, zu Hochzeit und ritterlichem Spiel, zu Fahrten und Krieg und Jagd, zu Empfängen und Bällen und Turnieren, immer in Prunk gehüllt und wissend um die Macht, die das Schöne auf Erden verbreitet. Aber zu keinem Anlaß hat sie sich sorgfältiger angetan als für die größte Stunde ihres Schicksals, für ihren Tod. Tage und Wochen vorher muß sie das würdigste Ritual des Sterbens sich ausgedacht und jede Einzelheit absichtsvoll gewählt haben. Stück für Stück muß sie ihre Garderobe durchgemustert haben nach einer würdigsten Etikette für diesen noch nie gebotenen Anlaß: es ist, als wollte sie auch als Frau in einer letzten Eitelkeit für alle Zeiten das Vorbild geben, wie vollendet eine Königin auch dem Schafott entgegenzuschreiten hat. Zwei Stunden, von sechs bis acht Uhr morgens, kleiden sie ihre Dienerinnen. Nicht wie eine arme Sünderin, schlotternd in schlechtem Gewande, will sie vor den Block treten; ein Festkleid, ein Feiertagskleid wählt sie für ihren letzten Gang, ihr ernstestes und bestes aus dunkelbraunem Samt mit Zibelinmarder verbrämt, hochaufgestellt der weiße Kragen und niederwallend die Ärmel. Ein schwarzseidener Mantel umschließt diese würdevolle Pracht, und so lang schleift ihre schwere Schleppe nach, daß Melville, der Haushofmeister, sie ehrfürchtig nachtragen muß. Ein Witwenschleier weht weiß vom Scheitel bis zur Erde, erlesene Skapuliere und juwelengefaßte Rosenkränze ersetzen allen irdischen Schmuck, Schuhe aus weißem Maroquin sollen den Schritt lautlos machen in der zu erwartenden Stille, wenn sie dem Schafott entgegenschreitet. Eigenhändig hat aus ihrem Schreine die Königin das Taschentuch ausgesucht, mit dem ihr die Augen verbunden werden sollen, ein spinndünnes Gewebe aus feinstem Batist mit goldenen Fransen, wahrscheinlich von ihr selbst gestickt. Jede Spange an ihrem Kleid ist sinnreich gewählt, jede Kleinigkeit geradezu musikalisch auf den Anlaß abgestimmt und vorsorglich sogar daran gedacht, daß sie angesichts fremder Männer diese dunkle Pracht vor dem Block wird abstreifen müssen. Für diese letzte blutige Minute hat Maria Stuart sich blutrote Unterkleidung anlegen und ärmellange brandrote Handschuhe vorbereiten lassen, damit, wenn das Beil ihr in den Nacken fährt, nicht zu kraß die Farbe des vorspringenden Blutes von dem Gewande ableuchte. Nie hat eine verurteilte Frau künstlerischer und hoheitsvoller sich dem Tode bereit gemacht.

Um acht Uhr morgens klopft es an die Tür. Maria Stuart antwortet nicht, noch kniet sie vor ihrem Betstuhl und liest laut die Gebete für Sterbende. Erst nach vollendeter Andacht erhebt sie sich, und dem zweiten Pochen wird aufgetan. Der Sheriff tritt ein, den weißen Stab in der Hand – bald wird er zerbrochen sein –, und sagt respektvoll mit einer tiefen Verbeugung: „Madame, die Lords erwarten Sie und haben mich zu Ihnen gesandt." „Gehen wir", antwortet Maria Stuart. Sie macht sich bereit. Nun beginnt der letzte Weg. Gestützt zur Rechten und zur Linken von einem ihrer Diener, schreitet sie langsam mit ihren rheumatisch gelähmten Gliedern aus. Dreifach hat sie sich bewehrt mit den Waffen des Glaubens, daß kein Ansturm der Angst sie zu erschüttern vermöge; um den Hals trägt sie ein goldenes Kruzifix, vom Gürtel hängt juwelenbesetzt eine Paternosterschnur herab, in der Hand trägt sie das fromme Schwert eines elfenbeinernen

Kreuzes: die Welt soll sehen, wie eine Königin im katholischen Glauben und für den katholischen Glauben stirbt. Vergessen soll sein, welche Schuld und Torheit auf ihrer Jugend lastete und daß sie als Mitwisserin eines beabsichtigten Mordes vor den Henker geführt wird: für alle Zeiten will sie dartun, daß sie als Märtyrerin der katholischen Sache fällt, ein Schlachtopfer ihrer ketzerischen Feinde.

Nur bis zur Tür, so ist es berechnet und vereinbart, begleiten sie und stützen sie ihre eigenen Diener. Denn es soll nicht den Anschein haben, als ob sie teilhätten an der verhaßten Tat und ihre Herrin selbst hinführten zum Schafott. Nur im eigenen Raum wollen sie ihr helfen und dienen, nicht aber Helfershelfer werden bei ihrem grausamen Tod. Von der Tür bis zum Fuß der Treppe müssen es zwei Untergebene Amyas Poulets übernehmen, sie zu stützen: ausschließlich Feinde, Gegner dürfen es sein, welche teilnehmen an dem Verbrechen, eine gesalbte Königin zum Richtblock zu führen. Unten, an der letzten Stufe der Treppe, vor dem Eingang in die große Halle, wo die Hinrichtung stattfinden soll, kniet Andrew Melville, ihr Haushofmeister; ihm als schottischen Adeligen fällt die Aufgabe zu, ihrem Sohn von der vollzogenen Hinrichtung Nachricht zu geben. Die Königin hebt ihn von den Knien empor und umarmt ihn. Willkommen ist ihr der treue Zeuge, denn seine Gegenwart kann sie nur bestärken in der festen Haltung, die sie sich zugeschworen. Und wie Melville sagt: „Es wird für mich die schwerste Aufgabe meines Lebens sein, mitzuteilen, daß meine verehrte Königin und Herrin tot ist", antwortet sie ihm: „Du sollst dich vielmehr freuen, daß ich am Ende meiner Mühsal angelangt bin. Bringe nur die Nachricht, daß ich getreu meiner Religion gestorben bin, eine wahre Katholikin, eine wahre Schottin, eine wahre Prinzessin. Gott möge jenen verzeihen, die mein Ende verlangt haben. Und sage meinem Sohn, daß ich niemals etwas getan habe, was ihm hätte Schaden bringen können, und nie unser Hoheitsrecht preisgegeben habe."

Nach diesen Worten wendet sie sich an die Grafen Shrewsbury und Kent und stellt das Ersuchen, daß auch die Frauen ihres Gefolges bei ihrer Hinrichtung anwesend sein dürften. Der Graf von Kent macht Einwendungen: die Frauen würden mit Weinen und Schreien Unruhe verursachen und vielleicht auch Ärgernis, indem sie Taschentücher in das Blut der Königin tauchten. Aber Maria Stuart läßt sich ihren letzten Willen nicht entwinden. „Ich nehme es auf mein Wort", erwiderte sie, „sie werden nichts dergleichen tun, und ich bin sicher, daß Ihre Herrin nicht einer andern Königin verweigern würde, ihre Frauen im letzten Augenblick zur Beihilfe mit sich zu haben. Es ist ausgeschlossen, daß sie so harten Befehl erteilt hat. Selbst wenn ich von geringerem Rang wäre, würde sie mir dies bewilligen, und ich bin ihre nächste Verwandte, bin vom Blute Heinrichs VII., Königinwitwe von Frankreich und gesalbte Königin von Schottland."

Die beiden Grafen beraten; schließlich wird ihr zugebilligt, sie dürfe sich von vieren ihrer Diener und zweien ihrer Frauen begleiten lassen. Das genügt Maria Stuart. Von dieser erlesensten und getreuesten Schar und Andrew Melville gefolgt, der ihre Schleppe trägt, betritt sie hinter dem Sheriff und Shrewsbury und Kent die große Halle von Fotheringhay.

Die ganze Nacht ist in dieser Halle gehämmert worden. Man hat die Tische und Stühle weggeräumt, am Ende des Saales ist eine Plattform errichtet, zwei Fuß hoch und mit schwarzer Leinwand überdeckt wie ein Katafalk. Vor dem schwarz ausgeschlagenen Block in der Mitte steht bereits vorsorglich ein schwarzer Schemel mit schwarzem Kissen, hier hat die Königin niederzuknien, um den tödlichen Schlag zu empfangen. Zur Rechten und zur Linken wartet je ein Sessel für die Grafen von Shrewsbury und Kent als Amtswalter Elisabeths, an der Wand aber stehen starr wie Erz, in schwarzen Samt gekleidet und mit schwarzen Masken verlarvt, zwei Gestalten ohne Gesichter: der Henker und sein Gehilfe. Diese grauenhaft großartige Bühne dürfen nur das Opfer und die Henker betreten: in der Tiefe des Saales jedoch drängt sich die Zuschauerschaft. Von Poulet und seinen Soldaten bewacht, ist dort eine Barriere gespannt, hinter der zweihundert Edelleute stehen, in aller Eile aus der Nachbarschaft gekommen, um das einmalige und bisher unerhörte Schauspiel zu sehen, wie eine gesalbte Königin hingerichtet wird. Vor den verschlossenen Türen des Schlosses drängen außerdem Hunderte und aber Hunderte des niederen Volkes, angelockt durch die Nachricht: aber ihnen ist der Zutritt verwehrt. Nur adeliges Blut darf zusehen, wie königliches vergossen wird.

Gelassen betritt Maria Stuart die Halle. Königin seit ihrem ersten Lebensjahr, hat sie von allem Anbeginn gelernt, sich königlich zu halten, und diese hohe Kunst verläßt sie auch nicht in diesem schwersten Augenblick. Erhobenen Hauptes steigt sie die zwei Stufen zum Schafott empor. So ist sie fünfzehnjährig emporgeschritten zu dem Thronsessel Frankreichs, so die Stufen des Altars von Reims. So wäre sie emporgeschritten zum Thronsessel Englands, wenn andere Gestirne über ihrem Geschick gestanden hätten. So demütig und stolz zugleich war sie niedergekniet an der Seite eines Königs von Frankreich, an der Seite eines Königs von Schottland, um den Segen des Priesters zu empfangen, wie sie jetzt ihr Haupt beugt, um des Todes Segnung hinzunehmen. Gleichgültig hört sie zu, wie der Sekretär noch einmal das Todesurteil verliest. Und ihre Züge zeigen dabei einen so freundlichen und fast freudigen Ausdruck, daß selbst Wingfield, ein grimmiger Gegner, in seinem Bericht an Cecil erwähnen muß, sie hätte der Verkündigung ihres Todesurteils zugehört wie einer Gnadenbotschaft.

Aber eine harte Probe steht ihr noch bevor. Maria Stuart will diese letzte Stunde rein und groß gestalten; als ein Fanal des Glaubens, als eine große Flamme katholischen Märtyrertums soll sie über die Welt leuchten. Doch den protestantischen Lords liegt daran, zu verhindern, daß die letzte Geste ihres Lebens sich zu einem eindrucksvollen Bekenntnis einer frommen Katholikin erhebe; so versuchen sie noch im letzten Augenblick, die Hoheitshaltung Maria Stuarts durch kleine Gehässigkeiten zu verkleinern. Mehrmals hatte die Königin auf dem knappen Weg aus ihrem Zimmer in die Hinrichtungshalle sich umgesehen, ob nicht doch ihr Beichtiger unter den Anwesenden sei, damit sie wenigstens durch ein stummes Zeichen Absolution und Segen empfangen könne. Jedoch vergebens. Ihr Beichtiger durfte sein Zimmer nicht verlassen. Nun aber, da sie sich schon vorbereitet, ohne religiösen Zuspruch die Hinrichtung zu erleiden, erscheint plötzlich auf dem Schafott der reformierte Pfarrer von Peterborough, Dr. Fletcher; bis in die letzte Sekunde des Lebens drängt sich der grauenhaft-grausame Kampf der beiden Religionen, der ihre Jugend verstört und ihr Schicksal zerstört hat.

Zwar wissen die Lords aus ihrer dreimalig wiederholten Weigerung zur Genüge, daß die gläubige Katholikin Maria Stuart lieber ohne geistlichen Beistand sterben wolle als mit dem eines ketzerischen Priesters. Aber so wie vor dem Schafott Maria Stuart ihre Religion, wollen auch die Protestanten die eigene zu Ehren bringen, auch sie fordern ihres Gottes Gegenwart. Unter dem Vorwand zärtlicher Sorge für ihr Seelenheil beginnt der reformierte Pfarrer einen höchst mittelmäßigen Sermon, den Maria Stuart, ungeduldig, nur rasch zu sterben, vergebens zu unterbrechen sucht. Drei- bis viermal bittet sie Dr. Fletcher, er möge sich nicht bemühen, sie beharre im römisch-katholischen Glauben, für dessen Verteidigung sie jetzt durch Gottes Gnade ihr Blut vergießen dürfe. Aber das kleine Pfarrerchen hat wenig Ehrfurcht vor dem Willen einer Sterbenden und sehr viel Eitelkeit. Er hat seinen Sermon sauber vorbereitet und fühlt sich hochgeehrt, ihn vor so vornehmer Zuhörerschaft an den Mann zu bringen. Er schwätzt und leiert weiter, schließlich weiß Maria Stuart kein anderes Mittel gegen das widrige Gepredige, als daß sie wie eine Waffe in eine Hand ihr Kruzifix nimmt, in die andere ihr

Gebetbuch, sich auf die Knie wirft und laut und lateinisch betet, um mit den heiligen Worten des Gesalbader zu übertönen. Statt gemeinsam für die Seele eines geopferten Menschen zum gemeinsamen Gott die Stimme zu erheben, kämpfen zwei Schritte vom Schafott die beiden Religionen gegeneinander; wie immer ist die Gehässigkeit stärker als die Ehrfurcht vor fremder Not. Shrewsbury und Kent und mit ihnen die meisten der Versammlung beten englisch. Maria Stuart und ihr Hausgesinde aber lateinisch. Erst da der Pfarrer endlich schweigt und es wieder still wird, nimmt Maria Stuart gleichfalls in englischer Sprache das Wort und spricht eine laute Fürbitte für die getroffene Kirche Christi. Sie sagt Dank für das Ende ihrer Leiden, laut bekennt sie, das Kruzifix an die Brust pressend, daß sie hoffe, durch das Blut Jesu Christi gerettet zu werden, dessen Kreuz sie in Händen halte und für den sie ihr Blut zu vergießen bereit sei. Noch einmal versucht der fanatische Earl of Kent ihre reine Andacht zu stören, er ermahnt sie, diese „popish trumperies“, diese papistischen Betrügereien, beiseite zu lassen. Aber zu weit ist diese Sterbende schon von allem irdischen Streit. Keinen Laut, keinen Blick gibt sie zur Antwort, sondern vernehmlich hebt sie die Stimme über den Saal, sie vergebe von ganzem Herzen allen ihren Feinden, die so lange nach ihrem Blut getrachtet, und bitte Gott, sie zur Wahrheit zu führen.

Stille tritt ein. Maria Stuart weiß, was jetzt kommen wird. Noch einmal küßt sie das Kruzifix, schlägt das Kreuz und sagt: „So wie Deine Arme, Jesus Christ, hier auf diesem Kreuz ausgebreitet sind, so empfange auch mich in diese Deine mitleidigen Arme und vergib mir alle Sünden. Amen.“

Das Mittelalter ist grausam und gewalttätig, aber es ist darum nicht seelenlos. Und in manchen seiner Gebräuche hat es ein tieferes Bewußtsein seiner Unmenschlichkeit bewahrt als unsere Zeit. Jede Hinrichtung, so barbarisch sie sein mag, hat damals einen kurzen Augenblick menschlicher Größe inmitten des Grauens; ehe der Henker Hand anlegt, um zu töten oder zu foltern, muß er sein Opfer um Vergebung bitten für das Vergehen an seinem lebendigen Leibe. So knien jetzt der Henker und sein Gehilfe in ihren verlarvten Masken nieder vor Maria Stuart und bitten um Verzeihung für den Tod, den sie ihr zu bereiten gezwungen sind. Und Maria Stuart antwortet: „Ich vergebe Euch von ganzem Herzen, denn ich hoffe, dieser Tod soll all meinen Leiden ein Ende bereiten.“ Dann erst stehen der Henker und sein Gehilfe auf und bereiten sich vor für ihr Werk.

Gleichzeitig haben die beiden Frauen begonnen, Maria Stuart zu entkleiden; sie hilft selbst mit, die Kette mit dem Agnus Dei vom Nacken zu nehmen. Sie tut es mit fester Hand und – wie der Bote ihres Feindes Cecil sagt – „mit solcher Eile, als ob sie ungeduldig sei, diese Welt zu verlassen". Wie der schwarze Mantel, wie das dunkle Kleid von ihren Schultern fällt, leuchtet die rotseidene Unterkleidung auf, und als ihr die Dienerinnen die roten Handschuhe über die Ärmel streifen, steht sie plötzlich da wie eine blutige Flamme, großartige, unvergeßliche Gestalt. Und nun kommt der Abschied. Die Königin umarmt ihre Dienerinnen und mahnt sie, nicht laut zu schluchzen und zu klagen. Dann erst kniet sie nieder auf das Kissen und spricht mit lauter Stimme den lateinischen Psalm: „In te Domine, confido, ne confundar in aeternum."

Nun ist nicht mehr viel zu tun. Nur den Kopf hat sie noch niederzubeugen auf den Block, den sie mit beiden Armen, eine Liebende ihres Todes, umfaßt. Bis zum letzten Augenblick hat Maria Stuart die königliche Größe bewahrt. Mit keiner Regung, mit keinem Wort hat sie Furcht verraten. Würdig hat sich die Tochter der Stuarts, der Tudors, der Guisen bereitet zum Sterben. Aber was hilft alle menschliche Würde, alle erlernte und ererbte Haltung gegen das Grauen, das jedem Morde anhaftet! Niemals kann – und hier lügen alle Bücher und Berichte die Hinrichtung eines lebenden Menschen romantisch und rein ergreifend sein. Immer wird der Tod durch das Henkersbeil zum gräßlichen Schrecknis und zur niedrigen Schlächterei. Der erste Hieb des Scharfrichters hat schlecht getroffen, nicht durch den Nacken ist er gefahren, sondern stumpf auf das Hinterhaupt. Ein Röcheln, ein Stöhnen bricht erstickt aus dem Munde der Gemarterten, aber nicht laut. Der zweite Schlag fährt tief in den Nacken und läßt das Blut grell aufspritzen. Aber erst der dritte löst das Haupt vom Rumpf. Und abermalige Gräßlichkeit: als der Henker das Haupt an den Haaren aufheben und zeigen will, faßt er nur die Perücke, und das Haupt löst sich los. Wie eine Kegelkugel rollt und poltert es blutüberströmt auf den Bretterboden, und da der Henker es jetzt abermals faßt und aufhebt, erblickt man – gespenstiger Anblick – das einer alten Frau mit eisgrau geschorenem Haar. Einen Augenblick lähmt das Entsetzen vor der Schlächterei die Zuschauer, niemand atmet oder spricht. Dann holt endlich der Pfarrer von Peterborough den Ruf mühsam aus sich heraus: „Es lebe die Königin."

Blaß sieht das fremde, kalkweiße Haupt mit den gebrochenen Augen auf die Edelleute, die, wenn die Würfel anders gefallen, ihre getreuesten Diener und eifrigsten Untertanen gewesen wären. Noch eine Viertelstunde lang zucken konvulsivisch die Lippen, die zu übermenschlich gewaltsam die Angst der Kreatur in sich verpreßt, und die Zähne schlagen gegeneinander. Um das Grauen des Anblicks zu lindern, wirft man rasch ein schwarzes Tuch über den Rumpf und über das medusische Haupt. Und schon wollen inmitten des gelähmten Schweigens die Knechte die dunkle Last wegtragen, da löst ein kleiner Zwischenfall das fahle Entsetzen. Denn im Augenblick, da die Henker den blutüberströmten Rumpf aufheben, um ihn ins Nachbarzimmer zu schaffen, wo er einbalsamiert werden soll, rührt sich etwas unter den Kleidern. Unbemerkt von allen war ihr kleiner Lieblingshund der Königin nachgeschlichen und hatte sich gleichsam in Angst um ihr Schicksal an ihren Körper gedrückt. Jetzt springt er vor, überströmt und naß von dem vergossenen Blut. Er bellt und beißt und keift und kläfft, er will von der Leiche nicht weichen. Mit Gewalt suchen ihn die Henker wegzureißen. Aber er läßt sich nicht fassen und nicht locken, wild springt er die fremden, großen schwarzen Bestien an, die ihn mit dem Blut seiner geliebten Herrin so brennend verwunden. Leidenschaftlicher als alle und besser als ihr Sohn und die Tausende, die ihr Treue geschworen, hat dies kleine Tier für seine Herrin gekämpft.

Nachspiel

1587–1603

Im griechischen Drama folgt der düsteren, langhinrollenden Tragödie immer ein knappes und freches Satyrspiel: ein Epilog solcher Art fehlt auch nicht im Drama Maria Stuarts. Am Morgen des 8. Februar ist ihr Haupt gefallen, bereits am nächsten Morgen hat ganz London die Vollstreckung erfahren. Grenzenloser Jubel begrüßt die Nachricht in Stadt und Land. Und wäre das sonst hellhörige Ohr der Herrscherin nicht plötzlich dumpf und taub geworden, so müßte Elisabeth sich jetzt eigentlich erkundigen, welches Fest außerhalb des Kalenders ihre Untertanen derart stürmisch feiern. Aber sie hütet sich weislich, zu fragen; dicht und immer dichter hüllt sie sich in den Zaubermantel ihrer Ahnungslosigkeit. Offiziell will sie von der Hinrichtung ihrer Rivalin verständigt oder vielmehr davon „überrascht“ werden.

Das trübe Geschäft, die angeblich Unwissende von der Hinrichtung ihrer „dear sister“ zu benachrichtigen, fällt Cecil zu. Heiter ist ihm dabei nicht zumute. Seit zwanzig Jahren sind über den bewährten Ratgeber bei ähnlichen Anlässen mancherlei Gewitter niedergegangen, zornmäßig echte und staatspolitisch gespielte; auch diesmal wappnet sich der ruhige, ernste Mann innerlich mit besonderer Gelassenheit, ehe er den Empfangssaal seiner Herrscherin betritt, um sie endlich von der vollzogenen Hinrichtung offiziell zu verständigen. Aber die Szene, die jetzt losbricht, ist ohne Beispiel. Wie? Man habe gewagt, ohne ihr Wissen, ohne ihren ausdrücklichen Befehl Maria Stuart hinzurichten? Unmöglich! Unfaßbar! Niemals habe sie eine so grausame Maßregel in Aussicht genommen, solange nicht ein auswärtiger Feind den Boden Englands betreten hätte. Ihre Ratgeber hätten sie betrogen, verraten, wie Schurken an ihr gehandelt. Ihr Ansehen, ihre Ehre sei unrettbar vor der ganzen Welt durch diese perfide und hinterhältige Tat beschmutzt. Ach, ihre arme, unglückliche Schwester, einem erbärmlichen Irrtum, einer niederträchtigen Schurkerei sei sie zum Opfer gefallen! Elisabeth schluchzt und schreit und stampft wie eine Rasende. In rüdester Weise beschimpft sie den grauhaarigen Mann, daß er und die andern Mitglieder des Rats gewagt hätten, ohne ihre ausdrückliche Erlaubnis das von ihr unterschriebene Todesurteil vollstrecken zu lassen.

Nun hatten Cecil und seine Freunde keinen Augenblick daran gezweifelt, daß Elisabeth die von ihr eingefädelte „illegale" Staatsaktion als einen „Mißgriff untergeordneter Behörden" von sich abwälzen werde. Im Bewußtsein ihres erwünschten Ungehorsams hatten sie sich zusammengetan, um gemeinsam die „Bürde" der Verantwortung der Königin abzunehmen. Aber sie hatten gemeint, Elisabeth werde sich dieser Ausflucht nur vor der Welt bedienen und sub rosa, im privaten Audienzzimmer für die prompte Wegräumung der Rivalin ihnen sogar Dank sagen. Doch Elisabeth hat ihren gespielten Zorn innerlich so vorbereitet, daß er wider ihren Willen oder zumindest jenseits ihres Willens echt wird. Und was über Cecils gesenktes Haupt jetzt niedergeht, ist nicht ein Theatergewitter, sondern eine schmetternde Entladung wirklicher Wut, ein Orkan von Beschimpfungen, ein Wolkenbruch von Schmähungen. Beinahe tätlich fällt Elisabeth ihren getreuesten Berater an, sie beleidigt ihn mit so unerhörten Worten, daß der alte Mann seine Demission anbietet, und tatsächlich darf er zur Strafe für seinen angeblichen Vorwitz für einige Zeit nicht mehr bei Hofe erscheinen. Nun erst wird klar, wie geschickt, wie vorausschauend Walsingham, der eigentliche Anstifter, gehandelt hat, daß er vorzog, während der entscheidenden Tage krank zu sein oder sich krank zu stellen. Denn auf seinen Stellvertreter, auf den unglückseligen Davison, ergießt sich brennend die ganze Schale des königlichen Zornes. Er wird zum Sündenbock, zum Demonstrationsobjekt für Elisabeths Unschuld bestimmt. Nie habe er das Recht gehabt, beschwört jetzt Elisabeth, das Todesurteil Cecil zu übergeben und das Staatssiegel darauf anbringen zu lassen. Gegen ihren Wunsch und Willen habe er eigenmächtig gehandelt und ihr durch seine freche Vordringlichkeit unermeßlichen Schaden zugefügt. Auf ihren Befehl erhebt man in der Starchamber öffentliche Anklage gegen den ungetreuen, in Wahrheit allzu getreuen Beamten; durch einen Gerichtsbeschluß soll feierlich vor Europa festgestellt werden, daß die Hinrichtung Maria Stuarts einzig diesem Schurken zur Last falle und Elisabeth völlig ahnungslos gewesen. Selbstverständlich lassen ebendieselben Staatsräte, die geschworen haben, die Verantwortung brüderlich miteinander zu teilen, ihren Kameraden schmählich im Stich; sie eilen nur, ihre eigenen Ministerposten und Pfründen aus diesem königlichen Gewitter zu retten. Davison, der für den Auftrag Elisabeths keinen Zeugen hat als die stummen Wände, wird zu zehntausend Pfund verurteilt, eine Summe, die er niemals bezahlen kann, und ins Gefängnis geworfen; heimlich schiebt man ihm zwar später eine Pension zu, aber nie darf er mehr zu Elisabeths Lebzeiten bei Hofe erscheinen, seine Karriere ist zerbrochen, sein Leben endgültig erledigt. Es ist immer gefährlich für Höflinge, die heimlichen Wünsche ihres Herrschers nicht zu verstehen. Aber noch verhängnisvoller wird es manchmal, sie allzu gut verstanden zu haben.

Das holde Märchen von der Unschuld und Ahnungslosigkeit Elisabeths ist allzu verwegen aufgezäumt, um der Mitwelt als wahr zu gelten. Und es gibt vielleicht nur einen einzigen Menschen, der dieser phantasievollen Darstellung nachträglich Glauben schenkt, und dies ist erstaunlicherweise Elisabeth. Denn eine der merkwürdigsten Eigenschaften der hysterischen oder hysterisch angefärbten Naturen ist nicht nur ihre Fähigkeit, verblüffend gut zu lügen, sondern auch sich selber zu belügen. Was sie wahrhaben wollen, wird für sie wahr, und ihre Zeugenschaft: kann manchmal die ehrlichste aller Lügen sein und darum die gefährlichste. Wahrscheinlich empfindet sich Elisabeth selbst als völlig aufrichtig, wenn sie nach allen Seiten hin erklärt und beschwört, die Hinrichtung Maria Stuarts nie befohlen oder auch nur gewollt zu haben. Denn ein halber Wille war ja wirklich in ihr, der diese Tat nicht wollte, und nun verdrängt die Erinnerung an dieses Nichtwollen allmählich die Teilhaberschaft an der hinterhältig gewollten Tat. Ihr Wutausbruch beim Empfang der Nachricht, die sie zwar wahrhaben, aber nicht wissen wollte, war nicht nur ein theatralisch vorgeprobter, sondern zugleich – in ihrer Natur ist alles zwiespältig – ein echter, ein ehrlicher Zorn, ein Nicht-sich-verzeihen-Können, daß sie ihre reineren Instinkte vergewaltigen ließ, ein echter Zorn auch gegen Cecil, daß er sie in diese Tat hineingerissen und doch nicht verstanden hatte, ihr die Verantwortung zu ersparen. So leidenschaftlich hat sich Elisabeth in ihre Selbstsuggestion, die Hinrichtung sei gegen ihren Willen geschehen, hineingeredet und hineingelogen, daß von nun ab ein beinahe überzeugender Akzent in ihren Worten mitschwingt. Es scheint wirklich nicht mehr Betrug, wenn sie im Trauergewand den französischen Gesandten empfängt und beschwört, „nicht der Tod ihres Vaters, nicht der Tod ihrer Schwester habe so sehr ihr Herz berührt“, aber sie sei „eine arme, schwache Frau, umringt von Feinden“. Wären jene Mitglieder ihres Staatsrats, die ihr diesen erbärmlichen Streich gespielt, nicht so lange in ihrem Dienst gewesen, so hätte sie ihre Köpfe auf den Block gelegt. Sie selbst habe das Todesurteil nur unterschrieben, um ihr Volk zu beruhigen, aber nur dann, wenn eine fremde Armee in England eingedrungen wäre, hätte sie es tatsächlich vollstrecken lassen.

Diese halbe Wahrheit und halbe Lüge, daß sie nie die Hinrichtung Maria Stuarts wirklich gewollt habe, hält Elisabeth auch in dem Briefe aufrecht, den sie mit eigener Hand an James VI. von Schottland richtet. Abermals beteuert sie ihren äußersten Schmerz über den „niederträchtigen Irrtum“, der ganz gegen ihren Willen und ohne ihre Zustimmung („without her knowledge and consent“) vorgefallen sei. Sie ruft Gott zum Zeugen an, daß sie „in dieser Sache unschuldig sei“ und sie niemals daran gedacht habe, Maria Stuart hinrichten zu lassen („she never had thought to put the Queene, your mother, to death“), obwohl ihr täglich ihre Ratgeber die Ohren vollbliesen. Und den natürlichen Einwand vorausnehmend, daß sie Davison als Schuldigen bloß vorschiebe, sagt sie stolz, keine Macht der Erde könnte sie veranlassen, etwas, was sie selbst befohlen habe, auf die Schultern eines andern zu laden.

Aber James VI. ist gar nicht sonderlich lüstern, die Wahrheit zu erfahren, er will seinerseits nur eines jetzt: den Verdacht abwehren, als ob er das Leben seiner Mutter nicht nachdrücklich genug verteidigt hätte. Selbstverständlich kann er nicht sofort ja und amen sagen, sondern muß wie Elisabeth den Schein der Überraschung und Entrüstung wahren. Er holt also eine große Geste hervor; feierlich erklärt er, ein solcher Akt dürfe nicht ungerächt bleiben. Dem Abgesandten Elisabeths wird verboten, Schottlands Boden zu betreten, und ihr Brief von der Grenzstadt Berwick durch einen eigenen Boten abgeholt: die Welt soll sehen, daß James VI. den Mördern seiner Mutter grimmig die Zähne zeigt. Aber das Londoner Kabinett hat längst das richtige Verdauungspulver gemischt, um den zürnenden Sohn zu bestimmen, die Nachricht von der Hinrichtung seiner Mutter stillschweigend „hinunterzuschlucken“. Gleichzeitig mit dem „für die Bühne der Welt“ bestimmten Briefe Elisabeths geht ein privater, diplomatischer nach Edinburgh, in dem Walsingham dem schottischen Kanzler mitteilt, daß James VI. die Thronfolge in England zugesichert und damit das dunkle Geschäft perfekt sei. Dieser süße Trank wirkt zauberisch auf den angeblich so schmerzlich Erregten.

James VI. spricht kein Wort mehr von einer Kündigung der Allianz. Er kümmert sich nicht darum, daß der Leichnam seiner Mutter weiterhin unbestattet in einem Kirchenwinkel liegenbleibt. Er protestiert auch nicht dagegen, daß ihr letzter Wille, in französischer Erde Ruhe zu finden, gröblich mißachtet wird. Auf magische Weise ist er plötzlich von der Unschuld Elisabeths überzeugt, und bereitwillig geht er auf die lügnerische Version des „Irrtums“ ein. „Sie reinigen sich dadurch von der Mitschuld an jenem unglücklichen Geschehnis“ („Ye purge youre self of one unhappy fact“) schreibt er an Elisabeth und wünscht als braver Kostgänger der englischen Königin, daß ihr „ehrenhaftes Verhalten für ewig in der Welt bekannt werde“. Ein goldener Wind der Verheißung hat die stürmische Welle seines Unmuts rasch beschwichtigt. Und eitel Friede und Eintracht herrscht von nun ab zwischen dem Sohn und der Frau, die das Todesurteil seiner Mutter gefällt.

Moral und Politik gehen besondere Wege. Immer beurteilt man darum ein Ereignis von völlig verschiedenen Ebenen, je nachdem, ob man es vom Standpunkt der Humanität oder dem des politischen Vorteils wertet. Moralisch bleibt die Hinrichtung Maria Stuarts ein völlig unentschuldbarer Akt: wider alles Völkerrecht hatte man mitten im Frieden die Nachbarkönigin festgehalten, heimlich eine Schlinge gedreht und ihr auf perfideste Weise in die Hände gespielt. Aber ebensowenig läßt sich leugnen, daß vom staatspolitischen Standpunkt gesehen, die Beseitigung Maria Stuarts für England eine richtige Maßnahme war. Denn in der Politik entscheidet – leider! – nicht das Recht einer Maßnahme, sondern der Erfolg. Und bei der Hinrichtung Maria Stuarts billigt der Erfolg im politischen Sinne nachträglich den Mord, denn er schafft England und seiner Königin nicht Unruhe, sondern Ruhe. Cecil und Walsingham haben die positiven Kräfteverhältnisse richtig abgeschätzt. Sie wußten, daß fremde Staaten vor einer wirklich starken Regierung allezeit schwächlich werden und ihre Gewalttätigkeiten und sogar Verbrechen feige nachsehen. Sie rechneten richtig, daß die Welt sich wegen dieser Hinrichtung nicht in Erregung versetzen lassen werde, und in der Tat: die Rachefanfaren aus Frankreich und Schottland frieren plötzlich ein. Heinrich III. bricht keineswegs, wie er angedroht hatte, die diplomatischen Beziehungen zu England ab, und noch weniger als damals, da es galt, die lebende Maria Stuart zu retten, schickt er, um die tote zu rächen, einen einzigen Soldaten über den Kanal. Allerdings, er läßt in Notre-Dame eine schöne Trauermesse lesen, und die Dichter schreiben einige elegische Strophen: aber damit ist Maria Stuart für Frankreich erledigt und vergessen. Im schottischen Parlament wird ein wenig gelärmt, James VI. legt Trauerkleider an; bald aber reitet er wieder auf den von Elisabeth geschenkten Pferden, begleitet von den von Elisabeth geschenkten Bluthunden, vergnüglich auf die Jagd und bleibt weiterhin der bequemste Nachbar, den England jemals gekannt. Nur Philipp der Langsame von Spanien rafft sich auf und rüstet die Armada. Aber er steht allein und gegen ihn Elisabeths Glück, das zu ihrer Größe gehört und wie bei allen ruhmreichen Herrschern. Noch ehe es zur Schlacht kommt, zerschellt die Armada im Sturm, und damit bricht der lang geplante Angriff der Gegenreformation in sich zusammen. Elisabeth hat endgültig gesiegt und England mit dem Tode Maria Stuarts seine äußerste Gefahr bestanden. Die Zeiten der Abwehr sind vorüber, mächtig wird nun seine Flotte ausgreifen können über die Ozeane nach allen Erdteilen und sie großartig zum Weltreich verbinden. Der Reichtum wächst, eine neue Kunst blüht auf in Elisabeths letzten Lebensjahren. Nie war die Königin mehr bewundert, nie mehr geliebt und verehrt als nach ihrer schlimmsten Tat. Immer sind aus den Quadern der Härte und des Unrechts die großen Staatsgebäude gebaut, immer ihre Fundamente mit Blut vermörtelt; unrecht haben in der Politik nur die Besiegten, und mit ehernem Schritt geht die Geschichte über sie hinweg.

Eine arge Geduldprüfung ist Maria Stuarts Sohn freilich noch aufgespart: nicht mit einem Sprung, wie er geträumt, gelangt er auf den englischen Thron, nicht so schleunig, wie er gehofft, wird der Kaufpreis für seine feile Nachsichtigkeit gezahlt. Er muß, härteste Qual für einen Ehrgeizigen, warten, warten, warten. Fünfzehn Jahre, fast ebenso lange, wie seine Mutter von Elisabeth in Gefangenschaft verschlossen war, muß er untätig in Edinburgh hindösen und warten, warten, warten, bis endlich der alten Frau das Zepter aus der erkalteten Hand fällt. Verdrossen sitzt er auf seinen Schlössern in Schottland, er reitet oft auf die Jagd, er schreibt Traktate über religiöse und politische Fragen, aber seine Hauptbeschäftigung bleibt dies lange und leere und ärgerliche Warten auf eine gewisse Nachricht aus London. Lange bleibt sie aus. Denn es ist, als hätte das vergossene Blut ihrer Gegnerin Elisabeths Adern belebt. Immer stärker wird sie, immer sicherer, immer gesünder seit Maria Stuarts Tod. Nun sind ihre schlaflosen Nächte vorbei, die fiebrige Unruhe des Gewissens, die sie in den Monaten und Jahren des Sich-nicht-entscheiden-Könnens erlitten, wird ausgeglichen durch die Ruhe, die nun ihrem Lande, ihrem Leben geschenkt ist. Kein Irdischer wagt ihr mehr den Thron zu bestreiten, und selbst dem Tod setzt diese Eifersüchtige noch eine leidenschaftliche Energie entgegen, auch ihm gönnt sie nicht ihre Krone. Die Siebzigjährige, zäh und unnachgiebig, will nicht sterben, tagelang irrt sie umher, aus einem Raum in den andern, es hält sie nicht im Bett, es hält sie nicht im Zimmer.

Grauenhaft und großartig wehrt sie sich, irgendeinem auf Erden den Platz zu lassen, um den sie so zäh und rücksichtslos gekämpft hat.

Aber endlich kommt doch ihre Stunde, endlich wirft im harten Ringkampf der Tod die Unnachgiebige nieder; aber noch röchelt die Lunge, noch immer schlägt, matter zwar und matter, das alte ungebärdige Herz. Unter dem Fenster wartet, das Pferd gesattelt, ein Abgesandter des ungeduldigen Erben aus Schottland auf ein gewisses vereinbartes Zeichen. Denn eine Hofdame Elisabeths hat versprochen, in derselben Minute, da Elisabeth den letzten Atemzug getan, einen Ring hinunterzulassen. Es dauert lange. Vergeblich blickt der Bote empor; die alte jungfräuliche Königin, die so viele Werber zurückgestoßen, läßt den Tod noch immer nicht an ihren Leib. Endlich, am 24. März, klirrt das Fenster, eine Frauenhand schiebt sich hastig heraus, der Ring fällt herunter. Sofort setzt sich der Kurier auf das Pferd, galoppiert in einem Zuge in zweieinhalb Tagen nach Edinburgh, ein Ritt, der berühmt wird in den Zeiten. Genau so hitzig war vor siebenunddreißig Jahren Lord Melville von Edinburgh nach London gesprengt, um Elisabeth zu melden, daß Maria Stuart einem Sohne das Leben geschenkt habe, wie nun dieser andere Bote nach Edinburgh zu diesem Sohn zurückstürmt, um ihm zu künden, daß Elisabeths Tod ihm eine zweite Krone beschert. Denn James VI. von Schottland ist in dieser Stunde endlich zugleich König von England, endlich James I. geworden. Im Sohne Maria Stuarts sind die beiden Kronen für immer vereint, der unselige Kampf vieler Geschlechter ist zu Ende. Dunkle und krumme Wege geht oft die Geschichte, aber immer erfüllt sich endlich der historische Sinn, immer erzwingen die Notwendigkeiten schließlich ihr Recht.

James I. richtet sich wohlgefällig ein in dem Palast von Whitehall, den seine Mutter als den ihren erträumt. Endlich ist er die Geldsorgen los und der Ehrgeiz gekühlt; sein Sinn geht nur auf Behagen und nicht auf Unsterblichkeit. Er reitet oft auf die Jagd, er besucht gern das Theater, um dort, das einzig Gute, das man ihm nachrühmen kann, einen gewissen Shakespeare und andere ehrenwerte Dichter zu protegieren. Schwächlich, faul und unbegabt, ohne jede geistige Gnade, die Elisabeth zuteil war, ohne den Mut und die Leidenschaft seiner romantischen Mutter, verwaltet er bieder das gemeinsame Erbe der beiden feindlichen Frauen: was beide unter glühendster Anspannung der Seele und der Sinne für sich begehrten, ist ihm, dem geduldig Wartenden, kampflos in den Schoß gefallen. Aber nun, da England und Schottland vereint sind, darf auch vergessen sein, daß eine Königin von Schottland und eine Königin von England einander ihr Leben mit Haß und Feindschaft verstörten. Nicht mehr ist die eine im Unrecht und die andere im Recht, ihnen beiden hat der Tod den gleichen Rang zurückgegeben. So dürfen sie endlich, die so lange gegeneinander gestanden, nebeneinander ruhen. James I. läßt den Leichnam seiner Mutter vom Kirchhof in Peterborough, wo sie einsam wie eine Verstoßene liegt, bei feierlichem Fackelschein in die Grüfte der Könige von England, in die Westminsterabtei, überführen. In Stein gemeißelt wird Maria Stuarts Bildnis aufgestellt, in Stein gemeißelt das Bildnis Elisabeths nahe dem ihren. Nun ist der alte Zwist für ewig beschwichtigt, nicht mehr bestreitet die eine der andern das Recht und den Raum. Und die sich im Leben feindlich gemieden und nie einander ins Auge gesehen, nun ruhen sie endlich schwesterlich nebeneinander im gleichen heiligen Schlaf der Unsterblichkeit.